ナショナル・アイデンティティを問い直す

川田順造―編

山川出版社

ナショナル・アイデンティティを問い直す　目次

ナショナル・アイデンティティを問い直す

序

なぜ、ナショナル・アイデンティティの多文化間比較か

川田順造

時代遅れになった(?)国民国家

いま人類史上はじめて、「国民国家」という十八〜十九世紀西洋で生まれた政治社会の理念と枠組みで、全世界が覆われ、見方を変えれば、分断されている。そしてその現実が、いたるところで、出口の見えない問題を生んでいる。日本のように、まとまりが良かったと思われていた国家でさえ、沖縄のアメリカ軍基地、原発、東京・大阪という巨大自治体などが提起する、容易には解決の道筋が見えない問題群に、「国家」がゆさぶりをかけられている。

アフリカ大陸では、南スーダン、マリ、象牙海岸で、ヨーロッパの国民国家が十九世紀に一方的におこなった植民地分割の後遺症が、植民地を受け継いで独立した名目上の国民国家に、根源的解決がありえない悲劇を生んでいる。これらの例と同じ由来ではないが、国民国家の体裁をとって独立しているアルジェリアやエジプトが抱える紛争の根は深く、完全な解決の見通しはない。

シリア、パレスチナ、イラクなどでは、宗派や政治権力間の対立、民衆の異議申立てで、国家の存立が危うい状況にある。中国の一党独裁政府によって「少数民族」と一方的に規定された集団の、国家への暴力的取込みが現に生んでい

る問題群。ギリシアやアルゼンチンといった、財政破綻しても存続する国家。

ラテンアメリカ諸国、オーストラリア、台湾など、先住民や国内少数民族との共生または融合が、支配層自体の政治的・民族的アイデンティティのあり方も巻き込んで提起している問題。国家を超えた地域連合の多様化と対立、情報・経済・移動のグローバル化と同時進行する、世界の地域によって偏差の大きい人口増加と経済格差にともなって、増えつづける移民。移民先の国籍取得と、受入れ国のナショナル・アイデンティティの錯綜。その反動として顕在化し硬化するナショナリズムや差別も、差し迫った危機を生みつつある。

アメリカ合衆国やロシアという巨大多民族国家の、国家権力が制御しきれない、国外とつながりをもつものも含めた、国内暴力……。

それらの問題を、国家の枠を超えて検討する共通の場である国連やその関連機関も、すべて既存の「国民国家」を単位とする代表者によって構成されているという悪循環が、将来への展望をいっそう暗くしている。

だがそもそも、国民国家とは何か、それがなぜ、十九世紀から二十世紀にかけて世界大の規模で問題化し、二十一世紀に入って破綻や抗争にまみれた末期的様相を呈してきたのか。

十八〜十九世紀ヨーロッパでも、イギリスのような立憲君主国、アメリカ合衆国やフランスにおけるような、住民の出自は異なっても、合意に基づいてつくられる政治社会を基本理念とする国家に対して、ゲルマン民族主義を基盤にした後発民族国家ドイツ帝国もあった。アメリカ合衆国をはじめ、アメリカ大陸諸国は、元来多様だった先住民と移住民、やはり起源の多様だったアフリカからの奴隷の子孫のあいだの問題を内包しながらも、「本国の支配」からの植民地の自主的独立というかたちで主権国家を形成した点で、第二次世界大戦後のアジア・アフリカ・オセアニア地域での、欧米による「異文化支配」の植民地からの独立とは、経緯を異にしている。対アジア関係をはじめとする国際関係において、日本人のナショナル・アイデンティティをどのように位置づけるかについても、広い視野での根本からの問直しが、いま差し迫って求められている。

まず、国民国家という政治社会のあり方が、どのような歴史的経緯から生まれ、それがどのようにして、あたかも人間にとって普遍的な社会結合でもあるかのように、世界に広められることになったのかを、振り返ってみよう。

ヨーロッパ世界にとっての「西インド」「東インド」

十四〜十五世紀は、ジェノヴァ、ヴェネツィア、シチリアで改革された造船・航海技術、マヨルカでの世界の地理知識の総合、イスラーム占拠からの国土回復《レコンキスタ》を遂げた、航海スポンサーとしてのポルトガル・スペインの王室などが複合された、「カトリック・イベリア地中海ヨーロッパ」の初期海上制覇時代の幕開けだった。やがてスペインの無敵艦隊が、イギリス海軍によって壊滅させられた十六世紀末に始まる、「非カトリック・大西洋ヨーロッパ」イギリス・オランダ・フランスの、特許会社の時代がくる。

最初期における、ポルトガルとスペインの海上覇権争いから、ポルトガル＝東回り、スペイン＝西回りを決めた、トルデシリャス条約（一四九四年）が結ばれる。その結果、ポルトガルの「東回りインド」の交易、スペインによる「西回りインド」、すなわちアメリカ大陸の武力征服と、大量移住したヨーロッパ人とアフリカ起源の奴隷によるアメリカ開発の時代が始まった。

こうして、「イベリア・ヨーロッパ」の王権が直接関与した交易の時代に次いで、「大西洋ヨーロッパ」の特許会社による、とくに「東インド」との交易の隆盛の時代がくる。地球が丸かったために、トルデシリャス条約下の東回りのポルトガルと西回りのスペインは、一五二〇年代の「香料諸島」モルッカ（現インドネシア）をめぐる紛争のように、東南アジアで鉢合わせをした。

十七〜十八世紀に隆盛を迎えた、ヨーロッパ（火器、酒、装身具など）→アフリカ（奴隷）→アメリカ（砂糖、綿花、香辛料、タバコなど)→ヨーロッパ三大陸を結ぶ大西洋三角交易は、あくまで「西洋」を中心とした、それ以前の東回りと西回りの融合とみることができる。しかし「東インド」においては、十七世紀以来の「大西洋ヨーロッパ」の優越が、十九世紀後半の領域支配としての、イギリス・オランダ・フランスの進出を準備した。

十八世紀末までの、いわゆる重商主義時代には、アフリカと東インドの現地首長を介しての交易が主だった。だがヨーロッパの産業革命後は、地域を住民ごと支配して産業のための第一次産品の供給源とし、同時に製品の市場にもする植民地の獲得が、ロシアにまで拡大された「西洋」のナショナリズムが投影されたかたちで、アフリカ・アジア・オセアニアの非欧米世界におよぼされる。

ただ、十九世紀半ばの東アジアで明治日本は、欧米列強の外圧を受けながら、天皇制軍国主義への内部変革と脱亜入欧方針を基礎に、「万国公法」規準の「国民国家」の体裁を整えて欧米世界の仲間入りを強行した。以後日本は不平等条約からの脱皮に苦慮しながらも、基本的に欧米列強の側に立ち、その一部と協同あるいは対立して、他の東アジア地域を侵略する。その結果、満洲事変(一九三一年)から日本帝国の崩壊(一九四五年)にいたる「十五年戦争」では、日本は中国と同時に、枢軸国を除く欧米も敵として戦い、アジアの欧米植民地も軍事占拠した。

「万国公法」体制の虚と実

十七世紀半ば、三十年戦争後のヨーロッパでつくられたウェストファリア体制は、主権国家の権利平等、内政不干渉を建前とする「多国間体制」ではあったが、実質は上位調整機関のない力関係に基づくものだった。ウェストファリア条約(一六四八年)で独立を認められたオランダが、フランス革命軍に占領されてバタヴィア共和国となり、一八一三年までナポレオンの統治下におかれるなど、軍事力による実効支配が優越していた。その一方で、ウェストファリア体制勢力が、体制外東アジアの華夷秩序をもつ地域へ進出するにあたっては、この多国間体制の原理を「万国公法」(清代中国で教育・外交にも活躍したアメリカ人宣教師ウィリアム・マーティンの訳語）という名目で、国際関係において普遍性をもつ法であるかのように説き、だが実際は力関係に基づく不平等条約のかたちで押しつけた。不平等条約改正の方策を探ることが目的の一つだった一八七一～七三（明治四～六）年の岩倉具視《ともみ》使節一行も、日本の倣うべき手本として強い感銘を与えられたプロイセン訪問中、宰相ビスマルクが、招宴で副使木戸孝允《たかよし》を右隣に座らせてぶったい大演説「カノ所謂公法ハ、列国ノ権利ヲ保全スル典常トハイヘトモ、大国ノ利ヲ争フヤ、己ニ利アレハ、公法ヲ執ヘテ動カサス、若シ不利ナレハ、翻スニ兵威ヲ以テス」（『米欧回覧実記』第五八巻）の言葉を肝に銘じたと思われる。

そして国民（nation, Volk）・国家（state, état, Staat）の二〇〇年

十九～二十世紀は、欧米に国民国家（nation state）が生まれ、それが非欧米世界を制覇し、非欧米世界にも国民国家の形成を促した。第二次世界大戦後は、旧植民地が植民地の領域を単位とする国民国家として独立し、成立の事情も、政治体制も多様な国民国家が地球を覆い、分割した。

元来ラテン語 **natio** は「生まれを同じくする者」を意味する語として、中世ヨーロッパの大学などの多地域間組織で、同郷者集団を指して用いられていたが、フランス革命時「第三身分 le tiers état」を指すものとしてシエイエスによって **nation** という語が用いられてから（一七八九年）、ある政治社会の構成者を集合的に指して使われるようになり、急速にその用法が広まった。一八〇七～〇八年のフランス軍侵入当時、ドイツ・ローマン派の影響下に、ベルリン大学総長フィヒテがおこなった有名な講演"Reden an die deutsche Nation"（『ドイツ国民に告ぐ』）でも、Nation が鍵概念として用いられている。また、ウェストファリア条約でルイ十四世のフランスに併合されて以来、仏独間の係争の対象でありつづけたアルザス＝ロレーヌ（エルザス＝ロートリンゲン）地方をめぐって、住民がゲルマン系でドイツ語の一方言を話すのだからドイツに帰属するのが当然とするドイツ側の論理と、普仏（独仏）戦争後のルナンの説に代表される、住民がど

ちらの政治社会への帰属を望むかによって決めるべきだという考え方の対立は、「国民・国家」をめぐる問題一般の根底にあるといえる。

民族という日本語・中国語の概念、および他の言語でそれにほぼ対応する多様な概念と、それによって指示される人の集合「人々」が、国家など領域を前提とする社会の広がり「地域」と結びつけられた場合の概念「国民国家」は、大きく二種の相反する指向性に性格づけられているといえる。

その指向性の一つ(A類と呼ぶ)は、「人々」の生物的または文化的出自ないし系譜とは無関係に、ある範囲の「人々」が共通の「地域」で共通の政治社会をつくっていこうとする指向性で、アメリカ合衆国、大革命以後のフランス、中華人民共和国、インド、カナダ、アフリカ諸国など、多民族国家を建前として表明している国、および事実上受け入れている、現実には世界の大半の国家に、程度の差はあれ、認められるものだ。

第二の指向性(B類と呼ぶ)は、生物的または文化的出自ないし系譜に基づくアイデンティティを共有する「人々」で共通の「地域」をつくっていこうとする指向性だ。十八~十九世紀フランス「啓蒙思想」の普遍主義、その一つの表れとしての nation の観念、軍事進攻によるその押しつけに反発する、大ゲルマン主義の自己主張に彩られた、十九世紀ドイツの「国民国家」というより、「民族国家」の形成に、このB類の指向性はよくあらわれている。独自の Volksgeist(「民族精神」ヘルダー)をもつ個性的な Volk や生物的に血を分けた Stamm の観念、その「人々」を中心とする「地域」としての Reich の考え方は、普仏戦争後のプロイセンという王国 Königreich を中核とするドイツ帝国 das Deutsche Reich(一八七一~一九一八年)によって現実のものとなり、さらにその指向性が極度に肥大した結果としての、"Ein Volk, ein Reich, ein Führer!"(「一民族、一帝国、一総統!」)のスローガンに集約される第三帝国 das Dritte Reich(一九三三~四五年)へとエスカレートしたといえるだろう。

典型例として分析に値する、仏独間の用語にややこだわるならば、Volk に対応するフランス語は、集団の含意を欠いた peuple でしかありえず（英語の people も同じ）、文化を同じくする（場合によって出自のうえで共通の血を分けた）共同体の意味でも用いられる Volk とは、かなり異なる指向性をもつ概念だ。

race というフランス語の語源には諸説（generatio というラテン語がイタリアで naraccia に変化したなど）あるが、「家畜や果物の品種」を指して用いられていたのに由来した、後期南部ラテン語 rasse から転化した中世イタリア語 razza（共謀者の仲間）から借用された言葉で、その後ロマンス語に広まり、ある遺伝的特徴を共有する人々を指して用いられるようになったといわれる。十六世紀初め頃からは、王や貴族の血を分けた一族を、やがてヒト一般（la race humaine）を指して用いられる一方で、同業者や同じ趣味の仲間を卑しめた意味を込めて呼ぶのにも用いられた。十八世紀革命前のフランスでは、博物学者・比較解剖学者のビュフォンが、ドーバントンなどとの共著としてまとめた三三巻の大著『自然誌 *Histoire naturelle*』（『ヒトの自然誌』もその一部をなす）で、種としてのヒトを指す学術用語として用いた。

十九世紀半ばになると、外交官出身のフランス人ゴビノーの有名な『人種の不平等についての試論』（一八五三年）が刊行され、その後のアーリア人優越論、ドイツ帝国のヴィルヘルム二世などが喧伝した「黄禍論」（die gelbe Gefahr）、次いでナチの人種差別論の基礎にされた。やはり十九世紀後半に盛んになった生物進化論のなかで、ダーウィンの『ヒトの由来および性淘汰 *Descent of Man and Selection in Relation to Sex*』（一八七一年）では、種（species）の下位分類の単位として、自然科学的な意味での race の概念が示されている。

ロマンス語からドイツ語に入った Rasse はもちろん、Stamm や Volk の概念においても、これまでもみたように大ゲルマン主義の伝統のなかでは、血の結びつきへの傾斜が、とくに古代ローマの継承者を任じるとみなされたフランスの普遍主義への反発として、強められたのではないかと思う。

十八世紀末以後のフランス語では、一定の政治社会と結びついた peuple としての nation（人々）に対応する（地域）は、état という著しく一般化された概念よりは、より具体的な patrie（父のくに、祖国）であり、これにあたるドイツ語は、語義として対応するVaterlandであるよりは、むしろHeimatだ。このことは、普通、フランスやドイツの記念碑にpatrie, Heimatのために命を捧げた者として戦没者の名が刻まれていることからも理解される。

ドイツ語のStaatも極めて一般的な、内実の希薄な語で、普仏戦争中に成立した「国民国家」ドイツ帝国も、フランスと戦う中心だったプロイセンというKönigreich(王国)のKönig(王)であるヴィルヘルム一世が、同時にプロイセンを中核とするReich(帝国)のKaiser(皇帝)も兼ねることになったのだ。だが、行政上は地方分権と連邦への傾斜の強いドイツで、民衆の帰属意識の拠りどころは、KönigreichやReichであるよりは、むしろHeimatだ(ドイツ現代史研究者松本彰さんからの個人的ご教示も、参考にさせていただいた)。

国民「人々」と国家「地域」のあり方をめぐる第二の指向性B類について、A類との対比で考えるうえで、典型例といえるドイツの事例をやや長く検討したが、A類の指向性が、事実上大多数の国民国家に含まれている一方で、世界が歴史上はじめて形式上の「国民国家」で覆われた二十世紀には、それに対する反発として、B類の指向性も激しさを増して世界各地に噴出している。数例をあげても、現実の「地域」をともなったシオニズムの強行実現の結果としての、一九四八年のイスラエルの建国が現在まで引き起こしつづけている問題、第一次世界大戦以来のボスニア＝ヘルツェゴヴィナの問題、北アイルランド、東ティモール、ソ連解体後のウクライナ等々が提起している問題などがある。

これらと並行あるいは交差して、「先住民」の権利をめぐる問題群も、B類の指向性の延長として考えられる。現在地球を覆っている「国民国家」との関係で窮地に追い込まれている世界の先住民(そのほとんどが、国民国家の主導勢力との関係で、マイノリティだ)の権利をめぐる問題が、国連の場で重視されるようになったのは、「先住民常置フォーラム」を設置する動きが、一九八〇年代の終り頃から生まれ、国連が一九九三年を「世界の先住民のための国際年」とした頃からだ。

二〇〇七年九月十三日の国連総会で、長いあいだの懸案だった、四六条からなる「先住民族の権利に関する国連宣言」が、ようやく採択された。賛成一四四カ国、反対四カ国（アメリカ合衆国、オーストラリア、カナダ、ニュージーランド)、棄権一一カ国、欠席三四カ国という圧倒的多数での採択だった。だがこの宣言が構想されてから三〇年、起草部会が設立されて二五年、最初の宣言草案が提示されて一九年が経過している。宣言の起草作業は、「先住民作業部会」において、一九八二年に始まった。

この宣言は、従来国家が主体であった国際法において、「先住民族」を自決の権利を有する主体として、国家に対抗し、国家を制約する主体として位置づけようとする。だが定義自体曖昧《あいまい》な「先住民族」に、国家を制約しうる権利を与えることは、各国家内でも問題を起こした。主権国家を構成単位とする国連という機関で、この宣言が承認されにくかったのも当然だった。一方で、先住民族に自決権を認め国家の制約から自由にすることも、人権尊重を基本理念とする国連の立場だ。

採決で反対票を投じたCANZUS諸国とも呼ばれる四カ国は、十五世紀末以後のヨーロッパ人の海外進出によって、白人が先住民を支配統治して成立した国だ。棄権は、アゼルバイジャン、バングラデシュ、ブータン、ブルンジ、コロンビア、グルジア(現ジョージア)、ケニア、ナイジェリア、ロシア連邦、サモア、ウクライナ。

欠席三四カ国のうち、アフリカの国は、チャド、コートディヴォワール、赤道ギニア、エリトリア、エチオピア、ガンビア、ギニアビサウ、モーリタニア、モロッコ、ルワンダ、サントーメプリンシペ、セーシェル、ソマリア、トーゴ、ウガンダの一五カ国だった。

賛成票を投じたアフリカの国でも、例えばナミビアは、アフリカ分割を決めた十九世紀末のベルリン会議でドイツ領とされて以来、現在の国家にあたる地域の住民全体が、第一次世界大戦中に、人種隔離政策時代の南アフリカ連邦に占領されて、戦後はその委任統治領になるなど、長いあいだ外来勢力によって、先住民としての権利を奪われつづけてきた。

現生人類が地球上に拡散定着した過程で、ある地域へ一集団が、ただ一回の移住によって定住し、それ以後の他の集団の移住はなかったという、つまり「先住民問題」をまったく抱えていないような、大部分十九世紀以後に成立した国民国家は、現実には存在しない。

いずれにせよ、たかだか数万年前に、アフリカを数回にわたって徒歩で出たホモ・サピエンスの、最近の研究では合計しても千人規模だったと考えられる人々が、世界中に拡散・移動・定住する過程で、先住民、新住民の関係が生まれたのだ*。問題は先住・新住にともなう権利にあるよりは、ある集団が他の集団を差別、搾取、支配したか否かにあり、その不当を明らかにし、場合によって是正・補償措置をとらせることにある。ただそこで、「先住民族」という権利要求のための「旗印」を、実体と取り違えることは、民族や人種という有境の実体ではないものを、逆差別の「しるし」とする危険にもつながりかねない。

国民国家の相対化のために

ナショナル・アイデンティティの枠組みとなる「国民国家」そのものを、相対化して覚めた目で検討するためには、時間的にも深い、国民国家以前を含む世界史的視野が必要だ。そして抽象論ではなく、あくまで具体例に拠りながら、広く多文化間でこの問題を検討しようとする目論見から生まれたのが、本書の母体となった研究プロジェクトだ。

この問題をカバーできる多様な学問領域の専門家、以下の二二名の方に参加をお願いし、大学共同利用機関法人人間文化研究機構における三年計画のプロジェクトの一つとして、この共同研究が生まれた。

伊藤亜人、臼杵陽、大塚和夫、小川了、勝俣誠、川田順造、河西晃祐、姜範錫、栗本英世、小長谷有紀、佐々木史郎、清水展、田村克己、永原陽子、永渕康之、濱下武志、古田元夫、真島一郎、水島司、宮崎恒二、山室信一、吉澤誠一郎。

姜範錫さんは、第二回以後日本での研究会に出席できず、初回だけの特別参加となった。真島一郎さんは、途中で参加を取りやめた。

国立民族学博物館（民博）とともに、このプロジェクトを支えた国立研究機関、東京外国語大学アジア・アフリカ言語文化研究所の所長だった大塚和夫さんは、当初から研究会の中心として研究会の運営にご尽力くださったが、プロジェクト半ばで、過労がもとで急逝された。意気投合していた同僚としても、プロジェクトのよりよい完遂のためにも、このあまりに早すぎた死は痛恨に堪えない。

長野泰彦さんは、国立民族学博物館の研究者としてかねてからの筆者の友人で、長野さん主催のシンポジウムに参加させていただいたこともあったが、人間文化研究機構の理事として、筆者にこのようなテーマでの共同研究を組織しないかと勧めてくださった。長野さんにはその後も、研究会の運用に絶えず貴重な助言をいただいた。

フィリピン経済史の永野善子さん（第七回研究会）、南アジア近現代史の井坂理穂さん（第八回研究会）は、プロジェクトのメンバーではなかったが、それぞれの報告者の強い希望で、コメンテーターとして、ご出席をお願いした。

インドネシアの教育についての若手研究者である金子正徳さんは、研究発表には加わらなかったが、参加者の出張手続き、研究会の記録など、このプロジェクトを実施するうえでの縁の下の力持ちとして、全研究会で働いてくださった。

以下にまず、二〇〇七年六月から一〇年二月までの三年にわたった研究会の経過を、簡略化された一覧で示す。東京外国語大学アジア・アフリカ言語文化研究所と国立民族学博物館のどちらかが、会場となった。

第一回

川田順造「研究プロジェクトの趣旨説明と問題提起——なぜ、ナショナル・アイデンティティの多文化間比較か」

姜範錫「開化期朝鮮国の近代化は可能であったか？」

その後、部会員全員一人一人の問題提起と全員での討論

第二回

佐々木史郎「帝政ロシアの東方進出と植民地としてのシベリア・極東」
コメンテーター　小長谷有紀
永原陽子「南アフリカ——近代世界史の中での国家形成」
コメンテーター　栗本英世

第三回
古田元夫「アジア主義・東アジア・東南アジア——ベトナム民族運動に即して」
コメンテーター　濱下武志
栗本英世「パン・アフリカニズムについて——現代アフリカ人にとっての意義」
コメンテーター　勝俣誠

第四回
大塚和夫「アラブとイスラーム——相似と差異」
臼杵陽「マイノリティーからの逆照射——大塚報告へのコメントを兼ねて」

第五回
小川了「フランスの西アフリカ支配体制とナショナリズムの発生——セネガルを例に assimilation について考える」
コメンテーター　川田順造
吉澤誠一郎「義和団をめぐる記憶と中国ナショナリズムの位相」
コメンテーター　濱下武志

第六回

山室信一「国民帝国論と大東亜共栄圏の位相」
コメンテーター　臼杵陽
コメンテーター　河西晃祐
第七回
清水展「フィリピン革命(一八九六年〜二十世紀初)をめぐるナショナリティとグローバル・ネットワーク——ホセ・リサールと末広鉄腸を中心に」
コメンテーター　永野善子
永渕康之「比較帝国論序説——オランダを中心として」
コメンテーター　山室信一
第八回
田村克己「ミャンマーのアイデンティティ形成について」
コメンテーター　宮崎恒二
水島司「インドのナショナル・アイデンティティに関する若干の考察」
コメンテーター　井坂理穂
第九回
川田順造「十六世紀と十九世紀における、西洋のアジア・アフリカへの進出を対比して考える」
コメンテーター　濱下武志
伊藤亜人「韓国・朝鮮におけるナショナル・アイデンティティに関する論点の整理」
コメンテーター　濱下武志

日本の「近代化」をあらためて問い直す

足掛け三年にわたったこのプロジェクトの、研究会全体の跡をあらためてたどってみて、西洋の圧力下に「万国公法」に沿って、不平等条約から出発せざるをえなかった、脱亜入欧、富国強兵日本の近代化とは、そもそも何だったのかという問いが、次に起こってくる。

プロジェクトの途中から、すでに参加者の方々からも出されていたこの声を、新しい視野で練り直す目的で構想され、時期的にも直接受け継ぐかたちで二〇一〇年四月の次年度から、今度は民博の共同研究として、川田を引き続き代表者として始められたのが、「日本の「近代化」をアジア・アフリカ諸社会との比較で再検討する」というプロジェクトだ。

アジア・アフリカの大部分の社会にとって、十九世紀後半は、十八世紀末に独立したアメリカ合衆国と、欧化政策を進めたピョートル大帝以後のロシアにまで拡大された「西洋」の列強による、植民地支配が進められた時代だった。明治日本は、十九世紀の西洋世界がつくる国民国家に、実際には「万国公法」の不平等な適用を通じて仲間入りすることによって、植民地化を免れた。日本で天皇が法的にはじめて国家元首として位置づけられたのは、明治憲法によってだが、これはヨーロッパの立憲君主制に倣ったものだ。

社会制度や軍事技術でも、プロイセンや大英帝国やフランスから多くを取り入れた一方で、神格化された天皇を総帥とする「強兵」日本を創出するために、国家思想においては、西洋近代からはかけ離れた、日本古代のモデルが動員された。『日本書紀』の神武東征神話に基づいて一八九〇(明治二十三)年に制定された金鵄勲章は、一九四五年の大日本帝国消滅までの数々の戦争での、概数でしかつかめていない百万人近い功労者に授与された。『万葉集』の防人《さきもり》の歌に由来する、天皇の「醜《しこ》の御楯《みたて》」として戦地に赴く兵士の思想は、戦後の三島由紀夫「楯の会」の名称にまで尾を引いている。やはり『万葉集』の大伴家持の長歌から歌詞をとった「海行かば」は、明治早々の十三(一八八〇)年当時の宮内省伶人によって作曲され、のちに一九三七年信時《のぶとき》潔が再度作曲したものは、「第二国歌」とも呼ばれたほど、重用され広く浸透した。すべて、源平という二大賜姓皇族による武家政治の七〇〇年を一気に飛び越えて古代に範を求めた、日本「近代化」の思想モデルだ。

この大日本帝国が終焉《しゅうえん》を迎えた一九四五年は、ポルトガルなど一部を除き、日本も含む世界の植民地帝国が崩壊して、とりあえず旧植民地が解放された年でもある。

だからといって、植民地支配から解放されたアジア・アフリカ諸社会が、すぐ主権国家として独立を達成できたわけではない。アジア諸社会は全般に早く、インドネシアは日本降伏と同時に一九四五年八月、フィリピンは翌四六年七月に独立し、四七年八月にはインドとパキスタンも分離独立を達成した。

だがアフリカ諸社会は、十九世紀末の西洋列強の力関係を反映した極めて人為的な植民地分割の後遺症もあって、戦後独立をもっとも早く達成したのは、パン・アフリカニズムを掲げるクワメ・エンクルマの率いるガーナ共和国の一九五七年三月、次いでド・ゴール体制に叛旗を翻してフランス共同体から離脱した、セクー・トーレのギニアの一九五八年十月だった。他の多くの国が一九六〇年に独立し、アフリカの年ともいわれた。

第二次世界大戦後に独立したアジア・アフリカ諸国から、日本は「伝統」を保ちながら「近代化」に成功したとしばしばいわれ、外交や技術協力で日本側がそういう見方を示すこともある。だが、そこでいう「伝統」とは、いったい何だったのか？　日本の「近代化」の実像と虚像を、アジア・アフリカの国と社会に根をすえた視点から、再検討してみようというのが、次のプロジェクトを組んだ理由だ。この作業は、いま難しい舵取りを迫られている日本の対アジア・アフリカ関係のあり方を、根底から考えるためにも、不可欠だ。

第二期のこの研究プロジェクトも、三年間の研究会をまもなく終えようとしている。その成果は、『ナショナル・アイデンティティを問い直す』の刊行に続いて、民博の共同研究の成果として刊行される予定だ。

＊ホモ・サピエンスの出アフリカに関する記述は、この領域の専門家である馬場悠男さん（国立科学博物館人類研究部名誉研究員、元日本人類学会会長）からの数回にわたるメールでの御教示に基づいている。最終的な文責は川田にあることはいうまでもない。

参考文献

川田順造「十五世紀のアフリカと地中海世界」『アズララ、カダモスト　西アフリカ航海の記録』（大航海時代叢書 Ⅱ）岩波書店、一九六七年
川田順造・福井勝義編『民族とは何か』岩波書店、一九八八年
川田順造「「民族」概念についてのメモ」『民族学研究』六三巻四号、一九九九年、四五一〜四六一頁
川田順造『人類学的認識論のために』岩波書店、二〇〇四年、第二章「民族と政治社会――西アフリカの事例を中心に」、第三章「「地域」とは何か――その動態研究への試論」など

第Ⅰ部

植民地帝国とナショナリズム

時間軸と空間軸の対比から

十六世紀と十九世紀における西洋のアジア・アフリカへの進出を対比して考える

川田順造

二つの地域、二つの時代を対比する意味

この報告での「対比」には、二重の意味が含まれている。第一は十六世紀と十九世紀という時代の対比であり、第二は、アジア(この場合とくに日本)とアフリカ(とくに西アフリカ)という地域の対比である。

十五世紀末に始まる、地中海カトリック・ヨーロッパを原動力とする西洋の「大発見」時代のアジア・アフリカへの進出の主目的は、金と香辛料の入手、キリスト教(カトリック)の布教であり、海岸の拠点を中心とする、「点と線」の接触だった。「普遍的」を意味するギリシア語の「カトリコス」に由来する「カトリック」という信仰からして、八百万の神を祀る日本や、万物に魂を認める西アフリカのアニミズム的世界に比して、何と攻撃性に充ちていることか。

地中海産のカイガラムシからつくる染料で染めた鮮紅色(安土桃山時代の日本での呼称「猩々緋」)のラシャ、地中海名産の珊瑚、火縄銃などが、この第一の時代に、地中海ヨーロッパから、西アフリカとアジアにもたらされた。この時期の、西アフリカとアジアにおける、現地首長のカトリックへの入信には、地域差が著しい。

イギリス海軍によるスペイン無敵艦隊撃滅に象徴される、イギリス、オランダ、ナントを中心とするフランスなど、

「非カトリック・大西洋ヨーロッパ」が、海外進出において、第一の時代の「カトリック・イベリア地中海ヨーロッパ」に取って代わる。奴隷交易を核とする、ヨーロッパに莫大な利益をもたらした大西洋三角交易の十七・十八世紀を経た産業革命後、アメリカ合衆国、欧化政策を進めたロシアも含めて、拡大された西洋世界による、第二の時期十九世紀後半のアジア・アフリカへの進出が起こる。その主目的は、西洋の産業のための第一次産品の供給者で、同時に産業製品の市場としての、住民も含めた「面」の支配だった。社会組織や価値観の変動のなかで、アジア(日本)・アフリカでの新興宗教の誕生にも注目したい。

植民地支配を、異なる文化をもつ集団の、力による支配と収奪という広い意味にとれば、規模の大小はあっても、それは人類の歴史のなかで古くから、さまざまな地域でおこなわれてきた。だがそれが極めて大規模かつ持続的に、とくに支配された側の、ナショナル・アイデンティティに深くかかわるようなかたちで起こったのは、海路による、西洋のアジアとサハラ以南アフリカへの進出だったといってよいだろう。そしてこの進出を、十六世紀と十九世紀という二つの時期を対比させて取り上げることには、意味があると思われる。

十六世紀　海を経由しての接触

十六世紀は、西洋世界が海を経由してはじめて、まずサハラ以南のアフリカ、次いでアジアと接触した時代だった。この「カトリック・イベリア地中海ヨーロッパ」が中心になった、西洋世界の海外進出の第一の時代は、ポルトガル、スペインなど、イベリア半島の王室がスポンサーになり、十字軍の時代を通じて富と技術を蓄えた、ジェノヴァ、ヴェネツィアをはじめとするイタリア港湾都市出身の腕利きの船乗りたち(コロンブスやカダモストなど)が船を操るという、世界史上まれにみる強力な組合せによって、実現したといえる。

地理上の知識においても、北アフリカを通じてのサハラ以南アフリカについての情報、十字軍時代のイスラーム圏と

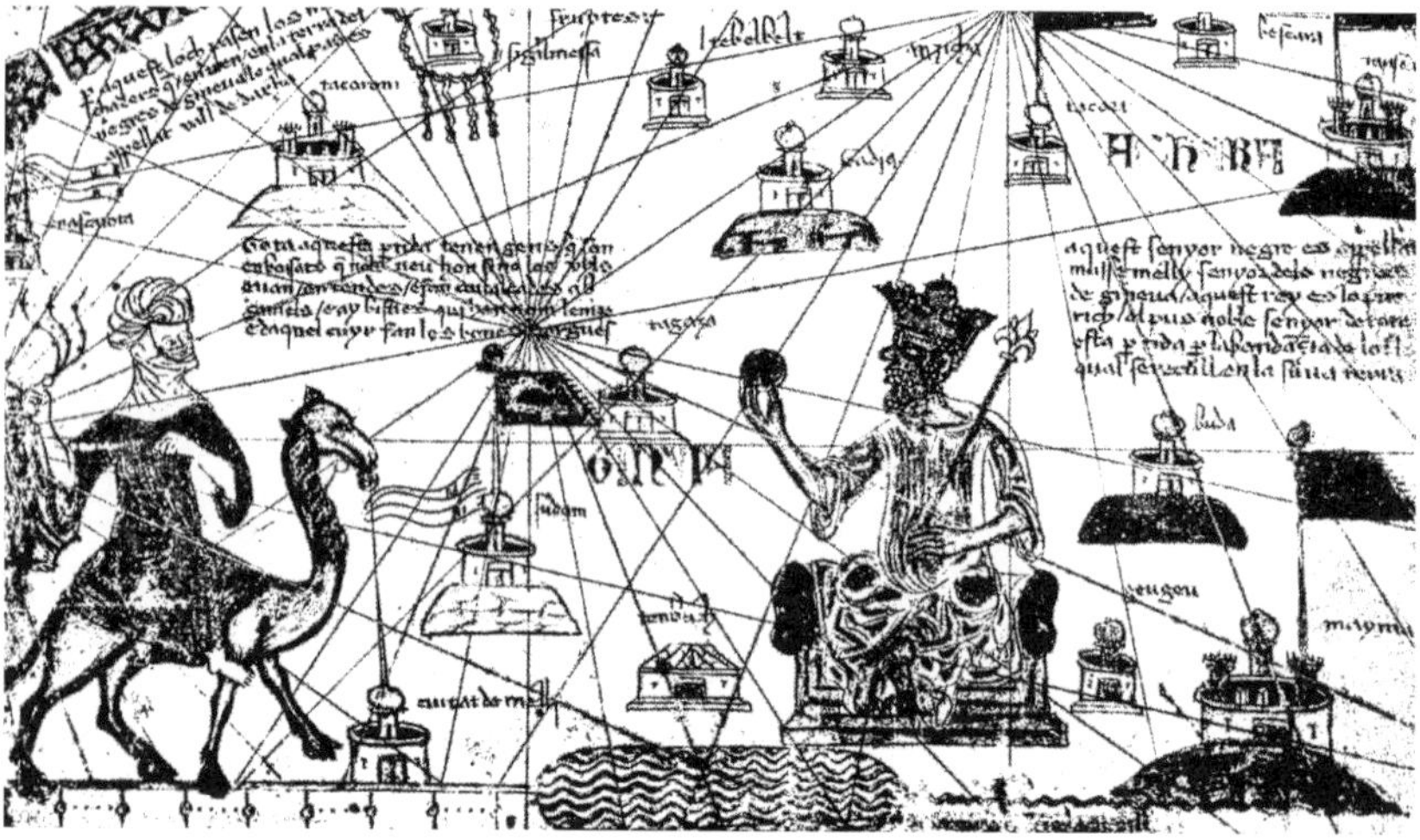

図１　『カタルーニャ地図』　第１葉下部分の拡大図。
［出典］アズララ，カダモスト『西アフリカ航海の記録』（大航海時代叢書Ⅱ），岩波書店，1967：512-513

の接触による東方世界の情報などが、十四〜十五世紀の地中海世界に蓄積される条件がそろっていた。とくに当時マヨルカ島のパルマを拠点に、地図、時計、羅針盤、その他航海用具の製作・販売を手広くおこなっていたユダヤ人クレスケス父子の広汎で正確な情報を絵入りで示した世界地図の制作は比類のないものだった。

当時マヨルカを支配していたアラゴンの皇太子から、十三歳のフランス王シャルル六世への贈り物として注文制作された世界地図、通称『カタルーニャ地図』は、六五×五〇センチの仔牛皮紙二つ折り六枚に、金銀を含む多彩色で描かれた豪華なもので、オリジナルは現在ではフランス国立図書館に保管されている。

全世界が描かれているが、とりわけ地中海を中心とする南部ヨーロッパとトルコ、カナリア諸島から一部サハラ以南も含むアフリカの地図は、地形も驚くほど正確に描かれ、詳細な説明がカタルーニャ語で書き込まれている。サハラ南縁の「黄金の帝国」として、地中海世界にも知られていたマリ帝国の君主の姿を説明文を添えて描いたのも、この『カタルーニャ地図』がはじめてだ（図1）。

説明文には、こう記されている。「この黒人の君主はムーサ・マリ、すなわちギニアの黒人の君主と呼ばれている。彼の国に産出する金は極めて豊富なので、彼はすべての地方でもっとも富裕にして高貴なる王である」。

この君主が金塊と思われるものを右手に持って差し出す向かい側には、サハラを越えての交易に携わっているらしい、駱駝にまたがりターバンを巻いた男の姿が大きく描かれている。サハラの塩の産地タガーザ、マリの都（どこにあったかは現在まで不明だが）、ティンブクトゥー、ガオなど、西アフリカ内陸部の重要な地名がすべて、かなりの正確さで書き込まれている。

そして地図左上のモロッコにあたる部分には、「この地を通って、ギニアの黒人の地に旅する商人たちが往く。ここをドラーの谷と呼ぶ」と書かれている。

おりしも、のちに「航海王子」と綽名《あだな》されたアヴィス朝ポルトガルのエンリケ王子は、一四一五年モロッコの西北端の要衝セウタを攻略して、のちに西アフリカ沿岸を南下して黄金の国に達する航海を組織する端緒を開いたのだが、『カタルーニャ地図』以外にも、注文に応じてマリ帝国の地図を描いたはずのクレスケス父子からも、王子は地理上の情報を得ていたのではなかっただろうか。

造船・航海技術においても、十四〜十五世紀の地中海世界は、革新の時代だった。九世紀にヨーロッパ各地に進出してノルマン王朝を築いたヴァイキングは、十一〜十二世紀には、イタリア南部とシチリア島に進出し、シチリア王国を築いた。それまで地中海で用いられていたのは、古代ギリシア、フェニキアの時代以来、良質のレバノン杉を使ったshell-first method（「外殻先行法」）による、波の高くない内海や川では積載効率のよい船だった。だが、外洋の荒波を乗り切って長距離を航行するには適していない。その種の航海に長けていたヴァイキングが用いていた、前後方向に底を支える頑丈なナラ材の龍骨に対して、直角（船の左右方向）に肋材を組み、それを梁によって固定する龍骨船が必要だ。

龍骨船を地中海にもたらしたノルマンは、彼らの知らなかった三角帆を、地中海世界で発見した。彼らが「ラテン帆」と呼んだこの三角帆は、東アフリカのアラブ起源のダウ船が装備していた帆で、その末裔《まつえい》である現代のヨットの帆のように、風上に向かっての航行を可能にする。これは長距離の外洋航海には、不可欠のものだった。

そのほか、それまでは長い柄のついた舵を、大勢の水夫が甲板で骨折って操作していたのを、垂直の軸に固定し、ハンドル操作できるようにしたこと、細い棒状の磁針を水に浮かべて方角を見ていた(一般に湿式羅針盤とも呼ばれる)のを、目盛を刻んだ円盤上の固定軸で動くようにした羅針盤の改良など、荒海を逆風でも乗り切って、何十日も航行できる装置、これらすべてを取り入れて生まれたのが、ポルトガル語で大型のものは「ナウ」(スペイン語では「ナオ」)と総称され、三本マストの小型船は「カラヴェーラ」(スペイン語では「カラベーラ」)と呼ばれた外洋航海船だ。

東回り 対 西回り

コロンブスがはじめてアメリカに到達したとき(一四九二年)の三隻のうち、コロンブスが乗った旗艦はナオで、もともと貨物船として建造されたずんぐりしたものだった。この第一回の航海のときは、コロンブスの西回り航海の計画への支援を、ポルトガル王室には二度断られ、スペインのイサベル女王にも断られた直後に、女王の翻意で呼び戻され、三カ月の交渉のすえに妥結。その三カ月後にアメリカに向け出航という慌ただしさだった。それゆえ大急ぎで調達した三隻とも、外洋航海向けに建造されたものではない、ありあわせの中古船だった(貨物船だった旗艦サンタ・マリア号の購入時の名も「仇女《ガランテ》マリア」だったのを、コロンブスが「聖《サンタ》マリア」に変えさせたといわれる)(図2)。

それでもコロンブスの適切な航行で、七カ月半でバハマに到達したが、サンタ・マリア号はたちまち座礁。船を解体して砦を築き、三九人の部下を残して、二隻でスペインに戻っている。コロンブスの支援を断ったポルトガルのジョアン二世は、エンリケ王子の遺志を継いで、西アフリカ沿岸をくだっての探検航海を進めており、これに先立つ一四八六年、すでにアフリカを迂回して東回りでアジアに行く具体策を進めていた。五〇トン級の武装カラヴェーラ船二隻と補給艦一隻を探検航海用に建造し、バルトロメウ・ディアスを派遣。ディアスは喜望峰に到達して一六カ月一七日におよんだ航海を無事に達成してリスボンに帰還している。

これを受け、喜望峰を越えてインドで実際に交易をおこなう次のヴァスコ・ダ・ガマの航海に向けてポルトガル王室は、ナウの原型でナウよりも小型のナヴィオ船二隻、ナウ一隻、食糧補給用の貨物船一隻を新しく建造しつつあった。アフリカを迂回してインドや東方に達する航路が、現実に開かれようとしているのに、西回りでインドや、マルコ・ポーロ以来伝説化した日本(ジパング)や中国大陸(カタイ)に行ってみようというコロンブスの申し出に、ポルトガル王室が耳を貸さなかったのも当然だった。

コロンブスは、一四九三〜九六年の第二回航海では、キューバからジャマイカにも行き、一四九八〜一五〇〇年の第三回航海ではトリニダード島に接近してベネズエラまで、第四回(一五〇二〜〇四年)では、カリブ海に入ってパナマの沿岸まで達しているが、大陸部には結局上陸していない。

コロンブスの第一回航海の二年後に、スペインとポルトガルのあいだに結ばれたトルデシリャス条約によって、セネガル沖カーボヴェルデ諸島の西三七〇レグア(一七七〇キロ)の、海上の子午線に沿った線(西経四六度三七分)の東側に「発見された」新領土がポルトガルに、西側がスペインに属することが定められた。その結果、ブラジル、熱帯アフリカ全土、インド、日本などは、すべてポルトガルの勢力圏になった。

イサベル女王没後、スペイン王国の実質的支配者となったフェルナンド王は、ポルトガルが東回りで、インド洋のザンジバルやインドから大量の香料を運んでいるのに苛立ち、フィレンツェ出身の地理学者アメリゴ・ヴェスプッチを南アメリカにたびたび派遣して、西回りで香料の国へ達する方策を練った。アメリゴは一四九九年から一五〇一年にかけての探検で、天測をしながら南アメリカ西海岸を南緯五〇度まで南下したとき、この大陸がそれまで知られていたアジア最南端(マレー半島、北緯一度)とアフリカ最南端(南緯三四度)の緯度をはるかに南へ越えて続くため、それが既知のどの大陸にも属さない「新大陸」であることに気づいた。

アメリゴは一五〇三年頃、論文「新世界El Nuevo Mundo」を発表。一五〇七年ドイツの地理学者マルティーン・ヴァルトゼーミュラーがアメリゴの「新世界」を収録した『宇宙誌入門 *Cosmographiae Introductio*』を出版した。その付録の世界地図に、アメリゴ・ヴェスプッチのラテン語名アメリクス・ヴェスプキウス(Americus Vespucius)の女性形(大陸名は、それまですべて女性形だった)から、この新大陸に「アメリカ」という名をつけ、それが現在まで続く、この大陸の通称になった。

南北アメリカがひと続きであることがわかったのは、それよりあとのことだが、北アメリカへはコロンブスよりはるか以前に、ヴァイキングが行っていたことが明らかになっている。コロンブス自身も彼の到達した土地をインドか日本か中国と思っていたのだから、コロンブスの「アメリカ発見」というのは、先住民側の猛反発を別にしても、留保付きの象徴的な意味しかもちえないだろう。ただ、そうした歴史も踏まえたうえで、現在でもヨーロッパでは「コロンブスのアメリカ発見」という表現は、高名な歴史学者や人類学者によっても、公刊される著書のなかでも用いられつづけている。

イスラーム教徒の占拠からの国土回復《レコンキスタ》をいち早く成し遂げたアヴィス朝ポルトガルは、ドン・エンリケが、ヨーロッパ最西南端で大西洋に突き出したサン・ヴィセンテ岬に海洋研究所を設け、アフリカの大西洋岸の探検航海を推進した。だがエンリケ王子が派遣した船が、アフリカ西岸を南西に進んで、一四四七年にSerra Leão(ポルトガル語で獅子山)、現在のシエラ・レオネ(スペイン語でSierra Leona〈獅子山〉)に到達してまもなく、一四六〇年王子は六十六歳で没した。

イスラーム教徒が占拠する、北アフリカと西アジアの厚い壁の彼方にあるはずの香料と金を、海路西アフリカを南へ進むことによって手に入れ、同時に、イエス降誕に参じた東方の三博士の一人の末裔とされる、風説のキリスト教司祭プレステ・ジョアンが治めていると伝えられた、キリスト教の国を発見したいという、当時のポルトガル王室の念願は、エンリケ王子の死後は、ジョアン二世によって引き継がれた。

ポルトガル王室の派遣する探検航海船が、西アフリカ海岸部の探索を少しずつ東へ進めるにつれて、その土地につけていった名称は、当時のポルトガル人のこの探検航海に込めていた欲望を、あからさまに反映している。

エンリケ王子の派遣した船乗りたちが、北西アフリカでわずかの砂金を手に入れただけでも狂喜し、その川をRio de Ouro（黄金川）と名づけたり、その後現在のガーナ、かつてのヨーロッパ人の呼び名で黄金海岸でも金を現地民との取引で得て、El Mina（鉱床）、つまり金の産地という名をつけたりもしたのだ。

肉食が盛んだったヨーロッパ人にとって、大量の肉を塩漬けや薫製にして長期保存する必要から、香辛料は不可欠だったが、西アフリカ産のギニア・ショウガの種子は、早くからラクダの隊商によるサハラ越え交易で地中海世界にもたらされており、十三世紀フランスの寓意詩『薔薇物語 *Le Roman de la Rose*』にも登場する。十六世紀西アフリカの海岸に海路到達したポルトガル人は、現在のシエラ・レオネ南部からリベリアにかけての地域で、このショウガ（メレゲータ胡椒）にめぐりあい、この実の粒を噛むと天にも昇る心地がするというので「天国の粒」と呼び、この海岸を「粒海岸 Costa de graos」と名づけた。これは十八世紀のスウェーデンの植物学者リンネが、この植物につけた学名の種名 *granum-paradisi* にも、直訳で反映されている。十六世紀中頃にポルトガルでつくられた、西アフリカの絵地図には、Costa de la melegeta と、的確に記されている（図3）。「天国に昇る心地」とは大袈裟だが、ヨーロッパ人がどれほど東方や熱帯の香辛料を渇望していたか、日本人のように元来家畜の肉には馴染まず、海産物やわずかの狩りの獲物に、香辛料としては山葵《わさび》、山椒（ハジカミ）、やがて生薑《しょうが》という食体系のなかで長いあいだ生きてきた人間には、実感としてわかりにくい。

ギニア湾沿岸は、東から、現在のナイジェリアの一部にあたる奴隷海岸、ガーナの黄金海岸、独立後の現在も名称はそのままの象牙海岸、リベリアの胡椒粒海岸と、十五世紀以後のヨーロッパ人の貪婪なアフリカ収奪の記憶を地名にとどめている。前述した天国の粒の「粒」を指した grão, grãos（ポルトガル語）、grain, grains（英語）などの語が、日本語訳

図２　コロンブスの旗艦サンタ・マリア号
1494年の木版画。
[出典]コロンブス，アメリゴ，ガマ，バルボア，マゼラン『航海の記録』(大航海時代叢書Ⅰ)，岩波書店，1965：68

図３　16世紀中頃につくられた西アフリカの絵地図
[出典]Vitorio Magalhães-Gordinho, *L'économie de l'Empire portugais aux XVe et XVIe siècles,* S. E. V. P. E. N., Paris, 1969: Ⅱ La Guinée et la Mina au XVIe siècle. Carte du milieu du XVIe siècle, dans Ramusio, *Delle Nvigationi et viaggi,* tome III, éd. de 1583, ff. 430-431, Photo B. N. Paris.

では「穀物」と取り違えられ、地理の教科書から、有名出版社の大地図帳にいたるまで、現在でも「穀物海岸」と誤記されている。胡椒と米に対する、ヨーロッパ人と日本人の思い入れの違いも、この誤訳に反映されているのだろう。

十六世紀は「カトリック・イベリア地中海ヨーロッパ」文化の、他の地域に対するほぼ一方的な伝播だったが、スペイン人による中米のアステカ王国、南米のインカ帝国の軍事征服を別にすれば、宗教的・商業的な活動が主眼だったといえる。直接ヨーロッパから行った人の数も、スペインの軍隊(それも当時の船の輸送能力からいって小規模だったが)以外、かなり限られたものだった。したがってヨーロッパ文化の影響も、影響を受けた先の文化の一部として取り込まれるかたちでのものが多かったといえる。

ポルトガル人がもたらしたもの

日本人はこの時代、種子島へのポルトガル船の漂着(一五四三年)から秀吉のバテレン追放令(一五八七年)までわずか半世紀のあいだに、少数の、言葉も不自由で、軍事力の背景もなく渡来したポルトガル人たちから、鉄砲をはじめとして何と多くのものを吸収したことか。その一端は、現在までほとんど意識さえされずに、ポルトガル語に由来する名で呼ばれている日用品の数々からもうかがえる。植木に水をやるジョーロ、雨露の如し「如雨露」という美しい文字を宛てているが、ポルトガル語の jorro に由来する。パン pão, ボタン botão, 合羽 capa, ビロード veludo, オルガン orgão, 正月のカルタ carta, 羅紗《らしゃ》 raxa, 最近はシャボン玉以外には使われなくなった、石鹸を意味するシャボン sabão.

女性が和装の下着にする襦袢も、今では日本の「伝統的」服飾文化の一部として定着しているが、もとはポルトガル語のジバン jibão(現代ポルトガル語では gibão と綴る)に由来し、立ち襟でボタンのたくさんついた、加藤清正も愛用した男性用の胴着だった。ジュッパ(袖の広い上着)というアラビア語が語源で、それがポルトガルでジバン(袖なしの胴衣)になって日本に持ち込まれた。一方、アラビア語のジュッバはフランスにもたらされてジュポン jupon(女性がスカートの内側に穿くペチコート）になり、それが十九世紀にフランス経由で日本に入ってきて、「ズボン」に変形された。同じアラビア語起源の言葉が、十六世紀と十九世紀に、ポルトガル経由とフランス経由で日本に入ってきて、女性の和装の下着と男性の洋装のパンツという、まったく異なる衣服を意味するようになったわけだ。

バサラ武将の織田信長をはじめ、戦国時代を通じて珍重する侍が多かった「赤い陣羽織」（図4）も、ポルトガル人が持ってきた緋色のビロードが、この鮮やかな色をつくれなかった日本では「猩々の血で染めた布」と呼ばれ、攻撃から身を守る呪力があるとして珍重された。この緋色には、イラン原産で南ヨーロッパにも古くから伝播していた植物ケルメスカシ（*Qurcus coccifera, LIN.*）に寄生するカイガラムシの一種ケルメス（*Coccus ilicis, EABR.*）が用いられていた可能性が大きい。アメリカ大陸原産とされているが、北アフリカ西部やスペイン南部にも多く自生するウチワサボテン（*Opuntia ficus-indica,*（*LIN.*）*MILL.*）に寄生する他のカイガラムシ、コチニール（*Coccus cacti, LIN.*）の名がむしろ知られている。

アフリカ、次いでアジアへ進出した当時のポルトガル人航海者は、行く先々での首長への贈り物や交易の見返り品として、緋色の羅紗の布地や帽子をよく使って喜ばれている。興味深いのは、日本より早く十五世紀末からポルトガルと密接な交渉があったベニン王国（現ナイジェリア中部）では、それ以前からカムウッド（*Baphia nitida, AFZEL.*）で赤く染めた布を尊ぶ風習があったが、はじめてポルトガル人と接触した王オバ・エウアレは、贈られた緋色の羅紗の合羽が気に入り、緋色を王だけの禁色とした。だがやがて、王の重臣たちにも儀式の礼装として許されるようになった。王と重臣たちが三〇度を超す炎暑のなか、厚い緋色羅紗の合羽と緋色の頭巾で全身を覆い、汗まみれになって儀式を執りおこなっている王の先祖を祀る年次祭に参列して、筆者は「もう一つの南蛮時代」に迷い込んだ想いを味わった（図5・図6）。

この時代に日本にきたポルトガル人宣教師は、「言葉も不自由で」と先に書いたが、イエズス会のルイス・フロイスのような例外もなかったわけではない。

図４　村上水軍の将が着用していた「赤い陣羽織」 愛媛県今治市村上水軍博物館蔵。

図５　祖先祭の祭場に向かうベニン王
「パラソル」も15世紀にポルトガル人がもたらしたとされている。

図６　猛暑のなか，王の祖先祭に深紅の羅紗の礼装で参列した重臣たち
（図５・図６は1989年ナイジェリアのベニン・シティで，筆者川田撮影）

一五三二年リスボンに生まれたフロイスは、十六歳でイエズス会に入会、日本宣教の養成を受けるため、当時ポルトガルのインド経営の中心地だったゴアに行くが、そこで日本宣教へ向かう直前のフランシスコ・ザビエルと日本人協力者ヤジロウに出会う。ゴアで司祭に叙階ののち、永禄六(一五六三)年長崎に上陸、二年後に京都に入り、ガスパル・ヴィレラや日本人修道士ロレンソ了斎らと布教活動をおこなった。

しかし保護者だった将軍・足利義輝が永禄の変で殺害されると京都を追われ、堺に避難。翌年にヴィレラが九州に行ってからは、京都地区の布教責任者となった。三五年間日本に在住、織田信長の知遇を得て各地で布教に努め、その間日本とヨーロッパの習俗を対比して、部分的見聞の拡大一般化の嫌いは否めないが、当時の習俗を知るうえでも参考になる、優れた着眼の記録を遺した。

例えば、「ヨーロッパでは主人《セニョール》が死ぬと従僕らは泣きながら墓まで送って行く。日本ではある者は腹を裂き、多数の者が指先を切りとって屍を焼く火の中に投げ込む」〔岡田章雄訳注、岩波文庫版『ヨーロッパ文化と日本文化』一九九一年、第四章四二〕。あるいは、「われわれは馬に乗るのに左足を使う。日本人は右足を使う」〔同書、第八章一〇〕。「われわれは糞尿を取り去る人に金を払う。日本ではそれを買い、米と金を支払う」〔同書、第一一章二一〕。「われわれの間では劇の最中に騒ぐことは妨害であり、怪しからぬことであるとされよう。日本では外にいる者がおおきな叫び声をあげることが、演技者を褒め飾ることにされている」。過度の一般化の気配もあるが、日本文化の核心を突いた発言だ。

フロイスは、天正十四(一五八六)年大阪城で豊臣秀吉にも歓待を受けた。だが翌年「伴天連追放令」が発せられたため、畿内を去って長崎に移住。天正十八(一五九〇)年、帰国した天正遣欧使節をともなってヴァリニャーノが再来日すると、フロイスは同行して聚楽第で秀吉と会見している。二年後、ヴァリニャーノとともに一時マカオに渡ったが、文禄四(一五九五)年に長崎に戻った。

慶長元(一五九六)年に長崎の二十六聖人殉教を目撃、その殉教記録を書いたのち、六十五歳で世を去った。

十九世紀日本の「近代化」とは何だったのか

明治維新によって制度化された国粋的軍国主義は、思想としては徳川時代の十七世紀半ばから、形成され始めていたといえるだろう。とりわけ、山鹿素行《やまがそこう》(元和八〈一六二二〉~貞享二〈一六八五〉)は、儒学を学ぶことから出発して、極端な日本中心主義者となり、幕末から明治にいたるまで、いや昭和二十(一九四五)年の日本帝国崩壊まで、ある意味では崩壊後も、その国粋思想と軍学によって後世に大きな影響力をもった。

浪人を父に陸奥国会津に生まれた素行は、六歳で江戸に出、九歳から朱子学の林羅山《らざん》の門に入った。十五歳からは甲州流軍学者として名高かった小幡景憲《おばたかげのり》のもとで軍学を、それ以外にも神道、歌学などさまざまなものを学んだ。甲州流軍学が、まだ現実の戦法・戦術としての意味を関ヶ原の戦いの頃まではもっていたのに対し、武士が身分として最上位にありながら生産流通活動には携わらず、実際に戦わなくなった「徳川の平和《パックス・トクガワ》」が続くなかで、軍学も内面化する。

素行は儒学を基礎として武士のあり方を説くことに努め、「武教」と称した。承応元(一六五二)年三十一歳のとき、初代赤穂藩主浅野長直に乞われ、禄高一千石の破格の厚遇で赤穂藩に招聘され、翌年赤穂に着く。赤穂城の築城にも助言。以後足掛け八年間、赤穂藩の教育係として藩士に大きな影響を与えるかたわら、武士道を体系化した『武教本論』『武教要録』『武教全書』などを著し、山鹿流兵学を完成した(図7)。

万治三(一六六〇)年三十九歳のとき、赤穂藩を辞して、江戸で教育と学問に専念する。四十歳を過ぎる頃から、家康以来五代の将軍に用いられて幕府の御用学問となった朱子学に疑問を抱くようになり、寛文五(一六六五)年に『聖教要録』を著して朱子学を公然と批判。「不とどきなる書物」を刊行したとの理由で、幕命により翌年から延宝三(一六七五)年まで九年間、中央から遠ざけられ、赤穂藩に配流された。

『聖教要録』は朱子学批判の書ではあるが、その『聖教要録小序』にも、「聖人杳《はるか》に遠く、微言漸《ようや》く隠れ、漢唐宋明の

図７　山鹿素行像　寛文６(1666)年から９年間赤穂に配流されたとき，二の丸内の家老大石頼母助(筆頭家老大石良欽の弟で，当時兄の死後19歳で筆頭家老職を継いだ大石良雄の叔父で後見人だった)の邸の一隅に９年間謫居，ここで『中朝事実』などの代表作を完成した。大正14(1925)年，この謫居跡にこの銅像が建てられたが，平成10(1998)年に，赤穂城跡公園整備のため，城門脇の現位置に移された。(川田撮影)

学者、世を誣《し》ひ惑ひを累《かさ》ぬ。中華既に然り。況《いは》んや本朝をや。……周公孔子の道を崇《たつ》とび、初めて聖学の綱領を挙ぐ」とあるように、古学の要を説いているので、その際「中華」を本流とし「本朝」を末流とみなす立場を捨ててはいない。

浅野家は素行を鄭重にもてなし、邸内で教えを受ける機会をつくった。このとき、藩主の浅野内匠頭《たくみのかみ》や、やがて赤穂藩国家老となる大石良雄（八歳から十七歳まで）はじめ、山鹿流陣太鼓で討入りをしたとされる（これは演劇化時の創作だが、素行の教えの力を示すためにつくられたのであろう）、のちの赤穂義士の思想形成にも強い影響をおよぼした。また学問論『謫居童問』、日本主義尊皇思想の大著『中朝事実』（全二巻、付録一巻）などを、この赤穂滞在中に完成している。

素行の明治維新への影響

明治維新への直接のもっとも著しい影響は、吉田松陰（文政十三〈一八三〇〉～安政六〈一八五九〉）を通じてのものであろう。生年で二〇八年、没年で一七四年後の松陰は、素行を「先師」と呼んで心酔していたといわれる。松陰は長州藩山鹿流兵学師範だった養父吉田大介の跡を継いだ。十一歳のときすでに藩主の前で、素行の兵学の書『武教全書』を講義したと伝えられている。二十歳のとき、平戸を訪れて山鹿流兵法後継者の山鹿万助、葉山左内に学んだ。その松陰から山鹿素行を学んだのが、久坂玄瑞《くさかげんずい》、高杉晋作、桂小五郎ら、明治維新実現に活躍した松下村塾生だ。

安政元(一八五四)年、下田に再来航したペリーの船に乗って渡米しようと企てて果たせず、一年二カ月長州野山獄に収監されたときに綴り、師の佐久間象山が添削したといわれる『幽囚録』に、こう記している。「今急に武備を修め、艦略具《そなえ》、礟《ほう》略足らし、則ち宜しく蝦夷を開墾して、諸侯を封建し、間に乗じて加摸察加(カムチャツカ)隩都加(オホーツク)を奪とり、琉球を諭し朝覲會同し比して内諸侯とし、朝鮮を責め、質を納め貢を奉る、古の盛時の如くし、北は満洲の地を割り、南は台灣・呂宋(ルソン)諸島を収め、漸に進取の勢を示すべし。然る後に民を愛し士を養い、守邊を愼みて、固く則ち善く國を保つと謂べし」と記されている。その後、松陰の弟子の伊藤博文、山縣有朋ら、明治日本帝国の指導者たちが実践した、富国強兵、近隣諸国への勢力拡張・侵略への指針を明示したものだ。

その強力な実践者の一人だった乃木希典《まれすけ》は、素行の『中朝事実』を座右の書としていた。晩年、学習院での教え子だった皇太子時代の昭和天皇にも自ら書写した一本を、熟読するように薦めて、殉死の直前に贈っている。

若い頃、深く素行の薫陶を受けた大石良雄は、芝居をはじめとする『忠臣蔵』で国民的英雄となったが、徳川体制下では罪人のままだったのを、明治天皇は東京遷都の機に勅使を泉岳寺に遣わしてあえて顕彰し、「近代」日本の忠君愛国の鑑とした。

明治維新——発明された「復古」、過去の再創出

十四歳で即位した明治天皇睦仁《むつひと》を擁立した、長州・薩摩・土佐の下級武士の主導による、王政「復古」を中心とする

「維新」は、極めて政治的な過去の再解釈・再創出とみることができる。明治維新で過去の再解釈・再創出から生み出されたメタファーのいくつかは、その後も日本の時代的状況によって、政治的利用のされ方を変えながら、そのようにしてつくりだされた近代日本帝国の七七年後の滅亡(昭和二十〈一九四五〉年)まで、あるものはそれ以後の時代までも、重要な意味をもちつづけた。

さまざまな時代の、人物や出来事や思想がメタファーとして利用されたが、ここでは次の三つを取り上げる。

(a)楠木正成《まさしげ》　先祖が皇族から分かれた武士の名門、源氏、平氏でない下級武士楠木正成が天皇に直結して、十四世紀前半に「建武の中興」と呼ばれる天皇親政を、短期間だったが実現した。その点で、明治維新の天皇親政を実現した志士たち下級武士の手本とされ、維新後は神格化されて広く称揚された。

(b)「記紀万葉」の世界　七〇〇年間の源平交代の武家政治のあいだ、政治・軍事上の実権をもたない儀礼的な「権威」として、敬意をもって源平の将軍に利用されていた天皇は、とくに山縣有朋をはじめとする長州勢の意図によって、明治維新で軍隊を親率する「大元帥」にさせられた。そして一挙に千年余りを飛び越えて、八世紀以前の『古事記』『日本書紀』『万葉集』の世界の「戦うすめらみこと」に重ね合わされ、忠誠勇武な臣民は、防人《さきもり》のメタファーで、「醜《しこ》の御楯《みたて》」(『万葉集』二〇)として語られるようになった。

(c)四十七士の仇討ち　十八世紀初めに江戸で起こった大石良雄《よしたか》(通称「よしお」)ら四十七士の復讐の物語は、映画などによって外国にも知られている。これは、自分を個人的に侮辱した相手に、刀を抜くことが禁止されている将軍の城内で斬りかかったが、軽傷を負わせただけで殺すことができず、無念の思いを抱いたまま切腹させられた主君の仇討ち、つまり非合法の加害者だった主君の私怨をはらす復讐を、入念な計画ののち、翌年二一カ月目に江戸市中での大規模な非合法集団テロによって実行した、旧臣である浪人たちの、実際にあった物語だ。この大石良雄らの主君への「忠節」を、明治政府は天皇の名ではじめて公に賞賛した。「主君への忠節」つまり「忠君」の道義は、明治二十二(一八八九)

年の憲法発布に先立って、明治十五（一八八二）年に山縣らにより大急ぎで作文し発布された「軍人勅諭」では、「報国」と結び合わされて強調された。

以下、(a)(b)(c)のそれぞれについて述べる。

維新志士たちの手本としての正成

楠木正成は、十二世紀末から十九世紀半ばまで七〇〇年近く続いた源平交代の武士の政府を、十四世紀前半のわずか二年五カ月のあいだではあったが、天皇親政に戻すことに貢献した侍だ。現在の大阪近郊に住んでいた、家系もよくわからない武士で、混乱した当時の社会にはびこっていた「悪党」と呼ばれた無法者や、主人をもたない野武士を動員する力をもっており、彼自身「悪党」の仲間だったともいわれている。

朝廷が二つに分裂し南北朝時代と呼ばれるこの動乱時代を描いた物語『太平記』巻第三によると、鎌倉幕府の将軍北条を倒して政権を取ろうとしていた後醍醐天皇が、ある夜見た夢のお告げに従って、それまで名も知らなかった田舎侍楠木正成を呼び出し協力を求めた。楠木正成は期待に応え、武士の常識を破る奇策で幕府軍を翻弄し、後醍醐天皇の親政を実現し、正成自身も要職に就く。

だが、「建武の新政」「建武の中興」などと呼ばれるこの政権下で社会の混乱は増し、民衆の不満が募った。平家の北条政権を倒すのに協力した源氏の有力な武将足利尊氏は、後醍醐天皇親政に反対し、楠木正成を討死にさせた。後醍醐天皇は足利尊氏が擁立した光明天皇に位を譲って吉野に逃れ、京都の南にある朝廷の分派という意味で「南朝」を名乗る。

政権は足利幕府と京都の「北朝」に移り、源氏の足利幕府を倒した平家を名乗る織田のあと、源氏を名乗る徳川の時代を経て、一八六八年の明治維新まで、再び源平交代の武家政治が続いた。

江戸の徳川家から分かれた水戸徳川家の、儒学を奨励した文人でもあった光圀《みつくに》は、十七世紀半ばに編纂に着手した大著『大日本史』で、南朝を天皇の正統とし、楠木正成を忠君の士として称揚した。そして正成の討死にした現在の神戸市にある湊川に「嗚呼忠臣楠子之墓」と刻んだ石碑を建てた(図8)。

二〇〇年後、徳川時代末期の儒学者として影響力の大きかった頼山陽《らいさんよう》も、この見方を受け継いで南朝正統論と楠木正成賛美を推し進め、これが明治維新を実現した尊皇の志士たちに大きな影響を与えた。前述の山鹿素行も、承応三(一六五四)年三十三歳のとき、『楠木正成一巻書』に序文を寄せている。徳川時代に『太平記』、とくに奇策で既成の武士を翻弄する楠木正成の登場するくだりは、講釈によって大衆受けするように、痛快な話としておもしろく語られており、楠木正成の名は広く知られていた。正成についての確かな史料は極めて乏しかったので、立場によって自由な解釈・脚色ができたのだ。

図8　徳川光圀建立の石碑「嗚呼忠臣楠子之墓」 神戸市湊川神社。(川田撮影)

徳川に対する長州の怨念

明治維新は、楠木正成が活躍した「建武の新政」と同じく、天皇の血を引く源平の名門武士でない下級武士が天皇と直結して、正成を討死にさせて室町幕府を開いた足利尊氏と同じ源氏を名乗る徳川の幕府を倒して、天皇親政を実現した出来事だ。明治維新のために働き、その後半世紀ものあいだ、政権と軍隊を掌握しつづけた日本列島西端の、長州、薩摩の志士たちは、世界認識においても、軍事技術においても、西洋、とくにイギリスの影響を強く受けていた。

徳川幕府はフランスとの交流が盛んで、明治の最初期にはナポレオン三世のフランスが陸軍の手本だった。徳川慶喜《よしのぶ》が、ナポレオン三世から贈られた軍服を着用した写真も有名だ。陸軍幼年学校ではフランス語を必修科目として教えたので、出身者には軍隊とは関係のない、無政府主義の思想家でファーブルの『昆虫記』をはじめて日本に紹介した大杉栄や、岸田國士《くにお》、三好達治などの優れたフランス文学者がいる。ゲートル(guêtres)という、日本語で「脚絆」「巻き脚絆」とも訳されたフランス式兵装も、その後日本軍で使われつづけた。

だが明治日本の陸軍の中心となった長州は、明治維新ののちまもなく、ナポレオン三世のフランスを破って意気盛んだった鉄血宰相ビスマルクの率いるプロイセンに、手本を取り替えた。長州は、藩主の先祖である毛利輝元《てるもと》が、関ヶ原の戦いで石田三成《みつなり》軍の名目上の総大将にさせられて敗れ、徳川家康の厳しい処分を受けた。現在の広島にあたる安芸を本拠とした、石見銀山を含む八カ国、実高二百万石超の大藩から、周防・長門二国三七万石足らずに大減封され(その後の新田開発の努力で、実質百万石になったともいわれる)、居城地も日本海側の萩に追いやられた。

当時は瀬戸内海が日本の政治・経済・文化の中心で、日本海側の西端は僻地だった。だが毛利家が、瀬戸内海を離れ、周防・長門にその頃の感覚で「追いやられた」ことが、結局二五〇年後にはイギリスをはじめとする西洋世界との、軍事衝突も含む接点となって、倒幕の軍事力を得たのだから、策謀家の家康もそこまでは先を読めなかったのだ。

関ヶ原での敗戦以来、周防・長門の通称長州は、徳川体制内での地位も低く、徳川幕府に深い怨念を抱きつづけた。

幕末の志士たちにとっては「尊皇」ということが大切だったので、楠木正成が奉じた後醍醐天皇の南朝が、結局源氏の足利尊氏らの擁立した北朝に吸収されて明治天皇にいたったという過去は、長州の藩をあげての正成崇拝、幕末の南朝正統論の高まりのなかで不問に付された。明治四十(一九〇七)年には、明治天皇の名を借りて「南朝正統」が宣せられるという、歴史的には問題の多い、その後立消えになった「政治的決着」がつけられたりもしている。

「七生報国」への変貌

維新直後の明治五(一八七二)年、明治政府はかつて徳川光圀が墓碑を建てた場所を、楠木正成を主神として祀る湊川神社とし、別格官幣社という高い格式を与えた。正成と同時に討死にした弟の正季《まさすえ》や、その後父正成の志を継いで足利尊氏の幕府軍と戦って死亡した長男正行《まさつら》も、神として祀った。

他方、馬に乗り兜をかぶった勇壮な武者姿の楠木正成の銅像が、日本全国に数多く建てられ(図9a・図9b)、学校の教科書にも、楠木正成の奮戦ぶりや、最後の戦いとなる湊川に出陣する前、後醍醐天皇から賜った剣を十一歳の正行に与えて後醍醐天皇の敵を討てと諭して別れる「桜井の別れ」(図10)など、『太平記』種《だね》の物語が取り入れられ、小学校唱歌としても歌われた。

図10に示したのは、明治十五(一八八二)年宮内省から出版された修身書元田永孚《ながさね》編『幼學綱要』に掲載された「楠氏父子櫻井驛に訣別す」の図だ。明治天皇の侍講でもあった元田は、のちに「教育勅語」の起草にも携わっている。『太平記』巻第十六にある「櫻井の別れ」の真偽については、多くの史家は否定的だが、光圀の『大日本史』に収録され、幕末にこれを受け継いだ頼山陽の詩『楠公子に別るるの圖』などによって、南朝正統論と楠氏父子賛美が推し進められた。芭蕉の句「なでし子にかかる涙や楠の露」も、伝説の史実化に影響を与えた。この句にちなんだ『楠露』『櫻井』『桜井驛』などの新作能もある。明治以降は、明治天皇が桜井に行幸したおりの御製「子わかれの松のしずくの袖ぬれて　昔をしのぶさくらいのさと」や、桜井に建てられた東郷平八郎や乃木希典揮毫の記念碑などによって、史実化がさ

図 9a　皇居前広場の楠木正成騎馬像

図 9b　神戸市湊川公園の楠木正成騎馬像
(図 9 は川田撮影)

図10 「楠氏父子櫻井驛に訣別す」の図

らに進んだ。落合直文詞・奥山朝恭《ともやす》曲による文部省唱歌『櫻井の訣別』(明治三十六〈一九〇三〉年)は広く愛唱され、この伝説の普及に貢献している。

正成が最後に弟正季と差し違えて自決したとき、正季が「七生《シチショウ》マデ只同ジ人間ニ生レテ、朝敵ヲ滅サヤトコソ存候へ」と言い、正成も「我モ加様《カヨウ》ニ思フ也。イザ、ラバ同ジク生《ショウ》ヲ替テコノ本懐ヲ達セン」と答えたという『太平記』巻第十六の記述が、明治になって日露戦争の時代に、「朝敵を滅ぼす」が「国に報いる」に変わり、「七生報国」というスローガンが生まれた。天皇の国家のために七度でも生まれ替わって尽くすという意味で、日露戦争の「軍神」広瀬中佐の言葉とされている。

「七生報国」の思想は、第二次世界大戦中も政府によってさかんに使われ、学校でも教えられた。「戦後民主主義」のなかでは否定され、使われなくなったが、この風潮を憤った小説家の三島由紀夫が、昭和四十五(一九七〇)年十一月、楯の会の有志とともに自衛隊本部に突入し、割腹前バルコニーから演説したときも、「七生報国」と書いた日の丸の鉢巻きを締めていた。「楯の会」の名称も、先にみた『万葉集』の「醜の御楯」に由来していることは、いうまでもない。

記紀万葉の「戦うすめらみこと」へ

平安末期十二世紀の末から十九世紀半ばの明治維新まで、天皇の傍系「賜姓皇族」を先祖とする武士の氏族である、平氏と源氏、あるいは徳川にとっての源氏のように、それを名乗る武家が交代で政治の実権を握り、天皇は殿上の奥深くおわします「やんごとなき」存在だった。つまり、広い意味の天皇一族が三つに分かれて、天皇は政治・軍事上の実権をもたない儀礼的な「権威」として、分身の源平の武人である将軍の「権力」を保証する存在として、三者は日本歴史で驚くべき均衡を保ってきたといえる。

こうした「権力」と「権威」の、政治人類学の教科書に書いてあるような関係と、三者相互の抗争を含みながらのバランス・オブ・パワーの七〇〇年の持続は、世界史でもほかに類をみないのではないだろうか。さらに平氏の赤旗、源氏の白旗の紅白の、そしてこれも起源不明の日の丸の旗にも示されている、対立しつつ相補う、赤白の相補的象徴性も。

それにしても、日本人の感性を文字通り「いろどって」きた紅白の対比は、いったい何に基づいているのであろうか。平家と源氏が、それぞれ赤と白を旗印とした由来は、筆者が調べた限りでは不明のままだ。天皇の戦印《いくさじるし》の赤旗をとった平氏の赤旗が先で、源氏はそれへの対抗上、白旗にしたという説を聞いたこともあるが、確かな根拠はない。

現在世界の国旗で赤白の二色だけで彩られているのは、日本のほかにも、スイス、オーストリア、デンマーク、ポーランド、モナコ(第二次世界大戦後独立したインドネシアもまったく同じ)、トルコ、カナダ、バーレーン、チュニジア、トンガなど多くの国があるが、これらの国でも日本のように、紅白を組み合わせたシンボリズムは、民俗のなかに広く深く根を張っているのだろうか。

何しろ日本では、お祝いの幔幕《まんまく》、紅白の餅や、水引、赤勝て!白勝て! の運動会での紅白対抗競技から、大晦日の晩のテレビの「紅白歌合戦」にいたるまで、対立しながら相補う色彩の象徴として、紅白の組合せは絶大な力をもっている。だが源平でない下級武士が天皇と直結して、源氏を名乗る徳川を倒し天皇親政を実現した明治維新で、その三者均衡の歴史は終わったといえる。

とくに山縣有朋をはじめとする長州勢の意図によって、明治十五(一八八二)年に発布された「軍人勅諭」で、天皇睦仁は、それまでの日本には存在しなかった新しくつくられた軍隊を親率する、「大元帥」にさせられた。睦仁天皇は、明治改元の即位のとき満十四歳、そして即位の年の十二月に、成立ての天皇の名で、王政復古の大号令を発している。戊辰《ぼしん》戦争で奥羽越列藩同盟が、圧倒的な軍事力の西軍を、幼い天皇を錦の御旗として押し立てた「名目上の官軍」、実質は薩長土佐の政治・軍事集団とみて、容易に承伏しなかったことにも一理あるといえる。

「朕は汝等軍人の大元帥なるぞ」という、薄気味悪い日本語で一方的に「汝らの大元帥」を自称し、その根拠を説くのにかなり無理をして多くの言葉を費やしているこの「軍人勅諭」も、もちろん天皇睦仁が自分の意志で、自分の言葉で述べたものではない。自由民権運動の高まりによって明治政府は立憲君主制への移行という譲歩をしつつこれを弾圧したが、陸軍の山縣有朋らが、憲法発布に先んじて、国会の権限から独立した、天皇親率の軍隊を、急いで法制化しておこうとして、つくらせたものだ。

山縣の命を受けて哲学者西周《にしあまね》が起草し、ヨーロッパについての知識と、文筆の才をかわれ徳川・明治両体制で重用された福地桜痴《おうち》源一郎（新歌舞伎舞踊『鏡獅子』の作者でもある）が加筆、それに憲法作成にも重要な役割を果たした、若い頃フランスで学んだ法学者井上毅《こわし》も加筆し、山縣自身もかなり立ち入って、とにかく大急ぎで作成されたものだ。二十九歳の天皇は、それに御名御璽の印を押し、発布したのだ。

先述の「……大元帥なるぞ」に続いて、「されば朕は汝等を股肱《ここう》と頼み汝等は朕を頭首と仰ぎて……」という、忠誠勇武なる皇軍兵士を感涙にむせばせる殺し文句が続く。軍歌にも「草むす屍水漬くとも／など惜しからん畏《かしこ》くも／股肱と我を宣えり」というのがあるが、これも「軍人勅諭」の言葉に、『万葉集』一二にある大伴家持の有名な機会詩「海ゆかば水漬く屍、山ゆかば草むす屍、大君の辺にこそ死なめ、顧みはせじ」を合わせたものだ。天皇が自ら「股肱と頼む」と宣わったわけではなく、あくまで山縣一味の作文に天皇が印を押しただけのことだ。

このように天皇は、一挙に千年余りを飛び越えて、八世紀以前の記紀万葉の世界の「戦うすめらみこと」に重ね合わされ、忠誠勇武な臣民は、防人のメタファーで、「醜《しこ》の御楯《みたて》」（『万葉集』二〇「今日よりは顧みなくて大君の醜の御楯と出で立つ吾は」）として語られるようになった。

陣頭に立って戦う神武東征の故事に由来する金鵄勲章が、神武天皇即位後二五五〇年にあたるとされる明治二十三（一八九〇）年二月十一日に、武功抜群の陸海軍人に下賜される勲章として創設されたというのは象徴的だ。これは、『古事記』『日本書紀』にある、カムヤマトイワレビコ（神武天皇）が日向の国を発ち、瀬戸内海を経て大阪湾から大和の国に攻め入ったという、まったくの創作か、ある程度の史実の再解釈か不明の「神武東征」に基づいている。途中、今の大阪にあたる地方で、ナガスネヒコと戦い、『日本書紀』には、この戦いでカムヤマトイワレビコの弓の先に金色に輝く鵄《とび》がきてとまったので、ナガスネヒコの軍は目がくらんで敗退したとされている(同じモチーフの建国神話は、東ヨーロッパのマジャール人にもあることが知られている)。

あやふやな神話の断片が、明治以後の日本帝国軍隊で最高の勲章の根拠として使われ、最初の大規模な対外戦争だった日清戦争で約二〇〇〇人、日露戦争では、山縣有朋、乃木希典、大山巌《いわお》はじめ約一一万人が、満洲事変から太平洋戦争では約八二万人の軍人・軍属が、この勲章を受けている。

問題をはらむ赤穂浪士の一件

四十七士の一件は、明治十八(一八八五)年に日本を訪れたピエール・ロティの『秋の日本 *Japonerie dautomne*』にも書かれており、日本では何度も映画化されているので、映画を通じて外国にも知られている。曖昧《あいまい》な楠木正成の話と異なり、徳川時代中期の一七〇一年から〇三年にかけて、つまり今から三〇〇年以上前に、江戸を主な舞台として、大層人目を引く事件として起こったことなので、経過は詳しくわかっているのだが、その解釈や意味づけや評価について、これだけ対立する見方が、事件当時から現在にいたるまで、出されつづけている事件も、珍しいのではないだろうか。

何が対立点かといえば、まず、大石良雄をはじめとする四十七人の浪人が、一年半前に切腹した主君浅野長矩《ながのり》の仇討ちと称して、平和な江戸市中の吉良《きら》義央(「よしなか」または「よしひさ」)の屋敷に夜更けに武装して押し入り、寝込みを襲われながらも防戦した吉良家の家来を大勢殺し、炭小屋に隠れていた六十一歳の老人義央の首を切って主君の墓前に供えたという一部始終は、侍の名誉ある行為として認められた「仇討ち」とはいえないからだ。

事件の発端で、江戸城中で吉良義央に斬りつけた加害者は浅野長矩であって、その逆ではない。徳川将軍の居城である江戸城中で刀を抜くことは固く禁止されており、この禁を破れば死罪に処せられ領地は没収、家は断絶ということを知りながら、将軍が勅使を迎える重要な儀式の当日朝、しかも勅使接待役の、短気で知られた三十四歳の大名浅野長矩が、儀式のおこなわれる広間への通路にあたる廊下で、上役の儀典長吉良義央に斬りつけたのだから。

勅使を迎える儀式の直前に起こったこの事件が、前代未聞の幕府の失態として将軍徳川綱吉を激怒させ、浅野長矩は即日切腹させられたのだが、刀を抜かなかった吉良義央には何のおとがめもなく、傷の手当ての薬を賜わったという、一方的な処罰への浅野長矩の臣下の不満があった。

斬りつけて眉間に軽傷を負わせながら、かたわらにいた者に抱きとどめられて、吉良義央を殺せなかった主君の遺恨を、臣下がはらすための二年後の江戸市中での集団テロが、どのような根拠で正当化されるかが問題になる。ただ、この事件の直後に吉良義央も対朝廷の儀典長をお役ご免となっていて、朝廷への幕府の気遣いを感じさせる。

不法な討入りをあえて実行した大石良雄らへの、幕府の処罰としての切腹まで、足掛け三年にわたったこの事件は、当時京都の朝廷と江戸の幕府とのあいだにあった微妙な均衡・緊張関係にとって、重要な政治的な意味をもった。幕府側が、この大失態のあと、血で穢されたこの日の儀式を予定通りおこなうかどうかを勅使に訊ねたのに対し、勅使側は、死者がでたわけではないのだからと寛大な対応をし、幕府側は儀式の場を急遽変更して儀式をすませたので、幕府に外交的な「貸し」をつくったという評価を朝廷側はしており、報告を受けた東山天皇もこの対応に満足し、刃傷《にんじょう》事件そのものにはさほど関心を示さなかったようだ。

討入りについては、元の主君の起こしたこの不祥事に対して、臣下が大挙して暴力的復讐をおこなったことが、君臣の道に適うかどうかについて、朝廷側の記録も、当時の代表的儒学者荻生徂徠《おぎゅうそらい》などと同じく、否定的な見方をした廷臣の記録があるが、討入りについては、朝廷の関心は、当然のことながら江戸城中での刃傷事件よりはるかに低かった。しかし、このような結末を招いた幕府の対応のまずさを批判する廷臣の記録はある。

この討入りと吉良義央殺害は、徳川幕府という合法的な政府がとった措置への抗議ではあるが、幕府そのものを批判の対象とせず、あくまで主君が殺せなかった相手を主君に代わって殺害した行為であると、幕府への大石良雄の申立ても位置づけている。いずれにせよ、江戸の町の治安を乱す非合法の暴力行為、その意味では反政府的行為であったことは確かだ。

しかし、生類憐れみの令を出すなど、過激な政策の多かった当時の将軍徳川綱吉への不満もあって、江戸の民衆はこの討入りに大喝采した。当然そのあとにくる死刑を覚悟して、一年半の入念な計画のあとに主君の恨みをはらした浪人たちが、槍の先に吉良義央の首をくくりつけて、主君の墓前に供えるべく、高輪の泉岳寺まで一〇キロ余りの夜明けの雪道を凱旋行進した、この大石良雄らの一行を、江戸市民は沿道を埋め、共感をもって見送った。

大石らへの刑の決定が事件後二カ月余りもかかり、打ち首でなく武士にとっての名誉の死刑である切腹だったのも、江戸市民への配慮があったからだとされている。しかも、義央の養嗣子義周《よしちか》は侵入者たちと戦い傷ついて放置され、一命はとりとめたが、武士でありながら自邸への不法侵入と、義父の殺害を許したという、こじつけ気味の責任を問われて諏訪へ配流され、過酷な監禁生活のうちに四年後二十一歳で亡くなり、吉良家は改易になる。幕府は二年前の刃傷事件での「喧嘩両成敗」でなかった対応のまずさとそれに対する江戸市民の不満を、償おうとしたかのようだ。

劇化された四十七士

事件直後から、江戸ではこの事件を脚色した芝居が上演されたが、もちろんすぐ幕府に禁止された。大石らの切腹の三年後か七年後に(初演年代には異説がある)浄瑠璃作者として有名な近松門左衛門が、幕府の忌避にふれないように、時代を室町時代に移し、大衆的人気のあった読み本『太平記』巻第二十一を下敷きに、当時の見物には、すぐあの一件とわかるかたちで、吉良義央を高師直《こうのもろなお》に、浅野長矩を塩谷判官《えんやはんがん》に替え、塩谷判官の美人妻に高師直が横恋慕し、権力を悪用して塩谷判官を殺してしまうという筋立ての、『兼好法師物見車』を発表する。近松は、師直勢に追い詰められて馬上で腹を切り、逆さまに落ちて死ぬ塩谷判官に、「七生まで師直の敵となって思い知らせん」と、楠木正成兄弟を下敷きにした言葉を吐かせている。

さらにその「跡追い」として三カ月後に上演された『碁盤太平記』は、塩谷判官の家臣大星由良之介ら四十余士が討ち入り、師直の首を取って塩谷判官の墓前に供えたのち、鎌倉殿のお咎めによって、大星ら一同が判官の墓前で切腹する一部始終を描いたものだ。

その後も数々の義士芝居が上演されたが、基本的に近松作品を受け継ぎながら、他の義士劇からもさまざまな要素を取り入れてつくられたのが『仮名手本忠臣蔵』だ。竹田出雲・三好松洛《しょうらく》・並木千柳《せんりゅう》という、当時の浄瑠璃作者として人気絶頂だった三人の合作で、近松門左衛門が亡くなって二四年目の寛延元(一七四八)年、前記近松作品と同じ道頓堀の竹本座で、人形浄瑠璃として上演され、五カ月続演の大入り。終わるとすぐ歌舞伎として道頓堀の嵐三五郎座で、翌寛延二年には江戸の森田座、ついで江戸三座でも歌舞伎として上演され、いずれも大当りをとった。討入り後四七年目に発表されたこの戯曲の外題が、掛詞で「仮名手本」となっているのも、巧みな演出だ。

この浄瑠璃でも、作者たちは切腹を前にした塩谷判官に、「恨むらくは館にて、加古川本蔵に抱留められ、師直を討洩らし無念、骨髄に通って忘れがたし。湊川にて楠木正成、最期の一念によって生を引くといひし如く、生替り死替り、鬱憤を晴らさんと、怒りの声と諸共に」検死役に向かって言わせていて、『太平記』における正成の「七生」の思いが、当時の観客の心情に訴える力をもっていたことを示唆している。

爾来現在まで二六〇年余り、第二次世界大戦での敗戦直後、占領軍の指令で封建道徳賛美の演劇として禁止されていた数年間を除くと、毎年必ず、三都をはじめとする日本のどこかで、歌舞伎か人形浄瑠璃として上演されつづけ、しかも芝居の独参湯《どくじんとう》、これを出すと必ず満員になるといわれてきた。

赤穂浪士の一件を脚色した芝居は、事件直後から、数多くつくられ上演されてきたが、多様な趣向を巧みに取り合わせた『仮名手本忠臣蔵』くらい、不動の人気を保ってきたものはない。ちなみに幕末の嘉永三(一八五〇)年、座付作者西澤綺語堂一鳳《きごどういっぽう》がそれまでの「忠臣蔵」の浄瑠璃を網羅的に集めた『忠臣蔵浄瑠璃集』には、近松の『碁盤太平記』から明和九(一七七二)年北脇素仝《そどう》ら四名合作の『忠臣後日噺』にいたるまでの、奇しくも四七編の「忠臣蔵もの」が採録されている。

明治以後になると「忠臣蔵もの」は、それ以前からの芝居、講釈、読み本などに加えて、映画、小説、ラジオやがてテレビと、多様な媒体で、『仮名手本忠臣蔵』を下敷きに、新しい解釈や工夫を加えた諸々が、新暦に移された討入りの十二月には集中して公開され、「忠臣蔵症候群《シンドローム》」として、時代を超えて「忠臣蔵大好き」日本人の、思考・心情の深層を、鏡にかけているかのようだ。テレビドラマなどで新工夫があるにせよ、「忠臣蔵もの」で吉良上野介《こうずけのすけ》(『仮名手本忠臣蔵』での高師直)は、好色で、権勢を嵩に賄賂をとる高級官僚という、立前としての潔癖を好む日本人にとっての、諸悪の体現者のイメージで描かれることが多い。

四十七士の評価がはらむ問題

大衆的人気にもかかわらず、徳川幕府としてはその立場上、大石良雄らの幕府批判の行動を、公に是認することはできなかった。だが明治天皇は、明治元(一八六八)年十月十三日、京都から新しい都東京へはじめて遷御した直後の十一月五日に、東京から大石良雄らの墓のある泉岳寺へ勅使をつかわし、勅書と金幣を賜って、徳川幕府からは罪人とみなされてきた大石良雄らを公に顕彰した(図11)。

現在も泉岳寺に保管・展示されている勅書には、「汝良雄ら、固く主従の義をとり、仇を復して法に死す。……朕深く嘉賞す。今、東京に幸するにちなみ、権弁事藤原献を遣使し、汝等の墓を弔い、かつ、金幣を賜う」と漢文で記されている。当時十六歳だった明治天皇の、即位後初の新都東京への華々しい行幸は、二三日かけ、途上数々の催しや下賜をともなう、事前に入念に計画が練られたもので、岩倉具視《ともみ》、木戸孝允《たかよし》ら総勢三三〇〇人が従った。東京到着後まもな

図11a　参拝者が絶えない東京泉岳寺の大石良雄の墓（川田撮影）

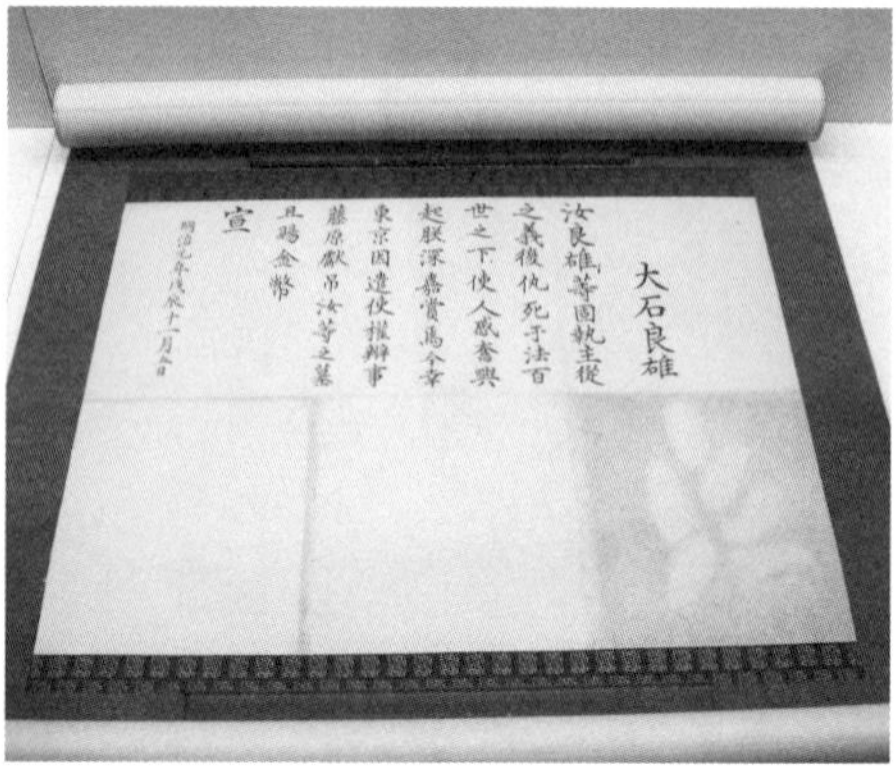

図11b　泉岳寺に展示されている勅書　泉岳寺蔵。

くの、この泉岳寺への遣使と勅書も、京都出発前から構想され、準備されていたに違いない。この勅書は、松の廊下から義士切腹までの一件に、それまで公には一切発言を控えていた朝廷の、はじめての明確な意思表示として、画期的な意味をもっている。

大石良雄の顕彰は、徳川将軍代々の居城を皇居とするにあたっての、旧幕府に対するさらなる戒めの意思表示と、東京市民の義士に対する敬慕へのアピールともとれるが、基本的には、まだ戊辰戦争が終わっていなかったこの時点で、天皇が明治新体制のなかで「君に忠」の徳を強調しようとした行為とみるべきであろう。楠木正成の「七生まで朝敵を滅ぼす」四〇〇年前の精神が、明治の天皇親政の国家と天皇親率の軍隊のなかで「七生報国」へと変貌したように、四十七士の「忠君」が「忠君愛国」へと拡張されていく一過程が、そこにもみられるのではないか。

戊辰戦争で薩長軍に対してもっとも激しく抵抗した会津藩の、少年戦士「白虎隊」も、明治十六(一八八三)年からすでに、小学校の日本歴史教科書で「忠君」の鑑として賛美され、日露戦争二年目の明治三十八(一九〇五)年からは、小学校唱歌としても、その主君への忠義が誉め称えられた。明治維新の「国」への強力な反逆者であった会津藩自体の評価とは独立に、白虎隊少年戦士の直接の主君に対する忠誠を、明治体制では重くみたのではないか。ちなみに、日独伊三国同盟時代の、ナチス・ドイツとファシズム・イタリアそれぞれの駐日大使は、白虎隊の「サムライ」魂を褒め称える言葉を刻んだ石碑を、飯森山の戦士の墓所近くに建てた。戦後連合軍の日本占領時代に、これらは撤去されたが、現在では復元した碑が建てられている。

もともと日本では古くから、文字資料に明確に遺された限りでは十四世紀末の室町時代初期につくられたと思われる能の『巴』にすでに記されている、「主従は三世の契り」の観念があった。すなわち、親子はこの世の一世、男女は現世と来世の二世、主従・師弟は前世・現世・来世、三世の契りという。中国渡来ではなく、輪廻、生れ変りの仏教思想に基づいて、日本でつくられたのではないかと思われる。

心中などを支えている男女の二世観と異なり、自然な人情にあえて逆らっている「三世の契り」の考え方は、徳川時代に生まれた浄瑠璃や歌舞伎芝居では、『先代萩』や『寺子屋』『熊谷陣屋』はじめ、主君のために我が子を犠牲にするというかたちで、頻繁にでてくる。だがこれらの演目は、明治維新以後も、第二次世界大戦直後に占領軍に禁止されていた数年を除いて現在まで、人気の高いもので、繰り返し上演され、歌舞伎では名優それぞれの「型」ができている。義太夫節の特徴である、悲しみの押売りのようにして観客の涙を絞らせる語りで、強いカタルシス効果を生むのである。

主君への忠誠とあわせて、主君のために我が子を犠牲にするという道義も、明治以後の軍国主義体制のなかで、父母が子どもを大君《おおきみ》である天皇陛下のために、兵士として喜んで死地に送ることを支える思想としての、新しい意味をもたせられたことは確かだ。だが、いまあげたような浄瑠璃や歌舞伎芝居が、現在もかなり頻繁に上演されているところをみると、この道義は、少なくともフィクションの世界で、日本人の思考や感性のなかに、深く根をおろしつづけているのかもしれない。

楠木正成と連動する大石良雄の神格化

「宗教」という言葉は、明治維新に際して、「音楽」「哲学」などと同じく、主として西洋で成立した概念の翻訳語として、漢字を用いてつくられた。

儒「教」、仏「教」、耶蘇「教」など起源が外来の「宗教」に対して、神道は「惟神(かんながら)の」「道」として、宗教とは別格の「道」と位置づけられた。同時にそれまでの、本地垂迹説やそれに対する反・本地垂迹説、つまり神本仏迹説などに基づいて(天照大神＝大日如来、十一面観世音菩薩、八幡神＝阿弥陀如来＝応神天皇、熊野権現＝阿弥陀如来、など)、相互依存関係にあった神社と寺院は、分離させられた。

さらに、天皇を神武天皇以来万世一系の戦う現人神《あらひとがみ》として頂点に戴き、神々を一元的に格付けして祀る国家神道が形成された。これはとくに学校教育を通じて国民に浸透させられ、明治日本国民の精神的アイデンティティの根幹をなした。

楠木正成は、水戸光圀の顕彰を経て、明治天皇が国の業務として神に祀ることを新政府に命じ、金千両を下賜。墓所を含む七〇〇〇坪余りを境内地として、明治五(一八七二)年、別格官幣社という高い格式で、湊川神社が創建された。湊川神社建立を契機として、建武の新政に尽力した南朝側の皇族・武将などを主祭神とする神社、建武中興一五社が、それぞれの祭神にゆかりの地に創建された。後醍醐天皇を祀る官幣大社吉野神宮のほかは、親王を祀る四社は官幣中社、他の一〇社はすべて、湊川神社も含め別格官幣社の格付けになった。

大石良雄も、明治元年の天皇による公の顕彰に続いて、楠木正成と呼応して公に神格化された。明治三十三(一九〇〇)年、播州赤穂に大石神社を創立することが公許され、大正元(一九一二)年大石良雄以下四十七士と討入りに参加できなかった萱野三平《かやの》を主神として、大石良雄の屋敷跡に接して造られた。第二次世界大戦後、それまで赤穂城内に祀られていた、浅野長直・長友・長矩の三代の赤穂城主と、その後の藩主森家の先祖で本能寺の変で落命した森蘭丸ら七代の武将も合祀、「大願成就」祈願の神社として、多くの参拝者を集めている。

播州赤穂の大石神社正面入り口に入母屋造りの屋根を広げて立つ、欅《けやき》材の四脚門（図12）は、神戸の湊川神社の神門を

図12　大石神社の四脚門（川田撮影）

図13　大石神社の義士宝物殿（川田撮影）

昭和十七(一九四二)年に移築したものであるという。播州赤穂に移されたため、昭和二十(一九四五)年の神戸大空襲による焼失を免れ、湊川神社創設以来の姿を保っている。この門は、脇の立札によると、「義士の忠芬義芳を千歳までも伝える意味で「義芳門」と称している」。

また、義士たちの遺品などを祀り展示している「義士宝物殿」(図13)は、由来を記した入り口脇の立札によると、「大正の初め湊川神社の宝物館として建設されたもので、かつては……大楠公由縁りの宝物が展観され、昭和二十年の神戸大空襲に遭っても唯一つ戦災を免れた、由緒深い建物で」「面積は約九十平方米、檜材木造千鳥破風屋根入母屋造りの唐破風車寄平屋建てで、屋根瓦は菊水の紋そのままに再現され」ており、「大石家に相伝する討入関係遺物を始め、義士由縁りの宝物」を展示するため、この大石神社に移築されたものであるという。明治天皇によって創設された湊川神社と、明治天皇の名で公に解禁された赤穂浪士祭祀が、このようなかたちでも相呼応し、「人を神に祀る」日本人の習性の根強さを示している。

招魂社から靖国神社へ

靖国神社遊就館の資料によって、東京招魂社の創建から靖国神社にいたる歴史をたどっておこう。元治元(一八六四)年頃から明治元(一八六八)年の頃にかけて、長州藩など各地で個別に、戊辰戦争戦没者の慰霊がおこなわれていたが、明治二(一八六九)年東京招魂社が創建され、六月二十八日に戊辰の役官軍戦没者三五八八名の招魂の式がおこなわれた。明治七(一八七四)年一月に明治天皇がはじめて招魂社に親拝。八月佐賀の乱鎮定の際の戦没者の招魂式、明治八(一八七五)年二月台湾征討の際の戦没者の招魂式、明治十(一八七七)年西南の役の官軍戦没者の招魂式などがあり、明治十二(一八七九)年に、東京招魂社は靖国神社と改称され、別格官幣社に列せられた。

遊就館の展示は、わずかだが年によって変わり、すべての遺影の下の名に神となったことを示す「命」がついているときとそうでないときがある。A級戦犯が法務死者として祀られてからは、A級戦犯九名には必ず「命」がつけられている。英語版の案内書では東条英機はじめ祀られているすべての遺影の名のあとに、"Mikoto"の文字が記されている。

戦場でない場での自刃や病死による死者は、東郷平八郎や乃木希典などのように、靖国神社には祀られないが(別の神社に祀られている)、特攻隊の生みの親である海軍中将大西瀧治郎《たきじろう》や、元関東軍司令官本庄繁陸軍大将は、終戦直後の自決者だが靖国に祀られている。戦死者ではない非軍人でも、吉田松陰や大村益次郎は祀られている。

東京招魂社=靖国神社に「神として祀られている人」の総数は二四六万六千余柱で、戦争別のその内訳は以下のとおりだ。

戊辰戦争・安政の大獄など幕末も含む明治維新の犠牲者　七七五一柱(反西軍側を含めると三万余り)
西南戦争　六九七一柱(薩摩側を含めると三万余り)
台湾出兵　一一三〇柱
日清戦争　一万三六一九柱
義和団事件　一二五六柱
日露戦争　八万八四二九柱
第一次世界大戦　四八五〇柱
満洲事変　一万七一七六柱
日中戦争　一九万一二五〇柱
太平洋戦争　二一三万三九一五柱

明治維新の功労者でありながら、西郷隆盛は西南戦争のため賊軍首魁とされた。西郷を愛した明治天皇の意向や黒田清隆の努力があって、明治二十二(一八八九)年二月十一日、大日本帝国憲法発布にともなう大赦で赦され、正三位を追

図14　８月15日の靖国神社で

図15　半旗を掲げた８月15日の靖国神社脇の宣伝車
（図14・図15は川田撮影）

贈されたが、靖国神社には祀られていない。ただ郷里の鹿児島では、大赦に先立って、明治十三（一八八〇）年に参拝所がつくられ、大正十一（一九二二）年には、桐野利秋以下薩軍戦没者六八〇〇柱を配祀した南洲神社が建てられ、命日の九月四日に例祭をおこなっている。

柳田國男が、戦後GHQによって潰されそうになった靖国神社を、柳田が空襲下で書いた「先祖の話」を読んだ当時の靖国神社総務部長の懇望を容れ、東京のお盆七月十五日に「みたま祭」を「伝統的民俗行事」として新しくつくり、GHQの担当官も招いて占領下での靖国存続への布石にしたことは、靖国神社側の資料に基づいて筆者もすでに述べた（「最初期の柳田を讃える」『現代思想』二〇一二年十月臨時増刊号総特集「柳田國男「遠野物語」以前／以後」）。ただ、それまで靖国神社に祀ってきた、戦死者を主とする祭神以外の死者の「みたま」も祀ることになるので、昭和二十四（一九四九）年からは、神社側でも「みたま祭」に先立ち、七月十三日午後六時から、新たに「諸霊祭」をおこなうようになったとのことである。

夜店、奉納芸能、花火など、浴衣掛けの地元庶民に開放された夏の風物詩として、みたま祭は年々賑わいを増す一方で、おびただしい数の奉納提灯や、絵や文字を自由に書き込んで境内に掲げる雪洞《ぼんぼり》には、政治家や政治思想家が名を連ね、正面参道を中心とする境内が、政治的宣伝の場になりつつあるという印象もぬぐうことはできない。

靖国神社の八月十五日のありさまを、筆者は一〇年余り、韓国や中国からの留学生、旧日本軍人の台湾人、ドイツ人や日本人の友人と一緒に、定点観測してきた。古い軍服を取り出して靖国にくる人も高齢化して、真夏真昼の暑さでダウンしている姿を見かける一方で、参拝者にも運動家にも戦争を直接知らない人が増え、スローガンなども観念的になってきた。軍服を着、海軍旗を掲げて神門前を行進する人たちも（図14）、聞いてみると軍隊経験者ではない。

ドイツではかつて第二国歌といわれたナチス党歌を、公衆のいる場で歌うことは犯罪になると聞いたが、八月十五日の靖国神社の周辺では、戦争中さかんに歌われた軍歌を音量一杯にあげたスピーカーから放出しても、咎める者もいない(図15)。

参考文献
川田順造『日本を問い直す――人類学者の視座』青土社、二〇一〇年
川田順造「『仮名手本忠臣蔵』を糾す――国民的叙事詩の虚と実」『富士山と三味線』青土社、二〇一四年

コメント
ナショナルアイデンティティの歴史循環

濱下武志

川田論文のもっとも特徴的なところは、とりわけ、歴史学の分野で勉強している者にとって、ナショナル・アイデンティティを強く意識せざるをえなかった十九世紀半ばの日本を、ペリーの黒船到来に始まる外圧=外因から導くのではなく、一貫して日本史=日本列島史の空間と時間のなかで説明しようとする点にある。そこで用いられる論理は、「発明された「復古」」という視角や「過去の再創出」という歴史循環論である。それらは、絶えず復古する歴史のなかで、「ナショナル・アイデンティティ」という切り口から日本の近代化を見直し、古代から第二次世界大戦までを、現在の視点からとらえようとする著者の課題意識の表現であり、これは同時に、時系列的な歴史発展論への批判を強く含意している。

すでに『日本を問い直す――人類学者の視座』(青土社、二〇一〇年)を刊行している著者は人類学の観点から、ヒト、

モノ、カネ、言語・衣食・宗教などを対象として多様な歴史の文脈をたどり、それらを比較する試みを進めており、「アイデンティティ」概念によって歴史を放射状に拓こうとしている。

歴史的な方法からみるならば、「アイデンティティ」概念による歴史の検討は、歴史を個別化し、個としての歴史を論じようとする特徴をもつ。そして歴史研究においては、より集合的なすなわち社会的な概念を歴史的な主体として設定し、より求心的に同時代的歴史主体をとらえようとする。そこでの主体は、むしろ個を超えるものとしてあり、歴史研究からみるならば、「ナショナル・アイデンティティ」は、より凝集した「ナショナル＝ナショナリズム」とそこに収斂していく「アイデンティティ」とに分かれ、「ナショナル」や「ナショナリズム」をいかに概念的・歴史的に認識するか、という人類学とは逆の方向からの議論をおこなうことになる。

個を対象とする人類学からみれば、「ナショナル・アイデンティティ」は、「ナショナル」を拡散させ、多様な「アイデンティティ」を求めることになる。川田順造氏は、『日本を問い直す』において、「アイデンティティー、この身元不明の曲者」とし、それを表現する適切な日本語がないことを指摘し、「アイデンティティー」の多様なあり方を見通している。

他方、歴史の側においては集合的かつ汎時間的な論理に置き換え、個の体験を逆方向に改編し、歴史を再構成する議論として受け止めることになる。その思考過程は、テーマ表現として「ナショナリズム」という概念をめぐって議論がなされてきたと思われる。以下においては、個の歴史として解かれる「ナショナル・アイデンティティ」を、歴史的背景をもつ同時代概念・同時代アイデンティティに置き換えたところから本論考を考えてみたい。

山鹿素行・吉田松陰・明治維新の連続性と循環性

川田論考では、「十九世紀日本の「近代化」とは何だったのか」「(山鹿)素行の明治維新への影響」「明治維新——発明された「復古」、過去の再創出」と連続する論述項目のなかで、日本の歴史のなかに生起し復古する日本中心主義の循環が示される。「思想としては徳川時代の十七世紀半ばから、形成され始めていた」「日本中心主義」としての、また「国粋的な」ナショナル・アイデンティティの来歴とその展開を追及する論理を示し、どのような視点から日本ならびに日本近代がとらえられるべきか、というテーマが論じられる。

他方、吉田松陰の『幽囚録』が引用される。すなわち、「今急に武備を修め、艦略具《そなえ》、礮《ほう》略足らし、則ち宜しく蝦夷を開墾して、諸侯を封建し、間に乗じて加摸察加（カムチャツカ）隩都加（オホーツク）を奪とり、琉球を諭し朝覲會同し比して内諸侯とし、朝鮮を責め、……北は滿洲の地を割り、南は台灣・呂宋（ルソン）諸島を収め、漸に進取の勢を示すべし。……」という内容である。この日本のアイデンティティの連続性と循環性を東アジア史の角度からみると、ここに引用された「アジア視野」は明王朝の朝貢＝冊封地域と重なっている。このことは、七〇〇年間の武家政治のあとの明治維新における復古についての指摘も、律令制度から群雄割拠に転じた武家政治に対して、歴史的な律令制度の明治版としてヨーロッパを経由した中国の官僚制度そのものであろう。このように、いわゆる日本の転機は、東アジアとりわけ明清中国の歴史と密接に関連し、その動きに西洋が連動していることがわかる。日本のナショナル・アイデンティティは、実質は東アジアの歴史的アイデンティティと重なってくる。

日本史変革期における異端とその歴史正統化――楠木正成・万葉記紀・忠臣蔵

近代日本のメタファーとしてシンボル化される歴史的事例として、楠木正成のような下級武士の非制度的な忠君行為とそれに対する合法化、万葉集・古事記・日本書紀による天皇の位置づけ、忠臣蔵にみられる不法行為を正当化する論理、など個の論理からの歴史が展望される。

総じて、日本近代あるいは近代化は、江戸時代という長期の歴史時代における権力と権威のバランス、将軍と天皇ならびに下級武士の三者間のバランスが崩れたときに生じた「発明された」復古そのものであり、いわゆる欧化政策などの近代化政策なるものも、そのための一つの手段にすぎないことになる。正統と異端の交代、非合法が合法化される過程の歴史的循環による日本近代史ならびに近代の議論である。

西洋・アジア・日本

本論考のいま一つの特徴は、ヨーロッパと日本の関係に関する記述である。歴史空間的にみると、ヨーロッパ、アフリカ、アジア、あるいはヨーロッパでも北が出てくる前のラテン系ヨーロッパとアフリカとの関係、それからアメリカ大陸が三角交易として交わったなどといういろいろな三角関係や多角関係が存在していた。これらのモノの動きは、金・銀やスパイスなどがあるが、そのなかに中国という要因を組み入れて考えるとどのようになるであろうか。また鎖国の問題も、ヨーロッパとキリスト教への対策より、東アジアの地政的要因があるとして、例えばケンペル(Engelbert Kaempfer)の日本論やその一部を翻訳した志筑忠雄の「鎖国論」などには、むしろ中国の圧力に対応するために日本が閉じることは賢明であるとみる中国的要素を強調した鎖国論もある。

金はヨーロッパ本国に運ばれるのではなくて現地の一つの対価物として活用されていたという域内交易もある。歴史的な背景にはスールーからアモイにつながる長期の朝貢貿易の歴史があり東シナ海と南シナ海での中国系の中継チャネルがスペイン圏とポルトガル圏との間の結びつきを可能にさせていたといえる。

これに関連した域内交易から浮かび上がるアジア内在の要因について、永渕康之氏は、アジアでは十九世紀にいたるまで、域内貿易を考えねばならない。その理由は、東インド会社に条約締結権や軍隊を許したことにみられるように、ヨーロッパ本国はアジアを管理できないため、これを東インド会社に任せた。日本の場合も同じく、黒船がきたから(江戸時代が)つぶれたのではなく、黒船がきたことによって起こった国内のいろいろな変遷のなかで時代が変わってきたといえる。これは西洋の衝撃というよりもむしろ西洋はプレーヤーとして参加したかもしれないが、本国からみてここを管理する能力はかなりあとまでなかったといえる、と指摘した。

宗教をめぐるナショナル・アイデンティティ

川田氏は、キリスト教の布教で、日本で初めのポルトガル時代はごく短く、ザビエルが鹿児島に上陸した一五四九年から秀吉が伴天連追放令を出した八七年までのわずか三八年間に高い布教効率をあげたことを指摘し、五七年のザビエル以後には、日本にくる前にポルトガルが押さえたマカオで日本語教育をしてきたため、日本に着いたときには日本語がよくできており、短期間に、秀吉などが恐れをなすほどの布教をしたことを強調した。

それに対して、敗戦後にキリスト教徒とくにプロテスタントがほとんど増えていない理由として、日本人は個人として神と向き合うプロテスタントは苦手で、カトリックのような集団的なセレモニーに、よりアタッチメントがあるが、韓国では、新教徒は第二次世界大戦後に猛烈に増え、ある時期、アメリカ帰りのキリスト教徒勢力が政治のうえでも重要な役割を果たしたという日本と韓国のあいだの受容の大きな隔たりは、どこに由来しているのか、と提起した。

小川了氏は、若桑みどりの「クアトロ・ラガッツィ――天正少年使節と世界帝国」には、ポルトガルがきた十六世紀末の戦国時代の日本の人々の生活のひどさが強調されており、京都でも死体が毎日のように町中に三〇体も四〇体も転がるような状況で、塗炭の苦しみが日常的にあり、そこにキリスト教の布教者たちがきたというタイミングが大きかった。とくにアルメイダが、大分で日本初の病院をつくり、底辺層に対して非常に大きな影響力があった。それと比較すると、西アフリカに入ったイスラーム教は底辺層の人に受け入れられたのではなく、最初は王であった。その点は日本におけるキリスト教の初期の状況と、西アフリカの状況は大きな違いがある、と指摘した。

川田氏は引き続き、西アフリカの場合、イスラーム文化が王権と結びつき、純粋に宗教の問題ではなく、イスラーム文明と結びついて入ってきた。以前、アジア・アフリカ文化言語研究所の研究会で宮本常一先生は、日本における初期仏教の導入と同じであると指摘した。法隆寺などの時代も王権と結びついて、特権として入ってきており、南蛮時代のキリスト教はそれとはかなり違っていた。ただ、アフリカのベニン王国などの首長とポルトガルの関係を考えるときには、日本の信長や秀吉ではなく、むしろ大友宗麟《そうりん》など九州の地方大名を考えたほうがよいという意見もあると説明した。

最後に、〝否定的〟アイデンティティについて、川田氏とレヴィ＝ストロース氏との対談を紹介したい。

川田氏はクロード・レヴィ＝ストロースとの対話で、次のように尋ねる。

川田　人類の歴史のなかで、人間が生きることにとって、最適の段階があったと先生はお考えでしょうか？　もしあったとすれば、先生はそれを過去に位置づけられますか、それとも未来に？

レヴィ＝ストロース　未来にないことは確かです。それは、私は除外します！　第一それは、人類学者の職務ではありません、私たちの職務、それは過去です。これは答えることが極めて難しい質問です。なぜなら、私はかくかくの時代に生きたかったというだけでは、十分ではないでしょうから。……唯一私が言えるのは、それが今ではないことです！

［クロード・レヴィ＝ストロース（川田順造訳）『月の裏側――日本文化への視覚』中央公論新社、二〇一四年］

この対話には、アイデンティティを考える条件として、そこに否定的アイデンティティが随伴することも指摘されている。現代世界にあって、相手を否定することによって自己を正統化する否定的アイデンティティは勢いを増しており、個のアイデンティティの無力化を招いているように思われる。

帝国におけるナショナルな排除

バタヴィアの混血社会をめぐって

永渕康之

混血社会とナショナル・アイデンティティ

十六世紀、ヨーロッパからアジアへ入植した白人は大半が男性であった。彼らが形成した交易都市は必然的に混血社会とならざるをえなかった。しかも、交易活動を続け、都市社会を安定して運営するために、白人男性が認知すれば混血の子どもにヨーロッパ人の地位を与えることを行政当局は認めた。この事実から、ヨーロッパを知らなくとも、あるいは親の世代の母国語を話せなくとも、ヨーロッパ人の地位をもつ混血社会が生まれたのである。

十九世紀、商業資本主義から産業資本主義へと移行し、交易から農園経営を中核とする領土的支配に植民地は変化した。本国から純血の白人が行政官として植民地に到来し、統治の正統性が白人支配を原則とする人種主義におかれた。このとき、支配原理を根底的に揺るがし、脅威を与えたのが、長い歴史のなかで生まれた定住白人混血であった。それまで依存してきた植民地行政関係の職を本国人と教育を受けた現地人によって奪われた彼らは困窮化し、その一方でヨーロッパ人の地位を維持しているという事実が植民地政府を直撃した。政府は、貧困化した定住白人混血の帝国におけるナショナルな排除という新たな課題を抱え込まざるをえなかった。十九世紀において植民地におけるヨーロッパ人の地位の是非は、国民の資格をめぐって問われた。そして、その議論が本国における国民とはだれか、つまりナショナル・アイデンティティをめぐる問いに影響を与えざるをえなかったのである。

本論では、オランダ東インド会社が拠点をおいたバタヴィア社会に注目し、混血社会がたどった推移を追跡することで、十九世紀においてなぜ帝国におけるナショナルな排除という課題が生まれ、本国を巻き込まざるをえなかったのかを考えてみたい。それによって、ナショナル・アイデンティティをなぜ帝国という枠組みで考えなければならないかが明らかになるであろう。

オランダ東インド会社

十六世紀末、東インドから到来する香辛料は高価な商品として販売できたが、ヨーロッパからバルト海までの広範な販売網を築き上げていた「低地」諸都市(現在のベルギーを含むオランダ地域)は、すでに東インドに進出していたポルトガルから入手せざるをえなかった。ポルトガルがスペインに編入されたとき、諸都市はハプスブルク家の権威のもとに主張されていた独占権を無視して東インドに進出した。北極ルートからアジアへ向かおうとした最初の試みは失敗し、一五九五年リスボンで知識を身につけたコルネリス・ド・ハウトマンが東インドに最初に到達した。アジアをめざして複数の商人組織は競合したが、おもにイベリア半島の人々に対抗する軍事目標を達成するために連合を形成した。それが、一六〇二年に結成された連合東インド会社(以下、東インド会社)であった。

アジア貿易に従事した会社があった都市に六つの支社がおかれ、各支社の均衡を図りつつ単一の会社となったため、分権的性格がこの会社の特色であった。会社経営を決定する最上位機関として一七人会が設定され、アムステルダムが強かったものの、人選は各支社に割り振られた。出資額に応じて一般出資者と重役が区別され、一七人会は重役から選出された。

広大な領域をつなげる海のなかで、各地に建設された商館を点として、それを船によって線として結ぶことで、東インド会社の交易ネットワークは広がった。西は喜望峰に始まり、一六一二年に開設されたスラトを一つの拠点として、モカ、アラビア、ペルシア、インドのマラバル海岸といった領域。東はインドのコロマンデル海岸からベンガル、セイロン(現スリランカ)を経て香料諸島へと広がる領域。北は中国進出に失敗するものの台湾に交易所を設けて、そこでの中国船との貿易によって最北端となる日本との交易品を調達した。

平戸から出島へと隔離され、しだいに江戸幕府の管理姿勢が強化されていくものの、日本との交易は物品を金や銀と交換できたという意味で東インド会社にとって極めて重要であった。つまり、その金銀によって会社は他地域での交易品を購入し、運営費を捻出し、資本を蓄積することができたのである。日蘭貿易研究は、オランダ本国からの毛織物を含めた交易品が到来した海域の広さを示している。

本国の会社本部は最初から分権的であったが、アジア海域においては集権的特徴を深めた。「総督」と呼ばれる中心的地位をおく制度を定め、この人物の居住地を核とすることで海域全体の活動を統括した。交易品を一度拠点に集め、本国と拠点を結ぶことで交易の掌握を図ったのである。本国が分権的であるのに対してアジアで集権的であったのは、敵対してきた既存のポルトガルと新興のイギリスに対する貿易の独占とともに、すでに大きな勢力をもっていた中国からの人々の交易網の組込みが意図されていた。中国人と東アジアの交易場所であった近接するバンテンを封鎖し、バタヴィア(現ジャカルタ)に移したのである。軍事力、条約締結権、貨幣鋳造権といった準国家的機能をオランダ連邦議会が特許状として東インド会社に認めたのは、アジアという遠隔地に対して本国からの管理が難しいという物理的条件とともに、中国との交易への参加が意図されていた[ブリュッセイ 2008:39]。

遠隔という条件は、たしかに決定的であった。本国一七人会はアジアに対して必要な商品の一覧表を春に作成した。アジアへの到着は約九カ月後の年末であり、翌年その一覧表をもとにアジア各地に船団が赴き、必要な商品を一年がかりで集め、年末からさらにその翌年の初めに本国に出発し、また約九カ月が経過した九月頃に本国に到着した。望んだ商品が到着するのに二年半を待たなければならなった。

本国における会計は、発注にかかる諸経費と、帰還し得た商品の売却からの収入で記されており、アジアにおいてその商品がどのように獲得しえたかについての情報が書かれているわけではなかった。集権的権限をもつ独立性、遠隔地という物理的距離、分離した会計制度から考えてアジア間貿易が本国と離れて自律的であったと結論づけるべきではないと経済史学者は警告している。大きくいえば、第一にアジアの交易で得た収入による本国向け商品の購入、第二に本国向け商品のアジアにおける売却という二つの方法によって、商品価格を一定に保つという目標のもとに、本国とアジアは連動していたと指摘されている[フリース/ファン・デァ・ワウデ 2009:371]。

だが、男性移住者によって形成されたアジアにおける交易都市の社会生活そのものは本国とはまったく違う構成をとらざるをえなかった。そして、十九世紀に入りこの事実が、本論が課題とする帝国におけるナショナルな排除という問題を生み出すのである。

バタヴィア

チリウン川河口の小さな港であったジャカトラと呼ばれた場所には、スンダ系の人々や中国商人、そしてアラックと呼ばれる蒸留酒の製造者たちが住んでいた。ここにハウトマン船団が到着したのは、一五九六年十一月十三日のことである。一六一〇年、交渉のすえ条約を結び居住地を得て商館と商品保管庫を建築したとき、拠点となる可能性のあった複数の候補地のなかでもめだたない一つの港にすぎなかった[1]。

一六一八年末、この区画はイギリスとバンテン王国の勢力の攻撃を受け、オランダ軍はかろうじてそれを退け、ジャワで最初のオランダの占領地となった。従来あった政務所とモスクをオランダ人は破壊し、壁で囲まれた区域を建設した。以後ここがバンテンから中国人との交易地点の地位を引き継ぎ、アジアにおける東インド会社の拠点となり、総督の着任地となった。オランダ人が当時考えた自らの民族名をとって、バタヴィアと命名された。

総督、交易長官、東インド参事会議員といった東インドの意志決定にかかわる政治的中枢は、はじめ本国の一七人会の任命で決まり、彼らは年ごとの本国への報告を義務づけられていた。しかし、遠隔地という特性から、報告に対する承認には多くの年月がかかり、実際には東インドにおいては総督を中心とした人々に決定権が集中せざるをえなかった。

アジア海域における東インド会社社会を構成しているのは、まず交易に従事する商人、業務を預かる事務員と船員、そして軍人である。社会は強い階級性を特色とした。商人は少なくとも上級、中級、下級の階級が区別され、その下に事務員、そして軍人が位置していた。定義上、階級には流動性が保証されていた。つまり、事務員や軍人として東インド会社と契約しても、契約を繰り返しながら上級の商人まで昇り詰めることは可能であった。

アジア地域の複数の商館を社員は移動した。交易の重要性から商館にも上下関係があり、アンボン、マラッカ（ムラカ）、出島は重要な商館とみなされていた。下級社員は重要度の劣る商館にまず配置され、そこで生き抜けばしだいに重要度が勝る商館へと移動していった。そして移動するなかで、彼らは自らの地位を高めていった。つまり、昇進を決めるアジア地域における会社人事は、本国とは自律していたのである。

上級商人には事実上言語上の制約があり、オランダ語を話す人々が優先された。それに対して、民族の出自が問えないのが軍人であった。アジアへ赴く本国オランダ人は数が限定されていたため、オランダ人以外の応募も受け入れざるをえず、軍の多民族性は必然的結果となった。一六二二年の段階でドイツ、フランス、スコットランド、イギリス、デンマーク、フレミング、ワロンといった言語からみた出自がみられ、一七一〇年にいたってはバタヴィアにおける軍隊のなかでオランダ人はわずか一〇人であった。そして重要なのは、このように多民族から構成されていた事実から、「東インド会社の居住地において自然にオランダ語が使用されなかった」［Taylor 2009:6］という点である。

アジアの軍人は本国で困窮を極めた人々の行き先であった。統率された軍隊という見方は植民地の軍にはあてはまらない。極めて規律は乱れ、酔っぱらいが多く、喧嘩は絶えず、犯罪が多発する世界だったのである。

東インド会社社員は男性であり、遠く本国から離れた彼らのアジアでの生活を支えたのは、まず中国からの人々であった。[2] 職人、商人、漁民、野菜栽培者としてもともと彼らはバンテンから誘致された［ブリュッセイ 2008:39］。彼らとともに、ケープから日本にかけて取引された奴隷[3]もバタヴィアの社会生活を支えた。オランダ本国の人々が好ましいとする考え方は当時から存在し、呼び寄せる試みは何度かなされた。しかし、遠隔地への人間の移動はコストがかかりすぎ、呼び寄せられた人々は役に立たず、長続きはしなかった。敵対関係にあるために隣接するジャワ人やスンダ人を奴隷とすることは少なかった。この結果、白人社会とも現地人社会とも異なる、孤立した独自の社会をバタヴィアは形成したのである。

さまざまな地域から集まった人々は、各自がおのおの集団を形成した。集団内では各自の言語を用い、集団間でのコミュニケーションに用いられたのは、マレー語が混じったポルトガル語であった。[4] オランダ人よりも先にこの海域で活動したポルトガル人の言語が十八世紀の末にいたるまで公用語となっていたのである。あとにみるように、オランダ語で教育する学校の建設は失敗に終わり、また教会では牧師の不足からオランダ語での運営ができなかった。人員の不足からアジア海域を宣教の場所と考えることをオランダ人はできなかったのである。軍人を中心に白人自体が多言語であったというすでに述べた理由とともに、こうした点からオランダ語は普及しなかった。たしかに、東インド会社の幹部はオランダ語を使用しており、またオランダ語の使用は昇進の条件ともなっていた。しかし、彼らは同時にポルトガル語の教会をパトロンとなって支援し、ポルトガル語で説教ができる人間を雇いさえした。ポルトガル商人とオランダ東インド会社は対立したが、先行した前者が築き上げた社会生活を後者は無視することはできなかったのである。

一六二〇年頃市議会が成立し、自由市民を対象とした行政が開始された。税の徴収、水路の維持、防火組織の結成といった業務をおこなったが、最終決定権をもつのは市議会ではなく総督と東インド参事会であった。十七世紀のあいだにマタラムとバンテンとのあいだに条約を結び、野獣の来襲や盗賊といった危険はつねにあったものの、バタヴィア周辺は比較的安全となった。バタヴィア周辺の土地へと社員たちは進出し、また中国人やバタヴィアにきた商人に土地は貸し出され、製糖業などが営まれた。こうして形成されたバタヴィア社会が十八世紀にかけて発展していき、独自の文化を深めたのである。

混血文化[5]

白色と有色人種そのどちらもが寄集めであった現実から、なんらかの同一性をバタヴィアで探し出すことは困難であった。バタヴィアには白色 対 有色という構図は最初からなかったのであり、成立そのものが異種混交であり、社会を安定的に運営するためには混血が必然的な結果であった。つまり、白人がアジアに到来して混血が起こったというような結果論ではなく、バタヴィアという定住社会が成立するための根本的な必要条件が混血だったのである。

オランダ人が自らの文化を捨てたわけではもちろんない。キリスト教は奨励されたが、民事にもっとも近く、本国文化の拡大を図りえたであろう教会でさえ牧師の不足からそれができなかった。結婚における宣誓、死者の埋葬、式典での演説など基本的な行事すら教会は実施できなかった。本国からの人間の流入が限られていたという条件はやはり決定的であった。この条件において、船員、事務員、軍人をはじめとする会社が必要とする労働力や彼らの生活できる環境を維持するためには、さまざまな地域の女性とのあいだに混血の子どもをアジアで産むしかなかったのである。

混血社会を維持するために東インド会社はさまざまな方針を打ち出した。まず、女性との同棲ではない結婚を奨励した。複数の女性と関係をもつキリスト教的倫理観に反する行為を是正するとともに、生まれた子どもを将来会社に採用することで必要な労働力を確保することができた。そのためにキリスト教への改宗を条件として生まれた子どもにヨーロッパ人の地位を与えた。[6] 地位認定は、子どもの会社への忠誠を確保するというもう一つの目標からも望まれた。

また、アジアの女性のほうがオランダの女性よりも生活が安くすむという実際上の理由があった。それでもアジアの女性と結婚する余裕のない下級社員に対して、給与を最初から積み立てて結婚後それを与えるといった操作さえ会社はおこなった。[7] アジア女性との結婚は、白人の社員をアジアにつなぎとめる方法でもあった。女性とその子どもが存命である限り、許可が与えられたときを除いて社員が本国に帰ることは禁止されていた。女性からみた場合、白人との結婚は大きな意味があった。その女性がもともと奴隷身分であった場合、結婚によってそこから解放されたのである。

バタヴィア社会の特殊な性格は、混血という事実にとどまらない。この事実をはるかに超えて、会社の運営そのものにかかわる人的つながりをアジア人妻との婚姻が決定した。つまり、総督をはじめとした上級商人から軍人や商業活動にいたるまで社会活動を支える人脈がアジア人妻とのつながりによって決まる、言い換えれば男性の社会的地位に対してアジア人妻の親族関係が決定力をもつという性格が生まれたのである。

バタヴィア建設当初、総督は当然本国が決定した。しかし、三代総督の時代、アジアでの貿易に精通する人材が必要であるという理由から、本国とは別にバタヴィアにおいて幹部の推薦が始まった。そして、一六三六年、この制度は会社の上層部までおよび、アントニオ・ファン・ディーメン総督からバタヴィアが総督職を定め、それを本国一七人会が追認するという形式が固定化され、この制度は一七九〇年代の東インド会社解体まで維持された。本国とは独立して下層部から上層部まで会社の人事はバタヴィアで決まったのであり、この結果本国における出自や学歴がアジアで意味をもつことはなくなった［Taylor 2009:33］。

余裕のある上級商人は有望な自身の男子を本国に送って教育を受けさせた。しかし、彼がバタヴィアに戻ってきた場合、結婚するのはアジア人妻とのあいだに生まれた女性しかいなかった。商人たちは自身の娘がそのような結婚をすることを望み、またそれによって会社社会のなかでの自身の地位を固めた。商人に余裕がない場合、その子どもたちは生まれてから死ぬまでアジアで生きなければならなかった。いずれにしても、ここでアジア人妻を中心とした妻方親族が絶大な影響力をもつ構図ができあがったのである。

アジア人妻が影響力をもっていたからといって、彼女たちに政治力や教養を期待してはならない。使用人に育てられ、多くは十代で最初の結婚をし、すべて使用人任せで家事は何もやらず、もちろんオランダ語など話せなかった。西洋的な意味での宗教観や社会的礼儀の観念も薄かった。妻の態度は明らかにアジアのものであり、クバヤと呼ばれる上着を着て、床に座り、裸足で歩き、ビンロウの葉を噛んでいたために口はつねに赤かった。日曜日には西洋服を着て人々の前にでることはあったが、公式の場所で夫と同席することはなかった。[8] この妻の姿は例外的な光景ではない。実際、十八世紀において総督の正妻でオランダ生れは一人だけだったのである[Taylor 2009: 61]。

総督の自主決定権を得たバタヴィア社会は、総督を中心とした上級商人を頂点とした階級社会という性格を深めた。その地位は、日常的な社会の場で誇示された。幹部の馬車はトランペットを吹く楽隊、護衛、従者が取り囲み、それが通り過ぎるときは、ヨーロッパ人の身分があるものは車を降りてお辞儀をし、そうでない人間はしゃがんで拍手をすることが義務づけられていた。妻は過剰な装飾が施され、移動は夫と同じようにおこなわれた。こうした地位を誇示する儀式の細部は、アジアの王家から模倣されたものも含まれていた。[9]

東インド会社自体は厳しく禁止したものの、社員は奴隷やアジア間の物産の私貿易に従事し、蓄財に励んだ。会社の給与だけでは多くの場合十分ではなかったという実際的な理由とともに、蓄財こそが東インド会社に入ったおもな理由であった。蓄財に成功した社員たちは、バタヴィアの周辺が安全になるにつれて郊外に邸宅を構えた。運河で囲まれたバタヴィア内部では多くの人が住み、危険であるとともに、伝染病が蔓延する可能性がつねにあった。郊外の邸宅はしだいに広がり、十九世紀までには現在のボゴール付近にまでおよんだ。

階級社会の底辺に位置するのは奴隷身分の人々であった。ケープから出島にいたる海域や現在のインドネシアの島々からの人間、またとくにインドのポルトガル商館のあった地域からの人間も多かった。東インド会社の社員に使用人として仕え、彼らがいなくては社員の生活は成り立ちえなかった。その意味で奴隷身分の存在は必要不可欠なものであり、現地人ではないさまざまな地域からくる移住労働者からバタヴィア社会は成立していたのである。

東インド会社の崩壊そして帝国の建設と終焉

十八世紀において東インド会社の危機は深刻さを深めていた。「深刻な問題」は少なくとも五点指摘されている。第一にアジア内貿易の縮小、第二に商品をバタヴィアに集めることの不効率性の顕在化、第三に私貿易の増大を含めた組織内部の腐敗、第四に人員の不足、第五に収益に見合わない配当政策、である[フリース／ファン・デァ・ワウデ 2009:425-430]。

バタヴィアという集権的機関を変革できるほど流動資産を用意できなかったことが東インド会社解体の原因であると指摘されているが、バタヴィア社会を比較的詳しくみたわれわれはより本質的な結論を用意できるだろう。つまり、本国とは離れた自律的な混血文化がバタヴィアにおいて生まれ、意志決定のみならず社会の再生産を可能にする基盤がこの文化に依拠していたために、変革することなど不可能だったのである。財政的問題ではなく、バタヴィアに東インド会社が拠点を構えたことに由来する構造的問題が露呈したのである。私貿易の増大と本国からみて腐敗とみえる社員の態度は、この構造から多くの部分が派生していた。

一七八〇年末から四年間続いた英蘭戦争の敗北によってオランダ東インド会社の事業維持は最終的に不可能となった。会社は国家の融資を受けるものの、本国自体がナポレオンに屈してバタヴィア共和国となり、会社は崩壊した。一八一〇年代、本国の陥落とともに東インドはイギリスの統治下にくだった。カルカッタから派遣されたジャマイカ生れのイギリス人トーマス・スタンフォード・ラッフルズを副総督として、帝国建設が本格的に始まった。しかし、中国への進出を優先したイギリスは東インドを手放し、ナポレオンの影響下から逃れて王国として再出発したオランダに返還した。

新制王国の管理下におかれた東インド会社の資産は、一八〇六年に組織された商業・植民地省の管轄に入った。アジアでの自由貿易が解禁され、一八一四年になって本格的に始まった。しかし、ケープやセイロンといった商館はイギリスの手に渡り、出島といった少数の商館が残るのみとなった。すでに十八世紀からその傾向はみられたが、植民地政府は先細る商業資本主義から離脱し、税収を目的としたジャワの領土的植民地化をめざした帝国へと変容していった。

植民地政府はラッフルズの改革に続き、一八三〇年からは買取り価格を設定した換金作物の栽培を強制し、利益を独占する強制栽培制度を開始した。一八五五年には東インド統治法を定め、植民地運営の基礎を固めた。一八七〇年自由貿易主義に切り替えるとともに、それまでの搾取的な体制の反省から現地人の教育と福祉を重視する倫理主義に方針を変更した。一九〇一年には女王の宣言によって倫理主義は公式に表明され、西洋教育を受けた現地人の行政組織への組込みが進んだ。こうした現地人のなかからインドネシア共和国独立をめざす国民主義者が生まれていくのである。

この間、一八二五〜三〇年のジャワ戦争を最後に植民地政府への抵抗は弱体化していたが、六九年スエズ運河が開通するとスマトラ島の北端アチェはこれを好機とみて抵抗を強めた。二十世紀に入ってようやく抵抗を抑えた政府は、ジャワ島以外の島々への領土的拡大を加速化し、現在のインドネシア共和国の領域にほぼ匹敵する領土まで支配を広げた。二十世紀初頭から拡大する領土に対応するために分権化を進め、一九三〇年代には東部地域の管轄をバタヴィアからマカッサルに移した。

南進した日本軍は一九四二年ジャワ作戦を開始して植民地政府を倒し、四五年の敗戦にいたるまで軍政が敷かれた。そのなかで国民主義運動は浸透し、インドネシア共和国が一九四五年に独立した。インドネシアを手放すことをあきらめなかったオランダ政府は共和国を含めた連邦を一時構想し、マカッサルに東インドネシア国を建設した。結局この傀《かい》儡《らい》政権は共和国に吸収され、一九五〇年統一インドネシア共和国が成立した。バタヴィアはジャカルタとなり、アジアにおけるオランダの植民地運営は終わったのである。

混血社会の終焉

十九世紀に入って本国を囲む情勢から帝国の建設が始まったとしても、バタヴィアで混血文化を生じさせた根本的要因が変化したわけではなかった。つまり、本国との距離、少数にとどまった到来するオランダ人、それを補うべく進められた移住白人の多国籍化といった要因は変わらなかったのである。蒸気船の発展による航海時間の短縮、一八六九年末のスエズ運河開通、七〇年のヨーロッパとアジアを結ぶ電信の開通によって、ようやくこうした条件が緩和され、純血のオランダ人が運営する帝国が姿をあらわすようになった。

本国からみて腐敗と映る東インド会社の実態への攻撃は、十八世紀から段階的にバタヴィア社会のなかで始まっていた。私貿易の蔓延とともに攻撃の標的となったのはバタヴィアの混血文化であった。東インド会社の人事はアジア人妻の家系で決まり、本国からやってきたオランダ人は有力な家系に属する娘と婚姻を結ぶか、その家系のコネによってはじめて昇任できた。一方、使用人によって育てられた妻たちは、ヨーロッパ人の地位にありながら、オランダ語など知らず、豪奢なアジア的生活を見せびらかし、地位を顕示するばかりであった。啓蒙主義を経験し、倹約をむねとした本国オランダ人ブルジョワからみれば、この光景にいかなる必然性があったとしても、腐敗と呼ぶほかはない軽蔑を禁じることはできなかった。

ジーン・テイラーによれば、バタヴィアの混血社会に対する最初の攻撃が始まるのは、一七二五年に東インド会社に雇用され、のちに総督に昇り詰めるファン・インホフの時代からであった。この段階での批判の対象は、宗教的倫理の欠如であった。それを是正するために一七四五年、社員師弟のための学校や海事に関する訓練学校が建設された。カリキュラムにはオランダ語教育が組み込まれ、優秀な学生を本国に送ることも計画に入っていた。さらに、海事訓練校においては家事をすべてヨーロッパ人が担い、日常言語としてオランダ語以外の言語が禁止された。また、オランダ語を話す人々の紐帯《ちゅうたい》を図るために、本国からのニュースを取り入れた週刊の新聞も発行された。

こうした努力はその後も続けられ、一七八六年にはバタヴィアにある四つの学校でオランダ語を使用させる指令が出された。四つあった学校のうち困窮者と孤児を対象とする学校ではオランダ語が用いられていたが、残る二つは一方はポルトガル語、他方はマレー語が用いられていた。また、一七七八年にはヨーロッパ的教養を維持する人々の会合場所としてバタヴィア学術協会が設立された。

だが、こうした十八世紀における自発的な改革の動きはことごとく挫折した。新たに構想された学校は両者とも経費が高いという理由から一七五五年には廃止され、新聞は二年後に廃刊された。東インド会社が解体した時点でオランダ語を使用する学校は一校にとどまった。総督まで混血文化に染まるバタヴィアにおいて、その持続力は根強く、改善しようとする試みは破棄された。ヨーロッパ文化はむしろ少数派であり、改革の動きはわずかに残るヨーロッパ文化をかろうじて保護する試みでしかなかった。

バタヴィアの混血文化が衰退へと向かうのは、東インド会社解体とイギリス軍の暫定的な占領、それに続く本国からの管理が開始されたあとであった。東インド会社解体以後も総督職はおかれたが、十七世紀の初頭以来はじめてアジアでの経験をもたない総督ヘルマン・ダンデルスが任命された。この総督の時代、バタヴィアを囲む城壁が破壊され、階級社会の象徴がまず崩された。続いて、イギリス人による支配が始まり、バタヴィア社会に劇的な変化がもたらされた。フランス革命にともなうヨーロッパ情勢の変化のなかで、一七九〇年代からオランダ本国からの船はとだえていた。そこにイギリス人が進出することによって、ヨーロッパ人の比率が急激に増大したのである。

バタヴィアの混血文化に対するイギリス人の反応はやはり軽蔑であり、改善の試みが始まった。アジア系である女性が真っ先に対象となり、公式の場所で男性と同席することが求められ、正式な食事の仕方が強制された。あるいは例えばラッフルズ夫人は、公の建物の内部から噛んだビンロウの葉を吐く壺をすべて撤去させた。地位を示していた奴隷の所有は制限され、マレー語とマレーの慣習は軽んじられた。

男性にももちろん改善の目は向けられた。劇場、クラブ、社交場が生まれ、英語やフランス語が洗練された言語として用いられ、ヨーロッパ的価値を育む環境が整えられた。奴隷身分の人々がおのおのの家で上演していた芸能が、公の場所で同じ地位をもつ人間が上演する形式に変わることは、公共空間の成立という社会の本質的な変化を意味した。それと同時に、新聞とともに童話や祈禱書から小説にいたるまでさまざまな本が流通し、読書という混血文化にはまったくなかった要素が加わった。イギリス人たちは個人の家に蔵書をもっていたのであり、このようなことはそれまで考えられないことであった。

イギリス時代に顕著なことは、ヨーロッパ文化に対して現地文化が明確に対象化され始め、その結果として混血文化の特異性が際立ったことである。周知のように、ラッフルズは『ジャワ誌』を書き、ジャワの土地税制を調査し、東インドに政治経済学を持ち込んだ人間として知られている。彼によって現地文化が統治する対象として客体化され、ヨーロッパ文化とも現地の慣習とも異なるものとして混血文化が浮き上がる結果となった。混血文化は家のなかの私的領域に封じ込められ、ヨーロッパ的公共社会と現地社会に囲まれる構図が鮮明化し始めたのである。

イギリス時代は短命に終わったために、改善は不十分であった。期間が短かったためだけではなく、イギリス人自体も本国から直接きたわけではなくインドからきたために、彼らのなかにもアジア系の妻をもつ人間がいた。また、本国との交通がとだえたために本国からのオランダ人が少なかったことから、バタヴィアの混血文化が根絶されることはなかった。だが、再び到来するオランダ人たちが混血文化の最終的な破棄を迫ることになった。

東インドにおいて不可逆的な変化が起こったのは、新たに着任する人間はオランダ本国から任命され、最終的にはオランダ本国に帰ることをあたりまえと考えたという事実に始まった。人事がバタヴィアにおいて決まるという構造が根本的に変化した。多くの場合、本国から到来するオランダ人たちは妻を同伴し、アジア人女性と結婚する必要はなくなった。こうして男性に妻を提供し、血縁関係において人事を左右することで栄えた混血文化は存在根拠を失った。

本国からの任命は次々と法制化された。一八一八年、東インドにおける参事はオランダ人であり、本国に出生地登録をする人間に制限された。一八二五年、植民地政府のすべての役職はオランダ本国に生まれ、教育を受けた人間に制限された。そして一八四二年にはデルフトに植民地行政官を育成する教育機関が設置された。強制栽培制度の開始によって現地人と接触する機会が増大し、適切な知識が必要であったという理由とともに、本国における資格が東インドにおいて意味をもち、混血文化の影響を根絶する含意があった。あわせて、一八一八年に奴隷身分の人間の移入が禁止され、六〇年にジャワで最終的に奴隷制が廃止された。こうして混血社会は最終的に破棄されたのである。

帝国におけるナショナルな排除

混血を生み出す文化的背景はこうして終焉《しゅうえん》に向かったが、二〇〇年以上にわたって続いたこの文化のなかで生まれた混血は多数におよんだ[10]。十九世紀後半のオランダ植民地国家を悩ませたのは、こうした混血の処置であった。純血のオランダ人と西洋教育を受けた現地人にともに行政機関から閉め出された混血は貧困化した。そして、問題はこうした貧困化した混血がヨーロッパ人の地位を保持しており、統治法の成立によってヨーロッパ人の地位による支配が確定するなかで、支配を根底から覆す可能性があった点にある。肌の色は白くはなく、貧困にあえぎ、現地人に世話にならなければならない人間が支配者であるヨーロッパ人と同じ地位にあるという現実にどう対処したらよいのだろうか。

十七世紀初頭からの推移から考えれば、こうした問題は東インド会社が解体し、商業資本主義から産業資本主義に移行せざるをえず、オランダ本国が拡張主義をとってジャワ島を領土的支配に組み込んだ結果といわれる。しかしここで注目しなければならないのは、バタヴィアからみた場合、この支配への包摂が逆に混血文化の排除を生んだという事実である。先に確認したように、混血文化はバタヴィアという都市社会の生存を支えた必要条件であった。領土的支配の開始はこの必要条件を根底から否定したのである。本国からオランダ人が到来し、統治の正統性を人種に基づいた白人支配においたことが、この否定の始まりであった。この白人支配の原則がオランダのみならずヨーロッパ諸国の植民地支配の原則として固まったのは、啓蒙思想と富の蓄積がもたらした階級社会におけるブルジョワ的自己意識、白人の優越を謳う十九世紀の進歩史観、ヨーロッパにおけるナショナリズムの高揚が交差した帰結である。本国と植民地が連鎖する帝国の枠組みのなかで白人支配が作動したとき、帝国におけるナショナルな排除が前景化し始めた。そして、その排除の対象となったのがバタヴィアの混血文化だったのである。

混血文化の帝国におけるナショナルな排除は、現地人の支配とはまったく次元の違う問題を生み出した。まず、もともとオランダ人をはじめとしたヨーロッパから到来した人間が生み出した混血文化は、血統と人種を根拠として排除することは不可能であった。つまり、混血文化は現地人という他者の問題ではなく自己の問題であった。さらに、排除すべき人間と包摂すべき人間の線引を問う自己の資格をめぐる検討は本国というよりはむしろ植民地においてはじめて顕在化する問題であった。なぜなら、本国では階級社会におけるナショナリズムは包摂の原理であり、実際にできたかどうかは問わないとしても、社会改良主義的努力によって最下層民は包摂されるべきであり、積極的に排除すべき人間ではなかった。一方、植民地においては支配の正統性を人種主義においているために、ヨーロッパ人の地位をもちながら困窮した混血は支配の根本原理にふれる境界線上に位置した。同時に、オランダ植民地におけるヨーロッパ人とはオランダ人というナショナルな同一性と結びついた。その結果、困窮した混血は支配と国民の同一性への脅威となり、基準を満たさない場合、積極的に排除する、つまり社会からみえない場所におく必要が生じたのである。そして、国民としての自己の資格にかかわっているために、植民地において検討された条件は本国にもたらされざるをえなかった。

血統と人種を根拠に資格が検討できないとしたら、何が基準とされたのか。この問題に正面から取り組んだアン・ローラ・ストーラーは、十九世紀後半から二十世紀初頭にかけて導入された問題解決の試みを議論している。立ち上げられた委員会での議論、設置された救貧施設のあり方、現地人の村に出現した貧困混血に対する対処法など、他の植民地との比較も踏まえて多方面から記述するなかで彼女が強調するのは、オランダ語、食事内容、生活態度、所作、宗教的教養を含めた広い意味での文化的基準である。オランダ国民として包摂するためにはこうした文化的基準を満たし、それと同時に現地文化から遠いことが明らかでなければならなかったのである。そして、こうした文化的基準は子どもの成長過程そのものにかかわり、だからこそストーラーは家庭という親密圏の問題を強調するのである。アジアに到来したヨーロッパ人はアジアの人々を使用人としない限り生きていくことはできない。しかし、オランダ人ではない使用人に育てられた人間はたとえ両親が純血のオランダ人であったとしても文化的基準を満たすことができなくなる可能性があった。親密圏はつねにこうした緊張関係にさらされていたのであり、白人の威信を賭けた文化的基準が破綻しうる場所であった。だからこそ、植民地政府は多大な関心を親密圏にそそいだのであり、そこは自己の資格を賭けた闘争の現場であった［ストーラー 2010］。

植民地における白人社会を対象とし、しかもそこに本国での国民の資格を問う闘争の場を見定め、帝国におけるナショナルな排除を指摘することは、これまでの植民地研究と少なくとも次の三点において一線を画す。第一に、植民地研究は、暗黙のうちにヨーロッパの拡大という主題をつねに前提としてきたが、白人社会内部での闘争を指摘することは、単線的な拡大という考え方を根底から否定することにつながる。西洋世界と現地世界が対極化され、現地社会に西洋の衝撃が与えられたわけではない。そうではなく、本国と植民地において同時に複数の差異が構築され、そのなかでふさわしい自己が見出されたのである。それと同時に、西洋の拡大の主題とともに生き残ってきたのが西洋中心主義であり、白人社会内部の差異の研究はこうした中心主義を否定することにもつながる。

第二に、白人の支配を強調してきた従来の研究は、内部に差異のないひとかたまりのものとして白人社会をとらえ、そのために支配する者とされる者という単純な二元論が導き出された。さらに支配する者へのこうした全体論的な見方は、構造的権力といった主体のみえない大規模な権力という見方を生み出す出発点ともなってきた。白人社会内部に多様な差異が存在することを認めることは、こうした見方の限界をさらけだし、白人と現地人の差異だけではない多様な差異に目を向け、支配をもたらす権力関係へのより微細な分析への道を開く。

第三に、貧困化した混血の存在は白人社会内部の階級差を照らし出す。しかも、白人支配という統治の正統性を人種原理によって確保した植民地の白人社会において、困窮した混血に国民の資格を認めることは難しく、彼らを排除の対象にするほかはなかった。このことは本国社会の階級格差が植民地に持ち込まれていたことを示すのみならず、本国よりも厳しい国民の資格が植民地において問われたことを意味する。そして、この検討において問われた資格が、国民とはだれかを定めるものだけに本国社会に逆流せざるをえなかった。本国と植民地のあいだのこの回路を認めるストーラーとフレデリック・クーパーは、「帝国の民族誌」を提唱してより厳密に回路をたどる必要性を訴えている[Stoler & Cooper 1997]。

バタヴィアの混血文化を腐敗とみるヨーロッパ人は、あるべき自己の資格の是非をそこに投影し、それが帝国におけるナショナルな排除へとつながっていたのである。

註

1　バタヴィアに関する記述はおもに[Taylor 2009]に依拠している。また、一六一九年以後のバタヴィアの都市形成については、[Breuning 1954:25-35]の平面図がわかりやすい。

2　日本人もここには含まれている。バタヴィア建設が始まる一六一九年という年代は、秀吉による武力的拡張主義が終わり、家康による平和的協調主義が対外的に知られ、朱印船貿易が盛況を迎えた時期にあたる。『朱印船と日本町』を著した岩生成一は日本町を形成しなかったもののバタヴィアの日本人にとくに言及し、一六一三年にオランダ船が最初の契約移民をバタヴィアに運んで以後の日本人社会の定着、発展、生業、婚姻、混血化について人数や出身地まで含めて詳しく論じている

［岩生 1962：144–159］。

3　奴隷という用語は慎重に用いなければならない。ここでは自由市民ではないという意味でのみ使用している。どこからなぜそのような身分になったのかとともに、バタヴィアにおける契約形式や職種はさまざまであり、奴隷の内実は多種多様であった。マークス・ヴィンクは、オランダ人到来以前からアジア地域では人間の売買がおこなわれており、そこにキリスト教的救済意識（例えば、貧困で死ぬ運命にある人間にとって買われて労働力となるのは救済である）などが重なりながら奴隷貿易が広がったと論じている。さらにヴィンクは、ヨーロッパからの人々がアジア海域で開いた都市は奴隷なくしては成立しえなかった意味でこれらの都市を「奴隷社会 slave society」と呼び、全人口における奴隷の割合を調べている。それによれば、バタヴィアの場合、一六七三年四九・〇五％、一六七九年五一・九七％、一六九九年五六・九三％という数値が示されている［Vink 2003：135, 148］。

4　松方冬子はオランダ風説書の研究のなかでこう述べている。「長崎のオランダ通詞は、ポルトガル通詞だった家系が多い。一七世紀のオランダ人と日本人との会話は、主としてポルトガル語でおこなわれていた」［松方 2010］。ヴィンクもバタヴィア、セイロン、ケープといったオランダ人が形成した都市における奴隷との会話はポルトガル語かマレー語であったと述べている［Vink 2003：169］。

5　混血性を強調するためにここでは混血文化という用語を使用しているが、混血という概念がバタヴィアのような移民社会の住人の感覚を反映しているわけではない。『インディーにおいて「オランダ人」であること――クレオール化と帝国の歴史一五〇〇～一九二〇年』の著者たちはこの点に注意を喚起している。定住した白人の貧困化を問題視した十九世紀の植民地政府当局者が彼らを形容するために用いた用語が混血であり、何代にもわたって移民社会を形成してきた人々はむしろヨーロッパ生まれの人間に対して東インド生まれを意味するインディー（Indies）という用語を自称として用いた。つまり、東インドに生まれ、そこでの社会で育ち、不動産などの財産を形成していることが共通意識の源であって、血の問題ではないのである。たとえ両親が純血のオランダ人であっても、東インドで生まれて、その社会に育てばインディーであった［Bosma & Raben 2008：xv–xvi］。

6　「ヨーロッパ人の地位」という言い方には慎重になる必要がある。一八五五年に成立した統治法においてはヨーロッパ人の地位が規定されているが、それまでにヨーロッパ人という定義が本当にあり、だれを意味したかは定かではない。ポルトガル人やスペイン人は半島人(ペニンシュラーノ)という言い方を自称として用いており、ヨーロッパ人ではない。はっきりしていることは上級から段階的にさがる身分差は明確に存在し、服装、所作、行動できる場所(例えば、教会に入ることができるかどうか)といった点で明示的な区分が設けられていた。ここでヨーロッパ人という用語を用いるのは、他の用語では混乱すると同時に、本国から到来した人間と同等の地位になることを示すためである。

7 ここでアジア人妻という場合、対象となる女性は喜望峰から出島までを含んでいる。ヨーロッパとは違うという意味でアジアという用語を用いている。

8 アジア人妻がたとえオランダ人と婚姻関係を結んだとしてもオランダ人社会に入ったといえるのか、あるいは彼女たちの社会的地位はいかなるものだったのか、つまり女性の側からみた視点はテイラーの研究にはない。この点については[Blussé 1988: ch. 7, 8]。この八章には翻訳がある[ブリュッセイ 1988]。

9 お辞儀をするという所作は日本から借用したものだという証言をテイラーは引用している[Taylor 2009: 53, 238 note 13]。

10 同じアジアでも十九世紀に植民が始まったフランス領では混血の数は数百にとどまっていたのに対して、オランダ領東インドではその数は数万におよんだ[ストーラー 2010:100]。

参考文献

岩生成一『朱印船と日本町』白泉堂、一九六二年

アン・ローラ・ストーラー(永渕康之・水谷智・吉田信訳)『肉体の知識と帝国の権力――人種と植民地支配における親密なもの』以文社、二〇一〇年

J・ド・フリース/A・ファン・デァ・ワウデ(大西吉之・杉浦未樹訳)『最初の近代経済――オランダ経済の成功・失敗と持続力一五〇〇~一八一五』名古屋大学出版会、二〇〇九年

レオナルド・ブリュッセイ(栗原福也訳)『おてんばコルネリアの闘い――一七世紀バタヴィアの日蘭混血女性の生涯』平凡社、一九八八年

レオナルド・ブリュッセイ(深見純生・藤田加代子・小池誠訳)『竜とみつばち――中国海域のオランダ人四〇〇年史』晃洋書房、二〇〇八年

松方冬子『オランダ風説書——「鎖国」日本に語られた「世界」』中公新書、二〇一〇年
Blussé, Leonard, *Strange Company: Chinese Settlers, Mestizo Women and the Dutch in VOC Batavia*, Dordrecht: Foris Publications, 1988.
Bosma, Ulbe and Remco Raben, *Being "Dutch" in the Indies: A History of Creolisation and Empire, 1500–1920*, Athens: Ohio University Press, 2008.
Breuning, H. A., *Het Voormalige Batavia: Een Hollandse Stedestichting in de Tropen, anno 1619*, Amsterdam: Allert de Lange, 1954.
Stoler, Ann Laura and Frederick Cooper, "Between Metropole and Colony: Rethinking a Research Agenda", in Frederick Cooper and Ann Laura Stoler, *Tensions of Empire: Colonial Cultures in A Bourgeois World*, Berkeley: University of California Press, 1997, pp. 1–56.
Taylor, Jean G., *The Social Word of Batavia: Europeans and Eurasians in Colonial Indonesia*, The University of Wisconsin Press, 2009 (1983).
Vink, Markus, "'The World's Oldest Trade': Dutch Slavery and Slave Trade in the Indian Ocean in the Seventeenth Century", *Journal of World History*, 14 (2), 2003, pp. 131–177.

コメント

文明化の逆説と植民地の規定性

帝国研究の問題圏

山室信一

研究会での永渕報告は「比較帝国論序説——オランダを中心として」と題し、さまざまな地域で生まれた帝国のあり

方を比較していくための基軸として、いかなる問題の局面に焦点をあてていくべきかについて鋭い問題提起がなされた。

まず帝国における植民地と本国との関係を論じるにあたって、その植民地が本国からの空間的距たりによって大きく性質を変えることになるのではないか、という指摘はあたりまえのことのようでありながら、その差異について比較的に省察する機会をもってこなかった者にとっては極めて啓発的であった。さらに一般的に想定されるような本国＝強力、植民地＝微力という非対称性のなかでとらえることへの批判も帝国と植民地との関係を新たな視点から捉え返すための重要な提言として響いた。もちろん、経済力や軍事力などのパワーにおいて格差がないのなら、植民地が生まれるはずもない。しかし、本国からはるかに遠く距たった見知らぬ土地にたどりついたヨーロッパ人が、あらゆる局面において優越的な立場をもって行動しえたと考えることもまた非現実的な想定であろう。

そして、次々と問題点を連射される永渕報告をうかがいながら、私は一つの想念に衝き動かされていた。それは、私たちがある意味で批判もしてきたはずの「文明化の使命」というスローガンに自他ともに惑わされてしまったのではないだろうか、という疑念であった。おそらく、「文明化の使命」を掲げることで宣教師や植民者たちは自らが圧倒的な文明力をもっているという自己幻想を強め、それによっていつ襲われ、殺されるかもしれないという恐怖心を払拭しようとしたのではなかったか。また、今、自分が食べようとしている料理や飲料に毒や病原菌が入っていないとだれが保証できるのか。さらには母国とはまったく異なる風土や風俗のなかでどのように振る舞うことが、妥当であり許容されるのか。そうした恐怖や不安がぬぐえないからこそ、文明という恩恵を与えることによって自らが尊敬され、権威や権力を得ようとしたのではなかったのか。他方、受け入れる側は、それを拒絶すれば殲滅されてしまう恐れがあればこそ異界から侵入してくる敵を「文明の師」として迎え入れ、「文明化」こそが新たな価値を生み、物量豊かな生活を保証してくれるはずであると信じ込もうとしたのではなかったのか……。

そうした想定がまったくの的外れでないのなら、「文明化」とは相互に恐怖心と警戒心をもった敵対者から自らの身の安全を確保し、日常性を維持していくための心理的な補償装置であり危機を回避する安全装置として機能していたといえるのではないだろうか。しかし、それが心理的な補償装置として働く限りで、それは自らが根ざしていた社会に対するアイデンティティを双方から日々に削ぎ落としていく砥石の役割も果たしたはずである。この相互における恐怖感を「文明化」というメルティング・ポットによって融合させ、打ち消そうとする生活様式の日常性、それこそが植民地社会を満たしていたのではないか――そのように思いいたすとき、オランダ東インド会社が現地社会とのなかで生み出していった特異な経営形態も、さらには現地妻と「親密圏」を創り出さざるをえなかった背景も了解されるように私には思われた。それは生活の便宜性といった次元にとどまらなかったはずである。

もちろん、こうした推測をもって帝国における植民地と本国との関係を論じることを永渕氏は試みられたわけではない。永渕報告が強調したのは帝国本国が植民地のあり方を決めるという以上に植民地の社会状態が帝国のあり方そのものを逆規定していくという問題であった。この点は、私の報告の際に永渕氏と議論となった国民帝国における異法域結合という問題と緊密に関連している。異法域結合は、帝国が複数の法域から成り立ち、その本国と植民地の関係性が国民帝国の性質を規定していることを重視するが、植民地間が結びついて一体をなすということを必要条件とするものではない。永渕氏と見解を異にしているようだが、オランダという国民帝国も蘭印と称されたインドネシアだけでなくギアナ(現スリナム)、アンティルなどのいくつもの異なった法域からなっていたし、現在でも西インドの海外領土であるアンティルやアルバは独自の憲法を備える自治領でありながらオランダとともにネーデルラント王国を形成しているという点で、国民帝国という統治形態を今なお維持していることになるというのが私の見方である。

しかし、問題は帝国が異法域結合か否かという点にあるのではない。なぜ、国民帝国が異法域結合になるのかということにこそ問題の焦点はある。さらに、そこには当該法域のもっている法的伝統や習俗・慣習を改変してしまうことが可能か否かという問題があり、植民地統治のコストの問題もかかわってくる。そして、その異法域のあり方の態様の違いに、それぞれの国民帝国の性質の異同を見出すことができるのではないかと私は考えている。すなわち、それが永渕氏も提示されている「比較帝国論」のための一つの（あくまでも一つの）引照基準となりはしないだろうか。そのことは法域としての植民地それ自体とそれらがいかにつながって帝国として構成されているのかということに帝国比較の基準をおくことを意味する。

そして、討論のなかで論じたように異法域ができる要因としては、法令の継受における逆規定性としての「培地依存性」の問題がある。すなわち、いかに本国が自らの法令を強制しようとしても、その対象となる地域の法的伝統や習俗・慣習が生活世界のなかに強固に根づいている場合には、それらを尊重するほうが統治のコストを軽減する。もちろん、本国と現地の商法や商習慣とのあいだに甚だしい相違があれば、交易の必要性から現地の商法や商習慣が強制的に改変されることも起きる。しかし、身分法や相続法などで支障がない限りは、習俗・慣習がそのまま維持されるということも少なくない。また、本国と植民地で法令が異なった場合には、国際法上の「文明国標準」に従って保護国にしたり、不平等条約や法典の改正を要求したりすることは当然とみなされていた。だが、それを一方的に本国が植民地に押しつけただけの現象とみることはできないはずであり、異法域であったことから逆に現地の人々が構成している社会が他の植民地といかなる異同が見出しうるのかという視座も必要となってくるのである。

さらに異法域の問題は、植民地統治をいかに評価するのかという問題とも密接に絡んでくる。すなわち、やや法哲学的な領域にかかわるかもしれないが、「異なったものを異なったように扱う」のが正当か、それとも「異なったものも等しく扱う」のが正当か、という問題であり、その扱い方には帝国間に差異があった。オランダの植民地統治法が、住民をいかに区分するのかにおいて「植民地問題の中核」を形成してきたといわれている問題もこれにかかわっている。例えば一八五四年統治法の一〇九条は、住民を「ヨーロッパ人」と「原住民」に区分し、「異なったものを異なったように扱う」方針を採っている。それらは行政と司法の全体系に緊密に結びついていたため、東インドにおいてはヨーロッパ人に適用されるオランダ本国法と原住民に適用される慣習法との併存による二重構造となっていった。この点に関連してくるが、バタヴィアという社会がそもそも言語と人種において混合しており現地におけるヨーロッパ人社会も多民族であったために、言語もオランダ語ではなくポルトガル語が「共通語」として通用していたことに永渕氏が注意を促している点は、植民地におけるナショナル・アイデンティティの多層性・複合性を考えていくうえで重要な指摘となっている。

また、日本との関連でいえば、日蘭通商航海条約の締結を受けて一八九九年に成立した日本人法(Japannerwet)では日本人をヨーロッパ人と同視することによって一〇九条の人種基準に例外を設けることになったが、これは日本が植民地を領有したことによって相互主義の扱いがなされるようになったという意味で国民帝国が競存体制として成立していたことの一面を示すものである。

だが、同時にこれに反発した中華系住民のナショナリズムが高揚していったという事態は、「同じはずのものを異なったように扱う」ことによってナショナル・アイデンティティが醸成されることを示すものであり、ここに生じた民族意識の矛先はオランダのみならず日本にも向かうことになり、さらにその意識は他の地域の中華系住民にも僑民ネットワークを通じて連鎖していくことになる。帝国におけるナショナルなものの排除は、当然のことながら新たなナショナルなものの興起を促し、ナショナルなものの差異と対立を逆説的に顕在化させていくことになるのである。

以上のように、永渕報告は比較帝国論における課題とそのためのさまざまな回路を提示している。オランダの東インド会社の歴史的変遷についての考察は、イギリスやフランスなどの東インド会社との異同性を比較することを必要とするであろうし、東インド会社から本国政府へと植民地の経営主体がいかに移っていったのかを明らかにすることは私企業から国家的経営への移行を国民帝国の特質にあげている私にとっても課題である。さらに植民地経営のための官僚育成システムや調査機関の各国間の比較は「学知と帝国」という分野を、また混血社会を生んだバタヴィアと他の植民地との混血の生態をめぐっての比較は優生学の問題を含み込むことによって「性と帝国」という研究領域を切り拓いていくであろう。

これまで帝国論は歴史研究者に、植民地社会論は文化人類学者によって担われてきた傾きがあった。しかし、歴史人類学によって植民地と本国のいずれもを視野に入れたトータルな帝国論があらわれる予感を、永渕報告は抱かせるものであった。

シベリア先住民族のアイデンティティ

帝政ロシアの東方進出と民族意識の顕在化

佐々木史郎

理論的な枠組み

本論では帝政ロシアによるシベリア・極東地域[1]（図1）への勢力拡大（あるいは侵略）の歴史を概観し、それを受けた人々（いわゆる今日の「先住民族」の祖先）の対応を検討しつつ、現在の「先住民族」における民族的なアイデンティティの成立について議論する。ここでは個々の具体的な民族集団について細かく分析することはせず、シベリア・極東地域の先住民族全体の傾向を概略的に把握することに努める。

民族的なアイデンティティには「ナショナル・アイデンティティ National identity」と「エスニック・アイデンティティ Ethnic identity」とがある。前者は国民国家や政治的自立性をもった自治組織の形成までめざす大きな集団の強い意識と結びつくが、後者は政治的な組織をもつ、もたないにかかわらず意識されるより広い範囲に適用できる概念である。現在のロシア連邦の政治的な文脈においても両者の概念的な区別は有効である。ロシアでは「ナショナル・アイデンティティ」とは、基本的にはある個人がロシア連邦という国家に所属し、その国家を構成する国民（「ロシア国民」）へ自己を同一化する（アイデンティファイ identify）ことである。ただし、ロシア人のように主体となる国家をもっている

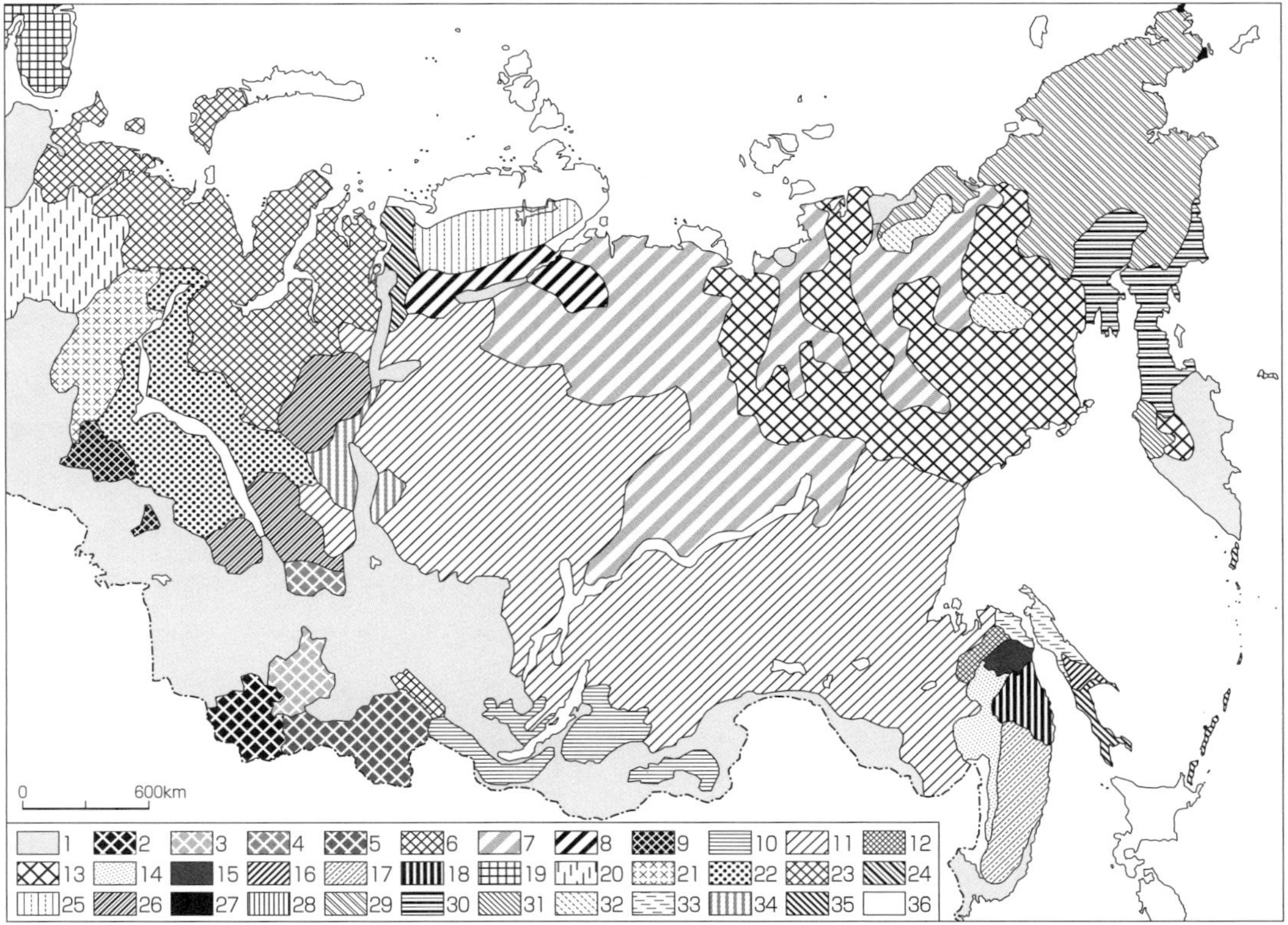

スラヴ諸語の民族
1 ロシア（カムチャダールを含む）
チュルク諸語の民族
2 アルタイ（アルタイ・キジ，テレウト，トゥバラル，クマンジン，チェルカンを含む），3 ショル，4 ハカス，5 トゥヴァ，6 トファラル，7 ヤクート，8 ドルガン，9 シベリア・タタール
モンゴル諸語の民族
10 ブリヤート
ツングース諸語の民族
11 エヴェンキ，12 ネギダール，13 エヴェン，14 ナーナイ，15 ウリチ，16 ウイルタ，17 ウデヘ，18 オロチ
フィン・ウゴル諸語の民族
19 サーミ，20 コミ，21 マンシ，22 ハンティ
サモエード諸語の民族
23 ネネツ，24 エネツ，25 ガナサン，26 セリクープ
エスキモー・アレウト諸語の民族
27 エスキモー，28 アレウト
チュコトカ・カムチャツカ諸語の民族
29 チュクチ，30 コリヤーク，31 イテリメン
その他の言語の民族
32 ユカギール，33 ニヴフ，34 ケット，35 アイヌ 36，無人地帯

図 1　19世紀末～20世紀初頭のシベリア・極東・極北の民族分布　出典：Levin i Potapov. 1961：6

人々や、シベリアの住民でも連邦構成共和国を形成しているタタール、サハ（ヤクート）、ブリヤート、トゥヴァなどの場合は、「ナショナル・アイデンティティ」とはロシア国家に対する自己同一化であると同時に、「ロシア」「タタール」「サハ」「ブリヤート」「トゥヴァ」などの民族に対する同一化意識も含んでいる。

それに対して「エスニック・アイデンティティ」は、「少数民族」や「先住民族」も含む多くの人々が意識するアイデンティティである。それには複雑な歴史を背景にして成立したソ連時代の戸籍制度による民族籍選択というソ連・ロシア特有の現象が関係する。ソ連・ロシア連邦の国民は「民族」（ナーツィヤ natsiya, ナロードィ narody, あるいはナロードノスチ narodnost）という枠組みのなかで把握され、整理された［田中 1978：191-192］。「民族」は基本的には十八歳（成人年齢）までは親の希望で、それ以上になると自らの意志で選ぶものであり、自己同一化対象のもっとも重要な枠組みだった。

ソ連・ロシア国内の「民族」は必ずしも自然発生的に形成されたものではなく、政治的に取捨選択されて規定されたものであり、人々の自発的な「エスニック・アイデンティティ」の対象となるとは限らなかった。しかし、シベリアや極東地域の場合、人々は当初は違和感を覚えつつも、世代を超えてその枠組みを使いつづけることで、身近な同一対象としていった［佐々木 2001：63-64］。ソ連において、「民族」に対するエスニック・アイデンティティはまず国家が規定し、個人がそれを意識し、そして国が保証するというかたちで定着していったともいえる［佐々木 2001：70-71］。ソ連崩壊後、二〇〇二年の国勢調査のときからは必須調査項目ではなくなり、現在は個人用の身分証明書（国内パスポート）にも記入されなくなった。しかし、それでも多くの人々がいまだにソ連時代の「民族」という枠組みに固執し、そこへの帰属を重要視している。

このような現代のロシア連邦国内でみられる民族的なアイデンティティは、直近ではソ連時代の民族政策の影響を受けているが、そのソ連時代の民族政策は帝政ロシア時代以来の歴史を背景にしている。シベリア・極東地域は帝政時代、ソ連時代を通じて「植民地」あるいはそれに近い状況にあり、民族の枠組みが行政的に規定されたことが関係して、

「ナショナル・アイデンティティ」と「エスニック・アイデンティティ」のあいだに大きな差異があり、さらにアイデンティティの対象となる集団や枠組みが重層化・錯綜化している。本論では現代の民族の枠組みの元になっている帝政時代の状況を中心に、「北方先住民族」[2]の民族的なアイデンティティの成立過程を明らかにしていきたい。

ロシアのシベリア・極東地域の先住民族のアイデンティティの特性を考えるうえで参考になるのが、かつてドゥルー・グラッドニーが提唱した「アイデンティティの分節的階層モデル segmental hierarchy of identity」である(図2)。彼は冷戦期からポスト冷戦期にかけてトルコ、中国などで調査をおこない、中央アジアのカザフ、中国のウイグル、回族(ドンガン)におけるさまざまなレベルの集団に対するアイデンティティを、エドワード・エヴァンス=プリチャードのヌエルにおける分節リニージ構造モデルを援用して説明しようとした[Gladney 1996]。

彼はエヴァンス=プリチャードのヌエル社会モデルを、遊牧民社会を前近代的で伝統に過剰に縛られた存在として描いた「十九世紀的な植民地主義的構造主義」であると批判する。しかしそれと同時に、その関係性の変化のモデルが、世界がより小さな関係単位に細分化、分解していく「ポストモダン的」「ポスト冷戦的」な状況を説明するのに非常によく適合することを指摘する。そのうえで、彼はウイグルやカザフ、回族らが抱く民族を含むさまざまなレベルの「想像の共同体」の関係性を分節的な階層性のあるモデルとして描いた。彼はそのモデルについて次のように語っている。

このアプローチは、関係性の変化を分節的な階層として、概略的に図示することができるだろう。例えば、目下対立するAとBがより高いレベルの対抗集団Dに遭遇すると、彼らはそのレベルで団結してCというグループを形成する。対立の結節点は対立のレベルの上下に応じて上昇したり、反対に下降したりするわけである。この図式は二項対立的であるが、つねに社会関係の場で構築され、AとBの統合と対立がつねにDとの関係に規定されているという点で、本質的には三項対立的である。[Gladney 1996:455-456]

筆者はそれを東シベリアのサハ共和国(ヤクーチア)北部に暮らすツングース系のトナカイ飼育民エヴェンのエスニッ

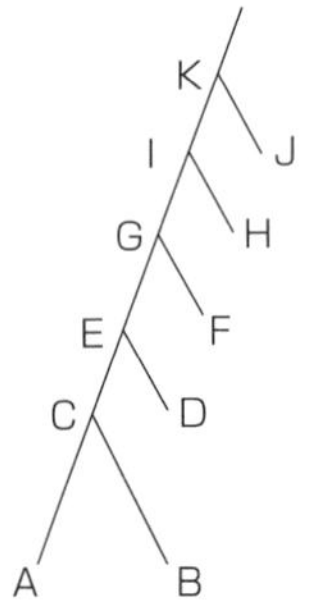

図２　グラッドニーのアイデンティティの分節的階層モデル
出典：Gladney 1996：455.

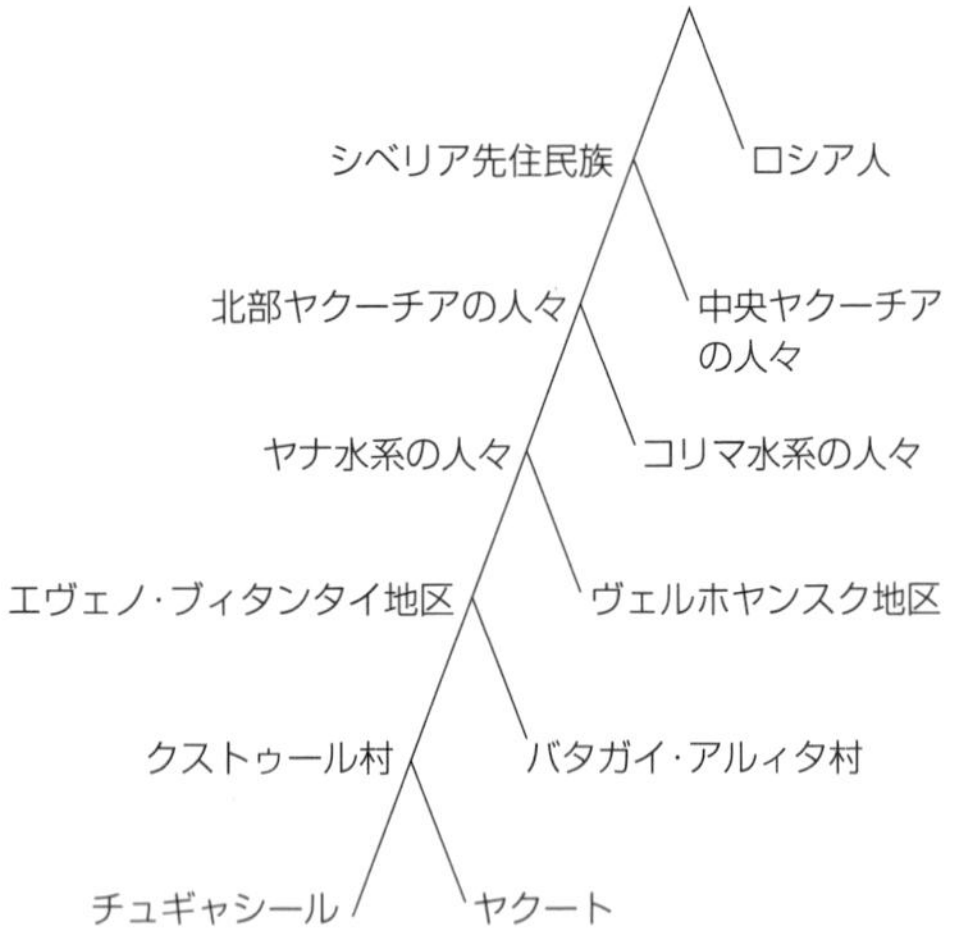

図３　サハ共和国エヴェノ・ブィタンタイ地区におけるアイデンティティの分節的階層モデル

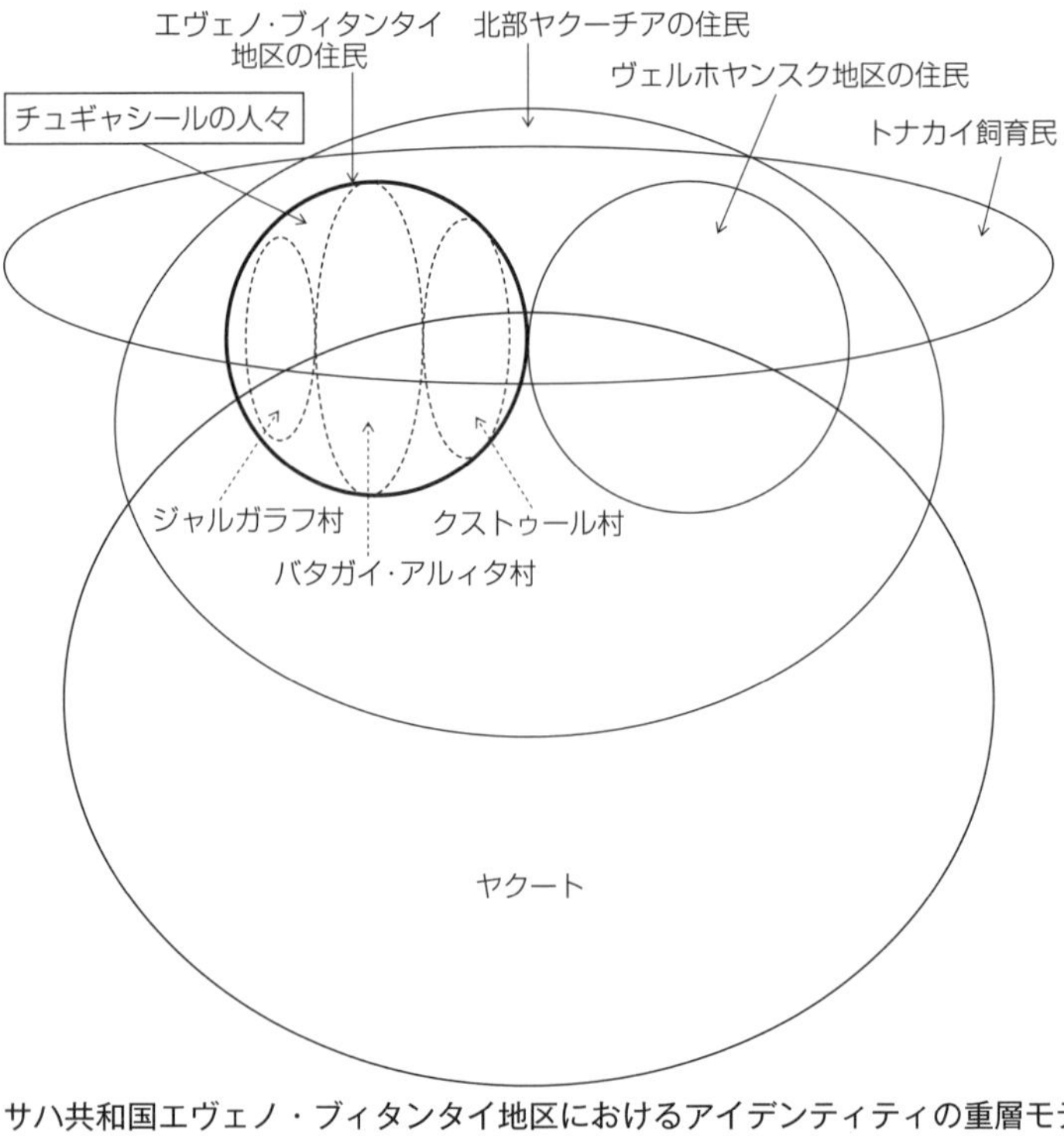

図４　サハ共和国エヴェノ・ブィタンタイ地区におけるアイデンティティの重層モデル

ク・アイデンティティの分析に応用し、アイデンティティの対象となる集団や組織の関係性の推移を、村単位(事実上旧国営農場単位)の地域集団からロシア連邦という国家レベルの単位までモデル化して図示した(図3)[Sasaki 1998:333;佐々木 2007:230]。このモデルの基になったのは、一九九四年から九八年にかけておこなったサハ共和国北部のエヴェノ・ブィタンタイ地区クストゥール村でのトナカイ飼育の現場での調査である。そこではエヴェンの地域的下位集団とされるチュギャシールと呼ばれる人々が、サハ共和国の主要民族であるサハ(ヤクート)と共住していたが(人口的にはサハのほうが若干多い)、彼らの集団帰属意識は決してエヴェン、サハといった旧ソ連が規定した公式の「民族」の枠組みにとらわれてはいなかった。調査したトナカイ飼育民の人々は、まずクストゥール村のチュギャシールであり、同村のサハとともにクストゥール村の住民であり、エヴェノ・ブィタンタイ地区の住民であり、ヤナ水系の住民であり、北部ヤクーチアの住民であり、サハ共和国の住民であり、ロシア連邦の国民だった。すなわち、図3にあらわされるように、彼らのアイデンティティにも階層構造がみられ、まさにグラッドニーがウイグルやカザフなどで描いた「アイデンティティの分節的階層モデル」が描けた。しかし、そこにはエヴェン、サハといった公式民族が入る余地がなかった。彼らにも「エヴェン」に類する自称はあったが(彼らは/aban/と発音していた)、はるか遠いマガダン州やカムチャツカ州に暮らす同名の自称をもつ人々と同じ民族集団をなしているとする実感はなく、公的な民族集団である「エヴェン」に自己を同一化することはしていなかった。それは、公式の「民族」という枠組みが、この地域では住民の集団帰属意識にまで定着していなかったことを示していた。

筆者はそれと同時に、この階層モデルでは描き切れないアイデンティティの重層性・錯綜性を、ベン図を応用した重層モデルで描いてみた。彼らが自ら称するチュギャシールというグループは隣のバタガイ・アルィタ(別名サックィルィール)村やジャルガラフ村にも住んでいる。また、クストゥール村やバタガイ・アルィタ村を含むエヴェノ・ブィタンタイ地区に暮らすサハの人々は、サハ共和国の中部に暮らすサハの主要集団よりも同じ地区に暮らすチュギャシールの人々に親近感をもち、「北部ヤクーチア」の住民として「中央ヤクーチア」の人々とは一線を画そうとする。そして、さらにトナカイを飼育する人々は「エヴェン」「サハ」などといった民族的な集団へのアイデンティティとともに「トナカイ飼育民」というアイデンティティももつ。そのような自己同一化の対象とされる集団が重層化・錯綜化する様子を、クストゥール村のチュギャシールを中心に描いたのが図4である。

ただ、エヴェノ・ブィタンタイ地区のツングース系のトナカイ飼育民の多くが自己同一化の対象としていたチュギャシールという集団も自然発生的に形成されたものではない。その原型となるような地域集団がかつてあったようだが、筆者の調査時(一九九〇年代後半)にみられたチュギャシールと呼ばれる集団あるいは人々の範疇は、帝政ロシアが行政的に規定した「氏族 rod」が基になっていた。もともとツングース系の人々には、父系でたどれる祖先を共有し、成員権を父親から継承する「父系氏族」に相当する集団が存在した。帝政ロシアはそれを統治機構の末端に組み込むとともに、いくつかを改編して、新しい行政単位とした。チュギャシールもそのような官製氏族の一つだったと考えられる。その氏族で把握され、整理され、統治された人々の子孫が、筆者の調査当時チュギャシールと呼ばれた人々だったのである。したがって、一見このチュギャシールがクストゥール村のツングース系の人々のエスニック・アイデンティティの対象とされていたかのようにみえるが、それに対する意識はロシア連邦の国民としてのナショナル・アイデンティティと、規模の違いはあれ、国家に与えられた枠組みに対する意識という点で同様の性質を有していたことになる。エヴェノ・ブィタンタイ地区といったシベリアのもっとも奥地で暮らす人々にも、そのナショナル・アイデンティティとエスニック・アイデンティティとの関係には、国家レベルの政策がかかわっており、その根源には帝政ロシアのシベリア統治政策がある。

本論では現在のロシア連邦における「北方先住民族」(あるいは「北方少数民族」)と呼ばれる人々のナショナル・アイデンティティとエスニック・アイデンティティとの関係をより深く理解するために、帝政ロシアによるシベリア・極東に対する征服と支配の歴史を概観し、それに対する住民の側の反応を整理しておきたい。ただし前述のように、本論での分析はある特定の地域や地点での事例研究というよりは、シベリア・極東という地域全体をとおした大きな視野に立つものである。

帝政ロシアのもつ四つの顔

一口に「帝政ロシア」といっても、その前身のスラヴ人の国家を含めれば、八〜九世紀のノルマン人の征服に始まる歴史があり、時代ごとにその性格を変えてきた。北方先住民の祖先たちとの接触の歴史も長く、その関係も時代とともに大きく変化してきた。帝政ロシアがいかなる性格をもつ国家であるかについては歴史学者たちによる種々の議論があるが、筆者はシベリア・極東地域の先住民族たちとの関係から次のような四つの「顔」を識別してみた。

まず、北欧から南下したノルマン人の征服者がスラヴ人を従えて、現在のヨーロッパ・ロシア各地に都市国家を建設する。古代ルーシ時代の幕開けである。そのなかからノヴゴロド公国、続いてキエフ公国があらわれてそれら都市国家（諸侯）の盟主となった。キエフ大公のウラジーミル一世は九八八年に東ローマ皇帝を頂点とする東方正教会のキリスト教に改宗し、スラヴ世界は東方キリスト教世界の道を歩み始める。キエフ大公を盟主とするスラヴ諸国はたびたび中央ユーラシアの草原地帯から押し寄せる遊牧民族の攻撃にさらされ、また彼らとの政治的・経済的な関係を強めるが、十三世紀に勃興したモンゴルの攻撃の前にキエフ、ウラジーミルをはじめとする主要都市が陥落し、スラヴ諸侯の大多数がモンゴル帝国の支配下に入った（ロシア人のいう「タタールのくびき」）。その時代に力をつけてきたのが新興都市国家のモスクワだった。

モスクワ大公国はモンゴル帝国の一派であるキプチャク・ハーン国（ジョチ・ウルス）の支配下にあって、その権威を利用しつつ、対抗する諸侯を退けて、スラヴ世界の盟主に成長していく。そして、一四八〇年には大公イヴァン三世がキプチャク・ハーン国から自立して、スラヴ世界をモンゴルの支配から解放する。このスラヴ世界の盟主というのが、のちのロシア帝国の第一の顔である。

イヴァン三世はキプチャク・ハーン国から独立する前の一四七二年に東ローマ皇帝コンスタンティヌス十一世の姪ソフィア(ゾエ)と結婚している。東ローマ帝国は、オスマン帝国のメフメト二世の攻撃の前に一四五三年にコンスタンチノープルが陥落し、コンスタンティヌス十一世が戦死して滅亡していた。ヨーロッパのキリスト教世界はイスラームに対する防波堤としての東ローマ帝国の役割を新興国のモスクワに求めたのである。モスクワ大公は亡き東ローマ皇帝の役割を担うことになり、モスクワは「第三のローマ」となった。これにより、のちの帝政ロシアはローマ帝国の後継者であり東方正教会の庇護者を自任するようになる。これがロシアの第二の顔である。

ロシアの諸侯たちは長らく中央集権化された政治体制をもたず、分立する諸侯を統一できるだけの力をもった勢力もいなかった。モンゴル軍に有効な反撃ができず、あっさり蹂躙《じゅうりん》されたのもそのためである。モンゴル支配のもとで力をつけてきたモスクワは、遊牧帝国のもつハーンによる専制支配の方法を学び、それを自らの領国に適用した。イヴァン三世の孫のイヴァン四世(雷帝、在位一五三三〜七四、一五七六〜八四)は自ら「ツァーリ」(語源は古代ローマの執政だったユリウス・カエサルにある)と称し、強力な中央集権体制を築こうとした。そのために有力な貴族や僧院の勢力を抹殺する恐怖政治をおこなった。ツァーリの権力は西ヨーロッパの王権にはみられないほど強力かつ専制的であり、それによってのみ肥大化した領土を治めることができたともいえる。つまり、ロシアはモンゴルによる支配を経験することで、遊牧帝国のような顔をもつようになったわけで、これがロシアの第三の顔である。

しかも、イヴァン四世の時代となると、かつての支配者だったチュルク系、モンゴル系の遊牧民たちに対して逆に政治的・軍事的圧力をかけるようになる。一五五二年にはモスクワの東に君臨していたカザン・ハーン国を併合、五六年に南進を阻んでいたアストラハン・ハーン国を滅ぼして、農耕民スラヴ人とは異なる社会構造と統治理念をもつ遊牧民を統治する必要に迫られた。そのために、イヴァン四世はチンギス・ハーンの血統を利用したといわれる。すなわちその血筋を引くタタールの貴族サイン・ブラト（シメオン・ベクブラトヴィチ）にツァーリの位を一時譲り、一年後に彼からそれを譲位されるということをおこなったのである。それは、彼の専制体制を完成させるための一つの方便だったという見方もあるが［スクルィンニコフ 1994: 281-296］、他方で、チンギス・ハーンの血統をもつ者からあらためて位を受けるということで、彼がスラヴ・キリスト教世界の盟主（ツァーリ）という地位に加えて、遊牧世界の盟主（ハーン）という地位も得ようとしたのではないのかという説もある。[3]

　これまでの三つの顔は、スラヴ世界、東方キリスト教世界、そして草原の遊牧世界の顔だったが、ロシアが十七世紀から十九世紀にかけてモスクワ大公国からロシア帝国へと成長・変貌する過程で、もっとも強く同一化の対象としたのはヨーロッパ世界だった。それはとくに十七世紀末期から十八世紀初頭にかけてロシアに君臨したピョートル一世（大帝、在位一六八二〜一七二五）に顕著だった。彼はヨーロッパ世界へ接近しようと首都をフィンランド湾に面したサンクトペテルブルクに移し、その町と宮廷をヨーロッパ文化で埋めつくそうとした。彼の死後、宮廷には賛否両論が渦巻いたが、自らをヨーロッパ国家のなかに位置づけ、そこにアイデンティティを求める姿勢は時代とともに強化された。十八世紀後期のエカチェリーナ二世（在位一七六二〜九六）はフランスの啓蒙思想を導入し、啓蒙専制君主の一人に数えられ、彼女の孫でナポレオンと戦い、逆にパリにまで進撃したアレクサンドル一世（在位一八〇一〜二五）配下の貴族たちはそこで西ヨーロッパの文化にじかにふれることになった。弟のニコライ一世（在位一八二五〜五五）はナポレオン戦争後のヨーロッパの反動体制を主導したが、その治世の末期にクリミア戦争に敗れると、息子のアレクサンドル二世（在位一八五五〜八一）は「農奴解放」をおこない、ロシアの政治社会体制の近代化を図った。父親を暗殺された次のアレクサンドル三世（在位一八八一〜九四）は自由主義者たちに強権で臨んだが、その一方で産業革命を推進し、ロシアを封建的な帝国から近代帝国主義国家へと脱皮させようとした。しかし、封建的な遺制が残る専制的な政治体制のもとで産業革命が推進された結果、社会の隅々にひずみや矛盾が生じ、次のニコライ二世（在位一八九四～一九一七）の時代になるとそれが限界に達する。その結果、革命が勃発して帝政は崩壊、上層市民も事態を収拾できないあいだに労働者革命にまで発展して、ロシアは社会主義国家へと変貌していく。この一連の歴史はヨーロッパ史のなかに位置づけられており、このヨーロッパ世界の一員としての顔がロシアの第四の顔である。

十六世紀にイヴァン四世の支持のもとにイェルマークがシベリア征服に乗り出したときには、ロシアはまだ三つの顔しか持ち合わせていなかった。しかし、征服から統治の時代へと転換したのが、ちょうどピョートル一世からエカチェリーナ二世の時代であり、ロシアがスラヴ世界、東方キリスト教世界、遊牧世界からヨーロッパ世界へとそのアイデンティティの軸足を移した時代だったことから、シベリア・極東の住民は帝政ロシアのヨーロッパ世界の一員としての顔をもみることになった。また、ロシア革命直前には近代帝国主義国家としての性格を有することになったことから、彼らは帝国主義国家としてのロシアとも接触した。

ロシアが四つの顔をもっていたことは、そのシベリア・極東地域の統治形態にも独特の性格を残した。シベリア・極東地域がスラヴ国家としてのロシアの固有の領土ではなく、軍事的に征服した新しい領土であることは史実である。しかし、それを「植民地」と評価するのか、ロシア帝国の新しい「領土」の一部と評価するのかは意見が分かれるところである。また、「植民地」としても、スペイン、ポルトガルやイギリス、フランス、オランダがアフリカ、アジア、アメリカにもっていた「海外植民地」あるいは「海外領土」とは明らかに性格を異にし、統治形態も異なる。本論はシベリアが植民地なのかロシアの固有の領土なのかという政治的な議論をするものではないために、この点は深く追求しないが、ロシア国家がスラヴ世界の盟主であって、東方正教会の庇護者であり、遊牧世界の盟主でもあるという、シベリア・極東の住民にとって馴染みの深い顔を有していたことが、彼らのロシア国家に対する反応に影響したことは確かだろう。

帝政ロシアのシベリア・極東統治体制の変遷4

ロシアとシベリアの接触は記録上遠く十一世紀くらいにまで遡ることができる。当時ノヴゴロドが「暗闇の国」「ユグラの国」「サモヤヂの国」への交通路を押さえ、毛皮交易に乗り出していた。これらの国は現在のヨーロッパ・ロシア北東部から西シベリア北部の地域にあったと考えられている。その後これらの地域との毛皮取引が拡大し、モンゴル軍に蹂躙されなかったノヴゴロドは西ヨーロッパ諸国との通商で栄えた。ヨーロッパで大航海時代の幕が開くと、北方方面でも航路の開拓がおこなわれ、西ヨーロッパからスカンジナヴィア半島を迂回して北海、白海経由でロシア北部の海岸にいたる通商路が開拓された。イギリスがロシアへの海上航路を開拓したのが一五五三年、北東ロシア最大の港であるアルハンゲリスク港が開かれたのは八五年である。

白海方面からの通商路に対して、ロシアは内陸経由の通商路の開拓に力を入れた。イヴァン四世は、有力な塩商人だったストロガノフ家に東方の開拓を許可していたが、彼らはコサック軍団の頭領(アタマン)イェルマークを登用し、ウラル山脈の東側一帯を勢力下に入れていたシビル・ハーン国へ攻勢をかけた。それがロシアのシベリア征服の始まりである。

それ以降のシベリアの征服と統治の歴史は、大きく三つの時代に区分できる。最初の時代は一五七八年のイェルマークのシビル・ハーン国攻撃から一七二〇年代の探検の時代の幕開けまでの一五〇年間で、それは武力による征服の時代である。コサック軍団を先頭にロシアはさまざまな民族集団からなるシベリアの諸勢力を撃破しつつ、東へ東へと勢力を拡大した。一六三九年にはオホーツク海へ、四九年にはベーリング海峡まで進出し、一〇〇年たたずに広大なシベリアを横断してしまった。しかし、それは軍事的な勝利だけで、ロシアの支配はまだ点を線でつなぐだけだった。しかも、東へ行くほど兵站《へいたん》は伸び、コサックたちは兵糧と武器弾薬の不足に悩み、また地元住民の強力な反撃にあって撃退されることもたびたびあった。

ロシアの最大の勝利はシビル・ハーン国に対する勝利で、東方拡大への道が開けるとともに、その配下にあったチュルク系、フィノ・ウゴル系民族出身の諸侯たちを従えることができたことだった。そのほか、ブリヤートなどのモンゴル系の諸侯に対する支配にも成功し、北方ではサハの諸侯たちも支配下に入れることができた。彼らは人口も大きく、階層分化した複雑な社会をもっており、周辺の民族集団に対する影響も大きかった。彼らがコサック軍団の軍門にくだらざるをえなかったのは、彼らを統一する強力な指導者、あるいは権力システムがなかったからである。ロシアは彼らのあいだに砦を築き、そこをシベリア各地の支配拠点とした。それらがのちにシベリアの有力都市、トボリスク、イルクーツク、ヤクーツクなどに成長する。また、西シベリアへは早くから農業移民が開始され、シベリア・ロシア人が形成された。

しかし、他方でコサックを中心とした軍事行動にも限界があった。彼らは本来モスクワ大公国の興隆過程で農奴とされるのをきらって逃亡した元農民や彼らと行動をともにする遊牧民やその他の非定住者（猟師や商人など）などから構成されており、独立心が強く、中央政府の統制をきらう傾向が強かった。そのためにしばしば政府の命令を聞かず、勝手な軍事行動を起こして、住民と不必要な摩擦を生じさせたり、徴収した税を横領したり、ときには政府に反旗を翻すこともあった。そのために、コサックの頭領はしばしば懸賞首にされたりもした。そのような集団の武力は、体制が整備された国家の前には無力であり、その軍事行動はモンゴル高原からアムール川流域までが限界となった。ことに満洲人が建国した清は、モンゴル高原からアムール川流域にかけて強力な防衛線を張り、コサック軍団の侵入を防いで、一六八九年のネルチンスク条約と一七二七年のキャフタ条約でその東進、南下をとめてしまった。十八世紀半ばには、清はまた現在の新疆《しんきょう》、青海を中心にチベットや中央アジアに勢力を広げたジュンガル帝国をも制圧した結果、東トルキスタンからもロシアの勢力を一掃し、ここに現代の中国・ロシア・モンゴル国境の原型が形成された。

コサック軍団の軍事行動は地元住民の反抗によってもとめられた。とくに、ツンドラの民の抵抗は激しく、西シベリアのネネツ（ユラーク・サモエードあるいはユラーク）、極東のチュコトカ方面のチュクチは最後までロシアの支配に完全に服すことはなかった。彼らはトナカイそりを使った機動性の高い攻撃をしかけ、ツンドラの湿地に足をとられて馬が使えないロシア軍をしばしば破った。結局ロシアは彼らに対しては軍事的な制圧をあきらめ、通商による経済的な支配を目論んだ。

ピョートル一世の改革を経たロシアはシベリアに対する方針も徐々に変えていく。コサック軍団の武力による征服から、学術調査を目的とする探検隊を派遣してシベリアの内情をより深く知ることに重点を移し、その支配もただ手当り次第に税を徴収してまわるのでなく、徴税を請け負う地元の有力者を定め、制度化された統治をめざすようになった。本格的な学術調査隊の派遣は一七二五年に始まるヴィトゥス・J・ベーリングのカムチャツカ・アリューシャン方面への探検で、ここからシベリア統治の次の時代が始まる。

十八世紀のシベリアは探検と航海の時代だった。ロシアはシベリア内陸部への学術調査を進めるとともに、シベリアのさらに東に広がる海へも探検隊を派遣した。目的の一つにはベーリング海の向こう側に広がる陸地の調査と征服があったが、北回りによる日本、中国への接近も重要な目的の一つだった。そのために、ベーリングがゲオルク・W・ステラーやステパン・P・クラシェニンニコフを連れてカムチャツカ半島からアリューシャン列島方面を調査しているあいだに、マルティン・P・シュパンベルクがカムチャツカ半島から千島列島を南下するとともに、さらにそこから南進して日本にまで到達している[ズナメンスキー 1979: 112, 117-144]。

シベリア内陸部への学術調査は、ピョートル一世が設立したロシア帝室科学アカデミーが中心となっておこなわれた。その会員のゲルハルト・F・ミルレル（ドイツ語読みではミューラー）は歴史学者でありながら、一七三三年から四三年の一〇年にわたってシベリアに滞在して自ら各地で地理学的・民族学的な調査をおこなうとともに、トボリスク、イルクーツク、ヤクーツクなどの拠点都市に残されていた十六〜十七世紀の征服時代の古文書を収集し、シベリア歴史学の基礎を築いた[Black & Buse 1989]。

シベリアの住民に対する武力制圧は十七世紀で終了したわけではない。チュコトカ、カムチャツカ方面での軍事作戦は十八世紀に入ってから激化した。チュコト半島のチュクチに対する作戦は一七二〇年代から本格的に始まったが、しばしば失敗し、司令官がたびたび戦死している。この地域に対しては一七八八年にコリマ川流域のアニュイにチュクチ、コリヤーク、ユカギールらを対象とした交易所が開設され、商取引をおこなう宥和《ゆうわ》政策によってようやく政情が安定するようになった。しかし、先にもふれたように、チュクチは最後まで帝政ロシアの支配には入らなかった。

他方、西シベリアでは植民が進み、十八世紀初めまでにロシア人人口が先住民人口を上回るようになっていた[沼田訳編 1945:161]。そのために統治機構の整備が急ピッチで進められたが、十八世紀後半のエカチェリーナ二世の治世下で、シベリアはロシアの支配下にありながらも、独自性をもつ「王国」として位置づけられるようになる。一七六三年にエカチェリーナは「異民族保護政策の布告」を発布して、「凡てのロシアの主権下にある朝貢民のみならず、今後ロシアの主権下に来たらんとする人々に対して、彼らが希望する安静が必ず与えられるであろうことを保証する」[シチェグロフ 1943:364]と宣言した。そして、同年にシベリア王国の紋章(二匹のクロテンが王冠を支える図柄)を入れた貨幣が鋳造され、翌六四年にはシベリアを正式に「シベリア王国 Sibisrkoe tsarstvo」と称することが決定された。このエカチェリーナの布告に対して、『シベリア年代記』を編纂したイヴァン・V・シチェグロフは次のような評価を与えている。

政府の異民族に関する保護と配慮の理念は、シベリアを異民族植民地及びロシアのインドと見なし、そこに進歩的なる植民政策が必要であると見ている所のエカテリナ女皇の布告に明瞭に示されている。……エカテリナはシベリアに於いて大異民族植民地を見、シベリアに隷属国家の特権を与えることを決意した。[シチェグロフ 1943:364]

シチェグロフのこのような評価から、エカチェリーナが当時イギリスやフランスがアメリカやインドにもっていた植民地のような行政組織をつくってシベリアを統治することを企図していたことがうかがえる。それは、帝国全体の統治構造の改革と連動する新たな植民地統治だった。しかし、シチェグロフが「この計画は最後的に実行されず完成されず断片としてシベリアに絶大なる太守主権が残され」た[シチェグロフ 1943:364]と指摘するように、シベリアは中途半端な自律性をもった地域と化した。アメリカのように市民革命によって独立するような国があらわれることはもちろんなかったが、ロシア皇帝の名のもとにほとんど自由勝手に振る舞えるシベリア総督によってほぼ私物化されたのである。その典型的な例が一八〇六年にシベリア総督となったイヴァン・B・ペステリとイルクーツクの知事となったニコライ・I・トレスキンだといわれている。彼らは一八一九年に解任されるまで、シベリアの利権をほぼ食いつくした。

この私物化された巨大な王国に秩序をもたらそうとしたのがスペランスキーの改革だったといわれる。一八一九年にペステリが解任され、後任にミハイル・M・スペランスキーが着任してきたことからシベリア統治の第三の時代が始まる。スペランスキーはまず翌一八二〇年まで一年にわたってシベリアの実情を視察し、二一年にはシベリアの統治方法を検討する「シベリア委員会」の設置を建議した。そしてその委員会での決定に基づき、一八二二年には「シベリア統治法規」を制定した。それは、(1)異民族に関する法規、(2)シベリアのキルギスに関する法規、(3)流刑人に関する法規、(4)シベリアの陸上交通の維持に関する法規、(5)シベリアの都邑コサックに関する法規、(6)シベリア県内における地方自治体の賦課に関する条文、(7)シベリア県の宿場に関する法規、(8)政府の穀物貯蔵庫に関する条文、(9)シベリア県内の各階級の人々の義務についての告訴審理に関する条文、の九つの法令から構成されていた[シチェグロフ 1943:519]。

さらにスペランスキーは統治機構を整備し、中央官庁、総県庁、総管区庁、町庁、村庁、異民族庁に区分して、それぞれに統治者(総督、知事、管区長、町長、村長など)とソウェートと呼ばれる審議機関をおいた。行政の執行権は統治者に委ねられたが、ソウェートの審議を経なくてはならない案件には必ずその意見が付された。他方でソウェートの議長は統治者が兼任することとなり、ソウェートの意見は統治者の承認がなければ効力を発せず、統治者はそれを拒否することができ、またソウェートの委員は統治者の執行を押さえる権限をもっていなかった。しかし、ソウェートの委員には採択されなかった意見を上級官庁の長官に提出する権利があり［シチェグロフ 1943:519］、ソウェートと統治者のあいだにはチェック・アンド・バランスの関係が働くようになっていた。

本論が扱う先住民族の祖先に関する法律は「異民族に関する法規」と「シベリアのキルギスに関する法規」である。後者はおもにチュルク系の遊牧民に関するものだが、前者はまさにシベリア先住民の統治体制を整備するための法律だった。

それによれば異民族はまず三つの等級に分割された。「第一等級」は都邑および農村に居住する「定住異民族」で、その属す社会階層と義務においてロシア人と同等と定義され、共通の法規で支配されることとされた。そのうちキリスト教以外の信者は「定住異教徒」として区別された。「第二等級」は季節に応じて一定の場所を異動する「遊牧異民族」で、彼らの社会階層は農民と等しいが、適用される法規は異なり、ステップの慣例に基づいて彼らの族長または名門に支配されることとされた。ロシア人は彼らの土地に無断では入れない一方で、彼らもその土地から五〇〇露里（約五三〇キロ）以上離れるときには地方自治体警察署の許可が必要とされた。「第三等級」は「漂泊異民族」で、河川山野を異動する狩猟異民族とされた。彼らに適用される法規は遊牧異民族と同じだが、彼らの土地は線状をなして県や管区をまたぐことが多く、その指定された線状の土地を移動する分には自由に県、管区をまたいで移動できた。彼らに兵役の義務はなかった。チュクチとジュンガルだけは特別で、彼らは完全に自分たちの慣習法のもとで生活し、貢物の納付もその自由な意志に委ねられた［シチェグロフ 1943:524-526］。ジュンガルは清の支配下にあったが、ロシアは二重朝貢によってできるだけ彼らをその勢力のなかに取り込もうとしていたからである。チュクチは最後まで抵抗しつづけ、ロシアも彼らを強制的に支配下に入れることをあきらめていた。

この法令により、シベリア・極東ではサハなどチュルク系の牧畜民やブリヤートのようなモンゴル系の牧畜民が第二等級の「遊牧異民族」とされた以外は、北方先住民族(北方少数民族)の祖先のほとんどが第三等級の「漂泊異民族」とされた。遊牧異民族は、社会階層の面と帝国における権利義務関係で都市部や農村部の定住異民族と同等であり、それはまたロシア系の住民とも等しいものとされたが、適用される法律は彼ら自身の慣習法が優先され、支配も族長や有力者を通じた間接統治となった。それに対して、漂泊異民族は、同じく族長や有力者と通じた間接統治ながら、その社会的な地位は一段低いものとされ、他の帝国臣民に課せられた権利義務の一部が免除されていた。

彼らの土地利用あるいは居住形態に対するスペランスキーやシベリア委員会の認識が興味深い。すなわち彼らの領域を「線状をなして県や管区をまたぐことが多く、その指定された線状の土地を移動する分には自由に県、管区をまたいで移動できる」と認識し、規定している。この認識と規定は、彼らの土地利用形態をかなり正確に把握していたことを意味している。漂泊異民族にはネネツやチュクチ、コリヤークをはじめとするトナカイ遊牧民、ハンティ(オスチャーク)、マンシ(ヴォグール)などの大河川の流域で定住生活を送る漁撈民、エヴェンキのようなトナカイ飼育をともなう狩猟採集民、あるいは一部のユカギールのように猟犬以外の家畜をもたない狩猟採集民など、さまざまなタイプの生業に従事し、さまざまな居住形態で暮らす人々が含まれていた。しかし、彼らのトナカイ放牧地や猟場、漁場に対する認識は、面的に一定の領域を覆うというよりも、それらを移動経路でつなぐ、点を線で結ぶようなかたちのものが多かった。その点と線のつながりは、政府が設定した県や管区の境界を越えて伸びている。スペランスキーらはそのあたりを的確に理解していたといえるだろう。そしてその理解に基づいて、彼らには放牧地や猟場、漁場を点と線で保証しておけば治まると判断したのである。

十九世紀にもなれば、十六世紀以来貴重な税収として狩猟民やトナカイ飼育民に課していた毛皮税(ヤサーク)はほとんど意味をもたなくなっていた。シベリアは毛皮の産地ではありつづけたが、そこからの収入が政府の予算を支えるということはなく、シベリアからの収入でも農業や鉱工業、商業からあがる収益のほうがはるかに重要になっていた。したがって、漂泊異民族と規定したシベリア・極東の広大な地域で活動する先住民系の人々に対する政治は間接的なものでよく、経済的な関係は交易所や彼らのキャンプで取引する毛皮商人たちに任せ、政治は彼らの有力者に委ねるという方針で十分統治できたのである。いわば、移民を対象とした統治と先住民を対象とした統治を、次元が異なるものとして区分し、後者には直接かかわらないという姿勢をとったともいえるだろう。

この政策は法令の字句通りに施行されていれば、移民系住民と先住民系住民は接点が少なく、両者の軋轢《あつれき》も少なくてすみ、ロシア政府にとっても都合のよいものだっただろう。しかし、現実には両者のあいだにさまざま軋轢が生じ、先住民社会は大きな変容をよぎなくされた。

まず、帝政ロシアが間接統治の際の結節点とした族長・有力者というものが恣意《しい》的に設定された。シベリア・極東のウラル系、チュルク系、モンゴル系、ツングース系（この「○○系」という表現は言語系統の相違を意味する）の各社会には氏族のような単系の出自集団（その多くが父系出自集団である）があり、それが婚姻関係やトナカイ放牧地や猟場、漁場の利用単位になるなど社会経済的に重要な機能を果たしていた。したがって、表面的には氏族の長を押さえれば、間接統治は可能だった。しかし、その組織はかたちが定まったものではなく、また地域、言語系統、生業体系などさまざまな要因が絡んで、非常に多様だった。そのために、ロシアの統治者はその全貌をとらえきれず、多様性を無視して一律に「氏族 rod」という組織を設定し、そこに設定当時の有力者や富裕者を長にあてて行政組織の末端に連ならせることにした。それで生じたのがいわゆる「行政的氏族」というものである。そのために、多くの社会で固有の氏族あるいは単系出自集団と行政的な氏族との二重構造がみられることになった。例えば冒頭でアイデンティティの重層構造を示すために取り上げたサハ共和国北部のチュギャシールというグループも、帝政時代に形成された行政氏族の一つだった。

今はこの地域のツングース系のトナカイ飼育狩猟民が、固有の氏族をもっていたかどうかは確認できない。この地域は十七世紀までユカギールという言語系統をまったく異にする人々が住んでいた。それが、ロシアの進出という政治的な変動で人口移動と社会改編が生じた結果、流入してきた人々に駆逐されるか同化されるかして消滅し、十八世紀後半にはツングース系住民とサハが暮らす地域となっていた。ロシアは彼らの固有の氏族を改編してそれぞれに行政的氏族を結成させ、首長を任命してそれぞれ配下の人々の統治にあたらせたのである、チュギャシールはそのような氏族の一つであり、それが時代とともに人々のアイデンティティの一部と化したのである。

スペランスキーの改革は一八三八年のシベリア委員会閉鎖によって一応終了し、スペランスキー自身もその翌年に世を去る。彼の改革によってシベリアはエカチェリーナが構想したロシアに従属する植民地王国から、帝国の領土の一部へと変貌したとみていいかもしれない。ことに古くより大量の農業移民が入植し、定着した西シベリアは、ロシア帝国内でヨーロッパ・ロシアと同様の位置と統治がなされた。

十九世紀中期になるとロシアのシベリア開発の前線は東シベリアから極東に移った。一八五八年のアイグン条約と六〇年の北京条約では、一六八九年のネルチンスク条約で閉め出されたアムール川流域を一七〇年ぶりに手に入れた。その一方で一八六七年にアラスカがアメリカ合衆国に売却された。ロシアはアムール川流域を維持することは可能だが、アラスカを維持することはその政治経済力と国際情勢から不可能であると判断したためである。極東の軍港ウラジオストーク、政治経済の中心地ハバロフスクが建設され、この新しい領土への植民、開発がただちに始まるが、その二〇年後には先住民と植民の人口比が逆転し、その後一方的に植民が激増、先住民は激減する。先住民にとっては植民者がもたらした疫病とアルコールが人口減の直接の原因となった。また、植民者の森や河川に対する開発圧力と狩猟漁撈資源の劣化も、先住民にとっては社会を弱体化させるマイナス要因だった。東シベリアや極東におけるロシアの統治は十九世紀末でも点と線のレベルではあったが、拠点となる都市の人口は着実に増加しており、先住民社会の弱体化もあいまって、着実にロシアによる「領土化」「内地化」が進行した。

先住民たちのロシア支配への反応

ロシア・コサック軍団の侵略者たち、あるいは統治体制が整ってからやってきたシベリア総督などの役人たち、あるいは上から覆ってきた法制度や統治機構に対する、シベリア・極東の先住民たちの対応は一様ではなかった。従属して搾取されるというイメージが強いが、それだけでなく、時流の変化についていけずに滅亡した者、徹底抗戦してついに屈服しなかった者、あっさり従属しつつも政治経済情勢をうまく読んでロシアの宮廷で貴族にまでのぼっていった者、表面上は従属しながらも腹の底をみせず、反抗、自立の機会をうかがっていた者などさまざまであった。そのような事例をいくつかあげておこう。

ロシア諸侯と化したシベリア先住民の有力者たち

ロシアはシベリアを征服していく過程でその住民を皆殺しにしていたわけでもなく、奴隷状態に落としていったわけでもない。ロシア側に従った住民のなかには諸侯あるいは宮廷の貴族として取り立てられていった者も少なくなかった。まず、真っ先にロシアのシベリア征服の矛先を向けられ、イェルマークのコサック軍団と闘ったシビル・ハーン国では、最後のハーンだったクチュム自身は、一五八一年に首都イスケルを占領されてもなお抵抗を続け、八五年にはイェルマークを戦死させるなど最後まで抵抗を貫き、九八年に最後の戦いに敗れたのち、逃亡先で殺害された［シチェグロフ 1943:84］。しかし、その息子たちはモスクワに帰順し、その貴族に列せられている。そして、かつてシビル・ハーン国の諸侯でオスチャーク侯[5]と呼ばれたコンディヤ（コーダ）のイギチェイ・アラチェフの息子ミハイルが一六〇三年にキリスト教に改宗する。彼はモスクワに住み、宮中大膳職に就き、ロシア貴族の女性と結婚した。さらにその前にオスチャーク女性とのあいだに生まれた子どもも宮中に仕え、ウラルの西に領地も下賜されたという。彼らの本来の領地だったコンディヤは国有地とされ、そこのオスチャークには国に対する貢納が課せられた。その他、ロシアに仕えながら、オビドリヤ（オビ川河口近く）、ユグリヤ（オビ川下流域）を領有したオスチャーク侯が知られていたという［シチェグロフ 1943:90-92］。

ロシア宮廷に仕えたシベリア先住民の有力者には東シベリアや極東出身者もいた。例えば、アムール川をめぐってロシアと清とが武力紛争を起こしていた時代、ツングース（エヴェンキ）のネリユード支族ドゥリカギル氏族の族長ガンチムールは、一六五四年に一度清に服属したものの、領地争いをめぐる紛争の調停に関して清朝に不満をもち、六六年にロシア側に逃れた［吉田金一 1984:99-101］。それはロシアと清とのあいだの外交紛争に発展するが、彼はそのままロシアに帰順し、その子孫はツングース貴族（ガンチムーロフ家）としてロシアの宮廷に仕えた。一八九七年の国勢調査のときにはツングース貴族として三一九人が登録されていた［Vasilevich 1969:7］。

その他、間接統治の際の窓口とされた地元の有力者や氏族（行政氏族を含む）の族長らも一部は貴族としての待遇を受け、皇帝に謁見して権力の象徴である剣を拝領することもあった。二十世紀初頭におこなわれたジェサップ北太平洋調査で、ワルデマール（またはウラジーミル）・ヨヘリソンは北東シベリアのアラゼヤ川流域で、かつてエカチェリーナ二世から拝領し、代々首長家に伝えられた剣を腰に差したツングース（おそらく現在のエヴェン民族ではないかと思われる）の男性の写真を撮っている［佐々木・赤澤 1999:7］。

これらの事実は、ロシアがまだ未統一のスラヴ世界だった時代から、シベリアの人々と深い関係があり、また、遊牧民との長い接触の歴史を通じて、遊牧世界に非常に馴染みが深かったからこそ、生じた現象といっていいだろう。オスチャーク侯にとってスラヴ世界はつねに政治経済的な取引の相手だった。モンゴル高原にいた遊牧ツングースにとっては清もロシアもともにモンゴル帝国の後継者であり、だからこそどちらの支配を受け入れるか両者を天秤にかけて選ぶことができたともいえる。

ロシアとの関係が多義的な森林・河川・草原の民

定住性の高い農耕牧畜民や大きな河川の流域でもっぱら漁をもって生計を立ててきた漁撈民、そしてクロテン、オコジョ、ギンギツネなど良質の毛皮の産地だった森林の狩猟民たちは、征服してきたコサックやロシアの徴税人たちの格好の搾取の対象とされた。そのために、ロシアの征服も彼らに関しては執拗で徹底的であり、広大なシベリア・極東地域の大部分を覆う森林地帯や大河川流域、それに農耕牧畜が可能な森林(タイガ)と草原地帯(ステップ)の境界地域はほとんどがロシアの支配に服することになった。それを免れたのは清朝の庇護を受けたアムール川流域からモンゴル高原、サヤン・アルタイ方面だけだった。

しかし、ロシアの支配に服した人々も、唯々諾々とそれに従ったわけではなかった。彼らも毛皮貢納(ヤサーク)を要求する徴税人たちの無法振りや、彼らが中央政府の統制外にあることを知っていた。例えばヤクーチア(現在のサハ共和国)のエヴェンキたちは、税を納めるときには徴税事務所の建物には入らず、貢納品のクロテンの毛皮を窓から投げ入れたり、槍先や棒の先にぶら下げて窓から差し入れたりしていたという。それは、彼らが臆病で見知らぬ人々に会うのを怖がっていたため、あるいは徴税事務所で拘束されて人質に取られたりするのを恐れたためともいわれる[バフルーシン 1943: 訳者補注22]。また、窓からクロテンを入れるという行為には、クロテンを他界へ送るという意味もあったのではないかという解釈もある[黒田 1991: 56]。

シベリア最大の集団であるサハはもっとしたたかだった。彼らはモンゴル高原方面から北進してきたチュルク系の言語を話す牧畜民である。十七世紀までに現在の中央ヤクーチア(ヤクーツクを中心としたレナ川流域の盆地)に定着し、トヨンと呼ばれる貴族階層に支配された強固な牧畜社会を形成していたが、それらを束ねる王権が存在しなかった。そのためもあり、ロシア・コサック軍団の侵略を有効に防ぐことができず、一六三二年にヤクーツク要塞の建設を許して以来、ロシアの支配下に入っていた。彼らはそれ以来今日まで表面的にはロシア・ソ連の支配に従順に服しているかのようだった。しかし、ソ連崩壊後彼らの本心が表面化したときにみえたのは「面従腹背」の姿だった。例えば帝政時代にはキリスト教を受容して、洗礼を受け、ロシア風の姓名を名乗り、墓標に十字架を使うようになっていた。しかしその一方で、シャマンに病気治療や葬儀を依頼し、墓標の片隅に人の魂の象徴である鳥の影像を立てるなど、自分たちの固有の文化をひっそりと、しかし同時にしっかりと守りつづけた。また、ソ連時代のヤクート自治共和国は民族自治共和国の模範的な存在とされたが、ソ連崩壊後にロシア連邦の構成共和国の一つとして生まれ変わったサハ共和国は、領内に眠る資源からあがる利益の分配をめぐってモスクワと渡り合い、相応の利益を共和国側に譲渡することで妥協させた。

このように、表面的にはロシア国家の一員となり、その支配に服しながらも、内実は非常に複雑で、必ずしも時の政権に忠実な一員ではなかった。

ロシアに対して徹底抗戦したツンドラの民

表面的に従いながら、その裏で独自色を守りつづけた森林、河川、草原の人々に対して、ツンドラの人々は表面的にも抵抗を続け、帝政時代には最後まで屈服しなかった。

とくにチュクチは十八世紀のあいだロシア軍に徹底抗戦し、幾度かロシア軍を破り、司令官を戦死にまで追い込んだ。例えば一七二七年に本格的なチュクチの制圧に向かったアファナシー・F・シェスタコフは結局それに失敗し、三〇年に彼らとの戦闘中に戦死している。また、一七四七年にはアナディルに設けられた要塞がチュクチ軍に攻撃され、司令官が戦死している[シチェグロフ 1943:250, 255, 312;オークニ 1943(2009):111, 123;フォーシス 1998:163-170]。チュクチはロシア側について参戦するコリヤークやユカギールなど周辺の諸民族へも攻勢をかけ、彼らの家畜トナカイ、備蓄していた毛皮類、漁網などの財産や生産手段を略奪するなどして、ますます勢力を強めた。チュクチの土地(チュコトカ)には毛皮資源、水産資源、鉱物資源などに魅力的なものがなかったこともあり、ロシア側もその制圧の意欲が薄れていった。結局ロシアは彼らを武力で降伏させることをあきらめ、一七八八年にコリマ川流域のアニュイに交易所を設けて交易、毛皮貢納を受けることにした。スペランスキーの改革でもチュクチはまったくその統治からはずれていたのは、そのためである。

ネネツはシベリア先住民たちのなかでももっとも西に位置していた関係で、ロシアとの関係も古く、その軍事的・政治的圧力を早くから受けてきた。しかし、彼らの南隣にいたハンティやマンシがイェルマークとの戦い以来ロシアに服従し、貴族に列せられた者がいるような状況になっていたのに対して、ネネツは簡単には従わなかった。一見服従したようにみえて、ロシア人が徴税などのためにやってくると、ツンドラの奥深くに逃げ込んで容易に接触しようとしなかった。無理に徴税しようと奥地に入ると、チュクチと同様に執拗に抵抗した［Golovnev & Osherenko 1999：43–67］。

チュクチやネネツの自立性を支えたのは輸送手段から食糧生産手段へと進化したトナカイ飼育（トナカイ遊牧）と近隣諸民族や地元に定着したロシア人とのあいだに築いた交易ネットワークだった。ネネツは近隣のハンティ、マンシ、コミ、エネツ、ガナサンなどとともに、極地の都市在住のロシア人にも交易ネットワークを広げ、トナカイ産品（肉と毛皮）の消費者を確保した［佐々木 2005：358–362］。チュクチは海獣狩猟民の海岸チュクチとエスキモー（ユッピック）との交易・交換網がトナカイ遊牧経済を支えた［黒田 1992：181–183］。

トナカイ遊牧は家畜トナカイを食肉や毛皮の材料として利用することで成り立つ生業あるいは産業だが、帝政ロシア時代にはその所有数の格差が拡大し、貧富の差が大きかった。そのために、トナカイ遊牧活動だけでは生活できない人々が大多数を占める状況となった。ネネツの場合には狩猟獣の肉や毛皮、骨角製品、漁業で得られる魚、ロシア人がもたらす布や食料、雑貨などを取引商品とする交易網を築き、その交易ネットワークに乗って狩猟、漁撈、トナカイ飼育など多様な生産活動をおこなうことで生活を維持した。チュクチの場合はトナカイを所有できない人々は数千頭から一万頭もの家畜トナカイを所有する富豪のもとで牧夫として働いた。ただし、牧夫に対する手当が少なかったため、隷属状態におかれることも多かった。その一方で交易もおこなわれ、アニュイでロシア人商人との交易のほか、アメリカからやってくる捕鯨者も交易の相手となっていた。また貧しい人々も含めて、トナカイ遊牧民は海岸地帯の海獣狩猟民

(エスキモーの一派のユッピックと海岸地帯に定着したチュクチからなる)との関係を重視した。両者は結婚相手を相互に求めることで親族的な紐帯《ちゅうたい》を維持し、トナカイ産品とアザラシ産品を交換して、相互補完的な関係を保った。

ツンドラの民の抵抗はロシア・コサック軍団が進出を始めた十七世紀よりも、政情が安定し、支配体制が整ってきた十八世紀のほうが激しい。それは、進出してきたロシア人をも包含して築きつつあった物流ネットワークを、新しい支配体制によって攪乱されることをきらったためであるとも解釈できる。その意味でチュクチに対してアニュイの交易所で交易を中心とした経済的な関係を通じてかろうじて統制しようとしたやり方は、現地の実情に適合していたのかもしれない。

ネネツとチュクチというツンドラのこの二つの民族は、十八世紀以来周辺諸民族を同化吸収しつつ着実に人口を増やした。ある推計によれば、十八世紀から十九世紀初頭までのあいだに四倍から五倍程度拡大したともいわれる[Krupnik 1976: 66-69]。その間に家畜トナカイの群が成長し、彼らが放牧地や猟場として使う領域も拡大した。その後人口増加率は鈍化するが、ソ連時代になると再び順調に人口を拡大し、先住民族存続の危機が叫ばれたポスト社会主義時代でもその勢力を維持した。今日でも彼らは有力な民族としてツンドラに君臨している。両者とも固有の言語、独自の文化もしっかりと保持していて、固有言語を母語とする割合も七割に達する。

多様なアイデンティティの枠組み

シベリア・極東地域の先住民たちのアイデンティティのあり方は、グラッドニーの分節的階層構造やサハ共和国北部の事例をモデル化した重層構造を持ち出すまでもなく、非常に複雑に絡まっている。今日考えられている国家単位あるいは民族単位の「ナショナル・アイデンティティ」や、人類学者が想定している「エスニック・アイデンティティ」というものは、帝政ロシア時代の状況では考えられない。彼らにはロシア帝国に対する自己同一化(アイデンティフィケーション）はありえなかったのは当然だが、今日想定されている「民族」に対する同一化もみられなかっただろう。彼らが常日頃意識するアイデンティティは、自らが暮らす集落やキャンプ地とその周辺に暮らす親族や同じ言語を話す隣人・知人の範囲であり、せいぜい同じ長老ないしは有力者を指導者として仰ぐ仲間の範囲だったと想像される。ただし、ロシアは指導者を共有する範囲をその統治機構の末端に位置づけて間接統治しようとした関係で、それを恣意的に改編している。そして、もしそれが当時すでに地元住民の意識のなかに定着していたとすれば、彼らのアイデンティティにも国家支配の影響がみられたということになる。例えばヤクーチア北部エヴェノ・ブィタンタイ地区のチュギャシールの人々の場合がそうである。前述のようにチュギャシールが行政的氏族だとすると、帝政時代の統治組織が人々の身近なアイデンティティになっていたことになる。

じつはそのような作用はソ連時代に入ってから本格的に作動する。戸籍にも記された「エヴェン」「ヤクート」「ロシア」などといった「民族」という枠組みの設定はその典型的な事例であるが、もっとも身近なアイデンティティの対象となる人々の範囲もじつは行政的に上から定められたものになる。それは現在の村の枠組みである。チュギャシールの人々が、チュギャシール以上に身近に感じている村（クストゥール、バタガイ・アルィタ、ジャルガラフ）も、一九三〇年代以来ソ連の遊牧民・狩猟民定住化政策の一環で形成され、六〇年代の集団農場の統合と国営化の過程で完成されたものだった。しかし、そこで生まれた者が多数を占めるようになって、その村をもっとも身近なアイデンティティの対象とする人が多くなり、村のあいだでのライバル意識も生じた。そのような現象はヤクーチア北部だけの現象ではなく、全シベリア・極東に共通にみられた。というのは、集団農場の統合と国営化、特定の都市型村落への少数民族人口の集中は、一九五〇年代から六〇年代までのあいだに政策的に進められたからである。[6]

結局、帝政時代、ソ連時代を問わず、人々がもっとも身近に自己同一化の対象として意識する範囲、言い換えればグラッドニーのいう「アイデンティティの分節的階層モデル」のもっとも下のレベルの対立関係までもが、行政的な色彩を濃厚に有する集団や組織によって構成されていたことになる。高倉浩樹が指摘したように、シベリア研究では、人類学者がその研究対象を設定しようとするとき、つねに行政的な村落組織を意識せざるをえないのだが［高倉 2000:233-234］、それは現代を研究するにとどまらず、帝政時代を扱う歴史研究でもいえることだった。

ただし、人々がもっとも身近に覚えるアイデンティティに行政の力が働いているとしても、それがすべてではない。行政氏族、行政村落に暮らしていても、人々はそこに独自の生態系と社会構造を見出し、それを独自の世界に改編し直して暮らしている。つまり、そこは行政的な組織ではあっても、人々自身のものでもある。シベリア・極東の先住民たちのミクロなレベルのアイデンティティはそこに特徴があるといえるだろう。

それに対してマクロなレベルのアイデンティティはどうだろうか。

帝政ロシアのシベリア・極東支配に対する住民側の反応は、前項で指摘したように、多様であり、一律に論ずることはできない。しかし、コサック軍団との戦い、シベリアを私物化しようとする総督や知事たちの無法な要求、そして、スペランスキーが制定した統治システムがそれぞれの地域の事情に応じて作用し、それに対して住民が反応していた点については共通である。そしてその結果が十九世紀末期から二十世紀初期にみられた「民族分布」としてもあらわれている(図1参照)。その時代にはロシアの人類学者や民族学者、地理学者たちによって調査され、定義された「民族」は、必ずしも固有の集団意識に基づくものとは限らなかった。しかし、それでもネネツ、ハンティ、チュクチ、コリヤークといった帝政ロシアの支配下で相互に対立と協調を繰り返してきた集団は、相互に区別し合っていたと考えられる。とくにツンドラで勢力を拡大したネネツとチュクチについては、自らをネネツ(「ネネツ」とは人間という意味)あるいはチュクチ(トナカイを飼う人という意味のチャウチュあるいはチュクチャに由来する)と意識する状態になっていただろう。民族学者や人類学者は、帝政ロシアの軍事的政治的介入によって再編され、拡大したこれらの集団にあとから「民族」という枠組みをかぶせたわけである。

そのような集団に対する自己同一化意識は徐々にエスニック・アイデンティティの性格を帯びただろう。しかし、それはナショナル・アイデンティティと呼べるものではない。帝政時代の彼らはまだ「ネイション」を意識していなかったからである。それが意識されていたのはネネツ、チュクチよりももっと規模の大きな民族、例えばタタール、サハ、ブリヤート、トゥヴァといった人々(彼らは一〇万以上という人口規模をもつ)のレベルだった。彼らは帝政末期には政治的な自立を要求するほどのナショナリズムを秘めるようになっていた。トゥヴァにいたっては一九二一年にいちおう独立国家まで築いている。そこにはソ連によるモンゴル、サヤン、アルタイ地域の中国からの分離と自国への編入という野望(このトゥヴァ共和国は一九四一年にソ連に編入される)が絡んでいたとはいえ、当時の彼らのナショナリズムの発露でもあった。しかしだからこそ、彼らはソ連時代の「北方少数民族」という範疇には入らず、現在でも「北方先住民族」ではない。

北方先住民族の人々が「ナショナル・アイデンティティ」を抱くようになるのはソ連時代からである。ソ連は、社会主義革命から第二次世界大戦を経て冷戦へと引き継がれた厳しい国際関係のなかを生き抜くために、強権的な中央集権体制のもとで国家に対する強い忠誠心を要求した。ソ連は多民族で構成されていて、社会主義の大義を実現すべく、民族という枠組みを克服して、新たな社会主義的国民を創出しようとしたといわれる。それは成功しなかったと評価されるが、ソ連という国家へのアイデンティティは人々の意識に強く残された。しかし、彼らのソ連国家へのアイデンティティとエスニックなアイデンティティとのあいだには大きなギャップがあった。あるいは意図的にそのギャップを設定されていた。[7] 彼らにとって「ナショナル」(ロシア語では「ナーツィヤ」)とは国家であり、自分たちの民族は「ナロードノスチ」だった。それは「ナショナル」になれない「未開」の少数民族という意味を包含していた[田中 1978:191-192]。そのために、ロシアやタタール、サハ、ブリヤート、トゥヴァらが抱くような民族、国民、国家が渾然一体となった「ナショナル・アイデンティティ」はソ連時代でももつことはなかった。

社会主義時代に強制された国家への忠誠が、どのようにしてその一員であるというアイデンティティに変わり、どのようにして意識の底に定着したのかについての問題は、現代のシベリア・極東の先住民たちのアイデンティティを知るうえで非常に重要な問題だが、その変化の過程は込み入っており、それを一つ一つほぐすには別に稿を立てる必要がある。将来の課題としたい。

註

1　ロシアの地理学ではウラル山脈より東側のロシアの領土はシベリアと極東と呼ばれている。概略的にはオビ水系を中心とする地域が西シベリア、エニセイ水系が東シベリア、レナ水系より東は極東とされる。

2　ソ連時代には「北方少数民族」と呼ばれた。現在の定義では五万以下の人口をもつシベリア・極東の先住民族とされている［吉田睦 2014:89］。五万というのは最大規模を誇るネネツの人口（二〇一二年の国勢調査では四万一〇〇〇余りが登録されている）を超えない範囲である。そのために、十六世紀に始まるロシアのシベリア征服以前からこの地域に居住し、先住民族といえる存在でありながらも、人口が五万を超えるブリヤート、サハ（ヤクート）、トゥヴァ、アルタイなどの民族は「北方先住民族」の範疇には含まれない。

3　モスクワ大公国の勢力が拡大し始めた十五～十六世紀当時、草原のチュルク系、モンゴル系の遊牧民の世界には「チンギス統原理」と呼ばれる不文律があったといわれる。それは、遊牧民を統率する大ハーンにはチンギス・ハーンの血筋を引く者しかなれないというものだった。十五世紀に中央アジアに覇を唱えたチムールも、モンゴル高原を統一したエッセン・ハーンもこの不文律のために正当の大ハーンとは認められなかった。イヴァン四世は遊牧民を支配するために逆にこの不文律を利用したのではないかともいわれている。チンギス統原理については［岡田 1992］に詳しい。

4　ここの記述はおもにシチェグロフ［1943］、バフルーシン［1943］、フォーシス［1998］に拠っている。

5　オスチャークとはオビ川中下流域の先住民族ハンティの旧称である。ハンティ社会には二十世紀初頭の民族誌に登場するトナカイ飼育民や狩猟漁撈民以外にも牧畜・農耕に従事するグループがおり、その社会には階層分化がみられ、貴族がいたことが知られている。なお、彼らと同じ言語系統(ウゴル語)に属するマジャールは西に移動してハンガリー王国を建国した。

6　この集団農場の統合と国営化、特定村落への人口集住政策は、交通機関のモータリゼーションとセットになっている。詳しくは[Sasaki 2010:187-193]参照。

7　「北方少数民族」の範疇に入れられた人々は、事実上帝政時代の第三等級の「漂泊異民族」だった。彼らはソ連時代にも無前提に「未開社会」と定義されていた。そのために「ナショナル・アイデンティティ」のような高度に「文明的」な意識をもつことはできないとされ、自治的な行政組織でもせいぜい州や地方の下のレベルの「民族管区」「民族地区」などしか許されなかった。「ナショナル・アイデンティティ」と「エスニック・アイデンティティ」とのあいだのギャップもその意味で、国家が恣意的に設定したものである。

参考文献

岡田英弘『世界史の誕生——モンゴルの発展と伝統』筑摩書房、一九九二年

S・D・オークニ(原子林二郎訳)『カムチャツカの歴史——カムチャツカ植民政策史』大阪屋號書店、一九四三年(復刻版、藤田印刷、二〇〇九年)

黒田信一郎「強制された狩猟——ツングース系諸族のコスモロジーとの関係」『北方の狩猟文化——第五回北方民族文化シンポジウム』財団法人北方文化振興会、一九九一年、五二〜六二頁

黒田信一郎「チュクチの抵抗——北東シベリア先住民の受難史」岡田宏明・岡田淳子編『北の人類学——環極北地域の文化と生態』アカデミア出版、一九九二年、一六一〜一八四頁

佐々木史郎「近現代のアムール川下流域と樺太における民族分類の変遷」『国立民族学博物館研究報告』二六巻一号、二〇〇一年、一〜七八頁

佐々木史郎「ツンドラ地帯におけるトナカイ遊牧の成立過程——帝政ロシア期にネネツとチュクチが選んだ生き残り戦略」松原正毅・小長谷有紀・楊海英編『ユーラシア草原からのメッセージ——遊牧研究の最前線』平凡社、二〇〇五年、三三九〜三七〇頁

佐々木史郎「サハ共和国北部における重層するアイデンティティとエスニシティ」煎本孝・山田孝子編『北の民の人類学——

強国に生きる民族性と帰属性』京都大学学術出版会、二〇〇七年、二二九〜二四六頁
佐々木史郎・赤澤威『モンゴロイド系諸民族の初期映像資料――シベリア・北海道・樺太篇』（日文研叢書二〇）、国際日本文化研究センター、一九九九年
I・V・シチェグロフ（吉村柳里訳）『シベリア年代史』日本公論社、一九四三年
R・G・スクルィンニコフ（栗生沢猛夫訳）『イヴァン雷帝』成文社、一九九四年
S・ズナメンスキー（秋月俊幸訳）『ロシア人の日本発見――北太平洋における地図と航海の歴史』北海道大学図書刊行会、一九七九年
高倉浩樹『社会主義の民族誌――シベリア・トナカイ飼育の風景』東京都立大学出版会、二〇〇〇年
田中克彦『言語から見た民族と国家』岩波書店、一九七八年
沼田市郎訳編『アジアロシア民族誌』彰考書院、一九四五年
S・V・バフルーシン（外務省調査局訳）『スラヴ民族の東漸』東京・外務省調査局、一九四三年
J・フォーシス（森本和男訳）『シベリア先住民の歴史――ロシアの北方アジア植民地一五八一〜一九九〇』彩流社、一九九八年
吉田睦「シベリアの諸民族」高倉浩樹編『極寒のシベリアに生きる――トナカイと氷と先住民』新樹社、二〇一四年、八九〜九一頁
吉田金一『ロシアの極東進出とネルチンスク条約』近代中国研究センター、一九八四年
Black, J. L. and D. K. Buse, *G. F. Müller and Siberia, 1733–1743*, Kingston, Ont.: Limestone Press, 1989.
Golovnev, A. V. and G. Osherenko, *Siberian survival: the Nenets and their story*, Ithaca: Cornell University Press, 1999.
Gradney, Drue, "Relational Alterity: Constructing Dungan (Hui), Uygur, and Kazakh Identities across China, Central Asia, and Turkey", *History and Anthropology*, 9 (4), 1996, pp. 445–477.
Krupnik, I. I., "Stanovlenie krupnotabunnogo olenevodstva", *Sovetskaia Etnografiia*, 1976 (2), pp. 57–69.
Sasaki, Shiro, "Segmentary Hierarchy of Identity: The Case of Yakuts and Evens in Northern Yakutia", in Inoue, K. and T. Uyama (eds.), *Quest for Models of Coexistence —— National and Ethnic Dimensions of Changes in the Slavic Eurasian World*,

(Proceedings of Conferences No. 5), Sapporo: Slavic Research Center, Hokkaido University, 1998, pp. 317–337.
Sasaki, Shiro, "Voices of Hunters on the Socialist Modernization: From a case study of the Udehe in the Russian Far East", *Inner Asia*, 12 (1), 2010, pp. 177–197 (Special issue: Oral history of socialist modernities in Central and Inner Asia).
Vasilevich, G. M., *Evenki: istoriko-etnograficheskie ocherki* (*XVIII- nachalo XX v.*), Leningrad: Izdatel'stvo "Nauka" Leningradskoe otdelenie, 1969.

コメント
ロシアのシベリアに対する使命感　帝立地理学協会が体現したメシア思想

小長谷有紀

当日の報告では、シベリアははたしてロシアの領土か、それともロシア帝国の植民地か、という極めて刺激的な問いかけから始まった。この問いに対する明確な回答に代えて、とくに「先住民のリアクション」の多様性や、それによる勢力分布の転換について、詳細な解説を得ることができた。

その結果、討論で清水展氏が指摘したように、ロシア人からみるか否かといった立場による違いがあるので、領土か植民地かという二項対立を超えた概念が求められるだろう。実際的には、当該地域がその後、独立すれば過去は植民地であったとみなされ、独立しなければ領土とみなされる、というように、事後的な概念とならざるをえない。新たな概念を急いで求めたくなる誘惑からひとたび逃れておき、本コメントではまず、佐々木論考によって明らかになった、十六世紀から二十世紀にかけての、ロシア人によるシベリア進出の特徴を再確認しておきたい。

第一に、点と線の支配であり、実効支配が面的に広がっていたわけではないこと。このことが、今日のロシアが国境防衛に神経質になる理由である、と佐々木氏は指摘する。第二に、シベリアという名称の指す空間は徐々に拡大したこと。言い換えれば、ロシア人の進出こそが「シベリア」という一体的な空間概念を形成した。第三に、人頭支配であること。討論で大塚和夫氏や永淵康之氏が中南米との差異として指摘したのは、土地制度が持ち込まれていないという点であった。土地を支配するのではなく、人間を支配するという原則は、ノマド(遊牧民)世界においては一般的ではある。ロシアでは、先住民は、定住民、牧畜民、漂泊民の三種類に区別されており、量的にはたとえ少数でも、質的にはノマドを対象とする地域である。第四に、ロシアの中央政府とシベリアの先住民とのあいだの媒介的な存在として、官吏や商人がもっぱら経済的利益を自ら追求したこと。討論で水島司氏が指摘したように、インドに対するイギリスの統治と比較すると、ロシアのシベリアに対する法制的な支配はむしろ弱かった、といえるだろう。

こうした特徴をもつ、ロシア人のシベリア進出に対して、先住民の対応はさまざまであり、とくにロシア人の進出後に勢力を拡大する集団として特筆されたのはチュクチとヤクートである。いずれも家畜群をもつという点が、先住民のなかで優勢化する決め手であったように思われる。いくつもの少数民族のあいだで勢力が交代する過程について、理論的な考察もできるのではないだろうか。

以上のような本報告を、本研究会のテーマである「ナショナル・アイデンティティ」に引きつけて整理し直してみよう。ロシア人がシベリアを取り込んでいく際に形成される認識と、シベリアの先住民が取り込まれていく際に形成される認識は、それぞれナショナル・アイデンティティの位相であり、ナショナル・アイデンティティの重層性あるいは多面性を理解するうえで、極めて重要な側面であると思われる。

この点について、討論では栗本英世氏が、ロシア人のシベリア観はどのようなものであったか、という問いとして投げかけた。また、小川了氏が討論の冒頭で毛皮についての言及を求めたのも、シベリアへのまなざしに関する問いであったろう。ロシア人はどのような思いで東進したのか。その動機はそもそも何だったのか。

ロシア人のシベリアに対する意識や認識について、一概に説明することはできない。なぜなら、本報告は一五七八年から一九一七年まで、帝政ロシア時代以前に遡って約三四〇年もの長期間を扱っているからである。討論ではピョートル一世（在位一六八二～一七二五）やエカチェリーナ二世（在位一七六二～九六）などロシア帝国の初期について言及されたけれども、後期についての言及はなかった。そこで、本コメントでは後期すなわち十九世紀後半について補足しよう。

ここでの焦点はロシア地理学協会に絞る。帝国の成立やその領土内で人々が国家の枠組みを意識するようになる過程において、学術的な探求は政治的な力学と共犯関係にあった。そうした事実に注目する作業は、比較研究の重要な視座となるに違いない。

ロシア地理学協会の公式ホームページに付されたパンフレットによれば、当協会は一八四五年、フランス、ドイツ、イギリスに次いでヨーロッパでは四番目に設立された。同パンフレットにはニコライ一世（在位一八二五～五五）と、その次男で初代会長になったコンスタンチン・ニコラエヴィッチの肖像が掲げられている。

リャザノフスキーによれば、ニコライ一世の時代は、皇帝を取り巻く保守派と改革派とが争っており、前者が西欧列強に追随しようとする保守派であるのに対して、対抗的な改革派ナショナリストたちの意識を表象して、「メシア的なロシアの将来像が冒険的・積極的かつ革命的でさえある外交を希求していた」［Riasanovsky 1969：137-138］。ジャック・デリダは『マルクスの亡霊たち』で、メシアニズムそのものとメシア的であることを区別したうえで、マルクス思想が後者に属していること、いわば似非メシアニズムとしてマルクスの継承のあり方を批判したが、ここでは両者を区別する必要はあるまい。高野雅之［高野 1998］の労作に導かれて、ロシアの根底にメシアニズムがあることだけを了解しておけばよいであろう。

一八四〇年代から五〇年代当時の地理学者の言説には、ヨーロッパのなかでもっともアジアに近いのはロシア人であり、自分たちこそがアジアの未開人を文明へと導かなければならない、という宗教的使命感すなわちメシア思想が明らかに認められる[Bassin 1983:243]。ほぼ同時期の日本での「脱亜入欧」というスローガンのひそみに倣えば、ロシアのメシアニズムはいわば「脱欧入亜」の感情を人々にもたらしていたのであった。

ロシア地理学協会は創設されて三年後、一八四八年に「帝立」となる。一八四八年はフランス革命に始まるヨーロッパ革命年である。ナポレオン後の協調路線であったウィーン体制がクリミア戦争(一八五三〜五六年)によって崩壊するのはもうまもなく、という時期である。こうした国際情勢を反映しているので、ロシアの、内部対立よりもむしろ総意として、地理学協会は機能していく、とみなしたほうがよいだろう。その機能とは、まさにナショナル・アイデンティティの探求である[Bradley 2009:86-127]。

ロシアのメシアニズムは、ヨーロッパで敗戦した人々にとって、遅れたアジアに文明をもたらす使命感としてますます強化され、東進した先を統合しようという意欲によってナショナル・アイデンティティが形成されていく。地理学協会はまさにそうした意識を実行する部隊である。そして、当時のもっとも重要な人物が、協会の『五〇年史』全三巻(一八九六年)を編集する五〇年史地理学者セミョーノフ=チャンシャンスキーであった。チャンシャンスキーという姓は、彼のめざした天山(テンシャン)にちなむ(『天山紀行』参照)。学術探検に没頭した人は世界中に大勢いるが、行き先の地名を自分の名前にしてしまった人がほかにいるだろうか。ロシアのメシアニズムに基づく使命感は、運命と感じられる目的地を姓にしてしまうほど、かくも根源的なのである。

ロシア地理学協会は、一八五〇年にカフカス支部、五一年にシベリア支部、北西支部、六八年にオレンブルク支部、七三年に南西支部、七七年に西シベリア支部というように、次々と支部を設立する[天野 2006:111]。また、プルジェワルスキーやポターニン、コズロフなどの著名な調査隊を中央アジアへ続々と送り出す。名称には地理学しかあらわれないが、内容が学際的であったことはいうまでもない。諸科学は、実効支配を面的に拡大していく過程に積極的に組み込まれたのである。しかも、それは決して過去にとどまらない。

二〇〇九年九月、カスピ海の西側にあるエリスタ市で、カルムックのロシア統合四〇〇周年記念国際学会が開催された。二〇一一年十月にはイルクーツク市で、ブリヤートのロシア統合三五〇周年記念国際学会が開催される。地理学協会の設立よりもはるか二〇〇年以上も遡って、「統合」されてきたという「歴史」が「学術的に」証明されようとしている。いわゆる探検の時代が終わったにもかかわらず、今日もなお学術は政治的意図と無縁ではありえない。

参考文献

天野尚樹「極東における帝立ロシア地理学協会——サハリン地理調査を手がかりとして」『ロシアの中のアジア／アジアの中のロシア(Ⅲ)』(21世紀COEプログラム研究報告集)北海道大学スラブ研究センター、二〇〇六年、一〇七〜一一九頁

高野雅之『ロシア思想史——メシアニズムの系譜』早稲田大学出版部、一九九八年

セミョーノフ＝チャンシャンスキー(樹下節訳)『天山紀行』河出書房新社、一九七七年

Bassin, M., "The Russian Geographical Society, the "Amur Epoch" and the Great Siberian Expedition 1855-1863", *Annals of the Association American Geographers*, vol. 73 (2), 1983, pp. 240-256.

Bradley, J., *Voluntary Associations in Tsarist Russia: Science Patriotism, and Civil Society*, Massachusetts: Harvard University Press, 2009.

Riasanovsky, N. V., *Nicholas I and official nationality in Russia, 1825-1855*, Berkley: University of California Press, 1969.

外からの同化と内なる同化
西アフリカ、セネガルのナショナル・アイデンティティとその葛藤

小川　了

セネガル伝統社会の不平等体制

本論では、西アフリカに位置し、その面積からすれば小国でありながら、その歴史的経緯からしてアフリカにおいて一定の地位を享受している国といいうるセネガルのナショナル・アイデンティティについて考える。ここでいうナショナル・アイデンティティは国柄という言葉に置き換えてもいいが、その形成には当然ながら歴史が深くかかわっている。以下において、セネガルの歴史を概観し、国柄の形成にどのような事象がかかわってきたのかを検討してみたい。

西アフリカ、セネガル川とガンビア川(およびその南部地域)で区切られる内陸地域一帯は一般にセネガンビアと称されている。アフリカ大陸の最西端部であり、かつサハラ砂漠の南縁に接する部分でもあるこの地には早くも十一世紀初めにはイスラームが伝えられている。また、王国組織が早い時代から形成されていたことでも知られる。イスラームは早い時代にもたらされはしたが、一般民衆に受け入れられたわけではなく、書記システムをはじめとする先進文明として社会の上層の人々に受け入れられたようである。つまり、宗教としてのイスラームよりも高度文化・文明としてのイスラームが支配層の「道具」として受け入れられた。例えばイスラームが禁じているアルコールの摂取など日常生活に

おける宗教的戒律の実行が厳密に守られていたわけではない。この状況は基本的に十九世紀にいたるまで変わらなかった。

王国という組織体制は、その社会の基本的な原理として不平等に基盤をおいていることはいうまでもない(詳しくは[Diop 1981]を参照)。端的にいうと、支配層としての王侯貴族がおり、自由民としての農民がいる一方で、鍛冶や木工、皮革細工、また伝承としての語りなどを専業とする各種の職能民がおり、さらに奴隷民とされる人々がいた。

この地域にヨーロッパ人が最初に到達したのは一四四四年のこととされる。その約半世紀後にはコロンブスが大西洋横断に成功し、十六世紀に入るとほとんどまをおくこともなくこの地域から、そしてさらに広い西アフリカ各地から大西洋を越えて西インド諸島、さらにはアメリカ南北大陸への人の移送、つまり奴隷貿易がおこなわれた。奴隷貿易は十九世紀後半にいたるまで三五〇年以上の長きにわたって続いた。この期間にアフリカ大陸から移送された奴隷の数については九五〇万人程度という説[Curtin 1969]がある一方で、三〇〇〇万人、いや四〇〇〇万人にのぼるという説[Barry 1988]もある。いうまでもないが、ヨーロッパ諸国による奴隷貿易においてかくも多くの人が強制的に移送されたという事実の背景には、アフリカの諸社会における不平等体制、具体的には王国組織がかかわっている。それらの王国間での戦争において捕らえられ、奴隷とされた人々が多く存在していたという事実がある。これらの奴隷たちがヨーロッパ人に売られる主要なカテゴリーであった。また、一つの王国内でも犯罪を理由に捕らえられた人や、さらには戦士(後述)たちが自らの富を求めて村を襲撃し、こうして捕らえられた人々がヨーロッパ人奴隷商人に売り渡されたりもした。ヨーロッパ諸国は王国の圧政下にある奴隷たちを買い取り、彼らをキリスト教の恩恵に浴させるということを奴隷貿易の表向きの理由にしたからこそ、奴隷貿易は正当化され、かくも長期にわたって続けられたのである(詳しくは[小川 2002]を参照)。

十一世紀以降イスラームを一つの道具とし、さらに十六世紀以降は奴隷貿易によっていっそう力を増した王権体制は奴隷貿易が終わる十九世紀半ば以降、ヨーロッパ諸勢力の内陸部への武力侵攻により倒されることになる。

十九世紀以前におけるセネガル・フランス関係

フランスがアフリカにおける植民地開拓に真剣に取り組むようになったのは一八七一年以降というのが一般的な理解である。フランスは大革命後の社会内の混乱が長く続き、海外伸長どころではなかったが、普仏(独仏)戦争(一八七〇〜七一年)に大敗を喫したことがフランス人のナショナリズムをかきたて、それは海外領土拡大への意向をも強めた[cf. Brunschwig 1969]。しかし、アフリカにおいてセネガル地域だけは例外的に早くから植民地化が進められていた。一六五九年という早い時期にセネガル川河口に近い中洲島に要塞を建設、この地をサン・ルイと命名、その要塞を交易拠点としての商館にし、セネガル川を遡った内陸部から送られてくる奴隷、金、アラビア・ゴム、象牙、牛皮といった商品とヨーロッパからの諸産品との取引の場とした。続く一六七七年、カップ・ヴェール(カーボヴェルデ)岬(現ダカール)に近い小島ゴレを先に占領していたオランダから奪取し、やはり交易拠点としての商館をつくった。ゴレ島での取引は内陸部から送られてくる奴隷に特化していた。

サン・ルイ商館での取引商品の多くはセネガル川をはるかに遡行した内陸部から送られてくる。セネガル川航行のためには平底の帆船が用いられた。遡行にあたって所によっては岸辺から人がロープで引く必要もあった。船は雨季に入った七月に川の水量が多くなった頃にサン・ルイを出発する。内陸部までの遡行には三カ月程を要した。内陸部での交易に一カ月から二カ月かかる。取引を終えてセネガル川をくだりサン・ルイに戻るのには二週間かかる。というわけで、交易船がサン・ルイに戻るのは十二月であった[Alquier 1922: 415-416]。船の航行のためにはもちろん、船内での奴隷の管理や、炊事などにも多くの人手が必要である。セネガル川を遡行する交易船の持ち主はサン・ルイ在住のフランス人商人や混血者(後述)が多かったが、交易船上での雑役にあたるのは現地人男性(ラプト laptots と呼ばれた)が多く、これらラプトの管理にはキリスト教化した現地人男性（グルメ gurmets と呼ばれた）があたった。炊事・洗濯には女奴隷が使われた。雑役にあたる水夫ラプトは奴隷身分の者であり、その所有者はサン・ルイ在住の混血者が主であった。

十七世紀から十八世紀にかけて、セネガル地域におけるフランスの奴隷交易がもっとも盛んであった時代、セネガルの現地人（とくに奴隷民や自由民混血者）がフランス人の商取引を現場で支える要員として多大の活動をしている。大西洋奴隷貿易を背後で実質的に支えていたのは現地人奴隷や混血者であった。

フランスがサン・ルイとゴレ島に築いた商館についてみると、主として商館防衛、および交易現場の警護要員として若い男性兵士がフランスから派遣されていた。拠点としての商館はこれらすべての兵士をその建物内に泊めるほど大きくはない。商館は商品としての奴隷その他を売り渡すまでのあいだ収容する場であり、そこに兵士を居住させるためのものではない。兵士たちは周囲に小屋をつくって暮らすことになる。こうして現地人女性を現地妻にする風習がすぐに一般化した。かくしてサン・ルイ、ゴレ島の双方において、ヨーロッパ人男性（フランス人が多かったが、イギリス人もいた）と現地人女性とのあいだに混血者が多く生まれることになった。混血者は現地語とフランス語の両方に通じる者が多く、男性は取引の際の通訳に従事するなどフランス人交易者と現地人業者との仲介役として重要であった。これら混血者もグルメと呼ばれたのである。グルメにはセネガル内陸部へ向かう交易船の管理を任される者も多かった。他方、女性の混血者はシニャール（signares）と呼ばれ、サン・ルイ、ゴレ島の双方において社会・経済的に大きな力をもち、豪勢な生活を送った者として知られている。彼女らはヨーロッパ人商人や駐留兵士たちの愛人になる者が多かったし（ピエール・ロチの小説『アフリカ騎兵』には駐留兵士とシニャールとの愛欲が描かれている）、さらには「現地式結婚 mariage à la mode du pays」と呼ばれた一時的な結婚により地位を安定させ、多大の富をなし、それを基盤に自ら多くの奴隷を擁し、それらをラプトとしてフランス人奴隷交易商人に貸し出すことでさらに大きな富を築いた者がいた［cf. Durand 1802, t. II : 28 : Deroure 1964 : 409–410 : Knight-Baylac 1970 : 401–403］。

シニャールたちのなかには経済的に裕福であるのみならず、サン・ルイ、ゴレでの行政に介入するほどの力をもつ者もあった。十九世紀のことであるが、フェデルブ（後述）が商館長（総督と呼ばれた）に就任する一八五四年以前の三七年間に三四人の総督が入れ替わり立ち代わり就任しており、その間、実質的に経済を動かしていたのはシニャールたちだったと指摘する研究者もいる［Diouf 1990:115–119］。つまり、フランス本国から送られてくる商館長は頻繁に変わる（セネガルのことを何も知らずに赴任し、すぐに病気になる者、あるいは不祥事により帰国させられた者もあった）ため現地事情に疎く、現地に居住しているシニャールたちのほうが経済的な要所を押さえていたのである。彼女たちはフランス人の現地妻であったとはいえ、フランスの利益のためだけに行動したのではないだろう。現地語を解しないフランス人商館員や交易業者の裏をかくように、現地人業者側に有利になるような行動をした者も多かったはずである。

一七八六年時点においてのサン・ルイの人口構成をみると、その総人口は約七〇〇〇であり、そのうちフランス人駐在員（主として兵士）が六〇〇、フランス人居住者が六〇、そして混血者は二四〇〇にのぼり、残りの三〇〇〇程が現地人奴隷身分の人であったという［Wesley Johnson 1991:40: cf. Alquier 1922:304］。かくも多くの現地人奴隷、および混血者がフランスの奴隷交易にかかわり、かつサン・ルイの行政・経済に貢献していたのである（フランス植民地における奴隷解放で知られるヴィクトル・シュルシェールは一八四七年にサン・ルイを訪れており、そこでの奴隷の多さに驚き、帰国後、奴隷解放を強力に主張することになる［Wesley Johnson 1991:42］）。

ここまでの論から理解されようが、十七〜十八世紀の全般におよぶフランスのセネガル地域における交易では多くの現地人が下支え要員として重要であった。とくに、ヨーロッパ人男性と現地人女性とのあいだに生まれた多くの混血者は男女ともに現地の経済・政治的活動の場において重要であったのである。換言すると、フランスがその植民地における統治の基本原理としての同化政策を打ち出す以前から、サン・ルイやゴレではフランスとの文化的同化は進みつつあったことがわかる。この段階での同化はフランスからセネガルへの働きかけ、つまり「高度」文明側から「劣等」文明側への働きかけというより、現地セネガル人側からフランス(の文化)への同化の志向のほうがむしろ強かったといえよう。ただし、ここでいう現地人とはサン・ルイ、ゴレというごく狭い地域(しかもともに島)に住む混血者を中心としたいわば社会的上層の人々のことである。

十九世紀におけるセネガルとフランス

サン・ルイの商館にはフランスから商館長が一定期間派遣された。商館長は「総督 Gouverneur」と呼ばれサン・ルイ、およびゴレ島とその付属地域における軍事を含めた行政すべての統括責任者であったが、前項でも記したように短期間で交代することが多かった。フランス人居住者が少しずつ増え、当然ながら混血者も増加していくとサン・ルイ、ゴレはフランス植民地としてつねに本国からの指令を待つのではなく、自分たちで独自の行政・経済活動をしたいと望む人が多くなるのは当然である。セネガル現地側からのこのような要求に応え、一八四〇年、サン・ルイ総督にはフランス本国政府からさらに独立した職能権限が与えられるようになった。サン・ルイ議会が設置され、その議員はフランス人現地居住者、および商業活動などに従事する混血者たちによって選出された。このように十九世紀前半の時期においてサン・ルイの自治組織は確立していたのである。

フランスの植民地統治の基本理念としての同化政策はフランス革命を支える啓蒙思想に拠っている。前提として人間は基本的にすべて平等であることを謳い、しかし諸文明間に差があるとすればそれは教育に違いがあるためとされ、したがって高度文明側(フランス)が劣等文明側の人々を教育・開化するのは根本善とされた。「文明をもたない」アフリカの人々をフランス文明に「同化」させることが善だったのである〔Vaillant 1997: 竹沢 2001: 64-69: 平野 2002: 松沼 2012: 第2章: 小川 2015: 177-196 などを参照〕。この同化政策が植民地における統治原則として明確に表明されたのは一八四八年の奴隷制廃止の政令においてである。この政令に「隷従から浄化された植民地……は、国民議会に代表を送る」という条項があり、フランスが所有するすべての海外領土に参政権が与えられた[平野 2002:72–73]。同化政策はシュルシェールを中心として展開された奴隷制廃止と密接に結びついている。フランス文明に同化させ、フランス市民に並ぶ権利を享受する者としての国民議会参加の権利が与えられると同時に、市民としての納税、兵役の義務という問題も生じてくる。

フェデルブ総督

一八五四年、ルイ・レオン・セザール・フェデルブのサン・ルイ総督就任をもって近代セネガル、さらには西アフリカにおけるフランス植民地「帝国」創設の出発点といわれることが多い。彼はたしかに都市基盤の整備、経済活動の活発化(農業開発、銀行の設置など)をとおして近代化のための下地をつくった。他方で、彼の手法には高圧的な面が多く、武力にものをいわせることも多かった。彼がのちに記した回想記を読んでもわかるが、内陸部の平定と称して彼がおこなった討伐は激しいもので、少しでも抵抗の意をみせる住民の村を焼打ちにするのは普通であった。フランスに恭順の意を示さない住民には容赦なく、武力をもって屈服させたのである。こうして一八五九年にはフェデルブはセネガル川流域一帯を完全に支配下に治めていた[cf. Faidherbe 1889]。

着任して二年後、フェデルブは「人質学校 Ecole des otages」と呼ばれる学校をつくっている。討伐した地域の首長の子息を「人質として」強制的に学校に収容し、フランス語や算数をはじめとする初歩的な教育を受けさせ、フランス植民地行政の下級役人に仕立てるというものである。この学校はのちに「首長子息学校」、さらに一九一八年には当時のフランス領西アフリカ総督の名をとった「ウィリアム・ポンティ師範学校」と名を替え、西アフリカ諸国のエリート子弟を高級官僚として養成する学校になっていく。

フェデルブは各地で平定を名目に討伐を繰り返したと述べたが、討伐戦をするためにはサン・ルイ駐在のフランス人兵士だけで十分ではなかった。現地人をフランス軍の補助要員として仕立てる必要があった。そのためフェデルブは一八五七年、「セネガル歩兵 Tirailleurs sénégalais」と呼ばれる歩兵隊を創設したのである。第二項で述べたように、十七

〜十八世紀におけるセネガル川を遡行しての奴隷交易のためには取引現場や船上での雑役要員としてラプト（奴隷層の人々）が働いており、彼らは早くから兵士の補助要員として討伐行動などにも参加していた［cf. Alquier 1922: 421–422］。こういった人々をセネガル歩兵というフランス軍内に位置をもつ正式な兵士に仕立てたのである。つまり、セネガル歩兵はもともとは奴隷層の人々が主であった。

フランス本国では一八四八年に奴隷制廃止の政令が発布されているが（前述）、セネガルにおいてその政令は実効的ではなかった。現地人奴隷所有者たちが簡単には奴隷を手放さなかったこと、またフランス行政側からすればアフリカで奴隷を解放した場合、それら旧奴隷に職を与える必要も生じたからである。歩兵部隊の創設はこれら旧奴隷の就職問題を解決するためでもあった。セネガル歩兵は十九世紀における西アフリカ各地の平定にあたってはもちろん、マダガスカルや遠くフランス領南米地域、そして二十世紀になると第一次世界大戦でのヨーロッパ、第二次世界大戦後におけるフランス領インドシナなどの戦役においても重要な役割を果たすことになる（詳しくは［小川 2015］を参照）。

鉄道敷設と伝統王国の崩壊

フェデルブがサン・ルイ総督であった時期、サン・ルイとダカールを結ぶ電信設備、次いで同区間に鉄道を敷設するための調査が開始されていた。サン・ルイは第二項にも記したようにセネガル川の河口を遡った地点にある中洲島であり、大西洋に直接面しているわけではない。交易のための船舶交通に便利とはいえない。それよりもカップ・ヴェール岬のダカールに港を建設し、そこを物資輸送の拠点とするほうが有利であり、そのために電信設備や鉄道の敷設は不可欠と考えられていた。フランスは一八七〇年代後半頃からサン・ルイとダカールを結ぶ鉄道敷設の実現に向けて具体的に動き出す。

この鉄道敷設がセネガルの伝統王国の崩壊に直接かかわる。鉄道はセネガルの大西洋岸に沿うように敷設される計画であったが、この地域はセネガルにあったいくつかの王国のうち、大西洋奴隷貿易のおかげでもっとも富み、かつ有力であったカヨール王国に属する。一八七〇年代、同王国の王であったラット・ジョールは若い頃からその武勇を知られる人であったが、当初、サン・ルイのフランス植民地総督と親しい間柄であった。彼と総督とのあいだで交わされた手紙(ラット・ジョール王は現地のウォロフ語で話し、それがアラビア語に訳されて手紙にしたためられ、サン・ルイではそれをフランス語に訳して対話された)がダカールの公文書館に残っているが、それらをみても当初は王と総督が大変親密であった様子がよくわかる。そして、一八七九年九月十日付の文書により、両者は鉄道敷設について合意したのである。ラット・ジョール王はそれが自らの領地の繁栄のためになると判断したのだろうが、やがてその判断は重大な誤りであることに気づく。フランスの「鉄の馬」が自らの領地内を走るようになれば、それは自らの力の減衰になることに気づく。こうして、一八八一年になるとラット・ジョール王はサン・ルイ総督に対して鉄道敷設に絶対反対、自らの命を懸けてでも敷設工事に抵抗する旨の手紙を送るようになった。一八八二年七月二十五日付の手紙には表現豊かに次のように記されている。

貴殿が私に宛てた手紙を私はたしかに受領した。その手紙において貴殿はわが領土内に近々貴殿の鉄道が通るであろうことを述べている。以下のことをよくわきまえられよ。私に命ある限り、私は全力をもって鉄道敷設に対抗するであろう。……野雁がアラビア・ゴムの樹液を吸おうとすれば、その野雁はアラビア・ゴムの木のとげに尻尾の羽幾枚かをむしりとられずにはすまないであろう。言っておくが、私は剣と槍を目にするのは大好きだ。貴殿から鉄道敷設に関する手紙が届くたびに、私の答えはいつでも否、否、否だ。たとえ私が眠っているときでさえ、答えは変わることはない。私の愛馬マルーでさえもが私と同じ答えをするであろう。否である。〔Archives Nationales du Sénégal 13G261〕

しかし、フランスは鉄道敷設を強行した。ラット・ジョール王は手勢の兵士ともどもゲリラ的に攻撃をしかけたが有効ではなかった。敷設工事はフランス人だけの手によるものではなく、当然、現地人が多数使われている。鉄道は一八八五年七月に完成した。カヨール王国はフランスの手に落ちたといってよい。そして、一八八六年十月二十六日、フランス軍(とセネガル歩兵部隊)とラット・ジョール王の軍とはデッキレという地で戦い、ラット・ジョール王はその息子二人と、配下の兵七八人ともども殺害されたのである。これがセネガル伝統王国の実質的な崩壊であった。

アーマド・バンバとムリッド教団

セネガンビア地域には早い時期にイスラームが伝えられたものの、それは民衆次元に広まるものではなかったことを記した。王権はイスラームを利用し、かつヨーロッパ人との奴隷交易で富裕化した。王国の戦士であるチェッドと呼ばれた人々は身分上は王の奴隷であるが多大な権力をもち、民衆を圧した。十七世紀後半、チェッドたちのあまりの横暴に対しイスラームの導師マラブーたちが王権に対して起こした「マラブー戦争」と呼ばれる戦いが起こっている。しかし、王権側の圧倒的な武力によって制圧された。つまり、この地域では長期にわたる横暴な王権に対し、イスラーム勢力は民衆側に立って王権に抵抗するという構図があった。

フランスによってラット・ジョール王が殺害された一八八六年、セネガルではイスラームの新しい教団が創設されている。ムリッド(Murid)という名で知られるようになる教団である。長いあいだにわたってチェッドという王国の戦士によって苦しめられつづけてきた一般民衆にとって、その王国が崩壊したこと、代わって新しく登場したフランスという外国勢力の支配は社会の大激動としてとらえられたであろう。イスラーム新教団が生まれたことの背景にはこのような社会の激変がかかわっている。新教団の創設者であるアーマド・バンバには数々の奇蹟伝承が今も人々の意識に強く残っているが、それらの奇蹟は社会の大変容を背景にしているはずである。

ここで非常に興味深い事実がある。ラット・ジョール王が倒された一八八六年は新教団ムリッドの誕生をみた年でもある。旧王権のもとで戦士としての地位・権力を享受していたチェッドたちの一部はフランスという新権力体制下の軍兵士、つまりセネガル歩兵部隊に取り込まれた。しかし、フランス勢力に取り込まれることをきらったチェッドたちは、王権に代わって新しく生まれたイスラーム教団ムリッドのもとに集まったのである[cf. Robinson 2000:213, 218: Searing 2002: ch. 3]。旧王権のもとで、いわば権力の手先として民衆を圧し、自らの利益としてきたチェッドたちはその王権の崩壊にともない、二手に分かれたことになる。フランス側につくか、新教団側につくか、どちらにせよチェッドたちの変り身の早さは顕著である。フランスはムリッド教団がフランス支配に対する抵抗軍となることを恐れ、一八九五年、アーマドゥ・バンバを遠く離れたガボンに流刑に処している。チェッドたちの変り身の早さは一方ではフランス植民地支配への迎合としてあらわれ、他方ではフランス植民地支配に抵抗するかたちであらわれた。

十九世紀末にいたるまでのセネガルの歴史を概観してきた。これまでの記述で浮かび上がってくる大きな流れとしての事象は「同化」にかかわっている。セネガンビア地域はアフリカにおいてもっとも早くからフランスなどヨーロッパ勢力とかかわってきた。サン・ルイ、ゴレでは早く(十七世紀半ば)からフランス人との接触が密であったが、フランス側は沿岸部での奴隷をはじめとする商品取引に専念するだけで内陸部開発にはかかわっていない。サン・ルイ、ゴレにはフランス人居住者がでてくると同時に、フランス人と現地人との混血者が増えていった。これらの地域ではフランスが現地人をフランス文化に同化させるというより、混血者を含む現地人側のほうがフランス文化を自らのものにしていった。現地人側からのフランス文化への同化といってよいであろう。

十九世紀末、フランスはセネガル地域において旧王権を倒し、鉄道を敷設、植民地開発を実質化する。この時点で、同化は現地人側からではなく、フランス側から現地人側へと方向を変えることになる。フランスは高等文明として、劣等文明であるセネガルを開発・開化しようとする。他方で、サン・ルイ、ゴレには早くから現地居住者が生まれていたこと、混血者が増えていたという事実があり、十九世紀半ばには現地独自の自治体制が生まれていた。自治体制とはいえ、フランス本国政府の権限下におかれるのは当然であり、フランス側からの同化体制が実質化していたといえよう。

十九世紀末に王権が倒され、フランス植民地体制が確立、その一方でムリッド教団が誕生すると旧王権の手先であったチェッドたちの一部はフランス側に取り込まれ(同化の積極的受入れ)、他の一部はムリッド教団側につく(同化への抵抗)というかたちで両面性をみせた。

二十世紀に入ると、同化の積極的受入れと同化への抵抗という二つの流れはより洗練されたかたちで表現されるようになる。それを次項以降で検討しよう。

ブレーズ・ジャーニュにおける同化

サン・ルイ、ゴレには十九世紀前半の時期においてすでに自治権が与えられていたことをみた(第三項)。一八七二年にはこの自治権はフランスのコミューンと同等のものとされた。この自治権は一八八〇年にはリュフィスク、八七年にはゴレから分離したダカールにも与えられ、これら四つの町は「完全施政コミューン Communes de plein exercice」と称され、これら四つの完全施政コミューンをまとめて一人の代表がフランス国会に議席をもつようになったのである。ただし、代表としてはフランス人居住者、または混血者が選ばれていた。

一九一四年になってはじめて現地黒人が代表に選ばれる。それがブレーズ・ジャーニュである。ジャーニュはゴレ島に黒人を両親に生まれたが、現地の混血者家族に引き取られ教育を受けた。成績優秀、二十歳のときフランス税関職員に採用された。その後、ジャーニュはダオメ、コンゴ、ガボンなど西アフリカ各地、さらにはマダガスカル、レユニオンでも勤務している。自らの意志で頻繁な転勤をしたわけではない。ジャーニュはフランス白人職員と自らの処遇の違いを承服できず、上司に不服を訴えるため、各地で問題児扱いされ、次々と任地を変えられたのである。ジャーニュには平等に対する強い渇望があった。

ジャーニュの平等への志向は、選挙でフランス国会議員に選ばれたことでさらに強まった。植民地セネガルの住民がフランス本国住民と同等の権限を享受しうるように活動するのである。ただし、ここでいうセネガルの住民とは先に述べた四つの完全施政コミューン住民のことであるが。

ジャーニュが国会議員に選ばれてからまをおかずしてフランスは第一次世界大戦に突入することになる。国会におけるジャーニュの活動はセネガルの（四つの完全施政コミューン）住民がフランス本国人と同等の権利を有するべくなされたが、そのことはとりもなおさず住民に同等の義務をも課すことになる。つまり、兵役義務が生じるのである。ジャーニュは一九一五年十月の法律と翌一六年九月の法律をもって完全施政コミューン住民にフランス市民権を与えることに成功する。同時に彼はセネガル（のみならず当時、制度的に確立していたフランス領植民地としての西アフリカの広い範囲）での徴兵活動にも積極的であった。

一九一七年、大戦下のフランスはドイツとの戦いが膠着《こうちゃく》状態にあり、戦局打開の一環として西アフリカ植民地からさらなる徴兵が決定された。一九一八年の初め、首相（兼陸軍大臣）クレマンソーは西アフリカ出身議員であるブレーズ・ジャーニュを共和国高等弁務官（フランス領西アフリカ植民地連邦総督と同等の地位・権限をもつ）という高い地位に任じ、徴兵を目的に西アフリカに特派した。これが望外の成績を治めることになる。当初、四万七〇〇〇人の兵士徴発が計画されていたが、その予定をはるかに上回る六万三〇〇〇人もの若者が志願入隊する結果になったのである。白人（フランス人）が絶対の権限をもつとされていた西アフリカ植民地において、黒人であるジャーニュが白人を部下として従えてフランスのために兵士になるよう訴えて村々を回る。このことが西アフリカ現地住民に驚きと感動を与えた結果であった。一九一四年に大戦が開戦後、西アフリカ各地での兵士徴発がなされたのだが、それに対する住民たちの抵抗、反抗にはじつにすさまじいほどのものがあった。それが、まさに手のひらを返すように、多数の若者たちが自ら志願して兵士として入隊したのである。数カ月におよぶ西アフリカ各地での徴兵活動ののち、フランスに帰国した共和国高等弁務官ジャーニュに対し、クレマンソー首相はジャーニュをしてたんなるフランス国会議員ではなく黒人部隊最高指揮官という高い地位と栄誉を与えることで報いた。

ジャーニュは一九一四年にセネガル植民地からの初の黒人代議士としてフランス国会に選出されたのち、三四年五月に死去するまでつねにフランス国会議員でありつづけた。当初、植民地セネガル住民が本国人同様の市民権をもつべく活動したジャーニュだったが、大戦が終わった頃からの彼の発言・行動には変化があらわれてくる。クレマンソー首相や時の植民地大臣との親密さを誇示する行動が顕著になるのは当然なのだが、やがて国会での彼の発言にはそれまでの彼の行動・発言からすると理解しにくいものがあらわれるようになる。端的にいえば、フランス植民地主義を称賛し、フランスがすることすべてに賛意を表する、そういった姿勢が鮮明になってくるのである。一九一九年二月(ドイツ降伏後の処理をめぐるパリ講和会議が開催されているさなかである)、パリで開催された第一回パン・アフリカン会議において議長を務めたジャーニュはフランス植民地主義を称賛する演説をしている。一九二七年になると、フランス国会においてフランス植民地経営の終焉《しゅうえん》に反対、つまりアフリカ植民地の独立に反対を表明する演説をしている。植民地住民は自らの将来を制御する能力などもっていないというのである。かつて、あれほどフランス本国市民と同等の権利を要求することに熱心であった人と同じとは思えないほどの変身振りである。一九三〇年、ジュネーヴで開催された国際労働機関(ＩＬＯ)第一四回総会にジャーニュはフランス代表団の一人として参加したのだが、そこにおいて彼はフランス領アフリカにおける強制労働反対決議に関し意見表明を留保している。要するに、決議採択に反対しているのである。帰国後、ジャーニュはフランスの国益を守ったとして称賛されている。

ジャーニュはさまざまな演説において、「わが国」や「われわれフランス人」という表現を多用している。ここでジャーニュがいう「わが国」とはセネガルのことではなく、当然フランスのことである。ジャーニュは完全にフランス人になりきっていた。ブレーズ・ジャーニュに焦点をあてセネガル近代の政治の動向を詳述しているウェズレイ・ジョンソンはジャーニュについて次のように記している。「ある世代のアフリカ人にとってはインスピレーションの泉であり、別の世代のアフリカ人には絶望の種であった」[Wesley Johnson 1972:73]。

ジャーニュは若い時分から平等の希求に熱心であった。その希求はジャーニュ一人がフランス本国人(白人)と同等の処遇・権利を享受しうるようにということではなく、セネガルという植民地における人々がフランス本国住民と同等の権利を享受するべくなされたものであった。その活動のなかで彼はまさに完璧なフランス人になっていく。その内面において同化が完璧になされたのである。しかし、ジャーニュが黒人であるという事実自体は変わるはずがなかった(この章に記したことは[小川 2015]に詳述したので参照されたい)。

レオポルド＝セダール・サンゴールにおける同化

レオポルド＝セダール・サンゴールはセネガルを共和国として独立(一九六〇年)に導いた初代大統領である。一九三〇年代のパリ留学中、マルチニック出身のエメ・セゼールらとともに黒人性を称揚するネグリチュードという思想運動を展開したこと、また晩年にはアフリカ黒人としてははじめてのアカデミー・フランセーズ会員に選出されたこと、この二つの事実がサンゴールにおける同化の特別なあり方を象徴していよう。彼は完璧なまでにフランス文化を我がものとしたという意味では同化を完全に果たしたといえる。しかし、彼における同化のあり方はジャーニュにおけるそれとは異なっている。それがネグリチュード思想にあらわれているのである。

サンゴールはイスラームが広く浸透し始めていたセネガルにおいてカトリックの影響が強く残っていたジョアルに生まれ、幼時からカトリック教育を受けている。セネガルで高校教育まで受けたが成績優秀によりパリに送られた。そこですでにフランス国会議員として活躍していたブレーズ・ジャーニュが身元引受人になっている。

一九三五年、サンゴールはアフリカ人初のアグレガシオン(高校教授資格と訳されるが、ドクター＝博士号と同等である)に合格、ツール市の高校教師になっている。このことはセネガルにおいてアフリカ人でもフランス人と「同等」になれるのだと理解された。つまり、ヨーロッパ文化に完全に「同化」されうるものとしてのアフリカ人という見方である。

サンゴールはフランス文法学を専攻していたが、同時にこの間、パリ大学で民族学の講義を受け、諸文化を相対的にみるということを学んでいる[cf. Senghor 1980:60; De Benoist 1998:24]。このことはサンゴールのその後の人生に決定的な影響を与えるほどの重要な意味をもっている。ヨーロッパ文化が絶対なのではない、それは相対化してみられるべきものであること。その観点に立てば、それまでアフリカは高等文明であるフランス文化に教化されるだけと考えられていた時代環境にあって、そうではなくアフリカ文化には独自の価値があることをはっきり言明する必要があることを彼に自覚させたからである。

一九三七年、夏休みを利用して一時帰国したサンゴールはフランス・セネガル友好協会の求めに応じ、ダカール商工会議所において「フランス領西アフリカにおける文化の問題」と題する講演をおこなった。この講演会を組織したフランス・セネガル友好協会としては、フランスで高度の教育を受けた黒人であるサンゴールにフランスで学んだはずの高度な学術の成果を発表させる場をもたせてやろう、いわば故郷に錦を飾る場をもたせてやろうという考えであった。その講演において、サンゴールはアフリカ人としてアフリカの伝統・文化を学ぶこと、例えば民話の収集・研究なども民衆文化の重視という観点から重要性をもつことを強調した。つまり、アフリカ人として自分たちの文化を認識し、自文化のもつ独自性をきちんと知ったうえでヨーロッパ文化を学び、それをも自らの内に取り込むことで自分たちの文化をさらに豊かなものにする、それが真に同化することなのだと強調した。つまり、高等文明とされるフランス文化を自らのものにするためにはまず自分たち自身の文化を明確に認識すること、そのうえで自分たちの側から積極的に他文化(直接にはフランス文化)を取り込んでいく、そうすることが互いの文化を豊かにすることなのだと述べたのである。文化をもたない現地住民を教化・開化するために君臨しているかのごとき植民者としてのフランス行政府高官(そこにはフランス領西アフリカ植民地連邦総督も出席していた)たちが居並ぶ前でのサンゴールの講演が与えた衝撃の大きさは容易に想像できよう[cf. Vaillant 1997:688]。

サンゴールのこの考え方はブレーズ・ジャーニュの姿勢、つまりフランス白人と自分たち黒人とのあいだでの平等を強く希求するあまり、自らを完全なるフランス人に仕立てようとする姿勢とは根本的に異なっている。サンゴールにあっては自らをフランス人に仕立てることが重要なのではない。黒人としての自分、その自分がもつ文化を認識したうえで、フランス文化を取り込む。そのことがアフリカ側、フランス側双方の文化をより豊かにすることなのだというのである。この考え方が黒人性、つまり黒人であることそのものの美しさ、価値といったものの称揚であるネグリチュード思想につながっていく。ネグリチュードという思想はその意味でまことに積極的・能動的な内容をもつものであった。

セネガルの、とくに都市部住民のあいだで使われる言葉で、やや特殊な意味を帯びた語がある。「ニャク」(ウォロフ語であり、辞書には nyag と記されているが、耳で聞くとニャクと聞こえる)というものだが、この語のもともとの意味は家屋敷を囲む「塀」のことである。しかし、この語には特別な意味があり、それは「セネガル人以外のアフリカ人」のことを意味している。塀の外の人々といった意味合いであろう(ただし、セネガルの隣国マリ、ガンビア、ギニアの人々についてこの語を用いることは少ないともいう)。要するに、セネガル人のあいだには、アフリカにおいて自分たちは特権的な立場にいる、他のアフリカ諸国の人々とは違うという優越意識があるがゆえのことである。セネガルにいるセネガル人ではない外国人アフリカ人に面と向かって、「お前はニャクだからな」といった侮蔑的な表現がなされることさえあるようだ。

われわれ人間はすべてがなんらかの国民として生を受け、そのなかで育てられるうちに多かれ少なかれ「愛国的な」存在になり、そのあり方がときには「排外的・愛国主義的言動」につながることがあるのも理解できることではある。しかし、自分たちの国以外のアフリカ人すべてに対して総称的、かつ侮蔑的ともいえる特殊な語彙をもつというのは、やはり自分たちセネガル人には特別優越的なものがあるという意識があるからこそであろう。この優越意識は、セネガルという国がフランスとの接触の長さという観点からして、他のアフリカ諸国とは比較にならないほどのものをもっているという事実、つまり植民地化の歴史そのものとかかわっているとみるべきであろう。その長い植民地化の歴史のなかでセネガルはフランスに対する協力と反抗を繰り返しつつ、同化の内実を変化させ、深化させてきたのである。

裏返してみると、西アフリカ諸国、とくに旧フランス領植民地であった西アフリカ諸国がセネガルを見る視線にはある種の複雑さが感じられる。フランス文化を高度に吸収した国として羨望混じりに語られることがある一方で、対抗心の裏に垣間見える侮蔑の視線が感じられることもある。セネガルという国にはたしかにフランス、およびその文化に深く傾倒した面がある。と同時に他の西アフリカ諸国からの視線の厳しさを自覚しているところもあるように感じられる。

レオポルド＝セダール・サンゴールがいう同化のありようは、彼以前に当然視されていた同化の意味内容とはほとんど一八〇度異なったベクトルをみせている。セネガル側からフランス(ないしヨーロッパ)文明を取り込むというのがサンゴールにとっての同化である。ここにいたって同化思想が深化させられたこと自体は間違いない。しかし、こうして内面化された同化思想に曖昧《あいまい》さはないのだろうか。独立後のセネガルにおいて、初代大統領としてサンゴールが主導したアフリカ社会主義は独立後一〇年程を経て、行き詰まったようにみえる。サンゴールはヨーロッパ思想としての社会主義を現地アフリカ文化に適したものに改変するという意味で「アフリカ的社会主義」を標榜したが、そこには曖昧さはなかったのか。また、サンゴールはその晩年にフランコフォニー(フランス語・フランス文化の普及発展のための運動)という、当のフランスさえもが想定していなかった運動を主唱している。彼がフランス語、フランス文化を最善・至高のものと認識していればこそ、それを世界に広めるための運動を提唱したのだろう。そのこととネグリチュード思想の提唱者としての自分とのあいだに葛藤はなかったのだろうか。セネガル人にとって、同化という問題はいまだ根本的決着をみせてはいない課題であるのかもしれない。

参考文献

小川了『奴隷商人ソニエ――18世紀フランスの奴隷交易とアフリカ社会』山川出版社、二〇〇二年

小川了『第一次大戦と西アフリカ――フランスに命を捧げた黒人部隊「セネガル歩兵」』刀水書房、二〇一五年

竹沢尚一郎『表象の植民地帝国――近代フランスと人文諸科学』世界思想社、二〇〇一年

平野千果子『フランス植民地主義の歴史――奴隷制廃止から植民地帝国の崩壊まで』人文書院、二〇〇二年

松沼美穂『植民地の〈フランス人〉――第三共和政期の国籍・市民権・参政権』法政大学出版局、二〇一二年

Alquier, P., "Saint-Louis du Sénégal pendant la Révolution et l'Empire (1789-1809)", *Bulltetin du Comité d'Etudes Historiques et Scientifiques de l'Afrique Occidentale Française*, No. 2, pp. 277-320 et No. 3, 1922, pp. 411-463.

Archives Nationales du Sénégal, 13G260, 13G261.

Barry, Boubacar, *La Sénégmbie du XVe au XIXe siècle: traite négrière, Islam et conquête coloniale*, Paris: L'Harmattan, 1988.

Brunschwig, Henri, "French Exploration and Conquest in Tropical Africa from 1865 to 1898", in *Colonialism in Africa 1870-1960*, Vol. 1, L. H. Gann and Peter Duignan (eds.), *The History and Politics of Colonialism 1870-1914*, Cambridge University Press, 1969, pp. 132-164.

Curtin, Philip, *The Atlantic Slave Trade: A Census*, Madison: University of Wisconsin Press, 1969.

De Benoist, Joseph Roger, *Léopold Sédar Senghor*, Paris: Beauchesne, 1998.

Deroure, Françoise, "La vie quotidienne à Saint-Louis par ses Archives (1779-1809)", *Bulletin de l'Insititut Français d'Afrique Noire*, série B, t. XXVI, Nos. 3-4, 1964, pp. 397-439.

Diop, Abdoulaye-Bara, *La société Wolof. Tradition et changement*, Paris: Karthala, 1981.

Diouf, Mamadou, *Le Kajoor au XIXe siècle. Pouvoir ceddo et conquête coloniale*, Paris: Karthala, 1990.

Durand, Jean-Baptiste-Léonard, *Voyage au Sénégal ou Mémoires historiques, philosophiques et politiques sur les découvertes, les établissements et le commerce des Européens dans les mers de l'Océan atlantique*, Deux Tomes et un Atlas, Paris: chez Agasse, 1802.

Faidherbe (Le Général), *Le Sénégal. La France dans l'Afrique Occidentale*, Paris: Librairie Hachette, 1889 (Nendeln Kraus Reprint, 1974).
Knight-Baylac, Marie-Hélène, "La vie à Gorée de 1677 à 1789", *Revue française d'Histoire d'Outre-Mer*, t. LVII, No. 209, 1970, pp. 377–420.
Robinson, David, *Paths of Accommodation. Muslim Societies and French Colonial Authorities in Senegal and Mauritania, 1880–1920*, Athens: Ohio University Press, 2000.
Searing, James F., *"God Alone Is King": Islam and Emancipation in Senegal. The Wolof Kingdoms of Kajoor and Bawol, 1859–1914*, Portsmouth: Heinemann, 2002.
Senghor, Léopold Sédar, *La poésie de l'action. Conversations avec Mohamed Aziza*, Paris: Stock, 1980.
Vaillant, Janet, "The Problem of Culture in French West Africa: 'Assimiler, pas être assimilés'", in *AOF: réalités et héritages. Sociétés oust-africaines et ordre colonial, 1895–1960*, t. II, Dakar: Direction des Archives du Sénégal, 1997, pp. 682–696.
Wesley Johnson, G., "L'ascension de Blaise Diagne et le point de départ de la politique africaine au Sénégal", *Notes Africaines*, No. 135, 1972, pp. 73–86.
Naissance du Sénégal contemporain. Aux origines de la vie politique moderne (1900–1920), Paris: Karthala, 1991.

コメント

時代遅れになったサンゴールの思想

川田順造

小川了氏の「外からの同化と内なる同化」をめぐる、セネガルの事例についての報告は、年季の入った研究に裏づけられた、かゆいところに手が届くようにみごとなもので、それ自体への批判的なコメントとして、私には何もいうべきことはない。ただ、フランスの側からのアフリカに対する「文明化」の意識が濃縮されている、一九四四年一月にド・ゴールがブラザヴィルでおこなった有名な演説、小川報告でも言及されている、サンゴールの「ネグリチュード」の思想とムリッド教団が果たした役割について、個人的な知見に基づいて付け加えておきたい。

植民地支配の基本理念として、イギリスの「間接統治 indirect rule」に、フランスの「同化政策 politique d'assimilation」が、しばしば対置される。ド・ゴールのブラザヴィル会議での基調演説を、私が読んで感銘を受けたのは、ヴィシー政権下でイギリスに亡命し、反攻の機会を、まだ具体的な見通しはもてないままにうかがっている時期に、アフリカのフランス植民地に将来の独立を約束して協力を求めるために開いたこの会議の冒頭で、フランスによるアフリカ侵攻の先兵となった十九世紀の探検家たちを、「文明化の天命 vocation civilisatrice」に突き動かされた人たちとして、堂々と称賛していることだ。植民地支配を正当化するフランス語の表現で「文明化の使命 mission civilisatrice」という言葉はよく用いられるが、「天命」とまで大袈裟に自賛した表現は、このときのド・ゴール演説が、最初で最後ではないだろうか。

サンゴールがセネガル大統領に就任して二年目、一九六二年十二月に、経済改革主義者の首相ママドゥ・ディアを逮捕・監禁したことをめぐっては、内外に激しい批判を巻き起こした。サンゴールらが一九四七年にパリで創刊した雑誌『アフリカここにあり *Présence Africaine*』創刊号に寄稿し、支持委員にも名を連ねていたジャン・ポール・サルトルや、貧農出身で開かれた社会活動で知られた教皇ヨハネ三世をはじめ、国外の多くの心ある人々からも、釈放の要望が寄せられたが、サンゴールはすべて無視した。私がパリで知り合い、その後彼がセネガルに戻ってからも親しい付合いが続いた、シェイク・ティディアヌ・シィも、学生ながら長い抗議の手紙をサンゴールに送り、大統領からの返書を私に見せてくれた。

ここで少しシェイク・ティディアヌ・シィについて、書いておきたい。その名が示すように、彼は小川さんの報告にも重要事項として取り上げられている、イスラームの新しい教団ムリッドの「シェイク」(「教主」などと訳される、宗派の指導者)の一族に生まれている。

ティディアヌは、私より一年前から、セネガルの奨学金で私と同じパリの高等研究院の社会科学部門に留学し、私と同じジョルジュ・バランディエを指導教授として、ムリッド教団と社会主義をテーマに、第三課程博士論文を準備していた。パリ・ダカールは空路で一飛びなので、夏休みを利用してセネガルで現地調査もして、論文“Traditionalisme mouride et modernization rurale au Sénégal: contribution à l'étude des rapports entre socialisme et islam en pays sous développés”を予定通り三年間で完成し、受理され、帰国してまず国立応用経済学院の開発社会学教授として、研究や実践に活躍した。博士論文をより一般向けに手を加えたものは、一九六九年にPrésence Africaineから“*La confrérie sénégalaise des Mourides*”という標題で刊行されている。

「パリのアフリカ人」に、学生時代の彼の姿をかなり詳しく描いているので(『月刊アフリカ』一九六六年一月号、六二〜六三頁)、一部事実を補正して、以下に転写する。

ティディアヌはセネガル東部のトゥクルール族の出身、皮膚の色は炭のように黒く、小柄だが目が輝き、口は大きくいかにも精悍な感じがする。……小学校へあがる前、他の大部分の村の子どもと同様コーラン学校へゆき、その後もコーランやアラビア語の勉強をした。いまでも彼はアラビア語を楽に読み書きする。家ではトゥクルール語を話し、学校ではセネガル人の先生にフランス語で教育を受けた。普通ものを考えるときは、フランス語で考えるという。

早くからフランス化した西部のサン・ルイの高校を出て小学校で二年教えたのち、経済開発省の農村行政局で二年働いた。セネガル政府の奨学金で、四年間パリに留学。いくつもの研究機関で同時に勉強し。理想家肌で、いつも学問や天下国家のことを雄弁に論じている。……私と同じ高等研究院のアフリカ社会学のゼミにも出ていたが、自分の目的は学問的探求よりは実践にあると口ぐせのように言っていた。

いつも忙しそうで、会合などのスケジュールがぎっしりつまった生活をしていた。大変な熱弁家で、学生食堂で向き合って一緒に食事をしながら話しているときなど、話に熱がこもると食事はそっちのけになり、私の皿の方まで唾がとぶのなどおかまいなく猛烈に喋った。彼の基本的な主張は、農業労働を組織化すること、国内の流通機構を改革して、国内の産品が国内の消費に十分にまわるようにすること、イスラームの進歩的な面を再評価して、これからのセネガル社会の生きた思想にすること等々で、いずれも、はげしい主張が相当の事実に裏付けられていて、説得力のある議論だった。

フランス留学から帰国後は、前述の国立応用経済学院の開発社会学教授をはじめとして、アメリカのUCLAの研究員に招かれ、駐英セネガル大使館の文化参事官、アクラのアフリカ大学連合の事務総長などを歴任。他方、一九七二〜七八年にはユネスコ職員として、さまざまなプログラムを実現させ、同時に一九九五〜九六年の国連のボスニア・ヘルツェゴヴィナ使節にも加わるなど、国連の活動にも力をそそいでいる。

二〇〇〇年サンゴール大統領から二代あとの大統領に、ママドゥ・ディアの弁護士も務めたアブドゥライ・ワッドが選ばれてからは、かねてから彼の強い支持者だったシェイク・ティディアヌ・シィは、一二年後彼が大統領選挙に敗れるまで、閣僚も含む国家機関の要職を務めた。

このように、能力の赴くままに多彩な国際・国内活動に挺身したシェイク・ティディアヌ・シィは、現在世界で進行中の、「イスラーム」をめぐる危機的な状況を、どのようにみているのだろうか。

ティディアヌとパリでめぐり会った一九六二年十月、私はフランス政府給費留学生として一カ月の船旅のあとパリに着いたのだが、その年の十二月に、アクラで開かれた第一回国際アフリカニスト会議に、日本の外務省からオブザーバーとして派遣されて、はじめてアフリカの土を踏んだ。その会議で知り合った、当時ダカール大学で社会学の教授だったルイ＝ヴァンサン・トマさんとは、その後トマさんが亡くなるまで、長く親しいお付合いをすることになったのだが、会議のあと私がパリへ戻る途中ダカールに二泊するので、是非くるようにと言われ、自宅に夕食にも招いてくださった。

トマさんは、自分で運転する車で、ダカールと近郊を案内してくれた。奇しくもそれは、サンゴール大統領によって、首相ママドゥ・ディアが逮捕・監禁された直後だった。トマさんは、ダカール南方に突出した岬の東側の、荒々しい眺望の断崖《コルニッシュ》に車を走らせながら、ほら、あの建物にママドゥ・ディアが監禁されているんだ、と説明してくれた。だがその六年後に、同じサンゴール大統領によって、今度はトマさん自身がセネガルを追われることになるとは、想像もしなかっただろう。

一九六八年五月二日から三日にかけて、カルチエ・ラタンをはじめとするパリ中心部で大規模な学生デモがおこなわれた。さらに二十一日にパリで、約一〇〇〇万人の労働者・学生が、ベトナム戦争、プラハの春事件などの国境を越えた国家権力の抑圧に反対し、自由と平等と自治を掲げて、ゼネストをおこなった。私がアフリカでの調査の帰りにパリに数日立ち寄ったときのことで、ソルボンヌの大講堂を埋めた人々を前に、アナーキストのダニエル・コーン＝ベンディットが、熱弁をふるっているのを聴いた(帰国して、友枝啓泰助手と年若い助教授の私が創設したばかりの埼玉大学の文化人類学課程で、二人とも大勢の学生とのいわゆる「団交」が大好きで、授業ができない研究室でも、ヘルメットをかぶって学生と議論していた)。

ダカール大学では、急進的な学生組織セネガル学生民主同盟(ＵＤＥＳ)のフランス人学生が、五月運動のフランス学生との連帯を呼びかけ、前年十月にセネガル政府が、財政窮乏を理由に、ダカール大学の貧困学生への政府奨学金を減額すると発表したことをあらためて取り上げ、五月二十七日からの無期限授業放棄と、六月の学年末試験のボイコットを決議した。

二十六日夜、文部大臣アマドゥ・マハタール・ムボウはラジオでダカール大学生に呼びかけ、国家財政が窮乏しているので、奨学金の減額はやむをえないこと、しかし財政の許す限りで、教育の向上のための努力を続けることを強調した。

二十七日、学生同盟はピケを張って、学内に学生が入ることを阻止し、大学はスト状態に入った。ダカール市内の高等学校にも、反政府の抗議やストの動きが波及した。大統領府は、試験ボイコットをおこなった学生を、無条件で退学させると発表した。

五月三十日、大学ストの四日目、町で失業者や浮浪者、靴磨きの少年たちが。自動車をひっくり返して火をつけ、商店のショーウィンドーのガラスを壊して、かっぱらいを始めた。非常事態が宣言され、治安当局は武力鎮圧の命令を受け、浮浪者に発砲し、この日のうちに二五人の負傷者が出た。

一方、学長の要請でセネガル警察はダカール大学内に入り、キャンパスを占拠している学生を実力で排除した。小競合いが起こり、約五〇人の学生が負傷、そのうち四人は重傷を負い、一人が死亡した。死亡したのは、理学部の実験室で学生が製造していた火炎瓶を投げようとしたシリア人学生だった。セネガル政府は大学の無期限閉鎖を決定し、ダカール市内の映画館、キャバレー、食堂、バーも閉鎖され、公道で五人以上集まることや、集会、示威行為、ダンスパーティー、タムタム踊りなどが禁止された。

同じ三十日の夜、セネガル国民労働者同盟(UNTS)は、学生弾圧への抗議と賃上げ要求を掲げて、無期限ストを決議した。サンゴール大統領はラジオを通じて、ストは違法であり、ストライキ中の給料は支払われないと述べた。また、学生の動きは、「外国勢力」の教唆によるものであり、断固たる措置をとると強調した。三十一日朝には、ダカール市を中心に、セネガル中枢部の経済活動は麻痺状態に陥り、労働者のストは、あちこちで散発的な暴動に変わろうとしていた。政府は労働者同盟の書記長アリウヌ・シセをはじめ、三一人の組合指導者を逮捕した。

約九〇〇人の逮捕者を出した官憲の鎮圧によって、六月一日の朝にはダカールの町は平静になった。警察と軍隊は、終始サンゴール大統領に忠実だった。六月三日には、地方からダカールに集まった多数の農民が、弓矢を手にして、サンゴール支持のデモ行進をした。政府とセネガル国民労働者同盟の会談の結果、逮捕された組合員指導者は全員釈放された。

事件発生直後から、セネガル政府が報道管制をおこなったためと、ダカールにいる大学関係の私の知人・友人たちからの直接の情報も、あとになってからのトマさんの話のほかには得られなかったために、十分な分析の資料がないが、ほかの国の運動と比べてみるとき、ダカールの、この一連の出来事には、四つの顕著な特徴を指摘できる。

一つは、大学ストの直接の動機が、前年十月の奨学金減額決定への抗議という、時期も不適切であるのに、パリと連動させたフランス人学生の呼びかけに対して、シリア・レバノン人の学生(何代もセネガルに住みつき、セネガル農産物の流通を圧倒的に抑えているシリア・レバノン人の子弟)、そしてマリ、ギニアなど西アフリカの学生多数が、積極的に同調したことだ。元来ダカール大学は、一九五七年のフランス植民地時代、広大なフランス領西アフリカ全体の高等教育機関として、ダカールに設置された。だから一九五八年に始まるフランス語圏西アフリカの独立以後も、整備されていない各国の高等教育機関よりは、歴史のある、教授陣も充実したダカール大学に、西アフリカの優秀な学生が集まるのも当然だった。

第二に、独立以来続いているサンゴール体制や、性格学と結びついてしだいに人種主義的文化論の色彩を帯びてきた彼の「ネグリチュード」(黒人性)の思想への疑問や反感がある。白人に蔑まれてきたアフリカ人とその文化の自己主張として、一九三〇年代のパリに登場したサンゴールらの「ネグリチュード」の思想も、現在の時点では、政治的にも指導原理としての使命を最早もちえなくなったという批判が、私が学生時代パリで出席したセネガル人学生の集会でも、その後個人的に討論したダカール大学の学生のあいだでも、圧倒的だった。

否定への抗議の論理でなく、また「白人文化の小麦粉をふくらます酵母」(サンゴール)としての黒人文化でもない、新しい創造へ向かってのアフリカ人の思想が、現代のアフリカの若い知識人には求められている。何をおいてもまず遂げなければならなかった植民地からの独立の達成が、未来への期待で夢のようにふくらんでいた数年間ののち、アフリカ人は価値志向がもう前ほど単純ではすまなくなった状態で、未来を創っていくことを迫られている。現在の大学生の将来にも、独立直後の時代のように、新国家建設のための有為の人材としての厚遇が待ち構えているとは限らないのだ。

第三に、学生の運動のもろさにもかかわらず、労働者や失業者への波及が速く、組織化されない、激しい暴力的反応を引き起こしたことだ。わずかの燐鉱石を除けば、ほとんど唯一の輸出産品である落花生の不作などで、国家財政がますます窮乏しているセネガルの首都には、小学校教員を人員整理でクビになった気のいい私の友だちも含めて、数万人の失業者や浮浪者があふれている。やっと職にありついた者は、縁故を頼って押し寄せる失業者や、地方から出てくる親類縁者を抱え込まなければならない。

第四に、直接の引き金となったフランスの場合、パリの学生・労働者の異議申立てに対して、ド・ゴール大統領は軍隊を出動させて鎮圧した一方で、国民議会を解散し、総選挙をおこなって圧勝したあと、労働者の団結権、大学の学生による自治権の承認、教育制度の大幅な民主化など、異議申立ての大幅な承認を実行した。

これは、学生・労働者の反乱を一方的に鎮圧して体制維持に終始した、サンゴール大統領のやり方との著しい違いだ。とくに大学制度については、サンゴールはこの反乱を理由に、社会学の教育を有害として講座を廃止した。長いあいだ教授で、セネガルの研究でも業績のあったトマさんもダカールを追われて、パリ第五大学に移った(セネガルでのこれら一連の出来事については、川田順造「新しいアフリカを求めて　スチューデント・パワー(17)セネガル」『朝日ジャーナル』一九六八年十月十三日号、三五〜三七頁に詳述した)。ダカール大学は、この異議申立ての三年前に書かれたレポートでも、運営に毎年四〇億フラン必要で、セネガル政府には支出できず、教授も物質的援助もフランスに頼っていた［五十嵐良雄「アフリカの教育を知るために　セネガル共和国の場合」『月刊アフリカ』一九六五年十二月号、六〇〜六六頁］。

ここで話はそれから一一年後、サンゴールの大統領退任一年前の、一九七九年四月の東京に飛ぶ。サンゴール夫妻が、アフリカの元首としてははじめて国賓として日本に招かれた。表立った行事の合間に、「文化人」サンゴールは、日本の「文化人」を宿舎の迎賓館に招いて懇談した。私もそのリストに入っていたのだが、サンゴール来日の裏方を務めていた、アフリカ協会専務理事の福永英二さんと親しかったので、この機会に直接サンゴールに訊きたいことが二つあるので、右隣の席に座らせてほしいと頼んでおいた。

私の質問の第一は、一九六八年の学生反乱のあと、大統領はダカール大学から社会学を追放したが、なぜか。答は「社会学は成熟した人間が学ぶもので、学生はまず哲学を学ぶべきだ」というものだった。

学生反乱以来、ダカール大学は大幅に拡充された。一九八七年からは、その前年に亡くなった、黒人が古代エジプト文明を創ったとする黒人優越主義者シェイク・アンタ・ディオップの名を冠した大学に変わってさらに発展したが、社会学の講座はない。社会科学系では、経済学および経営学部があるだけだ。

第二の質問は、大統領は、母語のセレール語でも詩を書いているが、強弱アクセントのセレール語の詩の韻律を、実例で教えてほしいというものだった。この質問には大統領は上機嫌で、指でテーブルを叩きながら、懇切に教えてくれた。西アフリカの言語の大部分が高低アクセントであるなかで、フルベ語やセレール語など少数の言語だけが、強弱アクセントなので、直接耳から聴いて知りたいと思ったのだ。

招かれた一〇人余りの有名「文化人」のなかで、私が個人的にも知っていたのは、その二〇年後に急逝した、辻邦生さんだけだった。

国民帝国とナショナル・アイデンティティの逆説
大東亜共栄圏の形成と蹉跌

山室信一

ナショナル・アイデンティティと大東亜共栄圏

ナショナル・アイデンティティという問題を、大東亜共栄圏という日本が唱えた広域圏構想との関連でとらえることにはさまざまな困難がともなう。何よりもそれを唱導したはずの日本人自身にとって、大東亜という圏域がはたしてアイデンティティの対象となりえたのか、についてさえ確答を得ることは至難の問題に属する。

そもそもアイデンティティとは本源的には個人の内面の問題であり、たとえ言説として大東亜共栄圏の建設を唱えていたとしても、その空間を自己同一化の対象としてどこまで内面化していたかを判別することができるとも思えないからである。もちろん、「皇国の大東亜新秩序建設のための生存権として考慮すべき範囲」としては、南洋群島・フランス領インドシナ(仏印)・フランス領太平洋諸島・タイ・マラヤ・ボルネオ・オランダ領東インド(蘭印)・オーストラリア・ニュージーランド・インドにまで広がっていた[外務省編 1955:448-452]。しかし、この範域は「つくりだしたい」という希望的政策目的である限りにおいて意味をもち、その圏域が確定するということは主体的にではなく、敵対する側からの反攻によって規定される性質のものであることは多少なりともリアリズムをもって外界をみれば当然のことであったはずである。そうした流動性がどれほど意識されていたのかは不明であるが、大東亜共栄圏の英訳が Greater East Asia Co-Prosperity Sphere として Great ではなく Greater という語があてられていたことにも止目しておく必要があるのかもしれない。

そして、事実、大東亜共栄圏という概念は、時期によっても論者によってもその内容や目的にも大きな偏差があり、それを一つの体系化された政策課題とみなすことはできない。また、固定的にとらえた瞬間、その実態を見失うことになるようにさえ思われる。大東亜共栄圏とは「建設する」という運動概念として、またその内実が時期や論者によって異なるという論争的概念であることによって意味をもちえたとみなすべきであろう。とはいえ、まったくの概念規定なしには対象化し、議論することもできない。そのため、ここでは極めて一面的な整理であることをお断りしたうえで、私が作業仮説としている国民帝国論との関連性を論じることとしたい。

ところで、ナショナル・アイデンティティを考えるにあたっては、ナショナルという枠づけとは何であり、そうした意識がいかにあらわれてきたのかを跡づける必要がある。それなしにはアイデンティティの基盤も対象も成り立たないはずだからである。ただ、ナショナルという概念が確定されない段階であっても、アイデンティティは他者という存在が意識される限りにおいて始原的に発生することは、六〇七年に推古天皇が遣隋使の小野妹子に携えさせた「日出づる処の天子、書を日没する処の天子に致す、恙無《つつがな》きや」という国書などを想起すれば明らかであろう。その後、北畠親房『神皇正統記』における「大日本は神国なり。天祖はじめて基をひらき、日神ながく統を伝へ給ふ。我国のみ此事あり。異朝には其たぐひなし。此故に神国と云ふなり」という宣告があり、本居宣長らの国学が漢意《からごころ》を否定して大和心（大和魂）の宣揚を主張し、平安時代中期に成立したとされる和魂漢才が明治時代に入って和魂洋才に転化していった経緯など、他者との比較さらには自らの優位性の誇示によって日本のナショナル・アイデンティティが存在してきたことを示している。

他方、アイデンティティを意識する主体は、あくまで個人であり、集合体であるナショナルなものが均一かつ唯一のアイデンティティをもつ、ということは事実上ありえない。ただ、その政治社会の大多数の成員が自己同一化の対象とみなすものを近似的に集合心性としてのナショナル・アイデンティティとみることもできる。明治国家体制における天皇ないし皇室が赤子たる国民の宗家とみなされたことを、その一例としてあげることは可能であろう。しかし、徳富蘇峰のように皇室中心主義を唱える論者の一方には国家の存在を否定する大杉栄などのアナーキストもいれば、天皇制打倒をテーゼに掲げた共産主義革命運動もあったことからすれば、ナショナル・アイデンティティとは分布量の多寡で計るしかない問題ともいえる。いずれにしても他者という鏡に映して自己を析出し、他者のアンチテーゼとして自己像を描き出して、なんらかの特性を抽出するということによってナショナル・アイデンティティを「造出」するという言説も途切れることなく続いてきたし、今後もとだえることはないであろう。

国民性と空間心性

その試みは、日本では古来から『風土記』や『人国記』として書き継がれてきた。さらに明治初年には箕作麟祥《みつくりりんしょう》がモンテスキュー『法の精神』に準拠しながら「人民の自由と土地の気候と互いに相関する論」(『明六雑誌』第四号、一八七一年四月)を訳出して、気候風土と国民性の関連性について論じたのをはじめとして、西周《にしあまね》や中村正直らの明六社同人が「国民の気風」としてナショナル・キャラクターの解明を課題としたのは、それが国民国家形成のための啓蒙の前提であるとみなされたからにほかならない。こうした自然条件のなかから生まれる集合的心性や行動様式などをナショナルレベルで論じるという視角は、地理学と歴史学を融合して気候風土と国民性の関連を論じた『万国史』といった翻訳教科書によって国民のあいだに流布していき、ナショナリティ(nationality)が「民情」「国体」「国粋」という訳語によって理解されることにつながっていった。そこで指摘できることは、例えば「国粋保存旨義」を掲げた三宅雪嶺《せつれい》や志賀重昂《しげたか》らの国粋保存主義運動において、日本の国粋として掲げられた「美術的」「調和的」などの特性は、欧米の「科学的」「分析的」などの特質のアンチテーゼとして選び出されたものであったということである。すなわち他者をAなるものと規定したうえで、自らを非Aとすることでナショナル・アイデンティティが構築されるという論理操作がそこに見出されるのである。

こうした国粋についての議論は、日本から中国に継受されるにあたって文献学的領域に重点が移っていったが、国粋のみならず民族や国民という概念そのもの、さらには民族主義という概念などが日本を経由して中国や朝鮮、ベトナムなどに連鎖していったことも東アジア世界におけるナショナル・アイデンティティの立論構成を考えていく際には念頭においておく必要がある。そして、こうした概念や思想の連鎖が東アジア世界で生じたことによって、アジアという空間に自らが帰属するという共属意識を生み出していったと私は考えている。[1]そのなかでは欧米人によって書かれた中国の国民性論を参照し、そのアンチテーゼとして書かれた日本人に関する国民性論を、今度はさらに反転させることによって中国人の国民性論が梁啓超《りょうけいちょう》などによって書かれ、それによってナショナル・アイデンティティを創出しようとする屈折した連鎖が見出せることにも留意しておきたい。

もちろん、このように東アジア世界におけるナショナル・アイデンティティの形成過程を日本からの視点のみで概括することは、多くの重要な論点を見落とすことになるし、それ自体を強調したいわけでもない。ただ、以上の議論において確認できることは、国民性や国粋などの言説がめざしたものは国民国家形成、より狭義には国民統合が課題としてあったということ、そしてナショナル・アイデンティティを析出するにあたっては自らの外部なるものの存在が不可欠な前提条件となるということ、さらにその外部は心理的という以上に物理的外部としての空間が重要な要因としてあるということである。

このことは、逆の方向から問題の立て方をする必要性を示唆しているともいえる。すなわち、ナショナル・アイデンティティとは何かを問う前に、そのナショナルとみなされる集合体は、どのようにつくられていったのか、それはいかなる空間ないし範域の場においてだれを主体として生み出されていったのかを検討していく必要がありはしないか、また、それはどの時点に起源をもち、それが課題とする近代という時代にいかに接続しているかを考える必要がありはしないか、という問題である。そこではまた、他者の空間をいかなるものとして想像し、その空間に自らが占める位置をいかに確定しようとしたかということも検討課題となる。こうした他者の空間でありながら、自らの位置をそこに占めることを想像する集合的メンタリティを私は「空間心性」と呼んでいるが、国民国家の拡張としてあらわれる国民帝国の形成において、この「空間心性」が果たした意味は極めて大きいように私には思われる。

例えば、朝鮮半島を日本が領有する正当性の起源は、神功《じんぐう》皇后のいわゆる「三韓征伐」など神話的伝承が基底にあった。そこでは朝鮮の諸国が日本に永久に服属すると誓ったという神話的伝承が「事実」とみなされており、はじめての紙幣に神功皇后の肖像が描かれることにもなった。そして、一九一〇年の韓国併合に際しては神功皇后の時代に還ったといった言説があらわれ、豊臣秀吉の「朝鮮征伐」が時を超えて実現したという感慨を伊藤博文らは表明したのである。それ以前、台湾を領有した際には、平戸出身の女性を母とする鄭成功《ていせいこう》の事歴が日本統治を歴史的必然とする論拠とされていた。また、第一次世界大戦後に東南アジアとの経済的つながりが課題となるや、山田長政の故事をもって南洋のみならずタイなどの空間が日本と歴史的縁由をもっていたことが強調されることになった。そして、一九四二年に日本軍がフィリピンのマニラを占領すると豊臣秀吉の南下の夢が叶ったとして大阪城公園をはじめとして各地で祝賀行事が催されていた事実なども国民帝国としての日本が形成されていく過程をみていくうえで無視できないのではなかろうか。

このように国民帝国形成を考えるにあたっては、「空間心性」をはじめ、空間そのものをいかに調査し経営しようとしていたのかという「空間学知」[2]という問題領域とをあわせて検討していく必要がある。そのことを前提に、以下では日本の支配領域拡張としての国民帝国の形成における法的・政治的統合という局面に論点を絞って検討していくことをあらかじめお断りしておきたい。

国民帝国としての日本

さて、一つの民族や国家を対象として成り立つナショナル・アイデンティティという問題を帝国という空間に適用しようとするとき、「ナショナル」という対象を歴史的・文化的なものとしてとらえるか、政治的・法制的な次元でとらえるかという問題に直面する。

もちろん、これらは不可分なものではあるが、必ずしも両立するとはいえない。例えば、日本の植民地下にあった朝鮮人は、民族としては朝鮮民族であるが、法的には国籍法は直接には適用されない「臣民」として日本人に分類される。その日本国民ではないが臣民であり、半島人である朝鮮人にとってナショナル・アイデンティティの対象となるべきものが何であるのかは個人にとって選択を要する問題であったし、当初は統治する側にとっても明確ではなかったはずである。さらに、日本植民地下の台湾において中国から渡来した漢族と「原住民」[3]と呼ばれる高砂族などの諸族のそれぞれにとって、何がナショナル・アイデンティティの対象となるのかは明確ではない。もちろん、一九三〇年代になって皇民化政策がとられるようになれば、ナショナルか否かなどの次元を超えて天皇ないし皇室への忠誠調達によって多種多様なアイデンティティを一括して束にすることが強要されることになったが、そのときでさえアイデンティティの多様さがかき消されてしまったわけではない。面従腹背こそが抵抗のもっとも原初的なあり方である以上、表面的な服従は抵抗のもう一つの表れでしかないからである。

このことはじつは空間を日本列島の外部にまで拡張しなくとも、琉球やアイヌの生活空間においても同様に指摘できる事態であり、それは何よりも国民国家の形成過程が国民帝国の形成過程を先駆的に内包したものであったことを意味するものである。こうした事実は、国民国家形成時期と国民帝国形成時期におけるナショナル・アイデンティティを違う概念によってとらえる必要性を示唆してもいる。そのためイギリス帝国史研究においては「帝国意識」という概念などが提起されてもいる。しかし、それが帝国本国の人々の本国に対するアイデンティティと帝国全体に対するアイデンティティとの二つの異同性をいかに弁別するのか、また帝国の支配下におかれた人々の宗主国に対するアイデンティティと帝国全体に対するアイデンティティと自らの民族や政治社会に対するアイデンティティという三つの次元の異同性をいかに識別するのかなどに関しては、今後の課題として残されている。そして、それはそのまま大東亜共栄圏におけるナショナル・アイデンティティを考えるための課題であることを意味している。

国民帝国という作業仮説

このようにナショナル・アイデンティティという問題を帝国というレベルで解明していくためには多くの課題をクリアしていく必要があるが、そのためにもまずは近代の帝国をいかなる国制として考えるのかを整理しておかなければ混乱を招くであろう。そこであくまでも多くの近代の帝国を比較的にみていくための一つの作業仮説として私が提示しているのが、国民帝国(Nation Empire)という概念である。これは帝国としての日本を分析するための前提として、ヨーロッパにおける近代の帝国形成のあり方の特質を析出しようとした理念型とでもいうべきものであり、特定の帝国を念頭においたものではない。もちろん、それぞれの帝国は異なった時間的・空間的条件のもとに形成されてきたものであり、すべてが異なった形態をもっているというのが事実である。しかし、すべてが異なっているとすれば、いかなる違いに意味があるのかを明らかにすることもできなくなってしまう。比較をするためには、なんらかの引照基準が必要であり、その引照基準が事実と異なる局面が摘出されれば引照基準のほうを訂正していくという作業を重ねていくということが前提となっている。その作業仮説としての国民帝国は以下のようなテーゼとしてまとめられる。[4]

(1)国民帝国は、世界帝国と国民国家の拡張でもありつつ、おのおのの否定としてあらわれるという矛盾と双面性をもつ(第一テーゼ)。これは国民帝国の本国(宗主国)が自らのナショナリズムを追求しながら、諸民族を結ぶトランスナショナルなアイデンティティをいかに形成できるかという問題ともかかわってくる。

(2)その形成・推進主体が私的経営体からナショナルなものに転化していった(第二テーゼ)。ただ、日本においては、その形成・推進基盤は軍部にあり、それがナショナルなものに派生・転化していく点に特徴が見出せる。

(3)世界体系としては「多数の帝国が同時性をもって争いつつ手を結ぶ」という競存体制をせざるをえない(第三テーゼ)。これに関しては、中国での諸国の利権拡張競争に対抗して起きた義和団事件において八カ国が共同出兵し、その講和に関する北京議定書の調印に一一カ国が加わったという事例をあげておけば、その意味が了解されるであろう。

(4)本国と支配地域とが格差原理と統合原理に基づく異法域結合として存在する(第四テーゼ)。

(5)国民帝国システムから被支配地域が独立するにあたっては国民国家という形式をとらざるをえなかった(第五テーゼ)。

なお、これに加えて第六テーゼとして、国民帝国が競存体制にあったことに対応して、法域間でも自立化要求を励起する相互作用が働き、自立化をめざす抵抗運動も国境をまたいで連携する形態をとる。これには自発的結社の跨境的連携とともにインターナショナル、コミンテルンなどの国際組織があった関連性についても今後明らかにしていかなければならないと思っている。

このように国民帝国という概念は、日本を含めて近代の帝国が形成されていく過程が、国民国家(台湾では国族国家という)を形成していく過程とほぼパラレルであったという事実に着目し、そこにおける国民国家の形成と帝国の形成とがいかなる相互規定性をもっていたかを考察することを課題としている。それはまた国民帝国の本国とそれぞれの植民地の関係、複数の植民地間の関係などの多元的結びつきを重視し、本国と植民地との二極間(bilateral)関係の束としてとらえてきたこれまでの植民地研究とは異なった視点をとることによって帝国というシステム論の自立を試みるものである。このことは主権国家間の「国際関係」として世界秩序をとらえてきた従来の見方に対して、主権国家のみならず植民地や従属国などの圏域を含む総体としての統治システムがつくりだすグローバル秩序として近代世界体系が成り立っていたという見方を対置することも課題としている。

具体的に日本にそくしてみると、本国において不平等条約改正による主権・国民国家としての独立をめざし、一九一一年に完全な主権回復を達成することになった。しかしながら、それ以前の一八九五年には日本は台湾や澎湖諸島を領有する帝国へと転成していた。そして、日露戦争の結果、南樺太を領有し、関東州を租借地とすることになり、一九一〇年には大韓帝国を併合するにいたっていた。この大韓帝国併合は条約による譲与という形式によっていたが、明治天皇は「大韓帝国皇帝を韓国の国王に冊封す」という冊封詔書を出すという形式によっても正統化されていた。このことは、日本が主権国家の平等という万国並立を掲げる国際法体系に入ることによって東アジア地域秩序の再編成を図りながら、朝鮮に対しては中国皇帝に代わる地位を明治天皇が占めようとしたことを示すものであった。もちろん、日本は冊封・朝貢体系を東アジア世界に再現することを一貫して希求したわけではないが、石原莞爾《かんじ》らの東亜連盟論における盟主としての天皇、大東亜共栄圏における指導国としての日本の位置づけ、そして「大東亜共栄圏に外交なし」と主張した東條英機などに、その志向性を看取することができると思われる。

こうして日本は第一次世界大戦以前において、植民地・併合地域・租借地という異法域を結合した国民帝国となっていたが、さらにヴェルサイユ条約によって委任統治領として旧ドイツ領の南洋諸島を南洋庁の管轄下におくことになった。さらに、一九三二年の満洲国の建国によって、形式的なものであったにせよ、帝国の一環に独立国家を組み込むという形式をとることになる。その後は華北から華中へ、そして蒙疆《もうきょう》へと軍事的に進攻した倫陥《りんかん》地区に傀儡《かいらい》政権を次々に組織させていくことになっていったが、ここにはすでに大東亜共栄圏と同質の統治システムの祖型があらわれていたといえるであろう。

すなわち、複合民族社会であった満洲国においては国民党が掲げる民族・民権・民生主義からなる三民主義を否定していく必要性もあって「民族協和」が強調されたが、これは石原莞爾らの東亜連盟においても指導原理となり、北京の新民会や汪精衛《おうせいえい》（汪兆銘《ちょうめい》）そして朝鮮の人々のなかにも共鳴者を生んでいくことになった。また、満洲国建国によって国民帝国としての日本は、統治領域内のムスリムの人々にいかに対処していくかという課題に直面することになったが、それによって儒教、仏教、道教などを「同教」としての宗教的まとまりを想定していたアジア主義が、イスラーム教を含む大アジア主義へと展開していく契機ともなったのである。満洲国建国の翌年に下中弥三郎や松井石根《いわね》らが大亜細亜協会を設立し、東南アジアをも視野に入れた活動に着手していったことは、その一つの表れであった。また、満洲国から新疆《しんきょう》や中央アジアへの進出も想定されたことから、フィンランド人やハンガリー人、トルコ人などとのツラン民族としての連携を進めるツラニズム運動への関心が高まり、それによってソ連を包囲するためのユーラシア横断戦略まで構想されていた。さらに、その後の大東亜共栄圏との関係で無視できないのは、独立国としての満洲国に対して関東軍が法的な回路をとおしてではなく、あくまでも表面的には強制力をともなわない形式としての「内面指導」によって日本軍の統治意志を貫徹させる統治様式が案出されたことである。もちろん、これらが直接的に大東亜共栄圏の形成を促す推進要因となったわけではない。むしろ、満洲国維持と資源獲得のために外延を拡張していった結果として行き詰まっていた日中戦争を終結するための窮余の一策として大東亜共栄圏というスローガンを打ち出したとき、そこで使用できる政治資源としてあったのは満洲国建国以後に獲得していた統治方策であったというにすぎなかった。

大東亜共栄圏の建設が着々と進んでいることを誇示しようとした内閣の情報局が、その広報誌において次のように満洲国を起点として発展していくものとして記述していたことからも、その事情の一端をうかがうことができる。

大東亜の防衛、それは北に本拠を構え、南方に展開せる雄大なる扇形陣である。日本と満洲が本丸とすれば中国は差しずめ二の丸であろう。蘭領東印度、大洋州の大小諸島は扇形布陣の出丸とも言えよう。……八紘一宇の大精神は実に満洲国において輝き、更に今まさに大東亜より全世界に及ぼうとしているのである。〔『週報』第二八一号、一九四

二年二月二十五日〕

大東亜共栄圏と異法域結合形態

ところで、大東亜共栄圏建設というスローガンは東南アジア進出にあたって、当初から戦争目的として提起されていたわけではなかった。対英・米・蘭開戦が決定される一カ月前の一九四一年十一月二日、天皇から戦争の大義名分をいかに考えるかと下問された東條英機首相は「目下研究中」と返答し、五日の御前会議において「自存自衛」と「大東亜の新秩序建設」を掲げての開戦もありうると報告したが、力点はあくまでも「自存自衛」におかれていた。おそらく、同じく大東亜共栄圏建設を唱えながらも、議会政治家、外務省の官僚、陸・海軍の軍人そしてマスメディア、国民などそれぞれの人が、それぞれに異なったイメージを抱く同床異夢の対象として大東亜共栄圏というスローガンがあり、その内実が不明確であったゆえに共同幻想として有効に機能したというべきであろう。なお、言葉だけにこだわるならば、十二月十二日の情報局による発表では、「大東亜戦争」の戦争目的は「大東亜新秩序建設」にあるとされ、「大東亜共栄圏建設」と表現されてはいなかった。しかし、周知のように、一九四〇年八月一日、第二次近衛文麿内閣の外務大臣に就いた松岡洋右《ようすけ》が記者会見において「わが国眼前の外交方針としては、この皇道の大精神にのっとり、まず日満支をその一環とする大東亜共栄圏の確立を図るにあらねばなりません」と語って以降、南洋を含む大東亜において確立されるべき自給自足のための「東亜安定圏」を確立することが「大東亜共栄圏」の建設と同視されることにもなっていった。近衛内閣は成立直後の七月二十六日に「基本国策要綱」〔外務省編 1955：436-437〕を決定し、「八紘を一宇とする肇国《ちょうこく》の大精神に基き……皇国を核心とし日満支の強固なる結合を根幹とする大東亜の新秩序を建設する」ことによって「世界平和の確立を招来する」としていたが、これを松岡が大東亜共栄圏と言い換えたことによってキャッチワードとして広まっていったのである。「基本国策要綱」が策定されるにあたっては、「世界は今や歴史的一大転機に際会し、数個の国家群の生成発展を基調とする新なる政治経済文化の創成を見んとし」ていることを重視しているが、ヨーロッパで戦火が拡大しているなかでナチスによる新秩序建設に対応して日本も東アジアにおいて広域圏としての国民帝国の再編成を図ることが喫緊《きっきん》の課題となっていたのである。ここでも満洲国を独立国とみなすことによって中国との結合を進め、さらに東南アジアを包摂していくことが東亜新秩序建設として想定されていたのである。

もちろん、「大東亜新秩序建設」であれ、「大東亜共栄圏建設」であれ、その目的を達成するためには現にイギリス、アメリカ、フランス、オランダなどの諸国が領有している植民地に進攻し、そこで獲得した軍需物資によって軍備の充実を図って日中戦争の解決を図る必要があった。政府にとっては解決の見通しの立たない中国との戦争から国民の目をそらすためにも、東南アジアでの戦闘を正当化しなければならなかった。また、戦争目的も不明なままに泥沼化していた日中戦争に倦んでいた国民にとってもイギリス、アメリカ、オランダなどから植民地を奪還するための戦争に突き進むことは、勝敗の予想は別としても一種の解放感をもたらすものであった。高村光太郎が「出る杭を打たんとするは彼にして、東亜の大家族をつくらんとするは我なり。有色の者何するものぞと彼の内心は叫ぶ」(「危急の日に」『読売新聞』一九四一年十二月九日)と歌ったような高揚感とアジアの人々への一体感を、たとえ一時的であったにせよ開戦はもたらしたのである。伊藤整や竹内好《よしみ》など多くの人々が開戦当初の興奮を異口同音に記している史料などから推測する限り、東亜の奪還とそこでの共栄圏建設という戦争目的は、日本人のナショナル・アイデンティティを収束する焦点としての機能をもったといえよう。

大東亜共貧圏と大東亜共同宣言

しかし、開戦以前の一九四一年十一月二十日に決定された「南方占領地行政実施要綱」[外務省編 1955：562-563]では、軍政によって治安を回復すること、重要国防資源を迅速に獲得すること、そして日本軍が現地で自活することが三大目標と定められていた。このことは日本軍が物資を現地で徴発・調達することを前提に、重要国防資源の獲得が東南アジアの占領目的であったことを明確に示すものであった。大東亜共栄圏の建設とは、占領地との共栄よりも日本の自存を追求するものだったのである。そして、共栄圏が事実上、収奪という事態にならざるをえないことは、開戦前から予想されていたことでもあった。

一九四一年十月七日に海軍省調査課においておこなわれた外交懇談会では、「日本が占領すれば「栄」に非ずして「貧」になる」(三枝茂智《しげとも》ほか)、「アメリカの場合は一〇〇奪えば七〇返す。……日本は取るのみで与へるものはなく、日本のみが唯一の市場にもなっていない。「共貧圏」になることは日本人自身がよく覚悟してかからねばいけないことだ」(松下正壽《まさとし》)、「大東亜共栄圏とは何のことか、それを明らかにして貰いたい。いろいろ読んでみたが矛盾だらけで把握できなかった」(田村幸策)といった見通しが述べられていた[大久保ほか編 1989: 286-287, 292]。その一方で、政治学を専攻する矢部貞治は「大東亜戦争の目的として確立さるべき大東亜共栄圏の具体的内容」という論説において、「現実性に乏しきが如きを以て一の観念的なる概念なる如く考えらるるの虞《おそれ》あるも、大東亜戦争の目標として使用するには憚なかるべし」[大久保ほか編 1990: 41]として、現実性が乏しいことを自明としながらも戦争目的としては一定の有効性をもつとの見方も示していたのである。

大東亜共栄圏が現実においていかに建設されようとしたかは、一九四二年十一月の大東亜省の設置問題に示されている。他方、大東亜共栄圏の建設理念がどのように当該圏域の人々に訴えられたかは一九四三年十一月六日に発表された「大東亜共同宣言」にみることができる。

東條英機首相はミッドウェー海戦によって戦局が劣勢に転じるなか、大東亜戦争の完遂と大東亜建設の必成を期して「大東亜全域の精神力および物資力を総動員」するため、「大東亜地域(内地・朝鮮・台湾および樺太を除く)に関する政治・経済・文化等諸般の政務の執行に関する一元的機関たらしむること、ただし純外交に関する事務は外務省の所管とする」として大東亜省の新設を提起した。この方針に対しては、東郷茂徳《しげのり》外相が外務省との外交の二元化をもたらすとして強硬に反対して辞職にいたったが、東條首相は日本の外交が大東亜圏とそれ以外の圏域とに二分化されている以上、それに対応する機構の整備は当然であると主張していた。東條首相はさらに外交の相手は必ず対等者として処遇しなければならないという観念は時代に合わないものであり、「支那〔中国〕などに対する我が関係は家長と家族のごとし」という立場から処理しなければならないと答え、「既成観念の外交は対立せる国家を対象とするものにして、左様な事実は大東亜域内には成立せず。我国を指導者とする所の外政あるのみ」〔深井 1953:257〕と断言していたのである。深井英五はこうした議論に対し、「政府の真意は大東亜圏内の諸国を凡そデペンダンシー〔従属国〕として取扱わんとする意図を頗る露骨に表示したるもの」〔深井 1953:253〕と批判していたのである。要するに、大東亜圏内では日本による政治指導があるだけであり、大東亜圏内の諸国が独自に圏外の諸国と外交交渉をもつことを否定したのである。この「大東亜圏内には外交なし」〔深井 1953:266〕という考え方は「藩屛に外交なし」とした冊封体制とも通じるものであるが、東條首相は大東亜圏内の外交官や領事官を「仮面を被れる一般行政官なり」とみなしていたのである。こうして一般行政官にすぎないとされた外交官に権限が与えられることもなかったために大東亜省による政策の一元化は達成されることなく、現地軍の「内面指導」による支配が実施されていくこととなった。

しかしながら、枢密院の会議などでは大東亜圏内の諸国を従属国や属領として扱うといった議論がでることはあっても、不利な戦局のなかで戦争を遂行していくにあたっては占領諸地域の民族の自主性を導き出し、結集を図ることがより重要な課題となっていく。そのため占領地処理方針として一九四三年五月三十一日の御前会議で「大東亜政略指導大綱」〔外務省編 1955: 583-584〕が決定されたが、それによればタイのピブン政権を強化するためにマラヤにおける失地回復に協力することとして、仏印をフランス本国から離脱させるような施策をとらないこととなった。また、フィリピンについては十月頃に独立を予定し、ビルマ〔現ミャンマー〕には独立を準備させることとされた。[5] しかし、マラヤ、スマトラ、ジャワ、ボルネオ、セレベス〔現カリマンタン〕については日本の領土として重要資源の供給地とするものの、それを公表することは避け、軍政を継続することが決定された。そして、フィリピンの独立後に各国の指導者を東京に参集させて戦争完遂の決意と大東亜共栄圏の確立を内外に宣言するために大東亜会議が開催されることとなった。

ガダルカナルでの日本軍撤退、アッツ島守備軍玉砕などの戦況悪化を受けて一九四三年十一月に開催された大東亜会議は、その英訳が Assembly of Greater East-Asiatic Nations とされていたように大東亜共栄圏内の諸民族・国家のナショナル・アイデンティティの結集を図ろうとしたものであったとみなすこともできる。会議には汪兆銘中国行政院長、張景恵《ちょうけいけい》満洲国国務総理、フィリピン大統領ラウレル、ビルマ首相バモオ、タイの首相代理ワンワイタヤコーン親王、自由インド仮政府のチャンドラ・ボース主席などが参加し、全会一致で大東亜共同宣言を採択した。「大東亜を米英の桎梏《しっこく》より解放してその自存自衛を全う」することを謳った大東亜共同宣言では、旧植民地から解放された諸民族の自主独立、民族の伝統尊重と創造性伸暢《しんちょう》、互恵的経済発展、人種差別の撤廃、文化の交流と資源の開放などが綱領として掲げられていた。この宣言の意義について、重光葵《しげみつまもる》外相は一九四一年八月に連合国が発表した大西洋憲章と同一の精神に基づくものとしたが、道義に基づく共存共栄がこの段階において目的として強調されなければならなかったことは、裏を返せば、それが実現していなかったことを意味していた。いや、東條や重光らは悪化した戦局を挽回していくためには、大東亜圏における諸民族・諸国家が平等・互恵な立場で積極的に協力する体制を「新政策」として打ち出していかざるをえないことを強く認識していたために、東京に参集することさえ困難であった交通事情のなかで会議を催さざるをえなかったのである。しかし、参加者は日本の思惑に唯々諾々と従って大東亜共同宣言を称賛しただけではなかった。フィリピンのラウレルは事前の原稿提出を拒んだうえで、「大東亜共栄圏の確立はこれを形成する或る一国の利益のためにおこなわれるのではない」「各構成国の自主独立を認め、これを尊重することに始まる」「日本のみが残存し東亜の朋友が滅び苦しむ場合は日本は喜ばれない」[6]などと演説して、痛烈に日本による従属政策と資源収奪の実態を批判しただけでなく、会議に招集されなかったジャワとスマトラに言及してインドネシアの独立をも暗に要求していたのである。また、会議終了後の十一月八日、東條と会見したビルマのバモオは日本軍による農民や役牛の強制的徴発などによって米生産が激減する恐れがあることや政治犯拘束などの占領政策に対して激しい抗議を長時間にわたって続けていた［伊藤ほか編 1990：346-350］。平等・互恵による主体的協力を求めることは、主体的自立要求に応えない限り実現されるはずがないことを示したのも大東亜会議だったのである。

大東亜共栄圏の政治的構成とアイデンティティ

それでは諸民族の自主独立、民族の伝統尊重と創造性伸暢、互恵的経済発展などを達成すべきことを掲げた大東亜共栄圏と、国民帝国日本との関係はどのようなものととらえられていたのであろうか。大東亜共栄圏が日本と諸民族・諸国家との連携であったとすれば、それまでのようにたんに異法域として結合されたものとすることはできなかったはずである。何よりも暫定的に統治下にあるだけの軍政地域の法的位置づけは流動的であった。

この問題は時期や論者によって異なっており、唯一の公認された見方はなかった。ただ、これに関して検討した注目される文書として一九四二年九月一日に海軍省調査課が作成した「大東亜共栄圏」［大久保ほか編 1992:8-50］がある。そこでは日本と共栄圏諸国との関係について「大東亜新秩序の内部的政治構図」として整理し、「在来の国家ないし政治単位間の結合形態」として、⑴併合、⑵植民地として統治、⑶保護国ないし委任統治、⑷州または支邦を単位とする連邦、⑸独立邦（自治領）を単位とするコモンウェルス、⑹同盟または連合、⑺連盟の七つの結合形態をあげたうえで、これらはいずれも戦争目的に照らして大東亜圏には適用できないとしている。さらに帝国としてのあり方については、ローマ帝国の内在的発展型とイギリス帝国の超越的発展型とを二つの典型としたうえで、いずれも大東亜共栄圏にはあてはまらないとして斥けている。

要するに、従来のあらゆる「国家ないし政治単位間の結合形態」とは異なる「創造的新秩序」として大東亜共栄圏を構想すべきことを切言したのである。その構想の柱となるのが、「新秩序の政治構造の諸原則」と「圏内各構成要素の地位」という問題であり、前者は大東亜共栄圏という異法域結合における統合原理と格差原理を示すものであり、後者はそれらの法域の異同性について分類したものであった。

そして、「新秩序の政治構造の諸原則」では圏内各構成要素としての法域は「それぞれその分に応じ、その処《ところ》を得るところの、有機的等差関係に立つ」ことが要請される。すなわち、それぞれの異なった法域は能力・価値・民度にふさわしい地位を与えられるという等差をもって処遇されるが、その等差は「恣《し》意的な差別待遇ではなく、等差が即公正を意味するもの」であるという格差原理が強調されたのである。そして、その等差をもった法域をいかに統合していくかについては「圏内の各邦相互間の直接の結合関係を認めるのではなく、各邦が個々別々に帝国と結合連携し、帝国の指導媒介を中枢として、はじめて各邦の連携をもつ」という統合原理が示されている。その統合原理の核心は、ときに対立的関係にすらある異法域が日本の指導下で「分立的・対立的な状態から、一体的なる大東亜圏として自覚形成せしめる力」をもちうることにあるとされた。それは統合原理そのものであるというよりは、統合力を日本に一任することによって統合が可能であるということを主張するものにすぎなかった。そして、日本が統合力をもちうるためには「圏内諸民族の自発的協力」が不可欠となるが、そのためには日本も「搾取の排斥、有機的共存共栄の原則」を堅守しなければならないとされたのである。

他方、異なった法域としての「圏内各構成要素の地位」については、指導国としての日本をはじめ、独立国、独立保護国、直轄領、圏外国植民地という法域が想定されている。まず、独立国として中華民国、タイ、満洲国があるが、「広域圏内においては、つねに指導国の指導媒介に服するという点で絶対主権の原理は保持されない」。形式的には外交・条約による関係をもつが、「実質的には内面指導に服する」ことになる。要するに、独立国とは名目にすぎないのである。次いで独立保護国としてのビルマやフィリピンがあげられるが、これも不完全独立国として軍事・外交権をあらかじめ指導国に委ねることになっており、インドネシアについても時期をみて独立保護国とすることが考慮されている。それ以外は直轄領として日本が直接に領土とするとされている。

そこで次に問題となるのが、仏印、ティモール、マカオなど圏外国の主権下にある植民地の存在である。大東亜共栄圏が異人種からの解放をスローガンとして掲げている限り、当然それらは将来的に大東亜共栄圏に組み入れられることになるはずだが、フランスとポルトガルの主権を尊重することを表明している段階においては、主権国との外交交渉によって大東亜共栄圏建設に協力を要請するしかないとされている。

このように整序された大東亜共栄圏内の各地域や民族の位置づけ、そして指導国としての日本を核として構成された「有機的等差」としての格差原理や統合原理などが、政策的提言としていかに機能したかを確認することはできない。あくまでも言説レベルで大東亜共栄圏におけるそれぞれの異なった法域の定義と関係性を整理したものにすぎなかったのであろう。しかしながら、大東亜共栄圏の政治的単位とその構成とはいかなるものかを突き詰めていくなかで浮き上がってきている事態は、それが異なった法域の結合形態にほかならなかったということではないだろうか。もし、そうした見方が成り立つとすれば、潰え去った大東亜共栄圏こそ、異法域結合としての国民帝国日本の最終形態としてあったというべきであったように私には思われるのである。

大東亜共栄圏とアイデンティティの背理

さて、ナショナル・アイデンティティを研究対象とする本研究会の課題にそくして、最後にまとめておかなければならないのは、大東亜共栄圏におけるアイデンティティの諸相をどのように考えるかという問題である。

すでに第一次世界大戦以降、民族自決主義に基づく思想や運動が知られていた東アジアや東南アジアにおいて、欧米からの植民地解放を訴えることはその矛先が反転して日本に向かう両刃の剣であった。そのため日本は「三亜運動」など民族主義思想を高揚させる宣撫活動をおこなう一方で民族主義思想が独立運動に直結することをエゴイズムとして否定する必要があった。そのため、先にあげた海軍省調査課作成「大東亜共栄圏」でも「東亜諸民族の民族的自覚と統一を育成助長する」という根本方針をとるものの、「東亜諸民族のナショナル・エゴイズムを助長せしめる結果となってはならない」ことが力説されていたのである。こうして欧米に対しては対立的でありつつ、日本に対しては親和的なナショナル・アイデンティティが模索されることになった。この要求に適応するアイデンティティの結集核の一つとして持ち出されたのが同祖原理やイエ原理であったのではないか、と私は推測している。

その事例としては、一九四二年三月に今村均《ひとし》中将に率いられたジャワ派遣軍いわゆる治部隊がインドネシアに進駐して発した「布告第一号」において「日本人とインドネシア人は同祖同族である。日本軍はインドネシアと共存共栄を目的とする。さらに同一家族・同胞主義にのっとって軍政を実施する」と宣明したことがあげられる。この同祖同族論や同一家族・同胞主義による軍政という正当化がどれほど効果的であったのかをインドネシアの人々の側から明らかにすることは史料的にできてはいない。ただ、インドネシアのミナハサ人が日本人キリシタンの子孫であるという風説は大正時代にあらわれていたし[7]、北方から黄色い人がきて白い人を追い払うというジョヨボヨの伝説などが利用されたともいわれている。

いずれにしても、家族国家観に馴染んだ日本人にとっては八紘一宇という肇国の原理をそのままアジアに拡張することは説得力をもった論理であると信じられていたのか、一大家族として東亜諸民族の統合を図るという論理は立場を超えて頻用されていった。東條首相が家長としての日本の立場を強調したことは先に指摘したが、その東條に反対し、民族協和論をもって出発したはずの石原莞爾らの東亜連盟運動でも「東亜連盟は東亜の一大家族である。それは家長と家族との関係であって主人と従者との関係ではない。家長には最も徳あり、力あり、智あるものが、なるのが妥当であり、家長は家族を長者として尊び、その後見を受けるべきであるが、家長はまた家族をよく育成しこれを愛しなければならない」〔田中直吉「東亜連盟の地政学的構造」『地政学』一巻二号、一九四二年〕ことが強調されていた。

こうした家族というアナロジーによる国家結合の正当化がおこなわれることになれば、より根源的な課題として個人の次元における結合がイエ原理と関連して論じられることになる。すなわち、平野義太郎《よしたろう》が「日本に於ける家族精神は、同系同血統の同胞を産霊《むす》ぶばかりでなく、異系血統の人々をも等しく血縁を同うする同系同族の関係に化成し、共に緊密な家族の結合関係、家族体系化する」(「大東亜共栄体の構成原理たる家秩序について——特に異系血統を同家化する日本精神」『法律新報』七六五号、一九四四年)と論じていたように、個人の側から異法域結合としての大東亜共栄圏を位置づけようとすれば、家族精神によって異なった血統の人々を結びつけ、異系異族を同系同族の関係に変えていくことによって真に同じアイデンティティをもった大東亜共栄体が生み出されていくことが想定されるようになっていったのである。こうしたイエ原理が強調されたのは、異法域結合が進み、占領地が拡大していくなかで国民帝国内における人的移動の結果として、民族を超えた結婚や混血という問題が生じてきていたという事実を反映したものでもあった。域内の人的交流によって本籍や出生地を異にする人のあいだでの婚姻や養子などの身分関係が生まれることになったのに対応して、異法域間をつなぐために制定された「共通法」(大正七年法律第三九号)では個人の身分移動にともなう帰属は「家」を出て「家」に入ることになっていた。この制度を貫徹するためには、最終的には戸籍に基づく日本本土のイエ制度を帝国内に普及させる必要があった。台湾における寺廟整理や改姓名、朝鮮における創氏改名などは異民族の精神的「皇民化」政策というにとどまらず、従来の地縁・血縁関係を解体して日本的な「家」制度へ改編するための政策としての機能をも担っていたのである。

このように異法域結合としての国民帝国を個人の側から規定すれば、「家＝戸によって適用法が異なる」体制であったともいえるであろう。しかし、イエ原理によって大東亜共栄圏の人々のナショナル・アイデンティティを調達できなかったことは、前述したように大東亜会議において家長主義・家族原理を強調する東條首相に対して、フィリピンのラウレルやビルマのバモオが明確に反対の意見を表明していたことからもうかがい知ることができる。いや、他者を待たずとも、大東亜共栄圏や八紘一宇などをスローガンとすることの空虚さは、文化建設などの名目で東南アジア各地に送られた文化戦士と呼ばれた日本人にとっては危機感と諦念を呼び起こすものであった。タイのワンワイタヤコーン親王は「日本は大東亜共栄圏なる政策を推進しているがいったい何を意味するかわからぬ。まして日本語の八紘一宇といって同じ屋根の下にいるのだといわれても、ますます何のことかわからなくなる」と日本の掲げるスローガンの実感のなさを批判していた。[8]

こうして独立国でありながらも日本軍の進駐に対抗しきれなかったタイでは、ピブン政権が攻守同盟を結んだものの国内外のタイ人によって自由タイが結成されて、抗日・反政府運動が続けられていった。また、名目的にせよ独立を約束されたフィリピンやビルマにとどまらず、域内諸民族にとって独立達成がナショナル・アイデンティティの焦点となっていったのは当然であった。さらに日本の敗戦が視野に入ってくるとフィリピンの抗日人民軍フクバラハップ(フク団)、マレー半島のマラヤ人民抗日軍、ビルマのパサパラ(反ファシスト人民自由連盟)、ベトナムのベトミン(ベトナム独立同盟)などが組織されたが、イエ原理や共存共栄論などより民族の自由や独立などが希求されるべきアイデンティティであったことを示している。そこには自由や独立を求める運動のなかでナショナル・アイデンティティが育まれ、それがまた運動を増幅していくという循環が生まれていた。

もちろん、大東亜共栄圏の形成以前から国民帝国日本を構成していた台湾、朝鮮、満洲国などにおいても自由や独立を求める運動が絶えることはなかった。そこにおけるナショナル・アイデンティティは、当初から明確に意識されていたというよりも、内外の民族独立運動などの影響を受け、相互に交流していくなかでしだいに育まれて結晶化していったものであった。しかし、異法域結合として国民帝国を形成していくというプロセス自体のなかに、域内民族による差異化が前提となっていたことに留意しておく必要がある。大東亜共栄圏におけるフィリピンやビルマの独立要求が、他の地域における対等で自由な民族自立を促す起爆剤となったように、圏域の拡大によって異なった法域を含み込むという拡張過程はとりもなおさず大東亜共栄圏を内側から帝国を食い破っていく自壊過程でもあった。広域圏秩序としての大東亜共栄圏の形成は、国民帝国の再編成すなわち異法域の拡大と新たな民族を加えた構成民族の再編を意味していたが、そのこと自体に蹉跌《さてつ》は内包されていた。

日本が自らの唯一性の根拠としていたはずの八紘一宇、それをもって諸民族結合の大東亜共栄圏における一つのナショナル・アイデンティティとして掲げたこと自体、背理にほかならなかったのである。

註

1　このアジアというヨーロッパ人によって与えられた空間概念を民族・人種、文明・文化という基軸概念によって、自らが生存する空間として範域化していったのか、また自らがアジアに属するという意識としてのアイデンティティを体得していくために留学生や日本人教師(日人教習)や情報や結社的なつながりがあったのかなど、アジアという空間をめぐる思想史の試みとして、山室信一『思想課題としてのアジア――基軸・連鎖・投企』(岩波書店、二〇〇一年)、同『사상과제로서의 아시아、그 이후』(ソウル・C&J出版、二〇一二年)などを参照。

2　「空間学知」と国民帝国形成の関連性については、『国民帝国の形成と空間学知』(仮題、岩波書店)として近刊の予定である。

3　現在、台湾では「先住民」ではなく「原住民」という言葉を使用することによって、その多民族性を尊重することになっており、「原住民」は蔑称とみなされてはいない。

4　このような国民帝国の概念と意義については、山室信一「「国民帝国」論の射程」(山本有造編『帝国の研究――原理・類型・関係』名古屋大学出版会、二〇〇三年)に譲り、ここでは紙幅の関係で省略させて戴く。なお、帝国という視点から植民地との関係をみることは帝国支配を正当化するものではないし、異法域における格差原理や統合原理を摘出することは、それに同意することを意味するものではない。この当然のことを曲解される方が少なくないのであえて付言しておきたい。

5　ビルマは一九四三年八月一日に、フィリピンは同年十月十四日に軍政を廃し、独立政府が発足した。しかし、両国はその後も事実上日本の占領下におかれた点で他の地域と異ならなかった。

6 訳文によって異同があるが、ここでは「フィリピン国代表所見訳文」(外務省記録『大東亜会議開催及会議の状況 6』アジア歴史史料センター)に拠る。

7 井上雅二『南洋』(冨山房、一九一五年、一七〜一八頁)を参照。

8 吉川利治『同盟国タイと駐屯日本軍』(雄山閣、二〇一〇年、六一〜六二頁)を参照。

参考文献

伊藤隆・廣橋眞光・片島紀男編『東條内閣総理大臣機密記録』東京大学出版会、一九九〇年
大久保達正ほか編『昭和社会経済史料集成』大東文化大学東洋研究所、一四巻、一九八九年、一五巻、一九九〇年、一七巻、一九九二年
外務省編『日本外交年表竝主要文書(下)』日本国際連合協会、一九五五年
深井英五『枢密院重要議事覚書』岩波書店、一九五三年

コメント

大東亜共栄圏体験を問い直す

河西晃祐

論者に期せられたのは、本来はいうまでもなく本書に掲載された山室論考のみへのコメントである。だが本書全体にかかわる課題を考えた場合、山室氏の今までの研究成果全体を踏まえたコメントを残すことも有益であろう。氏も述べるように「大東亜共栄圏」構想そのものが、「内実が時期や論者によって異なる論争的概念」であり、その

「建設をめざしていく」という「運動概念」というべき曖昧模糊《あいまいもこ》たるものであった。それゆえに探求課題としての大東亜共栄圏とは、研究者にとってもともすれば、確たる分析の足場を築くこともできないままに史料の渦に飲み込まれていくほかのない、泥沼のような存在でありつづけてきた。

だからこそ、ここでは近代日本の植民地支配全体を問うてきた山室氏の今までの諸研究を踏まえながら、今後の課題を探ることをお許し戴きたい。それは「大東亜共栄圏」研究における今後の足場を確保し、個々の課題に架橋していく作業につながるはずである。

まず一点目は、山室氏が提唱してきた「国民帝国」論と「大東亜共栄圏」構想の連続性にかかわる問題である。氏が大著『思想課題としてのアジア』で述べているように、明治期以後の日本が、国民国家と帝国形成を同時に進行させた「国民帝国」であったという指摘は示唆に富んでいる。問題はそのあり方が、「大東亜共栄圏」にいたるまでにどのように変化したのか、という点にあるといえよう。

朝鮮や台湾と本国が、格差原理と統合原理に基づいた異法域結合として存在した形態は、たしかに「大東亜共栄圏」における日本と他の「独立国」満洲国、中国(汪兆銘政権)、タイ、ビルマ、フィリピンとの関係と近接性を感じさせるものではある。だが、その点をさらに検証するためには、山室氏の述べるとおり、従来の国家主権や国際法概念を超克しようとした一九三〇年代後半の「新秩序」論や「広域圏」論の隆盛を経て「大東亜共栄圏」が登場したという点を考慮する必要がある。

例えば一九四三年に日本によって「許与」されたビルマ・フィリピンの「独立」に際して、日本は両国と同盟条約を締結したが、その体裁は従来通りの国際法にのっとったものにすぎず、その関係性には国家主権や国際法に基づく国家関係の超克をめざしたはずの「広域秩序」論の影響をみることはできない。だがその一方で運用面での日本優位を図りつつも、外形的には「主権国家間の平等」を打ち出し、同時に中国の租界撤廃をめざした重光外交の意味を考察することは、はたして明治期以来の「国民帝国」日本にとって「大東亜共栄圏」とは何であったのかという問題の検討にもつながるのではないか。

次にプロジェクト全体にもかかわる「アジア」というアイデンティティの形成についてである。山室氏は『思想課題としてのアジア』において投企《プロジェクト》としての「アジア」の意味を問い、以降「空間としてのアジア」、認知空間としてのアジアという問題を提唱した。この問題提起を踏まえて、今後の「大東亜共栄圏」研究に何ができるのかを考えてみたい。

「大東亜共栄圏」が存続するためには、領域内において旧宗主国層を「白人」として排除した「同じアジア人」という認識が共有されていなければならなかった。だがこの「アジア」という共有認識の広がりは、前提にできるものだったのか。

例えばアメリカ合衆国から一九三五年に自治政府《コモンウェルス》の設立を認められ、四六年の独立を約束されていたフィリピンにおいては、一般民衆のあいだでも親米色が強く、当時の一次史料においても、とくに「米英ヘノ信仰的連関ヲ逐次絶タシムル」必要性が唱えられていたほどに、[1]「同じアジア人」という認識自体が、希薄であった。

同様に「アジア」という認識枠組みの形成に関しては、インドネシア人や新疆ウイグル地域の「回教徒」にとっての空間認識が問題となる。オランダ領インドネシア（蘭印）のイスラームにとっての、メッカから東南アジアにいたる「アジア」という空間的な理解と、日本が考える東アジアを中心とする認識には、明らかに重なりえないズレがあったといえる。そうであれば、「大東亜共栄圏」期に押しつけられた「同じアジア人」という認識は、東南アジアあるいは東アジアのアイデンティティの基盤形成に何をもたらし、何を変えられなかったのか。

ジャワ軍政において、日本はメッカへの拝礼を認めつつ、天皇への崇拝は宗教行為を超えるとして宮城遙拝を強制したが、この点も宗教問題であると同時に、日本とインドネシア双方の認識する共同体としての「アジア」アイデンティティの根幹にかかわる問題であった可能性がある。また蘭印での宣撫工作において、日本の「大亜細亜」は、インドネシア語の Asia Raya に翻訳され、さまざまなメディアで使われたが、Asia Raya は本当に「大亜細亜」と同義のものとして理解されていたのか。このような地域認識、ナショナル・アイデンティティの複層的なズレについても、今後の研究課題となりえるといえよう。

最後に提起したい論点とは、「大東亜共栄圏」とは近代日本がはじめて経験した「異質民族体験」であったということの意味を、どのようにとらえればよいのか、という点である［河西晃祐『大東亜共栄圏——帝国日本の南方体験』講談社、二〇一六年］。すなわち、大東亜共栄圏はその意図せざる結果として、数百万人の「日本人」にキリスト教、イスラーム教、シーク教といった多宗教空間を体験させ、彼ら自身のアイデンティティを問い直させたのである。

例えば、山室氏が指摘してきた統治人材の環流の具体例でもあるが、中国における宣撫工作の「成果」を踏まえて、東南アジア各地に送り込まれた徴用作家らが直面したのは、個々人が「日本人であること」を問われた経験にほかならなかった。日本軍はフィリピンに海音寺潮五郎、マレー・シンガポールに井伏鱒二、蘭印には大宅壮一や浅野晃、北原武夫、武田麟太郎らを送り込み、日本語・現地語新聞の発行などをおこなわせたが、武田麟太郎らは啓民文化指導所という文化施設を運営するなかで、インドネシア人文学者らと交流を深めたのである。

この際に考察すべきは、彼らが目のあたりにした「異文化」には「西洋文化」が含まれていたことにある。徴用作家らは、ヨーロッパ帝国のもたらした西洋世界とアジアが交わる、いわば「近代世界の縮図」に投げ込まれたのであった。

北原武夫は、陥落直後のジャカルタのホテルでワルツを演奏し、談笑するオランダ人女性らを目撃し、「祖国が滅びたといふのに、あの女たちはどういふ気持で音楽などを聞いてゐるのだらう。僕等はさう思はざるを得ない。が、さういふ僕等日本人の気持は、彼等にとっては凡そ不可解な、理解を絶した不思議な気持であらうし、彼等のさういふ気持も亦僕等にとっては凡そ奇怪な、理解し難い不思議な気持である。彼等と僕等との間には、何か理解を超えた、絶対なものがある。そのことが奇怪な不思議なものを見たといふことよりも、人間も民族によってかうも根源的に違ふものかといふそのことの方が、妙に深く僕の心にひびき、僕を驚かした」と、「理解を絶した」「彼等と僕等」の他者認識の衝撃を記したが〔北原武夫『雨期来る』文体社、一九四三年、八一頁〕、このような事例は北原や漫画家の水木しげるを例とするまでもなく、兵士として、あるいは軍属として「大東亜共栄圏」の名のもとに東南アジアを生きることを強いられた数百万の「日本人」(台湾・朝鮮の人々を含む)の経験にも起こったことなのではなかったのか。

さらにこのような他者認識の経験は、「日本人」とインドネシア人との遭遇にもあらわれていた。北原武夫と浅野晃を例にすれば、浅野はインドネシア人について「非常に芸術的な感覚や才能が豊か」であると肯定的に評価していたのに対して〔浅野晃『ジャワ戡定余話』白水社、一九四四年〕、北原武夫は同じインドネシア人について「想像以上に個人主義的であって団結心がなく、男女共に異常に嫉妬深く、且つ思ひやりとか親切とかいふものに比較的欠けてゐる」と記していた〔前掲『雨期来る』一四七〜一四八頁〕。従来の研究では対アジア認識に関して、ともすれば「他民族」を差別的・否定的に描いてきたことを問題にしてきたが、浅野晃は、明白な皇国史観の影響下にあったがゆえに、インドネシア人を「土人」ではなく「日本民族と同じアジア人」とアイデンティファイすることで、彼らを高く評価できたのであった。

一方の北原は、日本軍を歓迎するインドネシア人に対して「現在インドネシア人は、僕等日本人を崇拝し唯々諾々として、すべてのことに従ってゐるが、それを彼等が生来素朴で素直だからと解したら、速断に失しはしないかと思ふ。いろいろな意味で原始的で程度が低いといふ点で、彼等がその心情の裡にまだ十分素朴であり得る可能性を保持してゐるとは言へよう。が、しかし尠くとも僕が感じ得た限り、彼等は決して素直だとは言へぬ」と記していたように〔前掲『雨期来る』一四八頁〕、インドネシア人に対して極めて冷淡な評価をくだしつづけていた。だが他者性の承認という観点からみれば、北原は「日本人には同じアジア人である東南アジアの人々が理解できる」とした、「大東亜共栄圏」構想が求めたような、安易な他者認識の「怖さ」を理解していたともいえるのである。

インドネシア人の他者性を体感した北原は、帰国後に「思想戦というが如きものにとっては最大の眼目たるべき八紘為宇という言葉を取って見よ。学者も評論家も力を尽くして理論を展開したわけだが、唯一人から国民の共感を喚ぶことはできなかった」と、「大東亜共栄圏」構想の根幹にあった「八紘為宇」を相対化し、政府が大東亜会議の成果として鳴り物入りで宣伝した「大東亜共同宣言」に対しても、「人類平等の平和とか幸福とかという言葉は……論理で捏ね上げて作り上げた砂上の楼閣に過ぎない。日本人は日本人のやり方でしか幸福にはなれないし、マライ人はマライ人のやり方でしか幸福にはなれまい」と、批判的にみる視野を手に入れたのであった。

「大東亜戦争の開始するや直ちに我が情報局は、この「土人」の語を避けるように我が国民に勧めた」という証言が示すように〔平野義太郎・清野謙次『太平洋の民族＝政治学』日本評論社、一九四二年、四頁〕、一九三〇年代までの日本人が示していた「土人」という認識を、強制的に「同じアジア人」へと昇華させたのが「大東亜共栄圏」構想であったことを考えれば、その枠組みのなかでインドネシア人を高く評価した浅野と、インドネシア人の他者性に「怖れ」すらを抱くことで、「大東亜共栄圏」構想そのものを相対化できた北原の他者認識のあり方は、現在にいたる東南アジア認識が、はたしてこの「大東亜共栄圏」の強制力に対する批判的継承を経たものなのか、といった点を提起しているのではないか。

山室氏も指摘するように「大東亜共栄圏」研究にはいまだ検討すべき課題、現在の「われわれ」の立ち位置までをも問う、「帝国」日本が残してきた課題が存在しているのである。

註

1 「比島独立実施ノ時機及態様ニ関スル一考察」(昭和十八年五月六日)、『大東亜戦争関係一件 比島独立ト日比同盟条約締結関係』外務省外交史料館所蔵(A.7.0.0.9-46)。

第Ⅱ部

ナショナル・アイデンティティの諸相

義和団をめぐる記憶と中国ナショナリズムの位相

吉澤誠一郎

莫言の物語世界

中国の作家莫言《ばくげん》は、二〇一二年、ノーベル文学賞を授与された。その受賞理由は、「夢幻をみるような現実主義を用いて、民話・歴史・現代を一つに融合させる with hallucinatory realism merges folk tales, history and the contemporary」ような創作をしたことであった。[1] ここでいう「夢幻をみるような現実主義」とは特殊な表現のように思われるが、ノーベル賞の審査員たちは、ガルシア・マルケスなどに起源する「マジック・リアリズム」文学の流れを汲むことを示唆しようとしたのであろう。莫言の『赤い高粱《コーリャン》』(原題は『紅高粱家族』、一九八七年)などの作品においては、郷里である山東省高密県の地方性は不可欠の要素となっている。民俗を基盤としつつ、幻想と現実が重なり合い混じり合うような叙述によって小説を構成するのが、莫言の真骨頂といえるだろう。

莫言の長編『白檀《びゃくだん》の刑』は、そのような作風をよく示している(原題は『檀香刑』、二〇〇一年)。[2] 舞台は、清朝末期の高密県であり、当地の地方芸能が大きな役割を果たしている。ドイツによる鉄道敷設と義和拳による人々の反抗という歴史が、その民俗文化の文脈のなかに意味づけられて、幻想性豊かな表現によって物語が展開していくのである。なお、ノーベル賞の審査員がどこまで意識したのかはわからないが、この作品には、中国の古典小説、例えば才子佳人や名裁判官の物語、そして『水滸伝』のような好漢活劇からとってきた要素が堂々と再利用されていると、私は理解している。中国における娯楽作品の伝統を踏まえていることもまた、『白檀の刑』の魅力を増している[3]。

むろん、小説であるから主要な登場人物は架空である。また、実在の人物であっても、例えば山東巡撫の袁世凱《えんせいがい》の人物像は、必ずしも今日の歴史研究者が承認できるものではない。しかし、近年の文学作品のなかで、義和団がいかに表現されているのかという関心からは、非常に興味深い物語である。

この小説が主題としているのは、官権力によって実施される残酷な公開処刑の演劇性である。主人公の一人孫丙《そんぺい》は、高密県の地方劇を大きく発展させた人物であった。引退して地元の鎮で茶館を営んでいたところ、家族がドイツ人に襲われたことから、とっさにドイツ人を殺害してしまった。その後、ドイツ軍は鎮で虐殺事件を引き起こし、家族を殺された主人公は義和拳を学んできて報復しようとするのである。

この小説には、悪辣なドイツ人、鉄道敷設に懸念を覚える地元の人々、悪を討とうとする義和拳の使い手たち、ドイツの強大さを知ってそれに屈する袁世凱、地元の輿論と上司袁世凱のあいだで右往左往する知県（県知事）といった登場人物が、いきいきと描かれている。孫丙の娘で、知県と良い仲となる主人公の活躍ぶりも含めて、ときに類型的に、ときに幻想を交えた複雑な心理描写によって表現されているといえよう。

この小説において、義和拳は外国人の横暴さに対する抵抗の手段としてみなされ、その背景に地方劇の要素があることが強調されている。孫丙は、やむにやまれぬ事情から殺人を犯してしまい、お尋ね者となりながら義和拳を学んで巨悪に立ち向かおうとするのだが、義和拳はまさにそのような『水滸伝』のごとき物語のなかに意味づけられている。

以下では、このような『白檀の刑』も一例としながら、義和団について多様な立場からさまざまに議論されてきたことの一端について紹介しつつ、中国近代史について考えることの現代的な意味についてもふれてみたい。すでに、ポール・コーエンや佐藤公彦によって論じられたことと重なる点は多くあるが、彼らによる重要な指摘も必ずしも日本で広く知られているわけではなく、それらを私の観点から整理しつつ、ここであらためて議論をしておくことは無意味ではあるまい。むろん多少の私見を加えていくつもりである。

義和団事件の展開

義和団は一九〇〇年に大きく勢力を拡大して天津および北京に進出した。その起源が山東省にあることはよく知られている。しかし義和団の系譜をいかに理解するのかという点については、佐藤公彦やジョセフ・エリェリックのような専門家のあいだで意見の対立があり、簡単な要約をするのが難しい[4]。

それら先行研究に基づいて概略を述べるならば、義和団は、まず華北地域にもともとある民俗文化・民間信仰を不可欠の歴史的前提としているといえる。農民たちは農閑期などに拳法を学んで体を鍛錬していたが、その練習法自体に、ただ身体を鍛えるという「外功」だけではなくて、身体内部において気を養う「内丹」の考え方が加わっていた。そして、そのような宗教的な要素も加えたものとして、拳法の師弟関係の系譜が存在していたのである。

一方で、十九世紀後半以降、カトリックの布教が華北農村地帯におよんできた。おもにフランスが宣教活動の後ろ盾になっていたが、じつはカトリックもいくつかの宣教団体に分かれていて、それぞれ地域を分けて競争するようなかたちで布教を進めていった。農村のなかでカトリックに帰依した者のなかに、心の悩みや難病を抱えた人がいたのは自然な成行きである。加えて、貧しくてまったくうだつがあがらない人々や、有力者に圧迫されて比較的弱い立場にある人々が、カトリック布教を受け入れて、教会に勢力を結集し、外国の勢力を後ろ盾として利用することによって、地元の有力者に対抗するということも起こってきた。

そのような状況のもとで、カトリックに入信した中国人集団とそれ以外の村人との対立が何かのきっかけで起こると、かなり深刻にこじれた問題になることがあった。場合によっては、そこにフランス領事が清朝政府を通じて圧力をかけるということもあった。これに対し、地元のほうでは有力な拳法家に頼って悪しきカトリック勢力と戦おうという気分が強くなっていった。弱きを助け強きを挫くというような発想は、『三国志演義』『水滸伝』などの基調をなしているが、実際に農村社会の人々の脳裏には、芝居を通じて知ったそういう物語の世界がはっきりあって、悪を討つために拳法家が担ぎ出されてきたと考えてよいだろう。

おりしも、一八九七年、ドイツ人宣教師が山東省鉅野《きょや》県で殺害された事件を口実として、ドイツ軍は山東半島の南岸にある膠州《こうしゅう》湾を占領した。翌年、清朝とドイツの交渉によって、ドイツは膠州湾を九九年間租借することとなった。こうしてドイツは青島《チンタオ》を建設し、自由港として発展させようと力をそそいでいくことになる。[5] ドイツは、青島から済南にいたる鉄道の敷設も進めていくが、その過程において高密県でドイツ人と現地民との衝突が起こったことは、小説『白檀の刑』の題材として利用されている。

また、一八九八年の戊戌《ぼじゅつ》の政変を経て、光緒帝《こうしょてい》の地位をめぐって中央政権が不安定になってくるなか、山東省方面においても地元の対立がうまく収拾できずに拡大してしまったことが、義和団が登場してくる大きな契機になった。義和団とは、拳法によって外国人と戦おうとする人々を、地元の政権が、団練つまり公認の自警組織とみなしたことに由来する呼び名である。

義和団は、たしかに民間宗教の系譜を引いているが、実際には一般民衆が少しだけ練習をすると術を身につけることができたという点が注目される。伝承された拳法をきちんと習得するのは相当な努力が必要なはずだが、実際にはそれを簡易にしたかたちが広まっていった。とくに重要な技法は、憑依《ひょうい》である。神様が乗り移ることで一種のトランス状態になって、怪力がでたり、場合によっては鉄砲や刀で切られても傷がつかない等々の術が使えるようになったりした。憑依は、当時からたんなる偽装ではないかという説があったものの、中国の農村地帯にはごく普通にみられる現象であったことから、実際に憑依がかなり集団的に起こっていたと解釈しておけばよいだろう。[6]

憑依の際に乗り移るのは孫悟空や猪八戒《ちょはっかい》といった『西遊記』の主人公、あるいは関羽《かんう》、張飛《ちょうひ》など『三国志』の人物等々が非常に多かった。すなわち、人々は、芝居や語り物などで馴染みのある物語世界のなかに自分が入り込むというかたちで、義和団に参加していくことになった。一方で、義和団がつくった宣伝ビラには、まもなく世界が終わるという予言のようなものも含まれていることがあり、終末論のごとき宗教思想が表現されている。[7] このように義和団の観念世界には、非常に多様な要素が入り込んでおり、後世の研究者にとっては、どの要素を強調するのかという点で、義和団の性格づけも異なってくることになった。それは、清朝に対して、義和団の人々がいかなる態度をとったのか、つまり清朝を扶助して外国と戦おうとしたのか、あるいは現存する王朝である清朝を超克する観点を見出していたのかという見方の分岐につながっていく。

義和団の人々によって、カトリックやプロテスタントの教会が襲われた。アメリカの学者コーエンは、教会に立てこもった人たちが残した記録のなかに、聖母マリアがあらわれて自分たちを救ってくれたという記述を見出した。彼に拠れば、義和団の側は極めて宗教的な観念で動いているが、キリスト教側も明らかに宗教の文脈で事態をとらえていたのであって、これを宗教戦争とみるべきだという。この宗教戦争説は、じつは義和団百周年の学会(二〇〇〇年開催)のときにコーエンが報告のなかで提起したものである。中国の学者のあいだでは、義和団運動は帝国主義に対する愛国主義の闘争であるか否かということが非常に大きな論点となっていたことに対し、その枠組み自体を批判する意図から、宗教戦争説が示されたとみてよいだろう。[8] しかし、その宗教戦争説は、今までのところ広く受け入れられているわけではない。

義和団鎮圧戦争

清朝の官僚のなかには、義和団を「邪教」とみなそうとする者もいたが、義和団を外国人排斥に利用しようとする者もいた。結局、一九〇〇年六月、清の朝廷は次のような命令を国内に発して、外国軍と戦うことを呼びかけた。

わが王朝は二百数十年というもの、深い恩恵を施し、およそ遠方から中国にくる者には、歴代皇帝は接待して懐柔をおこなうのが常であった。道光年間〔一八二一～五〇年〕・咸豊年間〔一八五一～六一年〕には、彼らに通商を許してやった。そして、わが国での伝道を願ったので、朝廷は、布教の狙いが善を勧めることにあるとして、無理して許してやった。はじめは、彼らもこちらの言うことを聞いていたものの、この三〇年来、わが国の仁が厚く、やさしくなだめようとするのをいいことに、彼らは横暴な振舞いをほしいままにし、わが王朝を侮辱し、わが土地を侵略し、わが人民を蹂躙《じゅうりん》し、わが財物を奪い去った。朝廷が少し大目にみると、彼らの凶悪でよこしまな行動はますますひどくなって際限がなく、小にしては一般の人々を虐げ、大にしては神聖なるものを辱めた。わが国の人民は恨みがたまり、だれもがそれを晴らしたいと願った。それゆえ、義勇の者らが教会を焼きキリスト教徒を殺したのである。……直隷省や山東省などの義兵は、時を同じくして期せずに集まる者は数十万人をくだらない。下は幼い童子にいたるまで、武器をとり国家を守ることができる。……汝ら、天下の臣下・庶民よ、それぞれ忠義の心をもち、一緒になって神と人との恨みを晴らせ。それこそが朕の心から望むことである。[9]

この文章は、清朝が義和団を支持しながら外国に対して宣戦布告をした文書であると普通はみなされている。しかし、本来、宣戦布告というのは、外交的な手続きを踏まえて相手国に対して出されるはずのものだが、これはそれとは異なる。中国の一般人民に対して、清朝側の正当性を説明したうえで、外国人と戦うことを命じているのである。

清朝の正規軍と義和団は、一緒になって、とくに北京や天津にいた外国人を攻撃していった。自国民保護を意図した諸外国は多国籍軍として八カ国連合軍を派遣して、義和団と戦った。[10] 最終的には清朝・義和団側が敗北し、北京が占領されるにいたった。

当時撮られた写真を見ると、清朝の玉座に外国人が座っているものすらあり、外国軍が宮中深くまで入り込んでいったことが知られる。[11] これは、清朝にとっては屈辱的なことであり、外国と協力しつつ制度改革を進めていく必要性を思い知ることになった。そして、外国軍は、義和団に加わった人々を鎮圧していったが、その過程では民衆に対する無差別の攻撃がおこなわれた。[12]

一九〇一年、戦後処理のため、北京で辛丑《しんちゅう》条約が結ばれ、そのなかで四億五〇〇〇万両という多額の賠償金が清朝側に課せられることになった。その財源確保のため、清朝の行財政は列強からときに監視の対象とされたのである。[13]

義和団を批判的に意味づける動き

義和団の性格をどのように考えるかということは、同時代の清朝官僚のあいだでも一つの論点となったことは、先に述べたが、じつは、その後においてもそれぞれの時点の課題に応じて、議論されてきている。

近年の中国における公式の見方は、やはり義和団の闘争を、帝国主義に対抗する愛国的な動きとみなすものが基本になっているといえるだろう。例えば、義和団運動百周年の国際学会に際しての歴史学者戴逸《たいいつ》の発言のなかには「義和団運動の性質は中国人民が外国の侵略に反対した愛国運動である」[14] とある。

これに対し、中国ナショナリズムの形成過程において、義和団はむしろ否定すべき存在であったということを、ここでは強調しておきたい。例えば、義和団が鎮圧されたのち、八カ国連合軍の軍政下におかれたことのある天津では、義和団は苦々しい記憶を残していた。天津で発刊された新聞『大公報』には、次のように義和団を嘲笑するような論説が掲載されている。

官たる者は邪を信じ、それであの義和拳を寵愛・信頼したのだ。彼らを天から降りてきた神仙とみて敬い奉った。少しも彼らの命令に逆らわず、本当に天があまたの神仙を派遣したと考え、大清国を助けて外国人を滅ぼそうとしたのだ。あにはからんや、かえって自分の国をもう少しで滅ぼすところだった。これぞ邪を信じることの悪いところではないか。さらには、日照りで雨が降らないと、屠殺をやめて雨乞いをすべきだと言って、竜王廟や大王廟に願かけに行く。本当にうまい具合に雨が降れば、雨乞いのおかげだと言う。これぞ邪を信じた背景事情ではないか。[15]

ここでは義和団は邪教の一種とみなされ、それを信じたのは愚かしいことだと指摘されている。例えば、日照りで雨が降らないと、屠殺をやめて雨を祈る、つまり雨乞いをすべきだといって願をかけたりする習俗があったが、こういった迷信の考え方が義和団を導いたとして批判的に論じる趣旨が読み取れる。二十世紀初頭の時期に、知識人あるいは地元の有力者を中心に主張された啓蒙論において、義和団は非常に否定的な文脈で言及されることになる。

一九〇五年は、中国のナショナリズム運動のなかで画期となる年であった。この年には、アメリカ合衆国の中国人の移民制限に対して、中国本土においても反発が強まり、大規模な反アメリカのボイコット運動が起こった。全国的な対外ボイコット運動は、その後の中国近代史のなかでは繰り返し起こることになるが、その最初の事例がこの一九〇五年の反アメリカ運動なのである。そのなかでは、アメリカ製品を買わない、アメリカ人を雇わないなど、さまざまな方針が提唱され、宣伝活動が非常に熱心におこなわれた。ボイコットである以上は流通過程を断ち切ることが重要であり、各都市の商人の団結が強調され、また学生も運動の推進において中心的な役割を果たした。[16]

この運動のなかでは、中国にいるアメリカ人を直接攻撃してはならないことが強調された。新聞への投書には、次のように述べられる。

多くの場所で演説会が開かれ、華人労働者が排斥される状況を白話であちこちに伝えようとしているようだ。人々にその迫害の苦しみを知らせれば、勧めるまでもなくアメリカ商品を買わなくなるだろう。これは非常に文明的な方法である。ただし、第一に、決してアメリカ人を迫害したり、アメリカ人の宗教を攻撃したりして、国家に外交的な問題をもたらしてはならない。これは各新聞がすでに説いていることで、私が言う必要もなかろう。[17]別の投書は、ずばり「決して義和団のように、キリスト教を打倒するといって大乱を起こしてはならない」[18]と注意を促している。このように、自分たちの愛国運動というのは、義和団とは一線を画して、それとはまったく違うやり方で進めなければいけないということが強く意識されていたことになる。

史料のなかには、「自分たちのやり方は文明的である」という言い方、文明抵制という言い方がよくみられる。抵制とは対外ボイコットの意味である。「文明的でなくてはならない」という言い方が、二十世紀初頭の議論のなかに多くあらわれる。義和団のような盲目的な排外運動ではなくて、十分に理性的に行動し、直接的な暴力を控えるということを含意したものである。すなわち、この時期の「文明」の語には、反面教師として義和団が念頭におかれていたといって過言ではあるまい。

陳独秀の懐疑

次に、もう少し時代をくだって、第一次世界大戦が終わったあとの時点で、陳独秀《ちんどくしゅう》が『新青年』に発表した論説「ケッテラー碑」をみておきたい。陳独秀は、中国の新文化運動を主導した知識人として知られている。中国は第一次世界大戦では戦勝国であり、北京では華やかな祝典が開催された。また義和団戦争の敗北を象徴するケッテラー碑が撤去された。

北京の各学校は〔一九一八年〕十一月十四・十五・十六日の三日間を休暇として、連合国の戦勝を慶祝した。旗が街を埋めつくし、彩りの電灯が明るく輝き、太鼓の音が喧噪をもたらし、はなはだ賑やかな様子である。東交民巷そして天安門附近は、人出で身動きがとれないほどで、さまざまな歓声があがる。なかでも第一の歓声とは「やったぞ。やったぞ。一九〇〇年以来の国辱である石の碑坊（ケッテラー碑のことである。北京人は石の碑坊と通称する——原注）は、もうすでに打ち壊した」というのだ。おりしも私は病臥しており、外出する気もなかったのだが、その理由の一つは、このたび連合国がドイツに勝利したことについて、わが中国は少しも力をつくしておらず、この慶祝の祭典に厚かましく参加する資格などないと思うからだ。第二に、今回の連合国の勝利は、すべて軍事のおかげというわけではなく、私としては、連合国が戦争に勝ったのを慶賀するというより、むしろドイツの政治の進歩を慶祝するといいたいのだ。そのケッテラー碑についていえば、私はさらに感が極まり、憂いはつきない。そこで、戸外がどれほど賑やかであっても、ただ家の中に閉じこもり、何ということもない本を読みながら時間を潰すのである。[19]

祝祭気分に背を向ける陳独秀の態度には、複雑な要素が見て取れる。連合国がドイツに勝ったといっても、中国はどれほど貢献したのかという疑問が示されているし、また軍事力の強弱によって勝敗が決したというよりも、良き理念の勝利としてこの戦争結果を理解しようとする発想が陳独秀にはあった。[20]

そして、このケッテラー碑というモニュメントを撤去したことに対して、陳独秀は強い不満を感じていた。ケッテラー(Clemens von Ketteler)とは、一九〇〇年の義和団の戦乱のなかで殺害されたドイツ公使である。義和団の鎮圧後、ドイツ政府は清朝に対し、ケッテラーを記念するモニュメントをつくるように要求し、その結果として北京の街のなかにつくられたのがこの碑であった。[21]第一次世界大戦でドイツが負け中国が勝ったという状況のもと、ケッテラー碑が撤去されたのである。

陳独秀は、ケッテラー碑撤去を喜ぶ人々に対し、なぜ釈然としない思いをもっていたのか。陳独秀の論文を読み進めると、まず義和団についての記録が長く引用されている。そして、陳独秀は、まだ義和拳のような現象が中国に起こる可能性があるのだから、今ケッテラー碑を急いで壊すのは時期尚早だというのである。

陳独秀は、中国にはなお義和拳の思想、義和拳の事実が広く観察されるとして、その例を多数あげている。そのうちの二つだけをここに引用しておきたい。まず、T字型の棒によって神意が自動書記される扶乩《ふけい》の流行がある。日本の「こっくりさん」に似たものである。

扶乩をおこなう風気は、南でも北でも広くみられ、上海の盛徳壇がもっとも有名だ。古い時代からよく知られた鬼神がすべていっせいにあらわれる。鬼神の文字、鬼神の画、鬼神の文章、鬼神の写真というように、奇怪なことばかりだ。じつに義和拳と比べてもさらに荒唐無稽だ。[22]

ここでいう盛徳壇は、それ以前にも『新青年』誌上で論じられている。北京大学哲学系教授の陳大斉《ちんだいせい》による「霊学」批判である。これによると、扶乩によって得られた神霊の言葉を編集して公刊している人々は、霊学会を設けて霊学の普及に努めているという。上海の盛徳壇は孟子が主神で、荘子と墨子が補佐している。これら「聖賢仙仏」が降臨すると き、例えば戦国時代の人物が七言絶句の詩をつくったり（戦国時代には七言絶句の形式は未成立）、三国時代の音韻学者の李登《りとう》がエスペラント語を知っていたりと、理解しがたい話がみられるという。[23]

注目したいのは、ここでいう扶乩はたしかに十九世紀以前から存在してきた神意獲得の方法であるが、孟子、荘子、墨子というように異なる学派の人物が並存しているのは、二十世紀の新現象とみるべきだということである。しかも、写真やエスペラントといった要素も含まれている。このような霊学会の活動は、たんに中国の伝統の連続ないし復活というだけではなく、近代欧米の心霊主義などの影響を受けているとみるのが自然であろう。[24]

このように世界的に流行する思潮であるだけに、陳独秀もおおいに問題とせざるをえなかった。陳大斉による「霊学」批判論文と同じ号に載せた短文で陳独秀は次のように指摘している。

わが国は鬼神の説は以前から盛んで、全国の人心を支配していたのは、まさにこのような無意識の運命観念がもっとも力をもっていた。今の士大夫《したいふ》は科学が発展しようとする時代にあって、なおまた欧米人の霊魂説を援用し、めったやたらに文章を引用して、鬼神の存在はまったく疑いないと思い込んでいる。それで、書物を著して説を立てて鬼神の話を書き連ね、自分で鬼神を見たというだけでなく、鬼神の姿を写真に撮ったとして人に示している。[25]

一種の神霊写真すら、鬼神の存在の証拠として登場していたのである。

このような「霊学」の流行は、必ずしも義和団と同様の社会的背景があるとは限らず、むしろ中国伝来の宗教観念を世界の普遍的な文脈に位置づけようとするものであり、その一環として欧米の降霊術などの実践を参照していたと考えられる。それゆえ、陳独秀が「霊学」を義和団と重ね合わせることの妥当性には疑問が残るとはいえ、あくまでも科学の価値を信奉する彼の立場からすれば、一貫した態度であったとはいえよう。

さて、ケッテラー碑撤去問題に対する陳独秀の態度に話を戻そう。義和拳が再度登場する潜在的な可能性がある証左として彼があげた他の一例は次のようなものである。

> 天津で連合国勝利を慶祝するため、さまざまな集団が市街を練り歩いた。そのなかで、もっとも奇妙だったのは南開学校が「国魂舟」という船をつくったことだ。学生二人が、関羽と岳飛《がくひ》に扮して舟の中に座った。学校では「国魂舟に対する感想」という課題を学生に出して、国文の試験とした。ほとんどの学生の文章は、関羽と岳飛の二人の武聖を称讃し、中国の国魂とするものであったが、それならまだ奇妙といえない。最優等だった二名の学生の文章には次のように記されていた。「ああ。なかでも、われらが国魂舟のなかには関羽と岳飛その人がいらしたではないか。洋人〔外国人〕よ。洋人よ。われわれを愚弱と笑うなよ」「いったいどこから関羽・岳飛のような者を連れてきて昂然と舟を座らせ、金髪碧眼のやつらを跪かせ、人心をすかっとさせることができるのか。ああ。曹か張か」。[26]

この末尾の部分に陳独秀は註記して、曹・張は義和団の指導者であって、現在の大督軍ではないと皮肉を述べている。前者は曹福田・張徳成、後者は曹錕《そうこん》と張勳《ちょうくん》を指しているのであろう。

南開学校は、天津の私立学校であり、近代教育の先駆として評価されていた。しかし、「国魂舟」には、義和団を念頭におきつつ、外国人を打倒排斥しようとする情念が示されている。関羽・岳飛ともに義に厚い名将であり、とくに岳飛は異民族である金と抗戦した英雄とされていた。また、義和団の人々にも関羽・岳飛は憑依したのであった。このようにナショナリズムの感情を仮託する存在として義和団が扱われていることに、陳独秀は強い不満を感じたと理解できる。

こうして、陳独秀は、彼らしい単純明快な二者択一を迫る。

現在、世界には二つの路がある。一つは共和・科学・無神に向かう光明の路である。一つは、専制・迷信・神権に向かう暗黒の路である。わが国民が、もし義和拳が再びあらわれないことを望み、ケッテラー碑のような恥ずべき記念物が再び立てられるのを厭うならば、いったいどちらの路を進んだらよいのだろうか。[27]

この論説「ケッテラー碑」を読むと、新文化運動の旗手としての陳独秀の面目躍如たるものがある。新文化運動は儒教を否定しようとしたということは周知のことだが、「霊学」に示されるような新式の神霊観念や「国魂舟」に仮託されるような非理性的な排外心理も、厳しい糾弾の対象となっていたのである。そこには「科学」か「迷信」かという二者択一の発想があり、義和拳はまさに「迷信」の代表的存在とみなされたのである。まだ「迷信」に向かいそうな傾向がある以上は、ケッテラー碑を打ち壊すことで問題が解決されるのかどうか、おおいに疑問があるというのが、陳独秀の問題提起であった。

中国ナショナリズムと義和団認識

陳独秀は、南開学校の学生の発想のなかに、危険な排外心理を読み取った。これはナショナリズムとの関係で、いかに解釈されるだろうか。そもそも、義和団とナショナリズムとの関係をどのように考えるべきだろうか。[28]

これは、要するにナショナリズムの定義次第であろう。論者によっては、古来の華夷思想はナショナリズムだという言い方をするかもしれない。帝国主義への抵抗ということを重視して中国ナショナリズムを考えるならば、義和団をナショナリズムの一つの表れとみなすことも可能かもしれない。

しかし、ナショナリズムの条件としては、一定の近代性(modernity)が基本となっていると考える立場もまたあるだろう。対外ボイコット運動や新文化運動による新しい国民創生の動きというものをナショナリズムの動きと考えるのであれば、義和団の運動はそれからまったくはずれるものとして中国の知識分子によって否定されてきたことにも留意すべきである。陳独秀にとって、「迷信」にとらわれた義和団は愛国運動の先駆ではありえない。

ただし、義和団が今日までずっとそのように扱われてきたわけではない。その復権をもたらしたのが、中国共産党の立場からの歴史叙述であった。例えば、第二次世界大戦後の国共内戦の時期に、歴史家胡縄《こじょう》は、帝国主義の侵略の進展と中国人民による自覚的闘争の発展という観点から、中国近代史の通史を著した。そのなかで山東の義和団は「当時の中国人民の反侵略闘争の先鋒」となったと述べている。彼は、あわせて「義和団は健全な人民反帝闘争に発展することはできなかった」とも指摘している。[29]その後、一九五五年には、戴逸が「義和団反帝愛国運動」という言い方を用いており、その運動の失敗の原因は、先進的な階級による指導を欠いていたことにあるとした。[30]

文化大革命時期には、戚本禹《せきほんう》らによって義和団がイデオロギー的に称揚されたことがあったため、一九七〇年代末からは、その見直しが課題となり、義和団の排外性や「封建蒙昧主義」をどのように理解したらよいのかということについて議論が進められた。[31]二十世紀も終りに近づくと、義和団に対しても比較的冷静な歴史叙述が中国でもみられるようになってくるとはいえ、依然として義和団は帝国主義と戦った偉大な愛国闘争であるという基本的な観点は維持されているといってよい。

他方で、現代中国における民族主義の動きを警戒する知識分子は、義和団を強く否定する議論を展開している。まず、二〇〇二年に「対日関係の新思考」で話題を集めた馬立誠《ばりっせい》(当時は『人民日報』評論員)がいる。馬立誠は「現代中国の民族主義」という論説において義和団を引合いに出し、偏狭で愚昧な意識によって外国のものを全否定しようとした動きだと指摘している。そして、文化大革命時期についても「義和団の悲劇が繰り返された」ものとしてとらえ、「鎖国と愚昧は、またしても、理性のバランスを失わせた」と述べている。ここからは、民族主義が理性を欠いた排外的主張につながりかねないという強い懸念が見て取れる。[32]

また、中山大学教授の袁偉時《えんいじ》は、中国における歴史教育を問題とした。すなわち人民の暴力闘争を称讃する革命的な歴史観がいまだに教科書に載っているのはおかしいのではないかという批判であり、中国の公式歴史観に対する異議申立てであった。義和団については、外国人や海外文化に対して盲目的で排外的な暴力をふるった無知蒙昧な連中の所業であって、このような姿勢を克服しないと中国の未来はないという主張である。その後、必ずしも義和団のことのみが問題になったわけではないが、袁偉時の異議申立ては政権から目をつけられ、二〇〇六年には『氷点』という週刊新聞がその袁偉時の文章を載せたがために停刊になるという事件が起こった。[33]

馬立誠や袁偉時の主張の背景には、民衆的な暴力をどのように理解するかという問題意識があったと理解できる。排外心理に基づく暴力を称讃するような発想が持続すれば、将来的に深刻な事態が起こるだろうという危機感の表明でもある。これは理性的な行動を呼びかける真摯な訴えであると同時に、無知蒙昧な愚民の暴走を恐怖する知識人の意識をよく示している。愚かな民というものをきちんと啓蒙しなければいけないという知識人の責務は、陳独秀から馬立誠、袁偉時まで一つの系譜となってきたとみることが可能なのである。こうして、繰り返し繰り返し義和団が問題とされてきたといえるだろう。

以上のような文脈のなかに莫言『白檀の刑』をおくならば、公式史観によって形づくられた義和団イメージを巧みに利用・翻案し、土俗的要素に富む活劇に仕立てたものということになるだろう。[34]そこに、馬立誠や袁偉時とは大きく異なる民衆観を読み取ることは可能である。

義和団の現代性

二〇〇〇年十月一日、ヴァティカンの教皇庁は中国における過去の殉教者一二〇名を聖人に列した。そのうち、八七名は中国人、三三名はそれ以外の宣教師であり、殉教の年代も一六四八年から一九三〇年におよんでいる。この一二〇名のうち八一名は一九〇〇年に亡くなっており、義和団の人々によって殺害されたものと考えて大過ない。列聖の理由を説明する文章は、中国へのキリスト教伝播から歴史を振り返り、明清時代の朝廷のキリスト教に対する態度の変遷、それから今日にいたるカトリックと中国との関係について概観している。義和団によって殺害された者については、あくまでも宗教的迫害を受けたことを強調している[35]。

このようなヴァティカンの動きに対して、中国では厳しい反論が出された。まず、その列聖の予定が発表されたのに対して、中国で公認されている天主教愛国会そして中国天主教主教団は九月二十六日に声明を発表し、列聖を強く批判した。その理由としては、事前の手続きにおいて中国のカトリック教団に対する意見聴取をおこなわず台湾の主教団への調査で代わりとしたこと、列聖された者のなかには悪辣な者も含まれていること、十月一日という中華人民共和国の建国記念日を選んで列聖をおこなったことがあげられている。その声明は、「教皇庁が今回聖人としようとする外国人宣教師のなかには、帝国主義が中国を侵略する共犯者となり、中国人民に対して重大な犯罪をおこなった者も含まれている。彼らの追随者のなかにも、信仰のために犠牲になった殉教者ではない者がいる」ことから、列聖は歴史の歪曲にほかならないと指弾した[36]。

このような批判にもかかわらず、十月一日にヴァティカンが列聖の儀式を遂行したところ、中国の外交部(外務省に相当)は抗議の声明を出し、中国の国家宗教局のスポークスマンも談話を発表してヴァティカンを非難した。その見解の核心は、やはり一部のカトリック宣教師が植民地主義・帝国主義の展開において直接関与したり協力関係にあったりしたことへの批判であった。[37]

以上の応酬のなかでは明示的に言及されないが、双方が明らかに意識していたと思われるのが、この二〇〇〇年という年は義和団の運動が高潮に達し、宣教師や教徒が多数殺害されてから百年目だったことである。[38]

右の経緯は、もちろん中国政府とヴァティカンとの多年の対立という文脈のなかで理解すべきである。中国国内のカトリックは、ヴァティカンと切り離された公認教会に組織されており、それに対しローマ教皇の権威を承認しているのが「地下教会」である。ヴァティカン市国は、台湾の中華民国と外交関係を維持しており、このような外交関係においても北京とヴァティカンのあいだには厳しい緊張がある。

このやりとりがあった頃、私は義和団百周年の機会に山東大学で開催された学会に参加していた。学会が終わったあとの史跡見学エクスカージョンのなかで、外国人学者も含めて河北省威県までバスで連れていってくれた。威県は、梅花拳の使い手が暮らしていた村があって、義和団の発祥の地として知られている。驚いたことに、威県には義和団の記念館が建設中で、われわれ外国人学者もその前に並ばされて、記念撮影をおこなった。その晩は威県に一泊したが、部屋に戻るとテレビがつけられており、われわれ自身が映っていた。つまり、地元テレビは、国際会議参加者が義和団の記念館を訪れたことを報道していたことになる。

つまり外国人の学者たちも義和団の史跡を見学し、その歴史について認識を深めたという説明のなかにはめ込まれるかたちで利用されていたのである。その背景として、国際政治の文脈では右に述べたようなヴァティカンとの対立があり、また地元におけるカトリック教徒の存在という事情があったものと理解することができるだろう。

莫言の小説『白檀の刑』には、地元にキリスト教徒がいたという話はでてこない。ただし、ただ一カ所、惨酷な処刑の場面において、別の登場人物が「北関の教会で見かけた十字架」を連想したという言葉を挿入している。[39]すなわち、高密県の地元民のなかにもキリスト教徒がいて教会を建てていたことを示唆しているようである。いずれにしても、莫言のつくりだした現実と幻想の交錯する物語のなかに、キリスト教徒は位置づけられていない。しかし、中国民衆のなかにおけるキリスト教信仰も、奇跡譚などを含め現実と幻想を織り交ぜた歴史認識を育んでいる可能性も考慮しておきたい[40]。

註

1 ノーベル賞の公式ページ参照(http://www.nobelprize.org/nobel_prizes/literature/laureates/2012/)。

2 ここでは、莫言(吉田富夫訳)『白檀の刑』上・下、中央公論新社、二〇一〇年に拠った。

3 他方で、この『白檀の刑』は、さまざまなレベルでウィリアム・フォークナー『響きと怒り』の影響を受けていることが容易に見て取れる。フォークナーが莫言に大きな刺激を与えたことは、よく知られている。莫言の冗談まじりの講演「フォークナー叔父さん、お元気ですか?」林敏潔(藤井省三・林敏潔訳)『莫言の思想と文学』東方書店、二〇一五年参照。

4 Joseph W. Esherick, *The Origins of the Boxer Uprising*, Berkeley: University of California Press, 1987. 佐藤公彦『義和団の起源とその運動――中国民衆ナショナリズムの誕生』研文出版、一九九九年。

5 詳しくは浅田進史『ドイツ統治下の青島――経済的自由主義と植民地社会秩序』東京大学出版会、二〇一一年参照。

6 Paul A. Cohen, *History in Three Keys: The Boxers as Event, Experience, and Myth*, New York: Columbia University Press, 1997, pp. 96–118.

7 義和団の残したビラなどの史料については、陳振江・程歗編『義和団文献輯注与研究』天津人民出版社、一九八五年参照。

8 柯文[Paul A. Cohen]「義和団、基督教徒和神――従宗教戦争角度看一九〇〇年的義和団闘争」『歴史研究』二〇〇一年一期。Paul A. Cohen, *China Unbound: Evolving Perspectives on the Chinese Past*, London: Routledge Curzon, 2003, pp. 105–130.

9 中国第一歴史檔案館編『光緒宣統両朝上諭檔』広西師範大学出版社、一九九六年、二六冊、一四一頁。

10 この八カ国連合軍の派遣過程については、吉澤南『海を渡る〝土兵〟、空を飛ぶ義和団――民衆文化と帝国主義』青木書店、二〇一〇年参照。

11 James L. Hevia, *English Lessons: The Pedagogy of Imperialism in Nineteenth-century China*, Durham: Duke University Press,

2003, pp. 197-203.

12　永原陽子「二〇世紀起点の南部アフリカと東アジア――戦争がつなぐ世界」『歴史評論』六九二号、二〇〇七年が指摘するように、この義和団鎮圧戦争は同時代の世界における人種意識と無差別殺戮の関連を示す事例として解釈されるべきであろう。

13　詳しくは、王樹槐『庚子賠款』中央研究院近代史研究所、一九七四年参照。

14　戴逸「在義和団運動一〇〇周年国際学術討論会開幕式上的講話」中国義和団研究会編『義和団運動一百周年国際学術討論会論文集』山東大学出版社、二〇〇二年、上巻、一二頁。これは、文章の性質上、戴逸の個人的見解というより、公式史観の表現であるとみて引用した。なお、この発言の背景には、後述のような、ヴァティカンの動向をめぐる緊張を見て取るべきだろう。

15　「説中国人信邪壊処」『大公報』一九〇二年八月十三日。

16　吉澤誠一郎『愛国主義の創成――ナショナリズムから近代中国をみる』岩波書店、二〇〇三年、四七～八六頁。

17　第一個頑固不開化的大傻子来稿「敬告会議不買美貨的諸同胞」『大公報』一九〇五年六月十七日。

18　殷殷子来稿「敬告吾華同胞」『大公報』一九〇五年七月十日。

19　陳独秀「克林徳碑」『新青年』五巻五号、一九一八年。

20　この点については、吉澤誠一郎「公理と強権――民国八年の国際関係論」谷垣真理子ほか編『模索する近代日中関係――対話と競存の時代』東京大学出版会、二〇〇九年。

21　このような清朝のドイツに対する謝罪外交については、小池求『二〇世紀初頭の清朝とドイツ――多元的国際環境下の双方向性』勁草書房、二〇一五年、六三～一一二頁参照。

22　陳独秀「克林徳碑」。

23　陳大斉「闢『霊学』」『新青年』四巻五号、一九一八年。陳大斉（一八八七～一九八三）は、浙江省の人。清末に東京帝国大学に留学し、一九一四年、北京大学哲学系教授となった。一九二一年にはベルリン大学に赴いて研究した。国民政府の役職も務め、第二次世界大戦後は台湾で国立政治大学校長となった。徐友春主編『民国人物大辞典』（増訂版）河北人民出版社、二〇〇七年、一三八二頁。

24　霊学会については以下参照。志賀市子「近代上海のスピリチュアリズム――霊学会とその時代」『アジア遊学』八四号、二〇〇六年。黄克武『惟適之安――厳復与近代中国的文化転型』聯経、二〇一〇年、一五七～一九七頁。

25　陳独秀「有鬼論質疑」『新青年』四巻五号、一九一八年。

26　陳独秀「克林徳碑」。

27　同右。

28　この問いについての一つの回答として、佐藤公彦『中国の反外国主義とナショナリズム――アヘン戦争から朝鮮戦争まで』集広舎、二〇一五年参照。

29　胡縄『帝国主義与中国政治』生活・読書・新知聯合発行所、一九四九年、一三八、一四〇頁。ここでは『民国叢書』上海書店、一九八九年の影印本を使用した。

30　戴逸「義和団反帝愛国運動」路遙編『義和団運動』巴蜀書社、一九八五年に再録。原載は一九五五年。

31　前註の路遙編『義和団運動』に、関係する論文が集められている。

32　馬立誠（杉山祐之訳）『反日――中国は民族主義を越えられるか』中央公論新社、二〇一一年、一一八～一四五頁。ここに収録される論説「現代中国の民族主義」は二〇〇一年に発表され、〇三年に修正して別の著作に収録されたものである。

33　詳しくは、佐藤公彦『『氷点』事件と歴史教科書論争――日本人学者が読み解く中国の歴史論争』日本僑報社、二〇〇七年参照。

34　これは、莫言『赤い高粱』が公式史観に合うような抗日物語の一種の翻案でありながら、家族・郷土の伝承に立脚することで物語に生命を吹き込んだのと、軌を一にするものと理解することができよう。また、魯迅《ろじん》『阿Q正伝』と莫言『白檀の刑』はいずれも公開処刑を結末としているが、その点の比較をおこなえば、魯迅の民衆観がいかに絶望に満ちたものであり、陳独秀「ケッテラー碑」と相通ずる発想を含んでいたかが印象づけられる。他方で、莫言が主題とした処刑の美学は、魯迅『阿Q正伝』『藤野先生』の捉え方とは大きく異なる。

35　http://www.vatican.va/news_services/liturgy/saints/ns_lit_doc_20001001_zhao-rong-compagni_en.html なお、これら一二〇名は、それ以前からすでに福者であった。

36　「就梵蒂岡無視中国教会主権擬冊封所謂聖人事、中国天主教愛国会中国天主教主教団発表声明」『人民日報』二〇〇〇年九

月二十七日。なお、本論では『人民日報』の縮印合訂本を用いた。

37 「外交部発表声明強烈抗議梵蒂岡〝封聖〟」「国家宗教局発言人関于梵蒂岡「封聖」問題的談話」『人民日報』二〇〇〇年十月二日。

38 教皇ヨハネス・パウルス二世は、二〇〇〇年という聖年であることを列聖にとってふさわしいといっているが、義和団から百年とはいっていない。http://w2.vatican.va/content/john-paul-ii/en/homilies/2000/documents/hf_jp-ii_hom_20001001_canonization.html

39 『白檀の刑』下巻、三一五頁。

40 山西省のカトリック教徒村落における伝承や奇跡譚の分析について、次の研究が独自の達成を示している。Henrietta Harrison, *The Missionary's Curse and Other Tales from a Chinese Catholic Village*, Berkeley: University of California Press, 2013.

コメント

ナショナル・アイデンティティの超克

莫言の義和団民衆像の歴史的意味

濱下武志

すでに二〇〇三年に、『愛国主義の創成――ナショナリズムから近代中国をみる』(岩波書店)において、吉澤氏は、近代中国のナショナリズムが多様な主体と表現様式をとったことを特徴づけている。そこでは「相対化」されたナショナリズムが論じられているが、本論考ではこれをさらに推し進めて、莫言が義和団を扱った歴史小説『白檀の刑』に足場をおくことによって、歴史研究の視野から義和団の位置を問うというよりもむしろその対岸に立って、多様な歴史論をも包摂しえてしまう一つの総体である民衆社会のなかに義和団を取り込もうと試みている。

吉澤論考の特徴は、義和団について異なる評価を吟味しながらも、それらの一つを選びとるのではなく、ナショナリズムすなわち凝集的なエネルギーの発生とそれが必然的に動機づけられている排外主義・反外国主義の動きは中国に固有の問題ではなく、世界中どこにでもまたいつでもみられる現象であるとしている点である。これは、ナショナリズムあるいはナショナル・アイデンティティの議論からは一定の距離をおき、むしろそこに焦点をあてる歴史研究に対して懐疑的である、とでもいえる姿勢を一貫させている。

吟味される研究史のなかで、ポール・コーエンの「キリスト教に対する宗教戦争である」という議論にも光があてられている。また、義和団問題が繰り返し登場する背景には、中国知識人が文字通り「啓蒙」という宿命を背負っている事情があることを導いている。

討論では、義和団戦争(事件・事変)と「義和団ナショナリズム」をめぐって多岐にわたる意見が出され、義和団運動そのものの分析から帝国主義とアジアなどのテーマにおよんだ。ここでは、以下の諸点を記すのみとしたい。

義和団と宗教戦争

宗教戦争について、田村克己氏は「義和団に関連して、宗教をどう考えるかという問題がある。日本の場合は、神道非宗教論があって、神道を先に出してキリスト教はほかの宗教と一緒ということにして神道を切り離す。例えば、神道と攘夷が直接結びつくことはない。しかし、義和団の例は宗教闘争なのか、たんなる暴力闘争なのか、対外攘夷なのかという区別は非常に難しい。逆に解釈も複数可能だということになってくる。現代の中国ナショナリズムは、それをたんに暴力におとしめるのか、あるいは対外戦争と位置づけるのか、たんに遅れた無知蒙昧の宗教的な人間がいるのか。その場合宗教とはキリスト教のことになると思うが、それは当時どういうことになっていたのか」と述べ、日本との対比を示した(後述)。

大塚和夫氏は、「宗教運動であれば、今私が使える意味での宗教運動という言葉を使うのであれば、ぱっと思い浮かべるのは、今のスーダン共和国のマフディーの話です。もちろんマフディーの動きがチャールズ・ゴードンをやっつけるが、ゴードンは太平天国で活動したイギリスの将軍です。それが、またスーダンに戻ってきて、あそこで死んだ。むしろ、植民地主義のネットワークはすごいという感じがあります。では、あれがナショナリズムであったか。現在のスーダン共和国の教科書では、ナショナリズムです。ナショナリズムの先駆です。一種の排外主義というかたちで考えましょう。いろいろな状況証拠からみて、あれがナショナリズムかというと、僕はイスラーム運動であると考え、歴史学者の方とも議論をしています。なぜならば、スーダン人民やスーダン国民という考え方はでてこなくて、マフディーを信じる正しいムスリムか、そうではない正しくないムスリムか、もしくは完全な異教徒かです。その二分法でいきます。そういう意味では、今日のスーダン共和国は一九五六年一月一日に生まれますが、それ以降、たしかにあれはナショナリズムの先駆と位置づけられます。しかし、当人たちは、おそらくあれは宗教運動だろう、もしくはイスラーム運動だろう、もし宗教という言葉を使わないほうがいいのであれば、おそらくイスラーム運動だろうと考えた。十九世紀の話は、宗教運動そして排外主義的な宗教運動があると思います。当時ネーションをつくる運動であったかどうかというのは、また別の話になってきます。ただし、後づけでは、これはネーションをつくる運動として位置づけられます」と述べ、宗教運動という側面を強調した。これらの議論は、コーエンの義和団戦争を宗教戦争とする議論と比較しても、イスラームの宗教性の強さが際立っており、興味深い比較である。

近代性ならびに思想としてのナショナリズム

田村氏は、日本の小林一三の阪急宝塚線の建設を例に引き、「ナショナリズムと近代性は結びついていると考えられるが、それが中国を中心として東アジアで同様にできたのか」という疑問を呈した。他方、宮崎恒二氏は「ナショナリズムは後づけで判断され定義されるといえる。つまり、義和団がナショナリズムであったかどうかは判断しようがない。むしろはっきりしているのは、それを教科書レベルで再評価しようとする中国政府の動き自体はナショナリズムだといえる。インドネシアでも国民英雄、愛国の英雄はいるが、排外主義に動いた人が英雄とされる。ただしその場合の排外主義とは、その単位が何か明確ではない。ローカルなコミュニティであったり、大きな単位の民族であったりする。それらを最後に後づけでまとめて、現在ナショナリズムだといっている。それをいつから言い始めたかを検討することが、思想としてのナショナリズムの始まりになるのではないか」と述べ、国策や知識人からの歴史に対する関わりや位置づけに注目し、運動から思想への昇華を後づけることの必要性を示した。すなわち、知識人の役割の重要性の歴史的検証でもある。

中国知識人論と日本

義和団に関連して同時代の知識人の反応は、「陳独秀の懐疑」において述べられる。吉澤氏は、一九一八年に雑誌『新青年』に掲載された「克林徳碑」(ケッテラー碑)の議論を引き(前述の田村氏からの疑問に対する回答でもあるが)、「陳独秀は、南開学校の学生の発想のなかに、危険な排外心理を読み取った。これはナショナリズムとの関係で、いかに解釈されるだろうか。そもそも、義和団とナショナリズムとの関係をどのように考えるべきだろうか。これは、要するにナショナリズムの定義次第であろう。論者によっては、古来の華夷思想はナショナリズムだという言い方をするかもしれない。帝国主義への抵抗ということを重視して中国ナショナリズムを考えるならば、義和団もナショナリズムの一つとして考えることも可能かもしれない。しかし、ナショナリズムの条件としては、一定の近代性(modernity)が基本となっていると考える立場もまたあるだろう。対外ボイコット運動や新文化運動による新しい国民創生の動きというものをナショナリズムの動きと考えるのであれば、義和団の運動はそれからまったくはずれるものとして中国の知識分子によって否定されてきたことにも留意すべきである」。ここで、中国ナショナリズムの内容、主体および歴史的表れの広がりが強調される。

莫言の世界と歴史論

吉澤論考は、莫言の長編歴史小説『白檀の刑』が義和団を主題にしていることを援用しながら、それを義和団理解のための基礎とも位置づけ、それを基に、これまで革命後のいくつかの段階において、研究史上異なる解釈や主張がおこなわれてきたことを跡づけている。そして、義和団の位置づけに関しても、莫言が、「公式史観によって形づくられた義和団イメージを巧みに利用・翻案し、土俗的要素に富む活劇に仕立てた」手法が指摘され、それによっていわゆる知識人のものとは異なる民衆観を読み取ることが可能である、と述べる。この対比を、「魯迅『阿Q伝』と莫言『白檀の刑』はいずれも公開処刑を結末としているが、その点の比較をおこなえば、魯迅の民衆観がいかに絶望に満ちたものであり、陳独秀「ケッテラー碑」と相通ずる発想を含んでいたかが印象づけられる」とし、知識人相互における民衆観の大きな違いを際立たせている。

川田順造氏は日本の歴史からみた義和団に言及し、「義和団事件そのものの性格というよりは、明治日本のナショナリズムにとってもった意味に非常に興味がある。一つは、日本は多国籍軍に参加し、五年前に三国干渉で辛酸をなめさせられたドイツ・ロシア・フランスの側に立って最大の勢力を派遣した。まさに日本のナショナリズムにとってチャンス到来という感じだった。しかも、これはイギリスからの要請が強く、南アフリカのボーア戦争で疲弊していたため、日本に要請し、日本もそれをチャンスととらえ最大の軍隊を送った。日本とすればイギリスと同じくロシアの南進に対して警戒をしており、日本の大陸での権益を確保するチャンス到来としてこれに乗ったという日本側のナショナリズムである。いま一つは、この義和団事件でドイツの公使が殺されたことに関連して、ヴィルヘルム二世が黄禍論(die gelbe Gefahr)を言い出す。これは直接には中国が中心の黄色人種の害だったが、中国人はあまり反応がなく、むしろ黄禍論に対してヒステリックに日本人が反応した。この反応を徳富蘇峰や森鷗外が批判している」と指摘した。

莫言、陳独秀、魯迅と徳富蘇峰、森鷗外など同時代の中国と日本の知識人の歴史に対する、また歴史主体に対する異なる見方は、一方では「西洋」に対する位置づけの違い、また民衆に対する位置づけの違いとしてそれぞれにナショナリズムを論ずるという対比がある。これを宮崎氏のいう「思想としてのナショナリズム」という文脈でみるならば、現在にいたるまで一貫して登場し絶えず増幅されているといえる。吉澤論考が強調するように、ナショナリズムは世界中どこにでもあるものとなり、現代世界は、まさしくこのように、あらゆる主張・反主張がナショナリズムに依拠して自己を主張し他者を否定している。まさに、思想としてのナショナリズムそのものが問われているともいえよう。

吉澤論考は、莫言を引きながら、これからの知識人が占めるべき思想の位置を強く示唆している。それは、莫言の五官をとおして発現する動かしがたい「伝統的」民間社会のダイナミズムのなかに、歴史全体を包み込もうとしているようである。これは吉澤氏の戦後の「社会科学化」した歴史研究に対する警鐘でもあると読み取れる。

ミャンマーのアイデンティティ形成

田村克己

現代史のなかのビルマ

ビルマ(現国名ミャンマー)は、軍が政治を壟断《ろうだん》しているという状態がつい最近まで続いていた。ある面では、軍が支配しているというのはあたりまえの状態であり、むしろ民主的な政治体制はビルマの現代史のなかで期間としては短く、あまりみられなかった。軍が支配する国といってよいミャンマーが、どのようにして成立し、なぜこのような国のあり方が続いてきたのか。本論では、軍がナショナル・アイデンティティの形成に大きな意味をもっているのではないかということも含みつつ、ミャンマーという国のアイデンティティの形成ということを考えてみたい。

独立とその後の混乱

現代史のなかのビルマ(ミャンマー)を論ずるにあたり、第二次世界大戦後の東南アジアの動きを大体一五年くらいで区切って考えてみる。最初は一九四五〜六〇年であり、独立と新たな国づくりをめぐっての混乱の時代である。ベトナムにおいては、ディエン・ビエン・フーの戦いを経てフランスから独立してベトナム民主共和国が成立するが、続いてベトナム共和国もでき、南北の分断・対立が生み出された。このときビルマもイギリスから独立するが、その後は内戦が続いた。

ビルマの独立を担ったのは、反ファシスト人民自由連盟（AFPFL＝Anti-Fascist People's Freedom League, ビルマ語の頭文字をとって「パサパラ」という）である。ここでいう反ファシストとは抗日であり、民族主義者、ビルマ国民軍、労働組合や農民組合を掌握する革命党（のちの社会党）、共産党などが結集して、インド国民会議派を一つのモデルとして一九四四年にできたものである。しかし、戦後まもなく、独立という目標を達成したのち、分裂していく。さらに起こったのが独立運動のリーダー、アウンサン将軍の暗殺である。アウンサンを暗殺したのは、戦前に一時首相にもなった、ウー・ソーという古い保守派の政治家である。彼はイギリスとの独立交渉の帰途に日本の真珠湾攻撃に遭遇し、日本を頼ろうとするがアメリカ軍に捕まり抑留される。戦後復権を図るが、イギリス軍からまともに扱ってもらえない焦りもあって、会議中のアウンサンなど一〇人近くを射殺する。すぐに捕まり、最終的には独立前に処刑される運命をたどった。[1]

さらにこの時期のビルマにはカレン民族の反乱が起こった。英領時代、周辺山地のカチンやチン、シャンなどの民族の多くは、伝統的な首長がそのまま統治しており、それをイギリスが間接統治するというかたちをとっていた。独立にあたってはパンラウン会議がもたれ、こういった地域も州として連邦に加わっていくが、最初は連邦からの離脱権をもち、かつ、かなり法的な自由をもっていた。例えばシャン州の場合、国としては禁止されている麻薬の売買が一九六〇年くらいまで自由であった。カレン民族は首長制をとる社会が一部を除いてなかったため、前記のような高い自治権をもつ州の地位を与えられなかった。また、キリスト教徒が多いということがあって、植民地時代から官吏や軍人、警官になる者が多く、植民地における中間支配層を形成していた。これらの点からビルマ民族とのあいだに感情的なものも含んだ民族間対立が根強くあり、一九四二年にはビルマの独立義勇軍がカレンの人々の虐殺をおこなっている。そういった積み重ねのうえに反乱が続き、カレン民族というのはこの国の不安定要因としてありつづけた。

もう一つ、この時期には、アウンサンのあとを継いだウー・ヌが仏教を国教化しようとして失敗した。要するに、ビルマのこの時期においては、政治的利害の対立、イデオロギー対立、民族間対立、宗教対立と、次々に混乱が生み出されていった。

軍政の「完成」

次の一九六〇~七五年まではベトナム戦争の時代である。一九六七年にはアメリカ軍による北爆が始まり、反共ブロックをめざす東南アジア諸国連合(ASEAN《アセアン》)が成立している。

ビルマではネーウィンが軍事クーデタをおこない、一九六二年からはビルマ式社会主義(Burmese Way to Socialism)の旗印のもとで、軍が政権を担う。その内実は反官僚、反議会であり、軍が国家の担い手としての地位をもつようになる。この政権のとったもう一つの政策は鎖国的体制であり、「ビルマのことはビルマ人自身の手で」というスローガンのもとに一種の自力更生の路線をとるが、国の経済は行き詰まっていく。

続く一九七五~九〇年は東西冷戦の時代である。ベトナムが統一し社会主義共和国の成立をみるが、一九七九年には中越戦争が勃発し、八〇年代半ば以降は、ドイモイ政策という経済面で次の時代へと続く、新しい動きが始まった。

この時期のビルマは完全に東西対立の局外にあった。当時、インドネシアのスカルノ大統領などが中心になっていた非同盟諸国会議に対しても、ビルマは、非同盟とあるにもかかわらず、非同盟諸国会議自体が同盟し偏向しているということで、これすら脱退する。そして「鎖国」を維持していった。国内的には軍事政権が憲法を成立させ、形式的な民政移管をおこなった。それは「ビルマ式社会主義」すなわち軍による政治支配の完成であり、政権が一九八八年に学生運動によって倒れるまで続くことになる。この時代の軍は軍事組織であるだけでなく、全国に張りめぐらされた組織体として一党独裁の社会主義計画党を支えており、かつ行政組織の主要なところに要員を配置することで、それを支えコントロールしていた。さらに、軍自体の再生産のための学校などの教育システム、専用商店などの流通網、全国に張りめぐらされた通信網などをもち、いわば国家のなかの、もう一つの国家をつくっていた。こうしたことが、ある面で完成したのがこの時期である。[2]

したがって、軍事国家であるが、軍は決して徴兵制ではなくて、志願制である。軍に行けば、さまざまな特権を享受できるので優秀な者が集まっていた。[3]

開発独裁と「民主化」

さて、一九九〇〜二〇〇五年のあいだは、アジア経済の成長の時代であり、反共同盟であったASEANが経済共同体として東南アジア全域に拡大していった。そうしたなか一九九七年にアジア通貨危機が発生し、翌年、インドネシアにおいて開発独裁の政策を進めてきたスハルト政権が崩壊した。

ビルマは一九九七年からASEANに加盟し市場経済化を進める一方、新たな軍政が続いていく。一九八八年の学生運動の高揚、アウンサンスーチーの登場を受け、「民主勢力」は総選挙に勝利するが政権をとるにいたらず、結局軍に抑え込まれてしまう。その軍事政権がこの時期におこなってきたことは「遅れてきた」開発独裁である。一九九〇年以降、例えば二期作、三期作とか、あるいは田畑をローテーションさせていろいろな作物を植えていくといった農業面での政策指導がおこなわれ、さらにダムなどを次々と建設して灌漑を推し進め、可耕地の延べ面積を増加させていった。そうした政策のあるものはマレーシアやインドネシアでおこなわれていた手法であるが、皮肉にもスハルト政権が崩壊して開発独裁という手法がある意味では時代遅れになったときに、こういうことをおこなっていたといえる。また、一九九六年にビルマ観光年(Visit Myanmar Year)を実施するが、ちょうど翌年にアジア通貨危機が起こり、思ったように外国人観光客は増加せず、結局複数年にわたって続けていた。[4] なお、ビルマからミャンマーに対外的な国名が変わるのもこの政権によってである。[5]

二〇〇五年からは、現在自体を含む時代である。この間、東南アジア全体としてグローバリゼーションがいっそう進行するとともに、中国のプレゼンスが増加していく。ミャンマー(ビルマ)はどうかというと、二〇〇九年に新憲法が成立し、翌一〇年に総選挙が実施され、軍主導の「民主化」の政治的プロセスが進められた。しかし、この国に関していえば、結局、独立以来ずっともってきたことが、そのままに解決されないで残っている。すなわち、第一に軍人が影響力をもつ体制は変化していない。新憲法によれば、議会の議席の二五%は軍人議員がもつ。あるいは、大統領は軍事知識をもつことと書かれており、非常事態では軍の最高司令官が全権を握るとある[遠藤 2009:194]。要するに、最初から軍によるクーデタを容認しているといえよう。

もう一つの民族問題についていえば、州のなかにさらに小さな単位で民族の自己管理管区(Self-Administered Zone, 現Division)をおくとしている。従来の行政組織においては、ビルマ民族の住む主として平地部は管区(Division, 現地方区Region)に分けられ、シャン、カレン、チンなど主要な少数民族の地域は州(State)に分けられるが、連邦制の当初と違って、管区と州とで実際のあり方に大きな差異はない。新憲法では、こうした州のなかに、ワ、ナガなど他の少数民族に自己管理区域として権利を認めるとしている[遠藤 2009:194;高谷 1999]。しかし、はたしてこれが積年の民族問題の解決となるか、問題を細分化し拡散化したものとも考えられる。

以上述べてきた戦後の東南アジアの流れを振り返っていえることは、一つにベトナムが植民地からの独立、戦争と東西対決の時代、そして経済発展の時代を通じて、中心的な位置を占めている点であろう。これに対し、ビルマ(ミャンマー)はそうした動きの局外にあり、あるいはそれに乗り遅れてきた感を否めない。ベトナムとミャンマーはASEAN加盟がほぼ同じ時期であり、当時この二つの国が東南アジア発展の原動力だという言われ方もされていた。しかし、現在のミャンマーはベトナムから経済発展の面で大きく遅れをとり、不安定要因が残ったままである。

植民地下の仏教・社会主義・軍

ビルマは、東南アジアの現代史において、その流れに中心的な位置をとることなく、いわば独特の歩みをたどってきた。そうした動きのなかで、主要な役割を果たしてきたのが国の権力主体としての軍であり、近代化のイデオロギーとしての社会主義であり、民族的アイデンティティの拠りどころとしての仏教である。時代を遡り、植民地下ビルマにおける三者の動きをみておこう。

仏教と反植民地運動

三次にわたる戦争に敗れ一八八六年にビルマ全土がイギリス領となり、その後の植民地下において、反英反乱が間欠的に起こっていく。そうした反乱の背景には、仏教の末法思想に基づく世界認識があった。すなわち仏教の末法において、混乱と無秩序が現出するとの考えであり、国の回復と仏教の復興が表裏の関係に位置づけられる。しかしこれらの反乱はいずれも失敗に終わっていくが、その一連の反乱の最後にあって集大成ともいえるのが、後述する一九三〇年に起こったサヤー・サンの乱である。

それとは別に、もう少し穏健な都市の知識人層を中心にまず始まったのは、青年仏教徒連盟(YMBA=Young Men's Buddhist Association)である。その名前からもわかるとおり、キリスト教のYMCAを真似たもので、一九〇六年に結成された。おおむね留学帰りなど富裕層の師弟が始めたものであり、反植民地運動の揺籃とはなるが、イギリスに対し非常に協調的、あるいはともすれば卑屈なほど追従するようなものであった。彼らは集会の最後に、「神よ主を助け給えGod Save the King」を「仏陀よ王を助け給えBuddha Save the King」としてイギリス国歌を歌い、仏陀に対して、「イギリス国王が健康で長寿でありますように」と祈りを捧げていた。

しかしながら、当時ビルマは英領インドの一部であり、インド国民会議派の影響を受けて徐々に協調的ではなくなっていく。いちばん問題となったのは宗教施設内での土足禁止の問題である。現在もそうであるが、ビルマの場合は、パゴダや僧院などは神聖な土地であり、履き物を脱いで入ることとなっているが、イギリス人などはそれを破ることもあり、土足禁止の決議が一九一七年に出された。

この組織には知識人層、ことに留学帰りの人たちも入っており、ビルマの独立につながる運動は当初から、伝統的なビルマの復興を唱える一方で、近代的なものをビルマでどう植えつけていくか、すなわち近代化をめざすところが入ってきている。したがって、英語を使って仏教を講演するなど、近代主義者による復興運動のような面があった。

こうしたなかで、改正インド統治法の問題が生じる。インドの統治を立法と行政に分け、一部自治権を与えるような内容であったが、それをビルマに適用するかどうかについて、当時のビルマ副知事のイギリス人が「ビルマ人はまだ幼稚だから与えてはいけない」などということを堂々と言ったこともあって、反英感情や対立がかきたてられていった。そして、ビルマ人団体総評議会(GCBA)、それから政治僧の民族主義結社ウンターヌ・アティン(Wunthanu athin)が結成される。ウンターヌは「伝統の保存 heritage preservation」という意味であり、アティンは「結社」を意味しており、インドに倣って手織りの粗布などの国産品愛用の運動をしていった。そして、大きな伝統の拠りどころである仏教の近代化をもめざしていた。

このような当時の反英・反植民地運動の中心になったのは政治僧たちで、代表的な一人がウー・オウッタマである。[6] 彼は非常に複雑な興味深い性格をもつ人物である。当時のビルマにとって世界につながる場である英領インドそのもので勉強したいという願望をもって、十七歳ではじめてカルカッタ(現コルカタ)へ行き、その後二度目のインド行きのときにインド国民会議派に接触している。そして民族意識が芽生え、今度はイギリスに対抗するのにフランスの援助を仰ごうということで、フランスまで行った。

フランスに行ったときに日露戦争の結果を聞き、日本が頼りになるとの思いをもち、フランスから日本へと渡る。彼はお金を工面して行ったが、日本へ着いても別に当てがあったわけではないので、宗教家大谷光瑞のところへ行き、パーリ語も、英語もできるというふれこみで支援を申し出た。一年間日本語を学び、もう一年はパーリ語やサンスクリット語を東京にあった専門学校で教え、また当時の松坂屋の会長などからも援助をもらっており、こうした資金により以後も何度か来日した。

一九〇七〜一〇年まで日本に滞在して、一四年には『日本国伝記』という書を著し、ビルマの人々に日本を紹介した。これは一種の日本のエスノグラフィーであり、非常に興味深い内容となっている[7]。

一九二二年には逮捕されたりしながら、いろいろな政治闘争を続けていき、三九年に亡くなる前に『日本と中国』をビルマ語で著している。彼がこれを書いたのは、ともかく日本と中国に仲良くなってほしいとの願いからであった。日本は中国に攻め入っているが、これは誤解であって日本はそんなに悪いことをしていないのだといい、当時のファシスト日本を擁護するような主張を展開している。なかには、例えば日本ではまだ実行していない神勅があり、それが実行されれば、最終戦争に勝利するとか、開国というのは明治維新のことだが、それは「天皇を、全世界を領有する世界皇帝とするためである」とか、日本は「アメリカを憐れんで戦わず慈悲をたれている」とか［ウー・オッタマ 1979:64-65, 71］、当時日本で一部にあった主張をビルマ人向けのプロパガンダとして書き連ねた。

彼は「われわれは仏教徒である。我国はヨーロッパ人のように尊敬できないといって怠慢な大陸人の仲間に入れられた」として、「われわれが日本人と兄弟のように団結し、肩を並べ手を取り合っていたならば、白人は今日のように振る舞わなかったのだ。多くの人が知るように、日本人は中国人の敵ではない」という。それゆえ「日本は中国の領土を奪わない」と主張している［ウー・オッタマ 1979:84, 88］。こうしたいささか強引とも思える主張を、彼がどのような意図で展開したのか十分に理解はできないが、ともかく彼は亡くなる前、ちょうどこれを書いていた頃もそうではないかともいわれるが、精神状態が普通ではなくなり「物乞い」のようになって町中を放浪していたともいわれている。

もう一人の政治僧のウー・ウィザーラという人は、一九二二年に反英演説をして投獄されて、獄中で僧侶の衣を着ることを主張する。また一月のうち、新月、上弦八日、満月、下弦八日の四日は「布薩日」として、仏教の精進をおこない、労働をしない日であるが、その遵守を求めて獄中で断食する。そして、その結果獄中で餓死している。

こういった政治僧の動きを含め、この時代のビルマの反英・反植民地の動きが、一九三〇～三二年のサヤー・サンの乱で一つの頂点に達する。[8] この乱には、ある種の呪術的な信仰、ウェイザー(weikza)という超能力者への信仰の土壌がある。リーダーのサヤー・サンはラングーン(現ヤンゴン)の近郊で即位式をおこなうが、このときに、ビルマで盛んな錬金術の呪術的な合金、すなわち水銀などからなる合金を飲み、身体に入れ墨をして、不死の体を獲得したという。そして部下たちにも入れ墨を施し、不死の護符を与えた。ところが、彼らの武器は根棒などだけで、不死だと信じてイギリス軍のところへ向かっていくものの、銃などの火器で撃たれていき、不死のはずが次々と死んでいくという結果になった。警察、政府側の死者が五〇人程だったのに対して、反乱軍のほうは負傷者を合わせたら六〇〇〇人くらいと圧倒的な差がでることとなり、従来の反乱同様に「前近代の」無謀な試みであった。

サヤー・サンは、もともとGCBAにいて、農村の実情調査などをおこなっており、その窮状をみて、武力行使するにいたったといわれ、彼はまた秘密結社のガロン・アティン(Galon athin)に入ったりもしていた。当時凶作があって、ウンターヌ・アティンによる納税拒否運動が展開され、それに弾圧が加えられていたこと、さらに一九二九年には世界恐慌が起こったことが反乱の背景にはあった。そういうなかで、サヤー・サンは「ビルマを取り戻したならば……平穏に暮らすことができる」というスローガンのもとに、反乱に蜂起した。

先述のように、この呪術的力による超能力者の信仰が、この反乱を生み出した土壌にある。超能力者は、宗教セクトの意味のガイン(gain)と、師匠という意味のサヤー(saya)からなるガイン・サヤーともいわれるように、宗教教団のリーダーともなり、ときに政治的に力をおよぼす可能性をもっている。そしてこの信仰は、転輪聖王(セッチャーミン

Setkyamin)、また未来仏の観念に連なる。セッチャーミンは仏教世界を守る理想王であり、あるいは武器をとる世界征服者という存在である。この世界の支配者としての考えの背景には、ポン(pon)とミッター(metta)の観念がある。ポンというのは霊力とも一部重なる、ある種の威信であり、ミッターは慈愛という意味である。これらの資質を備えることで、理想王として存在することになる。[9]

知識人、そして軍

仏教がビルマの独立運動に対して、一つの大きな流れを与えたと同時に、もう一つは都市の知識人層が、独立運動の大きな担い手となっていく。彼らが懸命に吸収する西欧的知識のなかに社会主義思想もあり、搾取なき社会を実現するイデオロギーとして、彼らの考えの中心になっていく。他方で、その彼らは文学改革運動も進め、ビルマ王朝が栄えたバガン時代に、そのための原点を発見する。彼らはわれわれがこの国の主人(ビルマ語でタキン thakin)だということで、タキン党(「われらのビルマ協会」)を結成した。

ところで、搾取なき社会を実現しようとする背景には、サヤー・サンの反乱と同じく、ヤンゴン近辺のイラワジ川下流デルタ地帯におけるビルマ人農民の状況があった。この地域、すなわち下ビルマの開発にインド人労働者が多数流入し、チェティアー(chettiya)というインド人金貸しも入ってきて、結局ビルマ人の農民たちの土地は多くが取り上げられ、困窮化していった。また、インド人が警官となり、植民地政府側としてビルマ人を抑圧する側に立つことがあった。こうしたことによりインド人に対する反感が強まっていき、搾取なき社会という考えは、同時に反インド人であり、また反華僑《かきょう》であるといった、強い民族主義的な色彩をもっていた。

サヤー・サンの乱があり、その後、こういった都市の知識人がイデオロギー的に強化され、理論武装していくが、もう一つ、サヤー・サンの乱で明らかになったのは、ビルマ人側と植民地支配者側の武力の違いである。そこから第三国の援助によってなんらかの武力を導入しないといけないという認識をもつようになった。そのときに、若き学生運動家のアウンサンたちはビルマを脱出して中国へ行き、中国共産党との連携を模索する。そこへ飛びついたのが日本軍であり、結局、アウンサンたちは日本軍に乗っかることとなる。中国共産党と日本軍とではまったく正反対であるが、その当時一部日本のなかには植民地からのアジア解放という考えがあり、ともかく日本軍が彼らを大切に日本に連れてきた。箱根などに滞在させて、その後中国の海南島で軍事訓練を施し、ここからビルマの今の軍隊が始まっていくことになる。

当時のビルマにおける軍隊というのは、王朝時代のものはもちろんなく、その後、反乱などは種々あったもののいずれも潰されていき、最後にサヤー・サンが「原始的な」武器だけで立ち向かい、ひとたまりもなく敗れてしまった。他方、植民地政権の軍はインド人が中心で、前述のアウンサンたち、すなわち「アウンサン将軍と三〇人の志士たち」が登場してきて、はじめてビルマ人により近代的な軍隊が始まることになる。これがビルマ独立義勇軍になり、イギリスを追い出したあと、ビルマ防衛軍となった。

ところで、このビルマの「近代軍」は、その後の過程で構成員数が増えていくことになり、それを削っていくことと、そこから生ずる問題が不安定要因を生み出していくことになる。すなわち独立義勇軍は最初三〇人から出発して、日本軍とともにイギリスを追い出す戦いのなかで急激に増え、イギリスが出ていった時点で三万人に達した。日本軍としてもあまりにも多い数であるため、ともかくそれを二八〇〇人に減らした。その後いろいろいきさつがあって八〇〇〇人まで戻り、日本統治下で名目的に独立したときにビルマ国民軍として始まった。そして、先述のパサパラの結成があって対日蜂起人民独立軍となり、イギリス軍のもとで愛国ビルマ軍となっていく。それからビルマ国軍へと続くが、人数も多いこともあり、残りの八〇〇〇〜一万四〇〇〇人がアウンサンの私兵的存在である人民義勇軍となった。結局、独立後の内乱の一つの主力は、じつはこの人民義勇軍であり、彼らが反政府へと走っていくのである。

アウンサンは、最初は防衛軍としてずっと日本軍と行動をともにしていたが、結局、日本軍は自分たちの思ったようではないということで、一九四四年にいっせいに反乱を起こす。このとき、秘密裏の情報の伝達は基本的に口コミという前近代的手段でおこなわれたが、知らなかったのは日本軍だけだったといわれている。「アウンサン将軍と三〇人の志士たち」の訓練や独立運動にかかわった日本の諜報機関（南機関）のようにかなり親しくしていた人たちにだけ、何月何日はここにいないほうがよいというようなことを伝えていたという。何が起こるかいっさい口をつぐんでいたといわれ、そこには、近代的な表に出てくるものではみえない、ビルマ社会のもっている側面がみられる。[10]

以上、ここで述べてきたように、仏教、社会主義、そして軍、これらが現代史において、独立を実現していく過程で重要な三つの要素として登場する。ある面で、ビルマ（ミャンマー）という国のアイデンティティの形成というのは、これらを抜きにして語れないのではないかと思われる。

独立ビルマの軍・社会主義・仏教

アウンサンは、現在の民主化された政権のリーダーであるアウンサンスーチーの父親である。彼は理想と現実が混在し、非常に政治に長けていてしたたかな人であり、ナイーブな理想家肌で、潔癖症なところがあるといわれている。政治的な交渉力については非常に粘り強く、先述の日本軍との関わりのように、内心を隠して付き合っていくということも十分できた人であり、非常に不思議な存在である。彼は、そういった政治力、それと同時にカリスマ性ということがしばしばいわれている。[11]

彼は、理想としては社会主義、平等、搾取なき社会を考えており、憲法の基本理念としては、国家社会主義による福祉国家をめざすということにあった。しかしながら、彼は独立前に暗殺されて、結局、独立後の国づくりを最初に担ったのはウー・ヌであり、ほぼ一九四七〜六二年のあいだ、その政権が続く。

社会主義と仏教

ビルマの政治には、先述のように、仏教と社会主義と軍という三つの要素があるが、ウー・ヌは社会主義と仏教の二つのカードを用いた国づくりを、要するに、軍をはずしたところに国づくりを考えた。独立後のビルマ（ミャンマー）の国が軍事政権でなかったのはこの時代だけである。彼は社会主義的な計画経済を試みるが、しばしばあるように工業優先か農業優先かで政権内部の意見が分裂していく。もう一つは、仏教による国家の統合を考えて、第六回の仏典結集を催した。仏典結集は、前三世紀のインドのアショーカ王らが開いたものなどで、仏教の正統な担い手を自負するビルマでは、ミンドン王のときの第五回に続くものであった。ミンドン王は、ビルマ王朝最後の王の一代前で、このときの十九世紀前半は、イギリスが次々と侵略して、ビルマの独立が危うくなった時代である。国と仏教の危機にあたり、仏典結集をおこなう支配者は自らを転輪聖王になぞらえて、仏教の理想世界を実現する支配者として臨むこととなる。ウー・ヌもまた、ヤンゴンにカバイェ（Kabaye）パゴダ[12]、すなわち世界平和パゴダを建て、世界の主要国に僧侶を派遣して仏教を伝道させた。日本には、福岡県門司市（現北九州市）の和布刈《めかり》公園にパゴダを建てており、現在にいたるまで綿綿と、ビルマ政府は僧侶をここに派遣しつづけている。

ウー・ヌは一九六一年に、仏教国教化法を制定することとなるが、これは当然のようにほかの宗派などの反対に遭い、実施されず失敗に帰した。結局、彼が理想とした支配者は、ダッマ・ヤーザ（Dhamma yaza）であった。すなわち、仏教のダルマ（正法）に従って統治する人ということであり、先述のポンとミッターの二つを兼ね備えて世界を平和にしていく人、そういう徳のある人である。しかしそれは理想としては、自分は力を使わないで人々が治まっていく姿である。仏教のダルマが完全に働くと、人々のあいだにはいさかいも何もない。それゆえ、そのために力を使うこともなく、そういう平和な時代があるという、そのことを理想とした。次のネーウィンの時代に巷間で語られていた話がある[13]。ネーウィンとウー・ヌがあるときホテルの同じ部屋に一緒に泊まった。バスタブを見たらそこにゴキブリがおり、ウー・ヌは何もしないでじっと見ていたが、ネーウィンはすぐスリッパをもってきて、叩き殺したという話である。これは二人の性格をあらわした話として受け止められており、ウー・ヌというのはおとなしく何もしない人というイメージが流布していた。結局、実行力の欠如という彼の個人的資質もあって、ビルマの「民主的な」時代は、混乱のうちに幕を閉じ、ネーウィンの軍事政権に取って代わられた。

軍と社会主義

次にネーウィンである。一九六二～八八年という非常に長いあいだ権力を握ることになる彼は、三つの要素のうち、社会主義と軍のカードをもってきたといえる。すなわち、ネーウィンは仏教をあまり表に出すことをおこなっていない。彼はビルマ式社会主義のなかで、精神生活の向上をいうが、仏教が考えの背景にあるということはとりたてていわれていない。全体として、ある種のエコライフ、自分たちの環境に適応したそれなりの生活をしていこうという発想でできているものである。環境との調和を非常に重視しており、先述したような植民地時代という背景もあり、ともかく西欧からは抜け出て、社会や文化をビルマ化していくことをめざした。しかし結局工業の育成に失敗し、近代化が遅れて、国連の統計上は最貧国となっていくのである。

ネーウィンが仏教に対してとった政策の代表的なものは、僧侶の登録制の実施である。それまで登録制でなかった僧侶を、政府の管理下におくとともに、資格のない者や戒律を犯す者などを強制的に還俗させていった。例えば精霊(ナッ nat)への信仰の中心地であるポゥパー山の僧侶は僧衣を奪われ、さらに先述のウェイザー信仰を背景とするガインに出入りしている僧侶もサンガ(教団)から追放された。そもそも僧侶というのは、現在でも同様であるが、ともすれば非常に政治的な動きをとるということがあり、彼らを登録制のもとに押し込んでその動きを政府が掌握しようとしたものであり、ある面では、宗教を政治権力のもとに抑え込んで世俗化してしまうという意味をもつといえよう。ちなみに、このネーウィンも死期が近づくと、ヤンゴンのシュエダゴンパゴダの前に自らのパゴダを建て、星占いに凝っていたことから、その天井画は星座をたくさんちりばめたものとしている。

ネーウィン時代を支えた社会主義計画党による独裁政権の崩壊したあと、一時的な民主化運動の高揚を抑えて成立したのが先の軍事政権、すなわち国家法秩序回復評議会(SLORC=State Law and Order Restoration Council)政権と、それを継いだ国家平和発展評議会(SPDC=State Peace and Development Council)政権である。この両政権は、三つの要素のうち、ともかく社会主義は放棄したことを明言しており、残りの軍と仏教の二つのカードを使っていると思われる。対外開放、市場経済化ということを進めているというものの、経済的にはまださまざまな混乱があり、成長をうまく遂げたわけではなかった。

他方で、この一連の政権が熱心におこなっているのは徳を積む行為である。具体的にいえば、国の権力を握る人々が布施をたくさんおこなうことであり、その極めつきは、二〇〇九年三月、新しい首都ネーピードーに、シュエダゴンパゴダより一フィート低い一一〇メートルの高さのパゴダを造ったことである。そこの仏舎利は国の支配者であるタンシュエの家族が寄進したものといわれ、その寄進の模様がしばしばマスコミをとおして流された。なお、当の仏舎利自体は、もともと中国からのものとのことである。

一九九〇年代の終りくらいから二〇〇〇年にかけて、中国は本物というふれこみの仏陀の歯をビルマに貸与した。ビルマの人はそれをありがたいこととしてパゴダを造り、それを大々的に納めて奉納儀礼をおこなった。こうしたことの考え方の背景として、そういう尊いものがその時代にあらわれるということは、為政者の徳が高いゆえとの考えがある。したがって、現政権の支配者にとっては、自分たちの徳の高いことをアピールする機会になり、大々的な政治ショーとなっていた。そして同時に、中国は経済的進出を進めていった。

ところで、ビルマの王権の観念には、ダッマ・ヤーザと別に、カン・ヤーザ(Kan yaza)がある。カンというのはカルマ(業)のことであり、ある人が現在の状態にあるのはカルマの結果であるという。カルマというのはその前生でどれだけ良いことをしたか、あるいは悪いことをしたか、その両者の差引計算ででてくるもので、ともかくそういう結果として、金持ちにも生まれるし王様にもなりうるし、良い生活もできている。そういうカルマの徳をきちんと積んでいなかった人は貧しい状態に生まれたり、あるいは奴隷の生活をしているという考えである。

他方、カルマがどれだけあるかは、その人の行為によってしか計れないもので、王という者はつねに自分がカルマをたくさんもっていることを示さないといけないことになる。昔、パガン朝時代のある王がたまたま畑にきて、瓜をつくっている農夫に泥棒と間違えられて殺されてしまう。すると、その殺した農夫のほうがカルマが強いとのことから、周りの者が彼を磨き上げて宮廷に連れて行き、王座にすえた。ビルマ王朝の年代記に語られている話である。そして、この元農夫の王は何年間か統治するが、最後には倒れてきた扉の石像に突き落とされて死んでしまう。結局、このときに彼のカルマがつきたからだと語られている[14][田村 1996:628]。

この話の舞台であるバガンには、多数のパゴダがあり、パガン王朝は「建塔王朝」ともいわれる。その理由は、王は次々とパゴダを造らないと、徳が少ないと思われること、すなわち王としての資格がないと思われることを怖れたからである。そして、仏塔を造る能力があること自体が、最大の布施行為として、徳を示すからである。

考えるに、先の軍事政権はそういうカンマ・ラージャの概念を背景にして、不安定な政権の正統性を得ようとしているといえよう。それが成功しているかはともかく、ダンマ・ラージャであろうとしたウー・ヌの例もあり、ともかくビルマ(ミャンマー)の流れのなかで、仏教の伝統的な概念は今なお再生産されている。そして軍という装置と並んで、現在の政権を支えていると思われる[15]。

以上のように、ビルマ(ミャンマー)では、国のアイデンティティが、独立後も、仏教・社会主義・軍の三つの重要な要素でありつづけてきた。しかし、時の政権は、そのすべてを一時に出すのではなく、そのいくつかを選択し、政権のかたちをつくってきた。そしてそれは、ビルマという国の正統性の維持を保障するとともに、国のかたちに制約をもたらす要因ともなっているといえよう。

ビルマ人とは「何か」

ビルマ(ミャンマー)を語るとき、それは国であるとともに、その多数派である民族も指している。現政権は、ビルマが民族名であって、他の民族を含む国名としてふさわしくないとしてミャンマーを国名としているが、もともと語源的にミャンマーとビルマは共通し、固有にビルマ民族を意味している。[16] それでは、民族としてのビルマ人とは何であろうか。

一つの手がかりは、ビルマ王朝の年代記に伝えられるビルマ民族の起源についての建国神話である。インドのシャカ族が移住してきて、ビルマの地に王朝を開く。それがタガウンという土地であり、この歴史が二回繰り返される〔田村 1996:610-613〕。このことから「ビルマはタガウンから」と今もいわれている。しかしタガウンは、イラワジ川の上流、平地部がシャン高原へと交わるあたりにあり、この伝承は、シャン民族のビルマ平原への進出、おそらく十四〜十五世紀くらいからのものではないかといわれている〔荻原 1977〕。語られていることは当然、歴史的事実ではないが、ここで重要なことは、ビルマの人々がインドが出自であるという意識をもっている点である。もう一つは、仏教の守護者としての自意識であり、先に述べたように、それは何よりもシャカ(釈迦)族の血を引いているということにあらわされている。ところで、仏教世界を守る理想王の観念は、独立後のウー・ヌの場合のように現代においてもみられるが、それがことに顕著にでてくるのは、最後のコンバウン朝においてである。

この時代となると、一方でタイ、ラオス、マニプールなどに軍事的遠征をおこなって領土を拡大すると同時に、とくに十八世紀後半となると、イギリスの進出により国土が徐々に浸食され、王権の危機を迎える。時のミンドン王は、前述のように仏典結集をおこない、それによって得られた成果、すなわち仏典の正本を頁ごとに石碑に刻んで保存した。

それは当時の王都にあるマンダレー・ヒルの麓に並べられ、今も「世界最大の書物」としてその不朽の業績を誇示するかのようにある。またマンダレーの対岸ミングンには世界最大のパゴダの建設が試みられたように、仏教と王の「不滅の」姿を残そうとしている。

そして、この時代の王の名前自体に、未来仏を意味するアウランパヤー、菩薩という意味のボードーパヤーというのがあり、セッチャーミン（転輪聖王）という名の王子も存在している。なお植民地になったのちに、イギリスへの反乱を起こした者のなかには、この王子の名前を騙る者がでてきた。

西欧世界との接触は、以上のように、伝統的な観念からくる反応をもたらすとともに、輸入された西欧からの「学問」に基づき、新たな自意識や自らの位置づけがでてくることになる。植民地時代につくられ、ネーウィン時代の一九八〇年代前半までに存在した権威ある学術団体、ビルマ学術協会（Burma Research Society）の学術誌*Journal of Burma Research Society*（ＪＢＲＳ）には興味深い論文がいくつかあり、二十世紀前半当時の人類学・民族学を背景にしたものもある。その一つは、いわゆる人種・民族論である。ビルマ民族の起源としておもにいわれているのは、南モンゴル系でチベット高原から南下してきたという考えであったが、なかには、起源の地として中央アジアとするものがある。さらに興味深いことに、インド・ヨーロッパ語族の故地がやはり中央アジアということから、ビルマとインド・ヨーロッパ語族は同祖である可能性を示唆する主張まで展開されている。[17]

それから二つ目に、いわゆる国民性の議論がある。ビルマ人の性格については、前記学術誌の論文をはじめ、民族誌的記述を踏まえたものや、いくつかのエッセイが著されている。[18] その極端な事例はある心理学者によるもので、国民性が暴力的で殺人の傾向があるとか、あるいは迷信深く、他人の意見に対してはことのほかに敏感であるとか、アナーキーであるとか、ある面で自虐的ともいうべき内容が書き連ねられている［Sein Tu 1964］。

三番目には、歴史学者・人類学者のティンアウンの仕事がある。彼はイギリスに留学し、人類学者ブロニスワフ・マリノフスキーの直接の教えを受けており、ラングーン（ヤンゴン）大学に人類学部をつくった人である。彼は、『ビルマ仏教における民俗的要素』［Hlin Aung 1962］で論じているように、仏教のなかに民俗要素、すなわち基層的なものを見出していくことを試みている。ティンアウン自身は、精霊信仰などの民俗要素を学問的に位置づけていったが、他方でこうした基層的なものは、知識人によって「遅れた」ものとして否定的に評価されてきた。

現在のビルマは、伝統的な王権に基づく社会が、植民地化をとおして近代化していくことによりつくられてきたものである。そこにおいて、ビルマ人自らの位置づけとは何かについて二つの面があると考えられる。一つは、伝統的な仏教の守護者としての自負であり、いま一つは西欧近代社会との接触によって生み出されてきた自意識である。そこには、西欧との対抗や優劣の関係により、「ビルマ固有のもの」について、否定的なものを含め、さまざまな位置づけがなされる。それは、今なおみられる西欧近代という圧倒的な普遍性に対したときのアイデンティティの揺らぎといえるかもしれない。それゆえ、現在の「民主化」された政権のもとにあっても、なお民主主義は揺らいでいるのである。

註

1　アウンサンの暗殺者ウー・ソーについては、［根本 1997］参照。

2　筆者は、一九七七年一月～三月、七九年四月～八〇年四月にビルマにおいて現地調査をおこなった。後者の期間は、ほぼ上ビルマの一農村での住込み調査にあてたが、前者の第一回目のときはその予備調査も兼ね、ビルマ各地に赴き、ネーウィン時代の当時の実状にふれた［田村 1977, 1979］。また［田村 1987］参照。

3　なお、前の軍事政権は二〇一〇年から徴兵制を始めた。

4　ビルマ観光年については、［高谷 1999］参照。

5　国名の変更は一九八九年に発表された。Burma が英領時代に用いられたもので、その基となるビルマ語の Bama が多数派のビルマ民族を指すだけであり、多民族国家の国号として Myanmar がふさわしいとした。

6 ウー・オウッタマの評伝については、［ウー・オッタマ 1979］中の萩原による「訳者のあとがき」以下［同：89-103］参照。

7 同書の翻訳は、［ウー・オッタマ僧正 1971-76］。なお、著者名の「オッタマ」と「オウタマ」の両方とも同じで、ビルマ語表記の方法が人によって違うためであるが、ここではそのままそれぞれの訳者の方法に従っている。

8 サヤー・サンの乱については［伊野 1997, 1998］参照。

9 セッチャーミン（転輪聖王）とビルマ王権との関わりについては、［田村 1991：184-185, 191］参照。ちなみにある種の世界支配者の観念である転輪聖王の観念があって、先述のウー・オウッタマに「日本の天皇は世界の支配者」という考えを受け入れる素地があったのかもしれない。

10 元南機関員高橋八郎氏の談。なお同氏の回想録［高橋 1977］および［ボ・ミンガウン 1990］も参照。

11 アウンサンについては、［根本 1996］参照。また［ボ・ミンガウン 1990］は、より直接的に彼の言動や性格を記している。

12 kabaというのは「世界」の意味で、yeというのは「冷たい」「平和な」状態を指す。

13 一九七七年の調査時に聞いた話である。

14 ビルマ王朝の年代記は、十九世紀前半のコンバウン朝時代に編まれた『玻瑠王宮大御年代記 *Hmannan Mahayazawindawgyi*』において「完成」されたかたちで伝わる。その三一五部は英訳［Pe Maung Tin & Luce 1923］されており、またビルマ語の刊本（例えば、Pinnya Pyanpwa Hlonhsawyei Ahpwei, Hmannan Mahayazawindawgyi Pyankyayei Wungyi Tana (5th Edition) 1991）も出されている。なお同年代記については［荻原 1977］および［田村 1996：608-609］参照。

15 ビルマの王権の概念、ことにカンマ・ラージャとダンマ・ラージャについては、［田村 1991：179-182］。

16 註5参照。

17 ネーウィン政権は、脱西欧、民族主義的政策の一環として、この機関を廃止した。

18 例えば、ＪＢＲＳに掲載された法律家バハンの一連の論考がある［Ba Han 1963, 1965a, 1965b, 1968］。また女性教育者のミミカインは、生活・文化についての自画像であり、優れた民族誌とも評される『ビルマの家族』［Mi Mi Khaing 1946(1956)］を著した。

参考文献

伊野憲治「彼らが「たちあがる」とき」田村克己・根本敬編『アジア読本ビルマ』河出書房新社、一九九七年、八四~九一頁

伊野憲治『ビルマ農民大反乱(一九三〇~一九三二年)――反乱下の農民像』信山社、一九九八年、三五〇頁

ウー・オウタマ僧正「日本国伝記」(大阪外国語大学ビルマ語研究室訳、大野徹監修)『鹿児島大学史録』三~一〇号、一九七一~七六年(原著U Ottama, *Japanpyi Athtokpatti* (in Burmese), Rangoon: Suriya (Thuriya) Press, 1914)

ウー・オッタマ「中国と日本」(荻原弘明訳・註)『鹿児島大学史録』一二号、一九七九年、六一~一〇三頁(原著U Ottama, *Tayok ne Gyapany,* (in Burmese) Rangoon: Thuriya Press, 1938)

遠藤聡「ミャンマー新憲法――国軍の政治的関与(1)」『外国の立法』二四一号、国立国会図書館調査及び立法考査局、二〇〇九年、一七一~一九七頁

荻原弘明「ビルマの古伝承」上田正昭編『日本古代文化の探求　古事記』社会思想社、一九七七年、二四一~二六〇頁

荻原弘明「ビルマ」荻原弘明・和田久徳・生田滋『東南アジア現代史――ビルマ・タイ』(世界現代史8)山川出版社、一九八三年、一~一六二頁

高橋八郎「親日ビルマから抗日ビルマへ」『鹿児島大学史録』一〇号、一九七七年、九九~一二六頁(原著一九四六年)

高谷紀夫『ミャンマーの観光人類学的研究』広島大学総合地域研究資料センター、一九九九年、一五一頁

田村克己「ビルマ調査予備報告――調査日誌(1)」『鹿児島大学史録』一〇号、一九七七年、一七三~一八四頁

田村克己「ビルマ調査予備報告――調査日誌(2・完)『鹿児島大学史録』一一号、一九七九年、一一三~一四〇頁

田村克己「「伝統」の継承と断絶――ビルマ政治のリーダーシップをめぐって」伊藤亜人・関本照夫・船曳建夫編『国家と文明への過程』(現代の社会人類学3)東京大学出版会、一九八七年、八三~一〇六頁

田村克己「王権と「叛逆」――ビルマの王権をめぐって」松原正毅編『王権の位相』弘文堂、一九九一年、一七五~一九三頁

田村克己「ビルマの建国神話について」『国立民族学博物館研究報告』二〇巻四号、一九九六年、六〇七~六四五頁

田村克己「新たな国家の姿を求めて――ビルマ「レッスンなきシナリオ」」『朝日新聞』二〇一一年二月二十一日

根本敬『アウン・サン——封印された独立ビルマの夢』（現代アジアの肖像13）岩波書店、一九九六年
根本敬「あるナショナリストの肖像——ナショナリズム」田村克己・根本敬編『アジア読本ビルマ』河出書房新社、一九九七年、七七〜八三頁
ボ・ミンガウン（田辺寿夫訳編）『アウンサン将軍と三十人の志士——ビルマ独立義勇軍と日本』中公新書、一九九〇年（原著 Bo Min Gaung, *Bogyoke Aung San hne Yabans Thongyeiki,* (in Burmese) Yangon : Shwe Tu, 1968）
Ba Han, "The Burmese Complex: Its Roots", *The Journal of The Burma Research Society*, vol. XLVI Part 1, 1963, pp. 1–10.
Ba Han, "Burmese Cosmogony and Cosmology", *The Journal of The Burma Research Society*, vol. XLVIII, Part 1, 1965a, pp. 9–16.
Ba Han, "The Emergence of the Burmese Nation", *The Journal of The Burma Research Society*, vol. XLVIII, Part 2, 1965b, pp. 25–38.
Ba Han, "Aspects of Burmese Rural Life of Old", *The Journal of The Burma Research Society*, vol. LI, Part 1, 1968, pp. 9–16.
Htin Aung, Maung, *Folk Elements in Burmese Buddhism*, Oxford University Press, 1962.
Mi Mi Khaing, *Burmese Family*, New Delhi: Orient Longmans, 1946 (1956).
Pe Maung Tin and G. H. Luce, *The Glass Palace Chronicle of the Kings of Burma*, Oxford University Press, 1923 (rep. 1976, AMS Press).
Sein Tu, "The Psychodynamics of Burmese Personality", *The Journal of The Burma Research Society*, vol. XLVII, Part 2, 1964, pp. 263–286.

コメント

インドネシアにおける宗教の統制と活用

宮崎恒二

ナショナル・アイデンティティを多文化間の比較において考えるのが、本書全体を通じてのテーマであるが、比較にあたり、アイデンティティのいくつかの相を考えることとする。

まず、だれにとってのアイデンティティであるのか、という点に着目することができる。やや平たく表現すれば、ナショナル・アイデンティティとは近代国家がイデオロギー装置として形成するものである、ということになるが、田村氏が指摘するように、その近代国家を背負うのが、あるいはそれを主導するのがだれなのか、という点に注目する必要がある。宗主国からの独立をめざす植民地にあっても、独立運動は決して一枚岩などではなく、内紛や抗争があるのが常であり、そのような綱引の過程がアイデンティティ形成にどのように反映するか、といったところが論点になる。

第二点としては、アイデンティティという概念自体に包含される要素ということになるが、何との対比を設定するか、何と違うものをめざすか、という点があげられる。多くの場合、支配者としての植民地政府や宗主国と対比させるかたちでアイデンティティ形成を図ってきたことになるのであろう。他方、周辺の、あるいは似たような過程を経た諸国の関係がどのように影響していたか、という点も議論の対象になるであろう。

第三点としては、アイデンティティを構成するために、どのような要素を取り入れるか、という点があげられる。例えば、王国の場合、王権の正統性を主張するために、王以外の人々と王とのあいだのさまざまな「差異」を収集し、ブリコラージュのように提示することがある。それは、レガリアのように王権成立以前と以降を結ぶ継続性を示すもの、あるいは人間界を支配する外部の力との関係を示す象徴であり、カルマや業の強さといったものも、それに含まれる。

王権を論じる際の論理が、どの程度、近代国家にあてはまるか、あらためて論じる必要があるが、単純にいって、シンボルとなりうるものを動員するという過程は観察しうるのではなかろうか。

このような論点を意識しつつ、筆者が多少とも知識を有しているインドネシアの事例にふれ、田村論考へのコメントとしたい。

インドネシアも、ビルマ(現ミャンマー)同様、植民地が独立して成立した国家であるが、アイデンティティの形成に関しては、比較的成功している例ではないかと考えられる。そういった印象を与える理由の一つは、宗教の問題である。ビルマの場合、英領インドからの分割というかたちで分離されたが、インドネシアの場合、オランダの植民地であったオランダ領東インドが、ほぼそのままインドネシアとして独立した。旧オランダ領東インドは、民族的にも宗教的にも極めて多様性に富んだ地域であり、植民地化されるまで、一つのまとまりを形成したことはなかった。旧植民地の多様性をそのまま継承し、国家の内部に多様性を内包していることを当初から意識せざるをえなかったインドネシアは、統一性を強調するうえで、なんらかの工夫が必要であった。その一つが、国の宗教を制定しなかったことである。

周知のように、インドネシア建国にあたり、国家五原則(パンチャシラ)が制定された。五つの原則とは「唯一神への信仰」「人道主義」「インドネシアの統一」「民主主義」「社会的公正」であり、第一番目にあげられているのが「唯一神への信仰」である。独立運動の過程では、サレカット・イスラームなど、イスラームによって結集された独立運動も存在したが、国家として「宗教」は重視するものの、最大多数を構成するイスラームとは特定しないというかたちをとった。仏教には「唯一神」は存在しないが、キリスト教やヒンドゥー教、仏教も包含するそれをも包み込むかたちで特定の宗教ではなく、宗教一般を国家の根幹にすえたのである。

実際にパンチャシラが政治的な意味合いを強く帯びるのは、スハルトが政権を掌握してからである。いわゆる共産党によるクーデタを制圧し、共産主義者を拘束するうえで、宗教への帰依の有無が大きな指標となっていく。他方、開発独裁体制が完成に向かう一九七〇年代、八〇年代には、イスラームが独裁体制への反政府的な動きの結集点になりつつあったが、そのような状況のなか、パンチャシラを強調する政策がとられるようになってきた。宗教を強調しつつ、強調の主体が国家であることを示し、国家を宗教の上位におこうとしたのである。

具体的には、一九八二年、宗教団体を含むすべての組織の綱領のなかにパンチャシラを書き込むことを強制したのである。当然のことながら、国家を超越するイスラーム共同体という概念をもつイスラームの諸団体のなかからは大きな反対の声があがったのであるが、国家による非合法化への恐れと体制内改革を主張する現実主義の立場が勝り、国家が宗教に優越するかたちが確立する。これで、宗教と国家の関係は、ある程度確定することとなった。なお、のちに大統領に選ばれるアブドゥルラフマン・ワヒドらは、現実路線の推進者であった。

パンチャシラは団体綱領のなかに組み込まれると同時に、思想統制の手段としても利用された。公務員になると、パンチャシラを暗唱し、その理解に関する試験を課せられ、試験に合格しないと、昇任はおぼつかなかった。パンチャシラは、まさにナショナル・アイデンティティを形成する装置として用いられたのである。そして、これが機能しているあいだは、宗教間の対立もそれほどめだつことはなかった。

しかし、スハルト体制崩壊後、政権の強制力は大幅に弱まり、パンチャシラもさほど強調されなくなってくる。政権が弱体化するとともに、地方自治の動きも高まり、同時に、アンボンなどで生じたような宗教間の対立が激化する。地方における紛争の原因として、宗教よりも、軍の関与を疑う向きもあるが、いずれにせよ、国家という重石がとれると、ナショナル・アイデンティティを植えつける思想教育の意味も問われるようになり、同時に、確立されたかにみえたナショナル・アイデンティティも、地方の自治権の拡大の動きのなかで弱体化しつつある、とみることもできる。

インドネシアとビルマの比較で共通点がみられるのは、軍の役割である。両国において、軍は物理的強制力と自律性を有するばかりでなく、企業や教育機関を保有するなど、いわば国家のなかの国家として機能している。軍の基礎をなしているのが、日本軍による占領統治下での軍事訓練や人材養成であった点も両国に共通している。

軍の存在感が増したのは、独立運動への関与もさることながら、独立後の脆弱な国家の財政基盤のうえで、安全保障上不可欠と考えられた軍を保有することが経済的に困難であり、独自の経済活動をおこなわざるをえなかったという事情によるものである。そのような自律性を有した軍は、政治的にも強い発言権を有することになった。

インドネシアにおいては、スカルノは軍・イスラーム・共産党という三つの相容れない勢力の微妙なバランス(NASAKOM体制)をとろうとしたのであるが、スハルトが政権を継承した時点で、軍事独裁が成立することになる。軍事独裁から開発独裁へという流れもビルマとインドネシアに共通するものであり、社会主義的政策の放棄と資本主義、外資の導入という流れも両者に共通している。

ナショナル・アイデンティティの焦点たろうとする支配者(層)が活用を図るのが「伝統文化」である。インドネシアにおいては独立後も、それ以前の王権の概念が残されていた。政権の正統性を主張ないし補強するうえで、インドネシア国民の最大多数を占めるジャワの王権の思想は、スカルノ、スハルトに継承されていた。スカルノのもつ錫杖には超自然的な力が備わっている、あるいはスカルノからスハルトに政権が委譲された際に、権威の源泉となる天啓が火の玉の形となって移っていった、といったジャワの王と同様の「話」が広まっている。

スハルトはスカルノほどのカリスマとはみなされていないが、それでも夫人とともにジャワの王家に連なる系譜を有している、あるいはさまざまな決定に先立ち、占い師に見立てをおこなわせるなど、伝統的な知識を使っているとみなされていた。一九八二年の総選挙は、ジャワ暦のスロソ・クリウォン(五曜と七曜を組み合わせた三五日サイクルの一日)という儀礼にふさわしいとされる日を選んだことも、その一つの例である。近代国家とはいえ、伝統的な要素を統治の道具として利用してきたといえるだろう。

ビルマとインドネシアの比較において興味深い点がいくつかあげられる。まず、インドネシアがオランダ領東インドという植民地を継承した国家であり、その領域をかつて支配した国家はなかった、と先程述べたが、あえて探すならば、十四世紀に栄華を誇った最後のヒンドゥー王国であるマジャパヒトが、インドネシアの原型とされることがないわけではない。近代国家の正統性を主張するうえで、ビルマの場合、コンバウン朝がそのような位置づけを与えられているのであろうか。

他方、イスラームが超国家的な広がりを希求し、かつ巡礼をとおして海外ネットワークが形成されやすいのに比べ、仏教の場合はそのような特徴をもたず、国家およびアイデンティティ形成においても、イスラームのような海外への広がりはもちにくいのではないかと推測される。

さらに、ビルマの宗教においては、仏教と土着的なウェイザー信仰が対比されるが、カンマ・ラージャとダンマ・ラージャという王権概念の対比とどのような関係でとらえればよいのか、また、現在の軍事政権がどのように位置づけられているのであろうか。

最後に、ビルマという国家の中心に仏教をすえ、仏教徒でないマイノリティはまったく排除されてきたのだが、それはアイデンティティ形成という点でも、やはり排除されたままなのか、それをも取り込んだアイデンティティ形成の可能性はあるのか、民主化以降のビルマにおいても考えねばならない課題である。

韓国朝鮮におけるナショナル・アイデンティティ

伊藤亜人

韓国朝鮮社会の独自性

ナショナル・アイデンティティを切り口として、比較研究を通して近代の様相に迫るという本共同研究において、韓国の事例はかなり特殊なものと位置づけられよう。比較研究の事例として取り上げられているのはアフリカやアジアの諸社会であるが、そのほとんどが植民地からの独立と近代化、そして国民国家の成立過程において浮上してきた課題としてナショナル・アイデンティティを対象にしている。また、独立や国家建設において主導的な役割を演じた運動と指導者、その基盤となった社会文化的条件、その展開過程における葛藤や統合などがテーマとなっている。韓国社会においても、同様の視点から時代や対象を限定するなら、さまざまな事例を提供することができよう。独立運動は文化的・啓蒙的な運動から武力闘争まで多くの指導者のもとで、さまざまな展開があってその全体を概観することは容易ではない。傑出した指導者を取り上げ、焦点を絞ることはできようが、一般民衆が共有してきた意識や記憶を軽視することになれば、社会全体を見失うことにもなりかねない。具体的な事例に目を向ける前に、まずは全般にわたって韓国朝鮮社会におけるナショナル・アイデンティティのあり方を概観し論点を整理しておく必要があろう。

韓国社会は、千数百年にわたる王朝社会の歴史を有する。生態学的にみても水稲と畑作による定着的かつ集約的農耕によって多くの人口を擁し、中華文明の大きな影響のもとで仏教や儒教といった大伝統を国教・国学として受容し民衆教化を進め、中央集権体制と官僚機構を整え、高度で安定した国家統合を達成してきた。こうした点だけをみても、アジア・アフリカのなかでも特異なばかりでなく、世界的にみても類例はそれほど多くない。住民の流動性の高い大陸の一隅に位置しながら、同一の住民がこれほど長期にわたって安定した地域社会を維持してきた例は、世界史においてもまれといえよう。朝鮮半島においては王朝社会、住民、言語、国土が十数世紀にわたってほぼ一致してきたのであり、国家、国民、民族という概念に分けて論じることは現実的でない。民族意識も国家主義も国民意識もほぼ同義であったといってよい。

その王朝社会では、中華の大伝統である漢文の受容によって文人層を形成し、中華文明の知的遺産の蓄積をなしえた。朝廷による歴史編纂、儀軌編纂、儒学関連の礼学書や経文や族譜などの刊行以外にも、知的インテリであった文人は漢籍の知的素養をもとに膨大な著作を残した。

仏僧や儒者のように大伝統を背景とした知的エリートたちは、普遍性のある人間像・社会像を提示することで、地域やナショナルな拘束からいかに解放され、精神と社会の安寧を得るかという課題を想定して、人民教化の担い手となってきた。しかし一方では、そうした正統的エリート社会の周縁から派生して傍流とみなされた者のあいだからは、朝鮮半島独自のいわば土着のアイデンティティ復権を提唱する動きもみられ、独自の信仰と神話を基に中華世界とは異なる世界観を描く一連の宗教が勃興し、これに対しては「民族宗教」という範疇があてられている。

また、開化期における中華の冊封体制からの独立をはじめとして、日本の植民地支配下における独立運動、言論・文芸における民族主体性をめぐる蓄積は大きく、植民地支配から解放されたあとも、南北の分断と戦争、冷戦下の軍事独裁体制、経済発展、キリスト教徒の急成長、都市化と新しい民衆層の形成、民主化運動、市民運動、情報のグローバル化、海外移住とコリアン・ディアスポラ、政府の文化政策と韓流などの展開もナショナル・アイデンティティと無縁ではない。

地政的な状況

東アジアの大陸の一隅にあって、強大な中国の王朝社会に隣接しつつ、半島部という緩衝地帯に位置して海を隔てて日本列島に面する地政的条件は、朝鮮・韓国にとって決定的ともいえる条件となってきた。中国という大国の影響にさらされながら、中国との善隣友好関係を維持することが国是となってきたといってよい。そのためには仏教や儒教といった漢文明の大伝統を積極的に受容して、世界観・社会理念・人間観を共有することによって、中華の秩序のなかに自身を位置づける文教政策をとり、それが安全保障という側面を有したといえる。その一方では、海を隔てた辺境の列島社会との関係においては、こうした文教による安全保障関係とは異なり、しばしば軍事的な緊張をはらみ、侵略や支配も受けることになった。中国の皇帝とのあいだでは、周辺にある諸侯の地位を甘受し、臣下の礼による冊封関係を結び、安定した関係を維持することができたのに対し、さらに辺境に位置する日本とのあいだではこうした冊封体制という秩序観念を共有することも難しかったと考えられる。こうした上国(中国)に対するのと列島日本に対するのとでは、異なる対応を避けられないのは、中華の周辺の緩衝地に位置する地政的な条件に由来するものである。中華に対しては臣下の礼を踏むことによって自らの王権の独立・自律性を放棄せざるをえないという点で、主体的アイデンティティを脅かされ、その一方ではこうした中華の正統性を無視し大伝統による秩序を否定して、機動性と武力に訴えて安寧を脅かす日本は、また別の面で主体的アイデンティティを脅かす存在であった。こうした構造的な脅威にさらされつつ独自の社会を維持しなければならない。

そうした構造的なディレンマは、ソウルの中心地にも象徴的に見て取ることができた。日本は朝鮮の植民地支配にあたってその権力の中枢である総督府庁舎の建設に莫大な資力をそそぎ、朝鮮王朝の宮殿であった景福宮の玉座がおかれた正殿（勤政殿）の南前面に、これをさえぎるかのように建造した。この建物は日本による支配を誇示すると同時に朝鮮王朝の支配を否定するものとみなされ、「倭色」つまり日帝支配の負の遺産の最たるものとして、その撤去が懸案となってきた。金泳三大統領のときに撤去が断行された。そして、光化門を正門の位置に戻し、景福宮内の建造物の修復をめざしてきた。朝鮮王朝に対する積極的評価は、宮殿などの建造物の復元や整備にとどまらず、文化観光部が推進する文化ブランド創造の一環として推進された映像ドラマでも王朝の宮廷社会が積極的に取り上げられてきた。韓国社会における国家の正統性は朝鮮王朝および大韓帝国に求めているといってもよい。しかし、こうして修復され整備された王宮は、中国に対する冊封体制の産物にほかならず、謹成殿も文武百官が朝礼に会した前庭も、まさに北京の紫禁城の形式に従ったものであり、朝鮮王朝に正統性を求めることは中華皇帝の権威のもとで諸侯（朝鮮王）の格式に基づいて服属したことを具現化する結果となるものだった。

中国皇帝の冊封という点では、東アジアでは朝鮮と琉球が同等の格づけのもと、王朝の交替時には冊封使を迎えていた。明治維新後の日本は国内諸藩に対する廃藩置県に際して、清との冊封関係にあった琉球王国に対しては、琉球国王を琉球藩王に封ずる措置によって幕藩体制に編入する形式を踏んで、数年後にはこれにも廃藩置県を適用して沖縄県を設置して日本帝国に編入したという経緯がある。しかし、日本国内にあっても沖縄は、独自の王朝社会の歴史を踏まえて首里城を復元し、首里城祭では冊封使行列と冊封儀礼を再現する行事を毎年おこなっている。一方、朝鮮王朝においても、中国王朝の元号を用い、宮中における官服も中国朝廷から下賜されたものを着用し、そのほかにもさまざまな点で中国朝廷の定める格式が重んじられていたはずである。しかし今日の韓国において、朝鮮王朝の冊封体制についてはだれも避けて語ろうとしないようである。その一方で、景福宮の復元には多くの努力をはらい、韓流ドラマで王朝文化の独自性を創造的に発信している。女官を主人公とした宮廷社会を肯定的に描くドラマも、王朝社会と現代韓国社会との連続性を浮彫りにすることで、ナショナル・アイデンティティを模索する試みと無縁ではないように思われる。

冷戦体制のもとでは、共産党の支配する中国とは、軍事・政治のみならずあらゆる面で中国との関係は疎遠となり、中華の文化伝統に対する国民の関心は薄れ、漢文や漢籍離れが進んできた。[1] しかし、冷戦体制が緩和し中国との国交も開かれると、その経済発展にあやかるように中国に対する関心が急速に復活したが、それでも今日なお東アジアに位置しながら漢字表記を避けているのは異常ともいえる。それも韓国朝鮮社会におけるナショナル・アイデンティティのあり方を反映するものといえよう。[2]

こうした地政的な条件のもとで、半島の住民にとって周辺社会との安定した関係維持と同時に、内部において統合と一体性がたえず求められてきた。住民の社会統合が何より優先課題とされ、中央集権体制の確立が国是とされてきた。北方の辺境地帯では政治的変動が激しく、流動的な大陸内陸部からの帰化者を絶えず受け入れ、その定住化と同化を進めることで住民の文化的均質化が図られてきた。

社会統合と均質性

朝鮮半島には、少なくとも三国統一以後は、国内にこれといった民族的な少数者は存在しなかったといえる。一時的に外部勢力の支配によって国内に異民族的集団が存在したことはあるが、いずれも撤退するか同化してその面影もみられない。中央集権体制のもとで臣民の政治統合が重視されていた王朝社会において、国内に異民族集団が存続することは容易でなかったと思われる。

異民族が国内にとどまった例としては、元の支配が終わったあとも済州島に残ったモンゴル系の住民の存在がその後しばらく記録に明らかであるが、その子孫については確認できない。それ以外には、朝鮮王朝時代をとおして北方の境界を越えて投降し帰化した女真族に関して数多くの記載があるが、その子孫たちはほとんどが朝鮮社会に同化したとみ

られる。そのなかでも、北朝鮮咸鏡北道の山間部には女真系の住民が「在家僧」という名で知られていたが、その概要について北朝鮮の民俗学者による報告があったにすぎない[3][ファン・チョルサン 황철상 1960]。

アジア大陸の一隅において、流動的な内陸アジアの影響にさらされながらも、民族文化の面でこれほど均質性の高い社会はまれである。空間的にも人口の点でもこれだけの規模を有する社会にして、少数民族といえるものが存在しない社会は、世界的にみても類例がないと思われる。そのことが韓国でほとんど認識されていない。

言語についてみても、韓国社会では済州島を除けば方言の差は大きくない。かつての日本におけるような聞き取れないほどの方言差はみられない。中央集権体制における住民の流動性の高さや人的交流のあり方と関連すると思われる。

食文化をはじめ衣服や住居などの生活文化においても同様である。例えば、伝統的な副食品である漬物をみても地方差は大きくない。韓国では自文化の特異性としてキムチを取り上げ、官民をあげて食文化のナショナルブランド化をめざし、キムチ博物館まで建設されている。しかし日本と比べてみても、漬物に用いる野菜も多様性に欠けるし、漬け方をみても地方差が少ない。漬け込む際の薬味(ヤンニョム)に用いる海産物の塩辛の材料に、鰯か烏賊か海老かといった違いがあるにすぎない。日本におけるような糠漬け、酢漬け、粕漬け、味噌漬け、酒漬け、卯の花漬けといった多様性は耳にしないし、土産物や特産物としての発展もみられない。

同様に衣類をみても、民俗衣服の地方的な差が少ない。チマ、チョゴリ、パジ、トルマギなどは、形式をみる限り地方や身分や職業などに関係なく均質的である。むしろ均質な衣装を身につけることが意識を共有するうえで重視されてきたといえよう。そのほか例をあげれば、一般庶民の墓の形式は、少なくとも王朝時代から今日まで、南から北まで、身分に関係なくほぼ同じ形態となっている。日本における民俗的な多様さとは対照的に、やはり同一の形式を踏まえることが重視されてきたといえよう。独自の形式をつくりだして多様化が進んでいく日本の場合と比べると、とりわけ地域差が少ないことが顕著である。特異なものによって自身を同定(アイデンティファイ)しようとするよりは、同一の正統的な祖型を踏まえようとするのも、朝鮮半島社会における人々のアイデンティティのあり方と関係があろう。陶芸品をみても明らかなように、高麗の青磁が民族文化の象徴のように位置づけられると、全国の陶芸家が高麗時代の青磁の写しの制作に専念することになり、地域独自のものは必ずしも評価されない。

中央集権体制にともなう求心的な権威のあり方、普遍的な理念や価値への志向、正統性と指導性に対する関心の高さ、居住や職業の流動性などと同時に、生活文化における均一志向が顕著に認められ、これらが国全体の一体意識と連関しているようである。

半島社会の範域の安定性、住民社会の均質性と安定性については、住民自身の認識は一致している。半島が大陸と陸続きであると同時に、海東の列島社会との緩衝地帯に位置するため両者からの介入と脅威にさらされてきたとして、朝鮮ほど絶えず外敵の脅威にさらされ不安な状態におかれてきた社会はないとまで主張する。しかしその一方で、世界規模でみるならば、大陸東端の辺境部の半島に位置するため、大陸部の社会変動に直接さらされることが少なく、内陸社会に比べて安定性と平安を強調する視点も可能であろう。たしかに東アジアの大陸部にあって、異民族による征服王朝を経験しなかった点でも、この半島社会は大陸社会において稀有な例とみるべきであろう。また半島部では、いずれの王朝も存続期間が長いばかりでなく、王朝が交替してもその主体をなす住民は長期にわたってほぼ同一の主体意識を保持してきたといえる。同一の住民が同じ範域内でこれほど長きにわたって民族王朝社会を築いてきた例は、東アジアのみならず世界史においては類まれといえる。

高句麗、百済《ひゃくさい》、新羅の三つの王国は、異なる王統のもとに別個の地に成立したものであったが、のちの歴史はこれを三国と呼び三国鼎立ととらえた。その統一の主勢力となったのは、半島内でももっとも辺境ともいうべき東南部で、三国のなかでももっとも遅れて王朝体制を整えた新羅であった。また、三国統一とはいえ、事実上は半島北部の旧高句麗領の大半は唐の直接領に編入される結果となったが、この統一新羅王朝のもとで旧三国の住民の統合が進んだとみられる。

次いで、新羅末期の後三国の抗争を収拾して王位に就いた王建は、自ら高句麗の継承者を名乗り、北方重視と高句麗の失地回復を掲げて国号を高麗と号した。新羅の統治を実質的に継承した高麗王朝のもとで、北方の領土回復と住民の統合がさらに進んだといえる。

新羅から高麗王朝を経てその統治を受け継いだ朝鮮王朝も、いずれも臣民は半島内の土着住民であった。しかもそれぞれの王朝の存続期間も、新羅は三国統一後だけでも六七六〜九三五年、高麗は九一八〜一三九二年、朝鮮は一三九二〜一九一〇年と、すべて数百年にわたっており、中国歴代の王朝に比べるとはるかに長く安定していた。その間に、多くの外敵の侵攻に遭い、契丹《きったん》(九九三、一〇一〇、一〇一八年)、蒙古《もうこ》(一二三一年〜)、倭寇《わこう》、紅巾賊《こうきん》(一三五九〜六一年)、日本(文禄慶長の侵攻〈一五九二〜九三、九七〜九八年〉)、清(丙子胡乱〈一六三六年〉)、日本による植民地支配(一九一〇〜四五年)のほか、辺境が侵攻に遭った例はさらに多い。これらの侵攻のうち、契丹、蒙古(元)、清による侵攻は、いずれも内陸方面からのもので、中華の王朝を攻略するための予備的な軍事戦略的な侵攻であって、朝鮮王朝を屈服させ臣下の関係を結ぶことを主目的とし、目的を達成したあとは軍を撤退させている。

これに対して、倭寇と日本による侵攻は性格が異なり、半島社会そのものに対する領土侵略的なものであり、朝廷のみならず全国各地に被害と影響がおよんだ。内陸から侵攻した契丹、元、清が朝鮮王朝に求めた「臣下の礼」とは、中華の王朝と夷蕃とのあいだにおける間接的な支配体制に倣ったものであり、土着王朝による自治が秩序維持の前提とされた。これに対して、倭および日本とのあいだではまったく別のかたちをとった。朝鮮王朝社会においては、中国王朝との善隣と文教政策を重視した結果、夷蕃の武力に対応するには限界があり、軍事的な屈従を味わうことになったといえる。

大国である中国や内陸アジアの王朝に対しては、周辺たる小国としての自らの地位を受け入れて、名を捨てて実をとる政策がとられたのとは対照的に、海島の夷人ともいうべき辺境の倭や日本に対しては、中華文明の正統という名分を譲ることはできず、大国としての威信を譲らなかった。

韓と朝鮮

韓という語は、半島の中部以南における土着的な社会を指すものとして早くから中国の漢籍に採用され、馬韓、弁韓、辰韓の名が知られる。しかし、これを狭義の三韓とするのに対して、これと系譜的には関係なく、三国時代以後は朝鮮王朝時代まで、三韓は半島全域ないしは半島社会全体を指す用語として用いられてきた。三韓の盟主といった表現がそれである。韓という漢字があてられた土着のハン概念は、唯一、偉大、天という意味をあわせもつと解釈されている。三は、狭義の三韓や三国(高句麗、百済、新羅)の三に由来するとともに、全体を示す三を付すことで半島全域の一体性を強調したと考えられる。

これに比べて、「朝鮮」はもともと中国の漢籍に早くから採用された漢語の概念であり、土着の音も意味も反映していない。朝鮮という名称は、漢籍を踏まえていた文人知識層のあいだでは広く知られ、李成桂《イソンゲ》が王権を簒奪して新王朝を開基するにあたって、中国の明王朝から冊封を受けるうえで国号の制定を求められた際に、その意向を受け入れて国号に採用されたものである。しかし、武臣の李成桂を王位に推戴するには、天命に相応するに足る正統性の根拠が求められ、当時の儒臣のあいだでは、中国の歴代王朝におけるさまざまな天命の瑞徴を参照しながら、「三韓の民意」とか「三韓の境を復正す」などを正統性の根拠として示している。国内においては半島の全域を指す用語として「三韓」が慣用となっていたのである。こうして発足した朝鮮王朝のもとでも、外寇や民乱あるいは疫病流行などの災禍が打ち続いて民心が動揺すると、その機に乗じて、王都の地徳衰亡を指摘し、王朝の交替を予言する流言や秘訣が民間に流布したことが文献に頻繁にあらわれる。そうした秘訣や讖説《しんせつ》のなかで説かれたのも、社会混乱を収拾して「三韓」を治める

「真人」の登場であった。つまり朝鮮の名称を避けて繰り返し啓示されたのが土着の「三韓」であった。

朝鮮王朝の末期において、中華の冊封体制からの離脱・独立を内外に明示するうえで、王が自ら天璽を受けて皇帝に即位する儀礼を執りおこない、朝鮮に代わる国家名として土着の韓（ハン）を採用して「大韓帝国」を名乗ったのも、こうした歴史観・世界観が背景となっていたのである。冊封体制から独立するには、諸侯に位置づけられていた朝鮮の名を避ける必要があったといえる。しかし、皇帝の正統性はどこまでも天意によるという点は中華の世界観を踏まえたもので、即位儀礼の形式を示す儀軌の編纂もすべて明代の制度に倣ったものであった。

ちなみに、解放後の北朝鮮（朝鮮民主主義人民共和国）は、半島中部以南の韓および大韓帝国との差を掲げる一方で、また抗日闘争の民族主体であった朝鮮を国名にも継承してきた。韓国が、大韓帝国から名称を引き継ぐと同時に、近年の文化政策においてはその前身である朝鮮王朝の宮廷文化に正統性を求める事業を進めている点で矛盾がみられるのと同様に、北朝鮮では民族主体性を強調しいち早く漢字を排斥して国文（チョソンクルッ、韓国でいうハングル）表記を採用し、檀君神話に正統性を求めてきたが、その一方では本来は中国的な名称であった朝鮮を名乗っているのである。

民族史観

冊封体制下にあった王朝社会の末期、対外的には欧米の列強をはじめ日本・ロシアの脅威にさらされ、国内では民乱や農民戦争、終末と楽園の到来を説く宗教運動、そして改革・開化をめぐる国論の分裂と党派抗争のなかで、新たな歴史思想として登場したものに民族史観がある。これは、従来の儒家史観ないし事大史観とは対照的に、半島住民の主体性を基本として歴史を構想するもので、今日にいたるまで民族史観あるいは民族史学と呼ばれてきたものである。その土着の求心的な権威として再び関心を呼んだのが檀君神話であり、先駆的役割を果たしたのが、『民族痛史』（一九一一年）の著者として知られる朴殷植《パクウンシク》（一八五九〜一九二五）や申采浩《シンチェホ》（一八八〇〜一九三六）、そして崔南善《チェナムソン》（一八九〇〜一九五七)であった。

民族史観とは、民族という集合的・抽象的概念を導入することで、半島社会の主体を実体化することによって主体的な歴史を提示したものである。王朝や国家が存亡の危機に瀕している状況にあって、従来の王朝国家による史観とは異なる歴史の主体が求められたのである。一般的にいえば、抽象的な概念としての民族は、複数の民族が対立し共存する広範な世界を鳥瞰するような視点のもとで成立するものであった。国内に多様な住民による多様な文化伝統と主体意識を抱え、その統合・統治を迫られた中国における行政の視点や、植民地行政、宗教団体による宣教戦略、あるいは国民統合の過程などで、いずれも行政的な脈絡において有効な概念とされたものである。東アジアでは民族という漢字語が創出され普及していったが、そのなかにあって朝鮮では、知識層がいち早くこの概念を自身も含めた半島住民全体に適用した点が注目されよう。朝鮮でも王朝時代の支配層・知識層のあいだには、支配対象を集合的に指すには「民」とか「百姓」という用語しか存在しなかった。しかし、民乱などの用語は、民を乱の主体としては位置づけているが、制圧の対象として為政者が用いたものである。これに対して、王朝や支配層も含めて全住民の主体性が危機に瀕した状況において、身分や地域を超えた半島住民の主体を指すものとして適用されたのが民族という概念であった。朝鮮における民族とは、自民族だけに適用されたものであり、相対化して比較したり、起源や発展を論じたりすることを認めない神聖なものであったといえる。民族という用語がそのように規定され定着してきたことは、他民族に対する関心や理解を妨げることもあり、韓国においてこれまで民族学という名の学問が受容されなかった一つの背景となったと考えられる。

民族史観のもとでは、多くの歴史上の人物が「民族の英雄」として位置づけられた。高句麗の武将として唐の軍勢と戦った淵蓋蘇文《ヨンゲソムン》(?〜六六五)、同じく隋の煬帝《ようだい》の遼東遠征軍と戦った乙支文徳《ウルチムンドク》(六世紀末)、契丹の侵攻(一〇一八年)を防いだ高麗の姜邯瓚《カンガムチャン》(九四八〜一〇三一)、高麗の末に倭寇の侵攻に際して武勲をあげ、反明のため戦いながら、政策転換にともない不業の死を遂げた将軍崔瑩《チェヨン》(一三一九〜八八)、高麗王朝が元に屈服した際に王族を戴いて珍島に逃れて徹底抗戦し、高麗正規軍と元によって征伐され不業の死を遂げた裴仲孫《ペチュンソン》(?～一二七二)、壬辰丁酉倭乱で勝利をあげるも戦死を遂げた救国の将軍李舜臣《イスンシン》(一五四五～九八)、その当時の抗日義兵将軍たち、晋州城で酒宴の最中、敵将とともに水中に身を投じたという義妓論介《ノンゲ》、清軍の侵攻(丙子胡乱)に際して反清を貫き非業の死を遂げた林慶業《イムギョンオプ》(一五九四～一六四六)、抗日義兵闘争と独立運動の烈士たち、そして伊藤博文を暗殺して獄死した安重根《アンジュングン》(一八七九～一九一〇)など、高句麗から二十世紀にいたるまで、敵軍との戦いにおいて功をあげながらも命を落とした非業の将軍たちをはじめさまざまな人物が、すべて民族的英雄と位置づけられた。

崔南善は、当時の朝鮮におけるインテリ指導者のなすべき優先事業として、言論と文筆の重要性を実感するや、日本から印刷機械を購入して雑誌出版と啓蒙活動に着手した。その大きな動機となったのは、留学先の日本での見聞であった。当時の日本において、民族意識高揚と国家統合の基本に神道が位置づけられ、民族アイデンティティの根拠として古典に基づく神話が、また神道の祭祀が国家的儀礼として採用されている状況を目のあたりにした崔南善は、朝鮮においても民族主体性の象徴となるべき神話的な存在として檀君神話に注目した。

檀君については、国難に直面した高麗王朝において、黄海道九月山の三聖祠で朝廷による檀君祭祀がおこなわれ、また朝鮮王朝初期の世宗《セジョン》代一四二九年にも、平壌《ピョンヤン》郊外に高句麗の始祖東盟王(朱蒙)廟に檀君が合祀されている。その拠りどころとなったのが高麗朝の『三国遺事』(一二八〇年)であった。高麗朝の正史である『三国史記』(一一四五年)が儒臣の金富軾《キムブシク》(一〇七五～一一五一)によって編纂され、中国の史書の体裁を踏まえて、内容も中華の正統性を前提とした記載であったのに対して、『三国遺事』は僧一然《イリョン》(一二〇六～八九)によって編纂され、『三国史記』には採用されない民間の伝承や仏教説話や寺院の縁起などを収録しており、その冒頭に檀君神話が掲載されている。冊封体制のもとでは、檀君の神聖性を取り上げることは朝鮮の主体性を説くことになり、中華の権威に抵触するとみなされた。このため、朝鮮歴代の国史編纂において檀君をどのように位置づけるかが懸案となった。引き続き檀君を無視するものも多かったが、これを併記するものもあり、王朝と国家の正統性にかかわる檀君の位置づけをめぐり、国論は必ずしも統一されていなかったのである。

檀君神話の唯一の典拠である『三国遺事』は、十六世紀初めに再版されたため、その名こそ知られていたようだが、朝鮮国内には現物が伝わらなかった。しかし、文禄慶長期に秀吉の軍勢によって日本にもたらされ保存されていたものが一九〇四年に東京帝国大学から出版されると、崔南善がこれを朝鮮にもたらし、解題を付して『啓明』(一八号、一九二七年、同増補版、民衆書館、一九四六年)に復刊したことで多くの関心を呼んだ。かつて『三国遺事』は、儒者史官や文人たちからは根拠のない伝承や説話を収録した荒唐無稽の書として顧みられなかったようで、『揆園史話』などと同様に事実上異端の書として禁書の扱いを受けてきた[韓永愚 1976]。『三国遺事』に引用された「古記」の類も伝わっていない。崔南善はこの檀君神話の分析をとおして、民族意識の高揚を説く神話学・民族学的な論考として「不咸文化論」を展開し、自らの主幹する雑誌や新聞(『東亜日報』)に連載した[4]。

民族史観のなかでも檀君朝鮮をめぐる議論には、根拠不明で実証性の欠けるものが少なくない。近年、歴史の主体性を重視する立場から、檀君をめぐる多くの出版がなされ、檀君を中心とした東夷の範域に古朝鮮を想定するものが少なくない。これに対して歴史学者は、主観的すぎる妄想のようなものでとるに値しないとして無視するが、これも現代の韓国民衆のアイデンティティを反映するものとみるならば、興味深いものである。朝鮮の民族世界を古代に遡って空間的にも拡大せんとする姿勢には、小国意識を逆転した大朝鮮主義を見て取ることもできよう。

孫晋泰による民族の再発見

孫晋泰《ソンジンテ》(一九〇〇〜?)は『韓国民族史概論』(一九四八年)のなかで、「朝鮮史はすなわち朝鮮民族史であり、われわれは有史以来、同一の血族が同一の地域で同一の文化をもって共同の運命のもとに共同の民族闘争を無数に敢行しながら、共同の歴史生活をしてきて、異民族との混血は極めて少ない。それゆえ朝鮮において国民とはすなわち民族であり、民族史がすなわち国史となる」と明言しており、朝鮮においては、「民族という用語が過去に使用されなかったとしても、それは王室中心的な過去の貴族支配国家の本質がそうした思想と用語の発達を阻害していたためであり、民族自体は用語の有無に関係なく厳然と存在してきたのである」という認識を示している。つまり、時代を超えて半島に一定の地域社会を想定し、その主体を指し示す一貫した用語はみられなくとも、住民は主体としての意識を共有してきたという。

孫晋泰が解放後(終戦後)まもないこの時期に、あえて自ら「民族の発見」とまで称したのは、日本という異民族の支配からようやく解放されたこの時期に、階級闘争を掲げる共産主義運動の浸透によって、再び内部から朝鮮の主体性と同一性が否定され、民族の統合が脅かされるという新たな状況に直面していたからにほかならない。孫晋泰がこれをあえて「新民族主義」と称したのは、こうした無産階級を唯一の主体とする共産主義を排すると同時に、それまでの民族論が王室・貴族主体による支配のためのものにすぎなかったと批判的にとらえなおし、こうした階級区分を超えた民族全体を主体とする民族主義社会の建設を訴えるものであった。歴史を貫いてこの半島社会を築き守ってきた主体として民族を実体としてとらえるうえで、孫晋泰は半島を含む東北アジアで興亡した諸民族国家について、歴史民族学的な知見を踏まえつつ、これを取り巻く内陸部の諸勢力との交流と抗争の歴史を順次検証しており、三国の統合をとおして民族社会としての内実を描こうとした。

このように、外部社会との緊張関係のもとで一貫した課題として「民族」の主体性が絶えず自覚を迫られてきた朝鮮半島社会と比べると、日本列島における住民の認識はかなり異なるといえよう。日本でも社会上層の知識層のあいだでは、列島の国土に対する愛着や王朝の臣民という観念が文献のうえには早くからみられる。しかしその一方で、一般住民のあいだで地域の生活空間を超えて列島社会に対する帰属意識や主体意識がどれほど共有されていたかといえば、どうであろうか。国土と住民の安全が脅かされ、主体意識が求められ課題として浮上した経験としては、蒙古襲来(元寇)

による危機があげられるが、それ以後は幕末に異国船によって沿岸を脅かされるまでほとんどなかったといってよい。国土の辺境を脅かすような他者の存在が意識される機会は少なかった。その点でも、東アジアで近接しながらも、半島と列島のおかれた地政的な条件に大きな差があったとみることができよう。

朝鮮社会においては、半島という限られた版域のなかで、外部からの脅威に繰り返しさらされる地政的状況のもとで、民族に相当する同族意識が繰り返し高揚されてきたとはいえ、開港期以降は新しい国際環境のもとで、その地政的な条件が大きく変化したことも明らかである。日本列島からの脅威のみならず、大陸北方からの新たな勢力であるロシアの登場、海を介した欧米列強の出現、海島の夷であった日本の軍事・経済的な発展など、新たな対応を迫られたといえよう。また、日本による植民地統治も、異民族による本格的な支配としては、高麗朝のモンゴル支配以来のものであった。日本の植民地支配のもとで、民族意識は抑圧されながらも著しく高揚したが、「国民」および「国語」という概念もその主体を日本に取って代わられた。植民地支配からの解放によって、国民、国語、国史などの概念主体も日本支配から解放されたが、孫晋泰が訴えたように、東西陣営の最前線という新たな地政的状況のもとで、共産主義という新たな勢力の介入をまともに受け、再び民族や国民の統合は危機に瀕したのである。民族の南北分断と戦争、その後の休戦体制のもとで、安全保障と政治統制が最優先され、南北に生き別れた家族にとって民族統一は切実なものではあれ、政治・軍事的に不寛容な南北対立のもとでは非現実的なものとなるのもやむをえなかったといえる。

北朝鮮においては、ソ連による支援に依存する枠組みのもとで、民族主体性に基づく独自の社会建設を主唱するという矛盾した体制が続いたが、ソ連の体制崩壊にともない政治的にも経済的にも未曾有の閉塞状況に陥った。金日成《キムイルソン》・金《キム》正日《ジョンイル》に次いで金正恩《キムジョンウン》によって唯一独裁体制は継承され、公式には社会主義の体制が維持されながらも、一般の人民たちは日々の生活に追われて、非公式な私的経済活動が不可欠となっている［伊藤 2017］。

一方の韓国では、軍事クーデタで政権を握った朴正熙《パクチョンヒ》（一九一七〜七九）が、自らを民族中興の祖と位置づけて、開発独裁に拠る軍事独裁体制を正統化する政策をとった。つまり民族分断のなかで、北も南も政権の正統性を民族主体性に求めてきたことになる。

その後の韓国では、こうした地政的条件とは異なり、むしろ非地政的ともいえる新たな状況のもとで、ナショナル・アイデンティティをめぐる論議が展開している。それは、グローバルな市場経済と情報化の進展、民族とは相容れないキリスト教の隆盛、韓国人の海外留学熱と国際的な移動拡散、日本の大衆文化による「汚染」、そして韓流の国策化と大衆消費文化のナショナル・ブランド化などである。

民族宗教

半島住民の主体意識を検証するうえで、宗教は重要な手がかりとなっている。宗教におけるナショナルな様相が顕著なものとしてまずあげられるのは、三国時代の護国仏教である。王朝国家と国土の安寧を守る宗教として仏教が位置づけられ、国土鎮護のために仏塔が建てられ、仏法の加護を求めて朝廷による法会が営まれた。三国のなかでもっとも遅れて仏教を受容した新羅では、新羅こそが仏法によって加護が約束された地であるという「新羅仏土説」も説かれ、仏教による護国思想は、国王自身も護国の龍王と結びつけられるまでにいたった。高麗王朝では仏教は社会体制の根幹ともなり、大蔵経の版刻が国家事業としておこなわれた。新羅および高麗の護国仏教において外敵として想定されたのは、東海の日本であった。こうした国家体制における護国思想ばかりでなく、民衆の救済においても弥勒下生《みろくげしょう》思想が受け入れられ、古くは新羅の愛国的青年組織であった花郎も龍華徒と呼ばれたように弥勒信仰と結びついていた。また、民衆宗教や民乱においても弥勒信仰が重要なモチーフとなり、首謀者が自ら弥勒の化身を装った例があったことも注目される。

十九世紀の半ばに相前後してあらわれた民衆宗教は、民乱や腐敗などの社会荒廃に対する危機意識から、新しい社会の到来を希求する民衆に応え、民衆の主体性と輔国安民を訴えたものである。その先頭を切ったのが一八六〇年に崔済愚《チェジェウ》(一八二四〜六四)によって説かれた東学であった。東学とは「朝鮮の思想」を意味し、当時の国権喪失の危機意識、仏教・儒教界の腐敗衰退、西学つまり西洋思想の蔓延などを背景として、主体性の回復、道徳の再確立、斥洋・斥華・斥倭などを掲げた。二代目の崔時亨《チェシヒョン》(一八二七〜九八)によって教義が体系化され、やがて組織的な農民蜂起となって地方の軍営を攻撃して、農民戦争の様相を呈したが、やがて鎮圧され厳しい弾圧を受けた。三代目の孫秉熙《ソンビョンヒ》(一八六一〜一九二二)により一九〇五年に政教分離による天道教が設立され、三・一独立運動(一九一九年)でも指導性を発揮した。「人乃天」の民本思想を基礎とし、「布徳天下、後天開闢、輔国安民、廣済蒼生」、すなわち旧秩序である中華の開闢《かいびゃく》に対して、朝鮮の地における新たな「後天開闢」による地上天国の実現が説かれている。

こうした終末、後天開闢、地上天国(地上仙境)を説いた宗教は数多く、仏教の弥勒系諸教団のほか、図讖《としん》説系、檀君神話系、復古儒教系などさまざまな宗教教団がみられる。四・一九学生革命の直後にこうした一三の教団により「民族信仰総連盟」が組織され、一九八五年には九系統三三教団によって「韓国民族宗教協議会」が結成され、十月三日の「開天節」などの機会には協同で祝典行事をおこなっている。終末、後天開闢、地上天国を説くばかりでなく、救世主の再臨を説くものも少なくない。「真人」と表現された救世主は、三国時代以来「図讖説」の重要なモチーフとなっていたが、甑山《チュンサン》教も初期の教祖にはその性格が明らかであり、更定儒道ではいっそう明確である。

民族宗教のなかでも十九世紀末に姜一淳《カンイルスン》(一八七一〜一九〇九)によって創始された甑山教は、弥勒信仰を背景として後天開闢と地上仙境を説き、また社会に対立や葛藤をもたらす論理的二項対立思考を克服する解怨相生と民族の和合を説いており、今日若い世代にも支持者が少なくない。

更定儒道の場合は、儒教道徳の復興を説くという点では他の民族主体的な宗教とは異なるが、土着主義的な性格はむしろいっそう顕著である。それによれば、「道徳が地に廃れたこの終末に、救世主があらわれ後天開闢が始まると、世の中は一変してこの朝鮮の地に楽園が到来する。これまで虐げられてきた朝鮮が世界の中心となり、世界の主人となって支配し、これまで世界を支配してきたアメリカ人はその地位を追われ、そのときにはアメリカ人も日本人もだれもが朝鮮式の髷《まげ》（サントゥー）を結い、白いトルマギを着るようになるのだ」という。この説明は、私が調査地の珍島農村で古老から直接受けたものである。話者は、村の書堂で伝統的な儒教教育を受け、自らもその訓長（先生）も務めたのち、推薦されて総督府の地方行政の面書記を務め、村の自治的な農村振興事業や水利事業に功績を残した人物である。老後は更定儒道に入信し、一九七〇年代まで村の道徳的長老である洞長を務め、頭にはサントゥーまで結っていた。[5] この説明にもあるとおり、民族宗教には自民族を受難の民と位置づける一方で、選民思想ともいうべき自民族中心の観念がみられる。

安全保障と愛国教育

韓国では、公教育においてもナショナル・アイデンティティを重視してきた。国家の安全が最優先された冷戦体制のもとで、愛国教育に力点がおかれたのは当然であったといえる。愛国烈士や民族的英雄を顕彰することは、政府の重要事業と位置づけられ、各地でこうした人物を記念し事跡を展示する施設が整備されてきた。独立記念館や戦争博物館はこれを集約したもので、国民的な学習の場ともなっている。

愛国の民族的英雄のなかでも李舜臣将軍は別格ともいえる位置を占めている。李舜臣将軍は、秀吉指揮下の日本軍の侵攻（壬辰丁酉倭乱）に際して、水軍を率いて国難を救ったことで知られるが、その事蹟を記念し遺志を讃える祠堂や記念碑や銅像は南部の沿海地方を中心に全国にみられる。[6] 愛国の将軍の誉れ高い李舜臣将軍の顕彰をめぐる国家的事業は注目に値する。李舜臣将軍の祠堂建立は十八世紀初めに忠清道牙山地方の儒生によって建議され、朝廷から「顕忠祠」の懸額も下賜されていたが、大院君の書院撤廃令によって荒廃していた。その後、『東亜日報』の献金呼びかけによって一九三二年に重建され、墓所は五六年に史跡の指定を受けた。

軍人として政権を奪取して国家再建最高会議議長の地位にあった朴正煕は、自らも愛国の将軍たらんと自戒して、一九六二年に牙山顕忠祠における祭祀（茶礼行事）に参席した。それ以来、大統領に就任後もほぼ毎年参席するのが恒例となり、六六年には国家による顕忠祠の聖域化を指示して拡充整備に着手した。一九六八年には文化公報部の直轄となり、九〇年には大統領令（盧泰愚《ノテウ》）により文化部の直属となっている。この聖域化に込められた行政の趣旨・任務には「滅私奉公の護国精神」「民族守護の遺志継承」「愛国忠誠の精気宣揚」などが掲げられている［文化部顕忠祠管理所 1993］。

同様の趣旨で軍事政権の主導のもとに設置されたものに慶尚北道慶州郊外の「花郎道場」がある。花郎徒は新羅の貴族青年によって組織された精神的・身体的な修錬団体で、指導者に推戴された花郎のもとに多くの花郎徒が結集し、戦時には国のため献身的に戦ったといわれる。その文武両面にわたる愛国的・献身的な指導者像にあやかって、これを現代韓国の指導者養成に活かす趣旨で設けられたのがこの研修所であり、宿泊施設を設けて学生や公務員などの研修を受け入れていた。大統領が一九六八年に制定した教育憲章においても民族中興の歴史的使命が掲げられており、生徒たちはこれを暗誦することを求められた。

檀君神話に関しては韓国および北朝鮮における動向についてもふれる必要がある。檀君教系の教団は、民間で家庭の平安を祈る節日とされてきた「初三日」（陰暦十月三日）を檀君が天から降臨した日とみなし、江華島摩尼山の山頂に築かれた塹星台で祭典を執りおこなってきた。そうした特定教団の活動とは別に、檀君をめぐる国民的・民族的関心も高く、「民族の集団的無意識の内に残された情緒的アイデンティティの源流」（金芝河《キムジハ》）として国民に受け入れられてきたといえる。

檀君は、愛国と救国の将軍李舜臣および朝鮮王朝の文化英雄というべき世宗大王とともに国民精神の象徴と位置づけられ、公的な制度や施設とも結びついてきた。まず、解放後まもない一九四八年九月に公用年号を檀君紀年と制定し、また十月三日を「開天節」と定めて国慶日とした。檀君紀年は一九六一年十二月に廃止されるまで続いていた。[7] また自らも民族中興の使命を任じていた朴正熙大統領は、王朝時代に国家の命運を司る社稷《しゃしょく》を祀っていた社稷壇の位置した社稷公園に、国祖檀君の像とこれを安置する檀君殿の建立を指示し、檀君の標準肖像を制定するまで計画が進んだ。これに対して、神話を史実化することへの抵抗ばかりでなく、キリスト教界の猛反対もあって、実現が阻まれた。檀君は公的教育においてもいち早く愛国教育の一環として取り上げられており、キリスト教徒も愛国教育に公然と異を唱えることはなかった。しかし一九九九年には、民間団体の手によって公立学校の校庭に祖国統一祈願国祖檀君像が建てられたのをきっかけとして、檀君の神格化と偶像崇拝をめざすものとして公的施設からの撤去を求めるキャンペーンがキリスト教徒によって起こされた。京畿道の三つの小学校の校庭に建てられていた檀君像の首がキリスト教徒によって切り取られるという事件も起きた。[8] 檀君殿建立の運動としては、植民地統治下においても東亜日報社が企画して全国から寄付を集めて実現に動いたことがあった。これは、民族主体性の象徴とみなされ、総督府によって認められなかったが、今日では同胞のあいだでこれに断固反対するキリスト教徒が存在するのである。

一方北朝鮮では、民族主体性を実体化する作業として、平壌近郊の江東区の旧来の檀君祠廟に加えて、新たに檀君陵が建設された。それに先立ち北朝鮮の考古学界は、平壌郊外で檀君の墓が発見され、檀君の全身の遺骨まで発掘されたとしてその写真まで公開した。新たに設けられた壮大な階段ピラミッド状の檀君陵墓は衛星写真の画像でもくっきりと確認できる。

キリスト教と韓国朝鮮社会

キリスト教とナショナル・アイデンティティの関連も注目される。もともと朝鮮におけるキリスト教(天主教)は、王朝時代に政治の主流から疎外された一部士族によって、北京を経由して受容されたものである。キリスト教は外来の宗教ではあるが、その受容過程において、外国人の宣教師によって一方的に持ち込まれたのではなく、朝鮮人が自らの意志で受容し持ち帰った点を取り上げ、その主体性を強調するのも韓国キリスト教徒独特のアイデンティティを反映しているようである。儒教を国是とする朝鮮において、人道と天道はもっとも基本的な世界観をなすものであり、祖先の位牌祭祀はその根本をなす儀礼であった。このため位牌を否定して焼き払ったキリスト教徒は厳しい弾圧の対象となり、当時殉教に瀕した確信的なキリスト教徒はローマ教皇庁に支援を求めたのである。キリスト教は儒教の世界観と相容れないばかりでなく、儒教を国是とした王朝国家の根本を否定するものとみなされ、明らかにナショナルな次元において排除されたのである。その後、開国とともにキリスト教禁令が解除されたのは時代の趨勢であった。新教（プロテスタント）も開化期に中国東北経由でもたらされ、次いでアメリカからの組織的な宣教により、新教育、西洋医療をはじめ近代化の担い手ともなった。日本の植民地支配のもとで、キリスト教は基本的には政教分離により、霊的な救済を担うことによって信者を獲得していった。とりわけ聖霊主義的な信仰は、その後の韓国民衆の精神世界において特異な位置を占めてきた。[9] 植民地統治のもとで、日本帝国のナショナルな体制の一環として持ち込まれた日本の国家神道は、朝鮮人の土着のナショナル・アイデンティティの再確立を説く天道教や檀君教などの民族宗教と厳しく対立したが、キリスト教は国家神道のみならず朝鮮の民族宗教も含めて異教徒社会への布教・浸透をめざす立場にあった。

　解放後は、反共産主義と自由主義陣営の守護者として、また戦時下では物資的・精神的支援面で存在感を示した。朴正熙政権の軍事独裁体制のもとでは、大都市の新興民衆層に照準をおいた「民衆神学」「参与の神学」を掲げて人権・民主化闘争を精神的・組織的に支え、また一部の教会では都市産業宣教団に参加して労働問題や福祉面などの社会問題にも積極的に参与した。その反面、軍事政権が積極的に進めた愛国精神や民族精神高揚の政策に対しては、消極的ないし否定的な姿勢を貫いてきたといえる。とりわけ檀君をめぐる一連の民族主義的な運動に対しては、明確に否定するキャンペーンを続けてきた。またキリスト教徒のなかでもとくに原理主義的な信者の一部には、国旗に対する敬礼に対してまで異を唱えることがあるという。

敬虔なキリスト教徒にとって、民族や国家という精神主体とどのようにかかわり共存するか、檀君という神話的権威をどのように評価するのか、さらには国土と民族のために命を捧げた英雄たちを自己とどのように関係づけるかなども、課題となるのであろう。国内いたるところで、こうした愛国と民族主体性にかかわる伝説や遺跡に出会うし、どの名山や名勝地にも仏教寺院が位置しているこの国で、キリスト教徒は自らの立ち位置をどのように見出すのか、これらも韓国におけるナショナル・アイデンティティの課題に含めてよかろう。

一方では、キリスト教徒のなかには、韓国社会そのものを神によって祝福され地上の楽園が約束された国とみて、救世主の再臨を説く者もある。しかも、一般のメシア願望とは異なり、韓国では時限つきでメシアの再臨を予言する例も少なくない。一九九二年十月二十八日の携挙(ヒュゴ)と呼ばれたメシア再臨の騒動は、私もソウルで群衆とともに体験したので記憶に新しい。キリスト教における千年王国論やメシア再臨のモチーフは、これまですでに何度も繰り返されており、受難の民、選ばれた民、終末、救世主、地上の楽園などの要素は、すでに述べた民族宗教の場合と大差がないようである。[10]

大国中国と南北の統合

中国とは修交が開かれて以来、とくに経済分野を中心に両国関係は急速に緊密化しており、今後さらに中国が韓国社会に大きな影響をおよぼすことは避けられない。韓国企業の進出にともない、企業の駐在員のみならず人々の往来も増加の一途をたどってきた。東北三省の朝鮮族も、中国と韓国を仲介する経済機会が増すにともない流動性が高まり、北京や天津さらには青島や上海などに生活の根拠を移す者が増え、また就労の機会を求めて韓国に出稼ぎする者が急増した。同胞の助けを得て韓国企業の発展にも明るい兆しがみえた。しかしその一方で、東北中国における朝鮮族の民族自治と地域社会は、人口流出にともない崩壊の危機に直面するにいたった。朝鮮語教育を担ってきた村の自治体制は崩れ、民族アイデンティティの基礎となってきた言語まで風化する兆しがみられる。一時は韓国企業も政府も、こうした在外朝鮮族および韓国移民の存在に注目して、積極的に支援して連携を深める方針をとったが、国益優先のナショナルな視点を過信するあまり、現地社会の直面するこうした現状を踏まえる姿勢に欠けて、さまざまな問題が派生した。その間にも中国経済が急速に発展するにともない、結果的に朝鮮族は、朝鮮民族であると同時に中華人民共和国の国民であることを自覚し、さらには朝鮮民族である以上に中国人民として成功する道を選ぶ者が増えている。朝鮮語の能力による優位性よりも、中国社会で活躍するうえでも漢語能力が求められており、民族学校よりも漢族学校を選ぶようになったのである。韓国政府による在外同胞支援事業や政府の支援による「ウリ民族ソロトプキ運動」(わが民族助け合い運動)には、いかにスタッフに民間のインテリや国際派人材を受け入れても、ナショナルな思考を脱することが難しいように見受けられ、在外コリアンのおかれた諸状況を注意深く見極める姿勢が欠けている印象も受ける。

国際的にも波紋を生じてきた韓国人の海外留学熱は、当初は英語圏に集中していたものが、今では中国にも殺到している。留学生やその父兄まで、「これからの韓国は中国抜きには存立できない」とか、「いずれ韓国は中国経済圏に飲み込まれる」というようなことまで口にする。やはり、地政的条件のなかでも大国中国の存在は突出しているようで、大国といかに共存するかという課題が、以前にも増して国民のあいだで現実感を帯びているように見受けられる。

同胞であった北朝鮮との対立は依然として厳しく、軍事的な緊張のもとで両国の交流は極めて制約されている。北朝鮮社会の実態を把握するのは容易ではなく、平壌など大都市以外の地方住民の生活実態は、北からの難民をとおしてようやく明らかになってきた。あらゆる点で両国民間の格差はあまりに大きい。かつての世界規模の冷戦構図は実質的には崩れたとされるが、朝鮮半島ではそれが局所的に続いているのである。

南北の分断状況についてかつては、大国に隣接した民族国家の存亡のためにも、南北統一と団結こそ最大の悲願といわれてきたが、韓国人の認識には近年大きな変化がみられる。冷戦体制がゆるみ、近い将来における北朝鮮の国際社会への復帰が多少なりとも現実味を帯びてくるとともに、経済や意識面をはじめ南北間の格差があまりに大きいことが明らかになってきた。南北を再統合するためには社会、経済、文化などあらゆる分野において未経験の課題が控えていることが実感されるにともない、「民族の悲願」を口にする人が少なくなったのである。

経済的格差は、北朝鮮に統計数字が存在しないため比較が不可能な状況にある。ハードウェア面のほか制度や意識など社会的・人的な面まで考慮すると、実態の把握に限界があるため予測も困難なのが実情である。国際社会に復帰する以外の選択がありえないとすれば、復帰がどのようなかたちをとるにせよ、この格差は半島地域のみならず東アジアにおける人道上の格差として顕在化するのである。同胞との格差をいかにして縮小していくか、それにともなう負担はどうするか、その困難な状況に韓国がどのように対応できるか、という現実的な問題が浮上しつつある［伊藤 2010b, 2012, 2017］。だれしも、こうした悲観的な予測は避けられるなら避けたいと考えるのもやむをえない。

隣接する同胞社会のあいだで社会格差がこのように温存され拡大した例は、冷戦構造と主権国家の秩序のもとで先送りされ再生産されてきたのであり、歴史上も類例がないといえる。しかも民族内の格差にともなう諸問題については、韓国側にもこれを避けて国家の自立を守るという選択肢は存在しない。脱冷戦という課題は過去のものではなく、これから真の対応が迫られるといえよう。以前は、観念的に考えてきた民族統合が、今日では、社会の存立に直結する実質的な負担をともなう、避けてはとおれない課題となるのであれば、これ以上のナショナルな課題はないといえよう。

経済発展とグローバル化

冷戦体制が緩和されるに従い、一九九〇年代以降の韓国では政府による政治的規制がゆるみ、民主化と経済の自由化、市民社会としての成熟も著しい。海外渡航の自由化にともなう留学や観光旅行や交流も活発となり、国際化やグローバル化が進んでいる。中国との関係も、日本とのあいだでも大衆文化を梃子とした交流が進んできた。

韓国経済がめざましい発展を遂げ、韓国人が自信にあふれていたソウル・オリンピック当時は、「世界は韓国（ソウル）へ、韓国（ソウル）は世界へ」という標語まで掲げられていた。韓国やソウルに世界の関心が集まった時期であるから前半部分は十分理解できるが、後半部分は何を標榜していたのだろうか。大量の留学生や駐在員や移住者を世界に送り出し、最先端の経営術や知識を身につけて、世界で指導的な役割を果たそうという趣旨と理解するのが自然であろう。国内向けには、国際的な競争と人の動きや情報の流れに遅れをとらないように、国民を鼓舞する趣旨だったのかもしれない。しかし、これは決して国内向けだけの標語ではなかった。韓国を中心にすえてその可能性を謳うものだとしても、韓国の中心性をこれほどまで強調する背景には、韓国人自身もあまり自覚しない独自のナショナルな思い入れがあったように思われる。似たような標語は今でも時折目にするのである。

その後も韓国の経済は、通貨危機を経験しながらもますますグローバル化が進み、厳しい市場経済の競争にさらされている。それと並行して韓国人の移動・移住もめざましいものがあり、国際的にも関心を呼ぶにいたった。国内では、均質性の高い住民構成に加えて、中央集権的な社会体制は今も基本的に堅持されており、ソウルを中心とする一極集中型の競争社会はゆるむ兆しもみられない。国民の社会上昇欲は相変わらず高く、教育に力をそそぎ大学進学率も世界一である。国内のみならず教育機会を求めて移動・移住を厭わず、海外留学にも極めて積極的である。海外移住も英語圏ばかりでなく世界中に広がり、コリアン・ディアスポラ[11]とまで呼ばれ、国際的な関心を呼んできた。国内では、都市と農村の経済格差も解消せず、農村では過疎化と老齢化が進んでいる。世代間の意識格差は年長世代に危機意識をもたらし、キリスト教が都市部を中心に勢力を拡大してきた。

今日、韓国は経済的にも市民社会としても国際化がめざましいという肯定的な評価を受けるようになった半面、スポーツのように国民感情と結びつきやすい分野においては、ナショナルな誇りと復権意識を抑制できずに、ときには自己中心的な競争的行動が噴出して、そのアンバランスさが目を引くことがある。今もナショナル・アイデンティティが重要な課題となっていることに変わりない。

一九七〇年に始まったセマウル運動は、朴正煕大統領が内政の最重要政策と位置づけて強力に推進したもので、七二年秋には戒厳令により「維新」を掲げて国会を解散し、官民を総動員して推進された。当初は文字通り農村を対象として、旧態からの脱皮を図る農村改革運動であり、勤勉、自助、協同を標語として、精神啓発と生活環境改善と所得増大を目標に掲げた[文化公報部 1972]。大統領を頂点とする忠誠関係が農村部にまで求められ、やがて農村ばかりでなく都市や職場にも拡大され、全国的な運動へと発展していった[伊藤 2012]。開発独裁によって推進され外資導入によって実現したとはいえ、セマウル運動こそ半島社会において国民がこれほどまで動員され参加した運動は歴史上前例がなく、これと並行して推進された愛国教育とともに、韓国において住民がはじめて経験した本格的な国民形成の過程であったといってもよい。

また、経済発展が軌道に乗るとともに、これを支える大都市における新興民衆層の台頭、キリスト教の教勢拡大、人権運動・民主化運動とともに民衆文化運動が勃興した時期でもある。

文化のナショナル・ブランド化

文化運動はさまざまな分野にわたって、ナショナル化の様相を呈した。例えば、絵画運動においては、東洋画から韓国画への展開がある。これは、東アジアの大伝統ともいえる南宗画の伝統からの脱皮というかたちをとり、その画題・技法・画材からの解放でもあった。その結果、東洋画という範疇が消滅したに等しく、現代韓国的な主体性を表現すればすべて韓国画という範疇に位置づけられるようになった。さらには「民俗画」を標榜して、民衆との連帯を重視して画題にも民衆の働く姿を取り上げる絵画も目を引くようになった。

音楽においても、かつては国楽といえば、宮中雅楽部が管轄していた宗廟の祭礼楽や釈奠《せきてん》の典礼音楽を指していたが、国楽の概念が拡張され、農民による打楽器主体の農楽や民謡、世襲的な芸人(広大《クワンデ》)によるソリや宴席での演奏や唄、巫《ふ》俗《ぞく》儀礼と結びついた音楽など、民間の在来音楽もすべて国楽に含まれるようになった。国家による文化財としての指定や伝授と後継者養成の支援も制度化されるにいたった。

また国学概念にも同様の再編がなされた。かつて儒教を国教としていた伝統社会においては国学とは官学であり、漢文による儒学を指していた。近代化の過程で国文つまりハングル文学が注目されるようになり、歌謡や説話を主体とする国文学が市民権を得ていたが、一九七〇年代にはそれまで文字で表象されなかった口頭伝承や民間信仰や芸能あるいは民間技術などに対する民俗学が市民権を得るようになり、やがてこれらも国学のなかに位置づけられるにいたった。つまり、音楽も絵画も学問もすべて広範な民衆を主体として市民権が与えられ、それが公教育や市民行政にも反映されるにいたったのである。一言でいえば、あらゆる分野において社会状況に応じた国民化がみられたといってよい。

民俗文化に対する民衆啓蒙のため政府主導で始められたイベントに全国民俗競演大会がある。全国から選抜された民俗芸能や民俗ノリが上演され、テレビで全国に放映されることにより市民権を得たといえる。これを機に各地で民俗学者と地域の伝承者によって民俗芸能が発掘され無形文化財に認定される契機となったが、認定を受けるためには恣《し》意《い》的な改変も加えられることになった。無形文化財の認定は伝承者個人を対象とし、保有者の認定を受けると財政的支援とともに後継者養成のための伝授館が設けられ、一般からも希望者を募集して研修を支援し、履修者のなかから後継者が選ばれる。ただし、伝統的な民俗芸能のなかにはかつて地域で賤民視されていた世襲的な芸能職能者によって担われてきたものも少なくないため、これを行政が優遇することに異議を唱える者もあったという。また、とくに巫俗芸能はインテリや行政さらにキリスト教徒から迷信というラベルが貼られてきたため、これを国民文化の文化財と認定することにも抵抗がなかったわけではない。とりわけ全羅南道の巫俗儀礼は大変芸術性の高い演奏と唄からなるものであるが、芸能面だけ切り離して文化財に指定することなどできない。巫俗儀礼に対しては、セマウル運動の最中ソウル仁旺山の国師堂で地元警察の干渉を受けるのを目撃したこともある。その一方、この建物と内部の巫神図は文化財の指定を受けていたのである。迷信という定義は存在しえないし、法的な規定もありえない。

また仮面劇のように、かつての身分社会において上流両班《ヤンバン》社会を風刺する野卑な表現が強調されている芸能については、今日の国民的な文化財としてふさわしいか違和感も禁じえない。仮面劇も農楽も農村の野外でおこなわれるものであり、都市の生活空間のなかで洗練される時間的余裕もないまま、そのまま文化財として劇場の舞台で上演されるようになったものばかりである。農民が村で演奏する風楽などは野外で演奏するにしてももっと力を抑えながら耳をそばだてながら楽しむものもあったが、国民的な文化の認定を受けるやいなや力強さとリズムばかり強調されるものが主流となってしまった。国民的音楽と称しながら、じつは軍事独裁政権のもとで力が強調される社会風潮のなか、学生も労働者も市民運動も人々を鼓舞するような力強い音楽や舞いが採用されるにいたったといえる。ナショナル・アイデンティティにも随所にミリタリーな性格が受け入れられたようである。

民俗文化の展示と市民学習の場として、ソウル景福宮の国立民俗博物館をはじめ各地に野外博物館や民俗村も建設されている。景福宮は北京の紫禁城に倣って規模を縮小して建設されたもので、まさに冊封体制を実感できるものである。その境内に中華の正統性とはまったく無縁な民俗博物館が設置されるにいたったのも、この社会のナショナル・アイデンティティをめぐるディレンマを反映しているとみることができよう。

すでに述べたように、かつての朝鮮王朝と大韓帝国の権威を否定し、また中華の正統性を否定するかのように景福宮の中央に総督府の庁舎が建設されたが、この日本帝国の遺物を撤去すると同時に再び中央の位置に蘇ったものが、民族王朝の王宮であると同時に、それは中華秩序の象徴的な装置でもあった。中国の国際社会における地位が高まり、中国との善隣友好の象徴として蘇るのであろう。

国家の主導で推進されている文化運動といえるものに、文化のナショナル・ブランド化がある。これは溯れば、日本の大衆文化に対する規制とも関連し、当初は日本による文化侵略から国民を守ると称し、あるいは音楽や映画産業の保護という産業政策的に始まったものである。実際に、日本語で歌う唄に対しては拒否する者も多かったが、アニメやゲームなどはすでに一九七〇年代に大量に出回っており、倭色排除(日本的なもの排斥)を口にしながらも、テレビでは日本のアニメだらけであった。子どもたちはそれが日本のものであることを知らずに見入っていたのである。あるいは電子娯楽室(ゲームセンター)では吹替えもなく日本語表示そのままのゲーム機と格闘する子どもたちも少なくなかった。漫画も日本のものをそのまま剽窃《ひょうせつ》したものが出回っていた。日本の大衆文化のなかでも漫画はそれほど抵抗を受けなかったようだ。一九八〇年代後半に釜山の書店で調べたところ、ハングル訳が出版されていた日本の漫画家の数はすでに五〇〇を超えていた。

ともあれ保護政策に効果があったのか、テレビドラマ「冬のソナタ」が大ヒットしたのを受け、韓国の文化部は文化のナショナル・ブランド化を政策に掲げて推進してきた。これは、国の支援のもとで韓国文化の創造的な発信によって、韓国イメージと文化の商品化による経済効果をめざすものであるが、それと同時に国内向けにも、自文化の再認識を迫るという点でナショナル・アイデンティティとの関連が注目されよう。

対外的なブランドとして力を入れてきたものに宮廷ものがあり、そのなかでも「大チャングム」は大きな成功を収めたとされる。日本では、それまで韓国に対して関心の低かった保守的な世代にとって、朝鮮の歴史にふれ、宮廷社会の人間ドラマをとおして、韓国社会に親近感をもつきっかけとして映像の効果は大きかった。また、韓国国内においても、女性を主人公として宮廷の人間的なイメージを創出することで、王朝社会の宮廷に対するイメージを塗り替え、朝鮮王朝との歴史的連続性を国民に植えつける効果があったといえよう。宮廷社会における人間味を強調することは、国民の自己イメージを王朝時代にまで投影させ、王朝時代の身分制や女性の社会的地位といった負のイメージを払拭する効果もあったようだ。しかし、王朝文化も宮中生活も、創作性がゆきすぎて実態を無視してしまうことがあるならば、はたしてナショナル・アイデンティティにとって健全な姿勢といえるかどうか疑問も残る。

宮廷社会に対する考証も杜撰といわざるをえない。例えば宮中の料理は制度化された男性官職(従六位〜従九位)が主役となり、宴席料理ばかりでなく王と王族の料理をすべて担当し、女官は補佐的な役と膳の賄いなどの世話にあたり、食事をつくるのは間食や飲み物程度に限られていたはずである。また、医女は宮女とは身分が異なり、本来妓生の地位にあって、医術も限定されていたはずである。[12]

宮廷社会における人情味の豊かさ、女官の活動と地位、食文化の豊かさなど、今日の大衆が求めるイメージに沿うように、現代の原作もなく時代考証もまともに経ずに、映像という視角に訴えて、宮廷文化の肯定的なイメージを創り出すことに政府とメディアが協力して取り組んだものといえる。

文化のナショナル・ブランド化とは、伝統の創造にとどまらず、イメージ操作を駆使して大衆消費による経済効果をとおして国益を見込む戦略でもあり、ナショナル・アイデンティティとの関連性について慎重に見極める必要がある。つまり、ナショナル・アイデンティテとは、国民や民族を主体とする集合的な自己像といわれるが、現代社会においてはマスメディアおよび消費市場システムと一体化しており、また国益を振りかざすさまざまなナショナル・エリートたちによって、公的な制度や組織も動員して操作されるものと知るべきであろう。[13]

われわれにとってもっとも身近な韓国・朝鮮におけるナショナル・アイデンティティについて、私の視野に入るものを取り上げ、さまざまな側面と関連を概観してきた。いずれも課題と議論の見取り図を描いたにすぎない。われわれの隣人社会からもたらされる情報はあまりに多く、その一つ一つがどれももっと実証的に掘り下げるべきものであることに気づく。また、ナショナル・アイデンティティは集合的な意識や自己イメージではあるが、これを具体的な事例にそくして記述しようと、現地での生活やフィールドワークを振り返ってみると、友人や恩師や指導学生たちの心情や生活世界に踏み入るように思えて、気が引けるのである。

註

1　筆者が一九七四年に慶尚北道安東の李退渓宗家に滞在していたときのことである。帰省中の同世代の若者たちと歓談している部屋を一人の長老が尋ねてきて、持参してきた李退渓にまつわる文書をわれわれの前に開いて解説を始めた。その内容を筆者が理解するとその古老は多いに喜ぶと同時に、村の若者に向かって「われわれ先祖の著した書を日本の若者が理解できるのに、おまえたち朝鮮の若者が理解できないとはまったく嘆かわしい」と叱責していた。若い世代の漢字離れは、この社会が蓄積してきた歴史知識の継承を妨げるとともに世代間の疎通にも障壁となっていると実感した。

2　朝鮮語・韓国語には日本語以上に多くの漢語の借用があるにもかかわらず、漢字表記を避けているため、東アジアの隣接諸社会との効率的な意思疎通を妨げる結果となっている。しかし、その不便さを実感しているのは観光客や研究者ばかりでなく、韓国の年長世代にとっても同様である。国際化と市民交流が進むなかで、ハングル専用によって自民族のみの独自かつナショナルな世界を守っているといえようか。

3　その後の「在家僧」の実態については詳しい検証はできないが、咸鏡北道セピョル郡(旧慶源郡)からの脱北者によれば、彼らはヨジン(女真)と呼ばれて、高、王、韓の姓が知られている。彼らは山間部の小さな寺院の周辺に住んでいたが、政府による宗教弾圧にともない寺院は撤去されたという。旧慶源郡で彼ら女真が住んでいた寺院として報告されているのは、城内里近郊の月明寺、龍堂里の龍堂寺などである[伊藤 2017: 39]。

4　崔南善は、朝鮮の巫俗《ふぞく》や神話研究のための基礎的な準備として、シャマニズムについても民族学的な概説「薩満教劄記」(『啓明』一九号、一九二七年、二一～五一頁)を公表している。それは主としてチャプリカ(Czaplica)と鳥居龍蔵および諸家の研究を参照にしたというもので、文中の引用にはボゴラス(Bogoras)、ヨヘルソン(Jochelson)、ゴロコフ(Gorokhoff)、アガピトフ&カンガロフ、トロシィチャンスキ、シエロチェウスキ(Sieroszewski)、ウィエルビッキ(Wierbicki)、シャシュコフ(Shashkoff)、レペキン(Lepekhin)、旅行家パラス(Pallas)らの名があげられている。そして、満洲、朝鮮、日本のシャーマンおよび中国の巫覡については別稿を用意しており文献も紹介すると予告しているが、それは実現しなかったようである。

崔南善は、一九一九年の独立運動にあたって格調高い独立宣言文を起草し、その後は自ら主幹する雑誌など言論をとおして啓蒙活動を展開し、また民族主体性の神話的・宗教的な根拠を確保しつつも、同時に世界大的規模における民族学的研究を重視する姿勢を維持していた。その一方では、植民地体制下での総督府主導の歴史編修事業にも委員として参加を求められ、あるいは農村振興運動にかかわる心田開発事業などにおいても学識者として発言を求められ、やがて満洲の建国大学の教授に任用されるなど、その後半生に対しては「親日」という評価がくだされてきた。しかし、日本の植民地支配体制のもとでは、有能な人材なら、どの分野であれなんらかの活動によってその存在を示すなら、いずれものちに親日というラベルが付されてしまうとみてよい。地下運動を続けるにも限界があったと思われるので、朝鮮から離れて満洲や上海で独立運動に身を呈する以外は、行動の幅は限られていたに違いない。崔南善は、日本の植民地体制という制約のもと、狭い選択肢のなかでいかにして民族主体性の再確立に寄与するかという課題を自ら背負っていたといえる。その点では、本国から外地に身を移して、上海の臨時政府に拠ったり満洲や辺境における独立闘争ばかりを重視する立場からは、体制協力派ないしは親日派として厳しく批判を受ける結果となり、解放後(戦後)は反民族行為処罰法により処されるにいたった。

5　ソウルの民族宗教協議会の本部で更定儒道の最高指導者韓陽明氏に尋ねると、その古老は珍島という辺地の村に住みながら、教団内部でも特別な評価を受けた人物であった。

6　墳墓や位牌を祀る正式の家廟以外にも、少なくとも祠堂類一七、碑石三二、像一〇が知られている。忠清南道牙山の顕忠祠には家廟、古宅、墓所、墓碑、神道碑、御製神道碑のほか、遺物保存館、展示館などが付設されている。

7　檀君紀年は、西暦年数に二三三三年を加算した年数にあたる。

8　キリスト教界のこうしたキャンペーンは、檀君のみならず巫俗や占いにも向けられており、ときにはこうした巫俗を「民族の伝統文化」として取り上げたテレビや新聞や雑誌までが標的となった[伊藤 2005]。

9　韓国キリスト教における霊性の重視としては、復興会という祈禱集会による民衆の霊的救済、牧師の霊的資質、教会の急成長、音楽や律動の活用、霊性による病気治療、接神体験と洗礼体験などが特色となっている。復興会は一九〇七年の平壌における復興会以来全国に広まり、今日でも神癒大聖会、霊的治癒人大聖会、福音伝道会などの名で開かれている。

10　シハンブ(時限付)終末論は、一九六〇年三月二十八日の終末予言をはじめ七〇年代にも数例知られていた。一九八八年のソウル・オリンピックを機に再び話題となり、九二年十月二十八日の「携挙騒動」では大きな社会問題ともなり、キリスト教内部にも「時限付終末論被害者対策協議会」まで設けられた。

11 コリアン・ディアスポラは、従来のプッシュ・プル要因による状況論的な説明では十分に説明することができず、もっと内面化された価値志向や過剰な競争からの離脱という一面がみられる［伊藤 2008, 2010a］。

12 宮廷文化・宮廷社会は、一九一〇年の韓国併合により制度が崩壊すると、各職階に就いていた宮廷の官人たちも離散してしまった。そのなかで早い時期に研究に取り組み、実態に迫ろうとした金用淑教授は、著書のなかで繰り返し述べているように、女官の生活とは生涯にわたって身分が拘束された悲惨なものであって、その実態を忠実に伝えることを自分の研究使命と自覚していたのである［金用淑 1987］。

創作がすぎるのではないかと危惧される例として、テレビ連続ドラマ「大チャングム」における宮女の地位と宮中料理、医女の地位などがある。宮中の飲食は、王室の主厨制度のもとで吏曹の管轄下にある司饔院の雑職男性（従六品〜従九品）が、宴席料理ばかりでなく王および王族の料理をすべて担当していた。その役職をみると、大殿と王妃殿の水刺間の主厨宰夫（従六品）、文昭殿と大殿多人廳の主厨膳夫（従七品）、王妃殿多人廳の主厨調夫（従八品）、世子宮と嬪宮の主厨飪夫および王宮内公館の主厨烹夫（従九品）であり、さらにこれらの下に肉類・飯と湯・酒と飲料・餅と韓菓を専門に担当する役職として別司饔（炙色、飯色、酒色、餅工）がおかれていた。一方、宮女の配置場所については、至密、針房、繡房、洗手間、生果房、焼厨房、洗踏房の七つがあった。このうち飲食にかかわるのは生果房と焼厨房である。生果房は王の食事以外の飲料と菓子類を担当し、焼厨房は内焼厨房と外焼厨房に分かれ、前者が日常の朝夕の食事のうち、主食にともなう饌品を受け持ち、後者は宮廷内の茶礼、年長者の誕生日など大小の宴席の膳を準備したという。つまり、宰夫、膳夫、調夫、烹夫および専門別の別司饔（熟手）たち男性の主管のもとで、焼厨房と生果房に宮女（尚宮、内人）が配置されていたのである。しかし、料理という技能を賤しむ社会風潮を反映したためか、王室の主厨制度が廃止されると、宮廷男性料理人については記録がほとんど残されなかったようである。宮廷料理人が離散したのちも、総督府の李王職内の各部署には宮女が配属されていたが、焼厨房と生果房における料理がどのようにおこなわれていたか明らかでない。

宮中料理の研究者である黄慧性（一九二〇〜二〇〇六）も、自身が両班旧家の食生活に疎遠だったばかりでなく、宮中料理に関心をもつようになったのは日本の女学校を卒業して帰国してからのことであった。黄慧性自身が、宮中料理の文化財指定のために提出した調査報告書［黄慧性 1970］のなかで述べているように、調査を開始した当時、王朝崩壊からすでに四〇年の歳月がすぎ、宮廷料理人たちは離散して久しく、一人として尋ねあてることもできなかったという。また、日本で栄養学などの新教育を身につけて帰国した黄慧性が宮中料理調査のため宮女を尋ねることを周囲の人々は快く思わなかったともいう。楽善斎に移った尹皇后に仕えていた女官出身者たちも、外部の者に自身の経験を明かすことにかなり抵抗があったとうかがわれる。ようやく、王朝末期に内人（女官）として徳壽宮の焼厨房に配属されていた韓喜順の協力を得ることができるようになって、聞き取り調査を始めたのは一九四〇年代ないし五〇年代以降であった。

　韓喜順は宮中料理の唯一の伝承者とされるが、十三歳で慶運宮（のちの徳壽宮）の焼厨房に入宮したのが一九〇一年で、冠礼を経て正式な内人の地位にいたるにはまだ年数を要し、尚宮になるにはそれからさらに一〇年以上要する年齢であった。その当時、韓喜順は焼厨房における最年少の内人であり、宮中の飲食調理にどのような権限でどこまでかかわったのかは明らかでない。さらに、王朝終焉後の楽善斎における飲食が王宮本来の形式をどの程度踏襲していたかも不明である。黄慧性による調査報告書も、宮廷料理の全貌を体系的にとらえようとしたものではなく、個々の料理についてレシピを中心に列挙するにとどまっている。

　一方、ドラマの主人公であるチャングムの医女という地位は、女性の診脈など医師の補佐的な役割を担うものとして、婢のなかから選抜されて太宗の一四〇六年に新設されたものであるが、宮中医女の身分は本来妓生の範疇であって、宮女（内人・尚宮）とは別個の下女（ムスリ、婢子、医女）に属する存在であった。宮中所属の医女は薬房妓生とも呼ばれて、容姿の優れた者は宮中の宴席などで、圓衫に花冠を被り、手に五色の汗衫を手に舞を舞う存在でもあった。成宗代の十五世紀後半には医女をめぐる風紀の乱れが指摘され、燕山君の代（一四九四〜一五〇六）には化粧させて妓生として京中公司で宴享に侍らせることになり、それが王朝末期まで続いた［金用淑 1987］。つまり実質的な医の補佐役としての医女は王朝初期の十五世紀までであり、それ以後は事実上妓生（官妓）であった。しかるに、十六世紀に時代設定したこのドラマでは、医女と妓生をことさらに区別している点に無理があるといわざるをえない。宮廷における身分差、男女有別、女官の地位と生涯、妓生の存在にはふれないことで、宮廷文化の肯定的なイメージづくりに政府とメディアが協力して取り組んだものといわざるをえない。

13　こうした文化政策プロジェクトのメンバーとして、シンポジウムに登場するメディア文化や文化政策の専門家のなかには、作品はすべて創作であり、日本ばかりでなく世界のどの国でも必ず売れることをめざしたもので、最高の商品をつくる自信があると公言する者もいた。創作だから許されると考えているようだった。宮廷料理人は男性官職に委ねられていて、見習い内人のチャングムが料理をつくることなどありえなかったはずだと聞けば、愕然とするのは、日韓の文化交流にかかわっていた長官や理事長だけではないはずだ。ナショナル・ブランド化という政策は、国民が主体であるべきナショナル・アイデンティティに対する特殊な操作・介入であり、ときにはつくりかえられるものでもある。

参考文献

伊藤亜人「朝鮮における王権の正統性」網野善彦編『王権と天皇制を考える　八　王を見る視線』岩波書店、二〇〇三年十一月、二七九〜三一一頁

伊藤亜人「第二節　韓国」『海外の宗教事情に関する調査報告書』文化庁、二〇〇五年、一一〜三七頁

伊藤亜人「韓国人の移動に対する文化論的アプローチ」『韓国朝鮮の文化と社会』七号、二〇〇八年、九二〜一一三頁

伊藤亜人「韓国人の移動をどう見るか?」『ワセダ・アジアレヴュー』八号、二〇一〇年a、七八〜八三頁

伊藤亜人「北朝鮮社会研究の展望」『韓国・朝鮮の文化と社会』九号、二〇一〇年b、一六三〜一七五頁

伊藤亜人「セマウル運動をふり返る」『ワセダ・アジアレビュー』一〇号、二〇一一年、七八〜八三頁

伊藤亜人「人類学による北朝鮮社会研究の展望と試み」『ワセダ・アジアレヴュー』一一号、二〇一二年、七八〜八三頁

伊藤亜人『北朝鮮人民の生活――脱北者の手記で読み解く実相』弘文堂、二〇一七年

韓永愚『朝鮮後期史学史研究』一志社、一九八九年

韓永愚「十七世紀の反尊華的道家史学の成長――北崖の『揆園史話』について」(原題はハングル漢字混じり表記)、李佑成・姜萬吉編『韓国の歴史認識』(上)、創作と批判社、一九七六年、二六三〜三〇五頁

金用淑『朝鮮朝宮中風俗研究』一志社、一九八七年

崔南善「薩満教劄記」『啓明』一九号、一九二七年、二〜五一頁

孫晋泰『韓国民族史概論』乙酉文化社、一九四八年

ファン・チョルサン(황철상)「咸鏡北道北部山間部落〝在家僧部落〟의文化와 風習」科学院出版社、一九六〇年、平壌(原題は

ハングル表記）
黄慧性『宮中（宮廷）料理法および使用する道具』（無形文化財調査報告書、第七五号）、文化財管理局、一九七〇年十二月（原題はハングル漢字混じり表記）
文化公報部『セマウル運動』一九七二年
文化部顕忠祠管理所『顕忠祠関係資料』一九九三年

コメント
「韓半島」をいかに論ずるか
統合と均質性をめぐって

濱下武志

伊藤論考は、韓国朝鮮におけるナショナル・アイデンティティを歴史的に、地政的に、思想的に、社会的に、文化的になど、現在にいたるまであますところなく論じようと試みている。まず、半島という地政的な環境条件のなかで、「同一の住民がこれほど長期にわたって安定した地域社会を維持してきた例は、世界史においてもまれといえよう。朝鮮半島においては王朝社会、住民、言語、国土が十数世紀にわたってほぼ一致してきたのであり、国家、国民、民族という概念に分けて論じることは現実的でない。民族意識も国家主義も国民意識もほぼ同義であったといってよい」という前提に立つ。

続けて、「社会統合と均質性」では、「民族」「言語」「食文化」「衣類」「墓の形式」の同一性が強調され、「中央集権にともなう求心的な権威のあり方、普遍的な理念や価値への志向、正統性と指導性に対する関心の高さ、居住や職業の流動性などと同時に、生活文化における均一志向が顕著に認められ、これらが国全体の一体意識と関連しているようである」と原理的に特徴づける。

読者としては、韓半島に脈々と流れるナショナル・アイデンティティの強固な凝集力に驚くとともに、祖型に立ち戻ろうとする思想空間の「動機」やその強さも地政的条件から説明できるだろうかという関心に引き込まれる。

第二に、「民族史観」が論じられ、王朝や国家の変動とはレベルを異にする半島社会そのものを歴史主体とする歴史観が説かれる。これは、歴史化されたナショナル・アイデンティティであるといえる。すなわち現実を絶えず歴史化する文人・知識人の営みである。歴史そのものではなく、歴史化するという思想過程をとおして表出された主体としての「民族」概念が選択されているということである。別言するならば、民族という実態があるというよりも、むしろ実態と切り離され理念化され歴史化された民族概念である。すなわち、すべてを包み込むためにすべての差異性の反措定として導かれた民族概念であるといえよう。歴史的には、例えば「孫普泰」などによる民族闘争や多くの宗教活動のように、理念としての民族を実体化させる議論や運動も存在してきたのではあるが、それは、理念としての民族から導かれるものではなく別の次元で生成したといえる。

したがって第三に、この理念的な「民族」は、「現実」には一体化した社会によって根拠づけられているのではなく、むしろ、職業的・身分的な差異や貴賤観の存在と分かちがたく結びついていた。逆説的にいうならば、社会主体間相互の距離が遠ければ遠いほど、統一や同一化しようとする動機や内容もより抽象的かつ観念的なものとなる志向性をもったという相関が存在したということになろう。

同時に、伊藤論考に示されたあらゆる領域に表象するナショナル・アイデンティティを、歴史の時間軸に沿っておきなおしてみたいという強い関心が生まれる。同じナショナル・アイデンティティという場合にも、別の側面や特徴がみえてくるだろうかという疑問でもある。それぞれの項目において例示されたナショナル・アイデンティティは、歴史時間のなかでは、消長や強弱などの変動を示す内在的・外延的な起承転結はあるか、また、個別に論じられたナショナル・アイデンティティの表象は、同時代＝共時的には、いかなる相互関係にあるか、という関心である。そして、現場で生活する個々人は、「膨大な」数のナショナル・アイデンティティを蓄えつつそれらをいかにして表出するのか、という関心である。ちなみに社会人類学の領域では、華人(中国人)はその社会に内在する地縁・血縁・行縁という三つのアイデンティティのポケットをもっており、状況に応じて使い分けているといわれ、近年では善縁や文縁が加えられている。これは複合アイデンティティやネットワーク・アイデンティティと呼ばれることもある。

韓国・朝鮮に生きる人々は大きなナショナル・アイデンティティという一つのポケットがあり、そのなかには多様多種のナショナル・アイデンティティがあるのか、あるいは複数のナショナル・アイデンティティに関するポケットをもち、それぞれに複数のナショナル・アイデンティティが入っているのであろうか。宮崎恒二氏のコメントに「文化要素をピックアップしてそれを論ずることになると、何か恣意的な話になりがちでいろいろな議論ができるような気がする」とある。

もちろん伊藤論考は、このような関心や質問に対して、すでに相当程度答えを用意しているといえる。まず歴史過程におけるナショナル・アイデンティティの変遷については、「韓」と「朝鮮」というそれぞれに異なる歴史過程や、「檀君の位置づけ」をめぐる議論などがある。また、キリスト教という異質な要因をどのように組み込むかという論争も、多様な要素の複合的な関係であるといえる。さらに、現代の経済問題や安全保障問題、韓流問題、グローバリゼーションにもナショナル・アイデンティティの対応として組み込むことが可能である。

討論では、韓国朝鮮におけるナショナル・アイデンティティの特徴をめぐり、(1)現実の民間社会からのナショナル・アイデンティティの見え方をめぐる問題と、(2)韓国朝鮮の近隣関係に多くの議論がおよんだ。以下に歴史研究の関心から一部を要約したい。

川田順造氏は、「基層文化という角度から、言語的にも朝鮮はウラル・アルタイ語系であるから、漢文化のSino-Tibetanとは異なる。例えば、ご飯を食べるとき箸を使わないが、菜を食べるときに箸を使う。これは今でも朝鮮社会では厳格に守られている。金族系の人と話をする機会があって、向こうもまさにそうだという。茶碗を手に持って、箸でご飯をかき込むのは、朝鮮文化には入らない」と指摘した。伊藤氏は、「民族学的な民族系統論とか、あるいは基層文化論とか、それ自体がどういうコンテクストで一世を風靡したのか。どの派の歴史民族学が、ある時代に世界の民族をどのように位置づけるかという一種の世界戦略である。とくにカトリックの神父たちが中心となり、神観念というものに最終的には関心があった〔という背景に目を向けるべきである〕。では、言語はどうか。言語学者に最新の研究を聞いてもはっきりしない。資料もないしわからない。ウラル・アルタイ系の言語の特色は何か、例えばvowel harmonyがあるか、たしかにそれはあるが、ではあいだにある諸言語はどうだったのか、証明できない」。また、伊藤氏は言葉に関連して「情緒的というのは非常に即物的で、物との関係において人間関係や地域あるいは人生を描くという即物な思考をいっている。それに対して抽象的な言葉も使って、言語的な表象をとおして自分を主張したり、人間関係や地域社会を議論するのは文人の伝統です。やはり最後は漢文です。平仮名の世界には抽象的な概念はほとんどない。「粋とか、わび、さびがあるだろう」といわれて、「わび、さび、粋は何か」と聞くと、「例えば」といって引用するのは具体的な話です。ですから物の世界なのです。中華が抽象的な概念で世界を描き、そのなかに自分たちや相手を、また経験を位置づける思考の仕方とは違う。自分の身の周りの経験をとおしてしか社会・生活を描けないのでは、これは中華からみれば非常に未開的な様相であって、日本は十分にそういうものをもっている。むしろそれによって実践主義的に、ここまで技術や経済を築いてきたという評価を受けてもいいだろうとなる。韓国人は逆に、そちらがなくても生きていけるための、要するに理念が崩れたら何もないという、非常に理知的な一面をもっている」。

民間社会に関連して永渕康之氏は、「究極的には朝鮮内で消費されるであろう、例えば唐辛子にしても胡椒でも、絶対に朝鮮ではできないもので、どうやって朝鮮のなかに入ってくるのか。もし商人が希薄な存在だとしたら説明できない。国内にあれだけ輸入貿易品があるのに、外部との直接の通商関係が少ないということの矛盾を何と説明するか」。これに対して伊藤氏は、「新羅人が住む山東半島との交易、張保皐（チャン・ボゴ）という、南の莞島（ワンド）の清海鎮を拠点とした地方豪族が、博多と山東半島あたりを往来して、陶磁器などの交易をした」と海洋貿易活動を示した。永渕氏はまた、「戦後の東南アジア史はみな海のほうに視点を向け、こんなところに王朝があったのだと。スールーの話がでましたが、スールーとかウドンとか陸視点からいくと絶対にそんなところに王朝はないはずなのに王朝があった。これはみな交易していたのだということでだんだんわかってきた」。伊藤氏は「朝鮮はやはり王朝史観で、王宮を中心に地方行政が問題なく統制が行き届いているという方向で歴史は記述されてきた。だから、周辺の人たちの歴史観は少し違う」。永渕氏「朝鮮に網野史学が生まれてきて、能登半島を発見するとか、これから起こるかもしれませんね」。伊藤氏「そうですね。歴史資料はそういう周辺の住民についてはできるだけ避けて、伏せて書いてきたきらいがある。網野先生も珍島までこられたし、みな非常に関心をもちますね」。

最後に、宮崎恒二氏の発言を引用してまとめとしたい。

「東アジアの共同体をこれから考えると、何か可能性があると思いますが、日中韓で考えてみたら equal な分業体制ではない。韓国は日本と中国と両方をにらんでいるが、日本は中国しかみていないし、中国はどちらもみていない。そのなかで、アイデンティティという議論は危険なところがある。分業体制との絡みでいうと、何とのコントラストでアイデンティティを語るかということと、どういうコンテクストでアイデンティティが語られるかという、その両方が絡み合ってくる。ナショナル・アイデンティティといった場合、その二つの要素を考えなければ議論できない。そのタイムスパンで日本、中国、韓国と考えると、近代国家以前のものから、かなり長い相互関係のなかで形成されてきたものが、のちのナショナル・アイデンティティを語ったり、あるいはそれを定義したりするうえで用いられてくることがある」。

地政関係のなかの「コントラスト」と歴史化された「コンテクスト」の共生・共同は成り立ちうるのか、結局はナショナル・インタレストにナショナル・アイデンティティが直結しているのではないか、という未来の歴史への重い問いである。

第Ⅲ部

ナショナリズムを超えて

ナショナル・アイデンティティと地域

現代ベトナムにとっての東南アジアと東アジア

古田元夫

二つの地域性

現在のベトナムが、東南アジア地域の一員であることは、ベトナム自身の主張でもあり、他の東南アジア諸国を含め、広く国際社会の共通認識になっているといってよいだろう。しかし、伝統的にはベトナムは、「中国化された東南アジア」として、他の「インド化された東南アジア」とは区別してとらえられており、また自らも中華世界の一員であるという自己主張をもっていた。どちらかといえば、ベトナムは、東アジア地域の一員である(ここでは東アジアを東北アジアを指す用語として用いる、東南アジアと東北アジアを包摂してこの用語を使う場合は、「東アジア」とする)。筆者は、こうしたベトナムが、自らを東南アジア地域の一員とみなすようになるのは、フランス植民地支配以降のその近現代史の歩みのなかにおいてであり、ベトナムの自己認識としても、また国際社会の認識としても、「東南アジアのなかのベトナム」という認識が安定的に定着するのは、冷戦体制の崩壊以降、とりわけ、ベトナムが東南アジア諸国連合(ASE《アセ》AN《アン》)に加盟する一九九五年以降のことだったと考えている。[1]

この「東南アジアのなかのベトナム」という自己認識は、ベトナムの個性の探求という、近代ナショナリズムの必然的結果でもあり、冷戦体制の崩壊で社会主義という人類普遍の理念の求心力が低下するなかで、普遍を体現した「社会主義ベトナム」から、ベトナムの個性と結びついた「ベトナム社会主義」を正統性の原理とするようになったベトナム社会主義共和国にとっては、都合のよいものだった。しかし、ここに一つのディレンマが生ずる。ベトナムの個性を強調すればするほど、その根拠としての伝統を重視せざるをえない。ところが、伝統を重視すればするほど、ベトナムは自らの東アジア性を再認識せざるをえない、というのがそのディレンマである。実際にも、近年のベトナムでは、その東アジア性を強調する議論が、論壇で目につくようになっている。

本論は、こうした現在のベトナムにおける、東南アジアと東アジアという地域性をめぐる相克を取り上げて検討してみたい。

ベトナムのナショナル・アイデンティティの歴史的変遷

ここではまず、十世紀に中国からの自立を達成して以降のベトナムのナショナル・アイデンティティの歴史的変遷を概観しておきたい。中国からの自立以降、十九世紀にフランスの植民地支配下におかれるまで、ベトナムは、基本的には自らを中華世界の一員とみなしてきた。中国を「北国」とし、これに対するベトナム＝「南国」の文明性と自立を主張するのが、前近代ベトナムの国家意識だった。この、自らを中華世界の一員とみなす自己意識は、中国による一〇〇〇年にわたる支配の遺産・産物というよりは、ベトナムの自主的な選択だった。それは、ほかならない中国の圧力に対抗するための選択であり、「脱中国のための中国化」[2]ないし「中国化されないための中華化」であった。この「南国意識」というベトナム版中華意識は、中国に対する国家意識の強化にはつながったが、周辺の中華文明を共有していない人々、あるいは国々とベトナムとの相違を、文明 対 野蛮の図式で強調する傾向をもともなっていた。ベトナムは、十五世紀以降の「南進」によって周辺の東南アジア世界との関係を客観的には増大したにもかかわらず、むしろその「南国意識」の強化でこの事態に対応し、東南アジア世界のなかに自らを定位するような意識は形成できなかった。

このようなベトナムを中華世界から切り離すうえで大きな役割を果たしたのは、フランスの植民地支配だった。フランス支配は、(1)ベトナムに対する中国王朝の宗主権を否定し、(2)ベトナムを、「インド化した東南アジア」の一員であるカンボジア、ラオスとともにインドシナという枠組みで支配し、(3)科挙《かきょ》制度を廃止して、ベトナム語のローマ字表記法を普及して、知識人を漢字文明から切断した、という三つの側面で、ベトナムの脱中華世界化を図った。

しかしながら、フランスがなしえたことは、ベトナム知識人を中華世界から切断する契機をつくっただけで、この傾向を促進し、ベトナムを積極的に東南アジアに定位していったのは、ベトナム人の主体的な選択であり、ベトナムの近代ナショナリズムの発展そのものだった。「南国意識」は近代ナショナリズムの形成の土台としては重要な遺産ではあったが、そのままではフランス支配という近代的な帝国主義の支配への対抗原理にはなりえなかった。第一に、帝国主義による世界分割の一環としてのフランスのインドシナ支配に対抗するためには、中華世界の一員としてのベトナムという世界観を脱して、地球大的な広がりをもつ世界のなかにベトナムを位置づける必要があった。第二に、インドシナという枠組みで植民地支配が形成されたことは、それからの脱却のためには、カンボジア人やラオス人をはじめとする周辺の異質な文化をもつ人々との結合の論理を形成する必要があった。第三に、「南国意識」は、基本的には王のもとでの臣下としての一体性という王朝体制の国家意識であり、阮《グエン》朝がフランス支配の支柱になって以降は抵抗の原理にはなりえず、これに代わって民族ないしは国民としてのベトナム人の結合が模索されることになった。

この第一の課題、第二の課題が、ベトナムの脱中華世界、東南アジアへの定位に関連していることは明白であるが、第三の課題はどうであろうか。二十世紀初頭のベトナム知識人が、一般民衆を含めた国民共同体の創出のためには、民衆への識字教育が不可欠であるという課題を認識したときに、ベトナム語の表記法としてもっとも望ましいとみなされるようになったのが、ローマ字表記法だった。それまで、フランスの押しつけとして抵抗が強かったローマ字表記法を、

「クォックグー」(国語)と呼び、それを豊かな表現能力をもった言語として発展させたのは、ベトナム知識人だった。この努力の結果、日常レベルの言語生活では漢字の知識を必須とはしない状況が生まれたのである。このような意味で、第三の課題も、脱中華世界に深くかかわっていた。

ベトナムのナショナリズムを担ったさまざまな政治潮流のなかで、前述の三つの課題にもっとも体系的な回答を出したのは、共産主義者だった。とくに、東南アジアへの定位に直接関連する第二の課題への対応では、共産主義者の役割は顕著だった。共産主義者は、一九三〇年に自らの党をインドシナ共産党と称した。これは、当時のコミンテルンの国際主義の機械的導入の産物ではあったが、カンボジア人やラオス人を蔑視する傾向が強かったベトナム史の文脈では、これらの人々を連携の対象として明示した最初の政治結社が共産党であったことを意味していた。また、ベトナムというシンボルを、狭い意味のベトナム人(ベトナムの多数民族であるキン族)の独占物から、ベトナムに居住する少数民族にも共有されるべきものに転換したのも、共産主義者だった。一九四〇年代の前半のベトミン(ベトナム独立同盟)運動において、中越国境の少数民族地域が拠点になったこともあり、四五年に独立を宣言したベトナム民主共和国は、自らを多民族国家とみなした。このベトナムの多民族性の発見は、ベトナムが自らを東南アジアに定位するうえでは、重要な意味をもった。ベトナムには、キン族以外に、タイ系、モン・クメール系、マレー系、ビルマ系の少数民族が居住しており、これらをベトナムの構成要素とみなすことは、ベトナムの東南アジア性を自覚することと同義だった。

このように考えれば、共産主義者を中心とした政権であるベトナム民主共和国が、その独立当初の一九四〇年代後半、東南アジア諸国との連携を重視する、いわば東南アジアの「地域国家」という性格を強く帯びていたことは、偶然ではない。この時期、タイのバンコクとビルマ(現ミャンマー)のラングーン(現ヤンゴン)にはベトナム民主共和国の代表部がおかれ、外交活動の拠点になっていた。とくにバンコクは、ベトナムが、カンボジアやラオスの抗仏勢力との提携を形成するうえでも重要な意味をもっており、一九四七年九月には、自由タイの政治家とベトナム人共産主義者の提携を基礎に「東南アジア連盟 Southeast Asian League」という、東南アジアという名を冠した独立運動の相互支援組織が結成されている。この時期のベトナム民主共和国が東南アジア諸国との連携を重視したのは、当時は東南アジアが大戦後もっとも早く独立運動が活発に展開された地域であったためであり、ソ連や中国共産党の解放区といった当時の国際共産主義運動の拠点からはベトナムが遠く隔たっていたためでもあった。フランスの再侵略に直面したベトナムにとっては、ベトナムの問題はフランスの問題と考えていたソ連よりは、ベトナムの抗戦に強い共感を示していた自由タイ政府のほうが、はるかに信頼すべき相手だった。周知のように、東南アジアという地域概念が広く使われるようになるのは第二次世界大戦のときからだったが、ベトナムは戦後ただちに、この目新しい地域世界のなかに自らを登録したのであった。東南アジアの「地域国家」としてのベトナムは、共産主義者が権力をとった国としては「ユニーク」な道を歩んでいた。共産党が自ら解党を宣言し、本格的な土地改革は実施されず、政府でも非党員の閣僚が重要な位置を占めていた。

しかしながら、ベトナムの東南アジアの「地域国家」としての発展は、冷戦構造の形成によって妨げられた。中華人民共和国の成立後の一九五〇年初頭、ベトナムは、フランスに対する抗戦へのソ連・中国の支援を確保する代わりに、自らを「社会主義陣営の東南アジアにおける前哨」と位置づけ、帝国主義の影響下にある他の東南アジアと自らの区別を強調するようになった。ベトナムは、東南アジアの「地域国家」というよりは、社会主義という人類の普遍的理念を体現する「普遍国家」となった。一九四〇年代後半の「ユニーク」さは放棄され、五一年にインドシナ共産党がベトナム労働党に改組されて公然化して以降、国内的には、ソ連や中国の「普遍モデル」に忠実な改革と社会主義建設がめざされるようになった。ベトナムが、ベトナム戦争という冷戦時代最大の局地戦争の舞台になったことは、一面では、ベトナムの「普遍国家」性を強化させることになった。

しかし、ベトナムの近代ナショナリズムの必然的帰結ともいえる、東南アジアの「地域国家」としての定位という道は、冷戦によって完全に断ち切られることはなかった。ベトナム戦争末期の冷戦構造の弛緩とともに、ベトナムの東南アジア回帰が始まる。この動きは、中国との対立によって促進されるが、カンボジア問題での国際的孤立によってソ連との結びつきを強めざるをえず、ＡＳＥＡＮ諸国とも対立したことは、ベトナムの東南アジアへの回帰の阻害要因となった。しかし、ほかならないこのカンボジア問題の解決の過程で、ベトナムとＡＳＥＡＮのあいだに相互理解が生まれ、一九八〇年代末以降の全世界的な冷戦構造の解体のなかで、ベトナムの東南アジアの「地域国家」としての定位は、卓越した動きとなり、九五年のベトナムのＡＳＥＡＮ加盟に帰結した。一九八六年のドイモイの開始以降もベトナムは「社会主義志向の堅持」を標榜しているが、冒頭にも述べたように、この社会主義は、かつてのような人類普遍のモデルに従ったものというよりは、ベトナムの個性と結合した「ベトナム的」なものとみなされるようになっている。こうした意味での社会主義は、東南アジアの「地域国家」としてのベトナムというあり方と矛盾するものではない。

東南アジアのなかのベトナム

ベトナムは、今のところ、ＡＳＥＡＮの一員というかたちで、東南アジアの「地域国家」となったことが、ベトナムの国際的地位の安定と発展に、大きな利益をもたらしていると考えている[3]。ベトナムにとってのＡＳＥＡＮ加盟の意味は、次の四点にまとめられよう。まず第一に、ベトナムはＡＳＥＡＮに加わることによって、東南アジア地域の一体化＝ＡＳＥＡＮ10の実現を促進し、自らの経済発展に不可欠な平和な国際環境を手にすることができた。この間、中国の大国としての台頭が進んだが、ベトナムは東南アジアの一体性のなかにその身をおくことで、相対的に安定した安全保障上の環境を手にすることができた。第二に、ＡＳＥＡＮ加盟は、ベトナムのアジア太平洋経済協力（ＡＰＥＣ）や世界貿易機関（ＷＴＯ）への加盟、東アジア共同体構想への参画など、ベトナムの国際的地位の向上に貢献した。第三に、ＡＳＥＡＮはベトナムの経済発展のモデルとなり、ＡＳＥＡＮ自身の自由貿易圏に加えて、ＡＳＥＡＮを軸とする自由貿易圏が多角的に形成されたことにより、それに参加したベトナム経済のグローバル化を促進し、ベトナムの経済発展に貢献した。第四に、ASEAN10の実現は、ASEAN内部に先発国と後発国の格差という問題を持ち込んだが、他方で、ベトナムに後発国の「牽引役」というASEAN内部での明確な役割を与えることになり、これがメコン圏開発など新たなチャンスをベトナムにもたらしている。

ASEANは、二〇〇八年に発効したASEAN憲章に基づき、一五年には、ASEAN共同体を発足させ、その統合の度合いを増している。「単一の市場」と「単一の生産基地」をめざす経済統合の深化は、後発国ベトナムには大きな試練を課している面はもちろんあるが、大局的にみて、統合に主導的に対応することによって生まれるチャンスのほうが大きいというのが、ベトナム国内での主流的議論である[4]。

この間に進展した、ベトナムの外交政策におけるイデオロギー的要素の後退、全方位外交路線の深化も、ASEANの一員としてのベトナムの定位を促進したといってよいだろう。一九九一年に開催されたベトナム共産党の第七回大会は、「全方位外交」を外交政策の基本として打ち出した。これは、ASEAN加盟も含むその後のベトナムの国際関係の改善に大きく寄与した。しかし、一九九〇年代いっぱいくらいまでは、世界は帝国主義と社会主義という「二つの世界」から成り立っており、帝国主義への警戒を怠るべきではなく、ベトナムは、社会主義イデオロギーを外交の軸にすえるべきだとする、いわば「残存社会主義同盟論」とでもいうべき発想が、ベトナム共産党指導部には残っていた。しかし、このベトナムの「残存社会主義同盟論」には、「残存社会主義」の中軸たる中国が冷淡であったことと、一九九〇年代末のアジア通貨危機が、ベトナムをいっそうグローバル化と地域統合へ向かわせたことがあいまって、二十一世紀に入ると急速に後退していった。ベトナム共産党が、その外交政策の転換を明示するのは、二〇〇三年七月に開催された第九期第八回中央委員会総会だった。この総会では、アメリカ合衆国や中国を含む大国との関係について、「各国のわが国に対する利益を互いに織り合わせて、対立、孤立、あるいは隷属といった事態に陥らないようにする」という発想から、イデオロギー面での「友と敵」という論理ではなく、課題や局面ごとの「パートナー」という論理で大国との関係を律していくことを確認し、アメリカ・中国・日本などの大国の影響力のバランスをうまくとることで、ベトナムの自律と安全を確保するという外交方針、つまりは「二つの世界」の「友と敵」という発想から脱却して、グローバル化を強める「一つの世界」にベトナムを結びつけていくという方針への転換をおこなったのである。[5]

二〇一一年に開催されたベトナム共産党の第一一回大会では、一九九一年の第七回大会で採択された「社会主義の過渡期における国土建設綱領」の大幅な改定がおこなわれた。この「改定綱領」では、「ASEAN諸国とともに、東南アジアが平和、安定、協力、発展・繁栄の地域となるよう奮闘する」[6]という、「九一年綱領」にはなかった一節が加えられている。これは、ASEANの一員というかたちでのベトナムの東南アジアの「地域国家」としての定位が進んだことを示す、一つの材料といってよいだろう。

ベトナムの東アジア性

ベトナムの東南アジアの「地域国家」としての定位が、おもに政治・外交・国際関係の領域で進んでいる現象だとすると、文化的な領域では、ベトナムの東アジア性にあらためて注目する議論が、二十一世紀に入って強まっている。

中越戦争直後の中国との厳しい対立があった一九八〇年代には、ベトナムの論壇では、ベトナムの伝統における中国の影響、東アジア性を極力否定し、変わって東南アジア性を強調する傾向が強かった。一九九〇年代には、こうした傾向は緩和されたものの、依然としてベトナムの東アジア性を強調することをタブー視する雰囲気が残っていた。こうした状況に明確な変化が生まれるのは、二〇〇〇年前後からだった。

この時期に変化が生じた要因としては、いくつかのことが考えられる。まず第一は、ドイモイのもとでの、ベトナムの伝統文化への再評価が進んだことである。伝統文化は、「愛国主義」に結びつく側面を除くと、ベトナムが社会主義の普遍モデルの優位性を強調していた「普遍国家」時代には、「封建的・後進的」なものとみなされ、抑圧されていた。

しかし、「普遍国家」から「地域国家」への転換は、ベトナムの個性への注目ということで伝統に対する再評価に結びついていた。伝統の再評価は、ベトナムの伝統文化の東アジア性の再認識を促進することになった。[7]

第二は、この伝統の再評価と関連するが、伝統の重要性を強調すると、必然的に現在のベトナムにおける「伝統との断絶」という問題に行き着き、これへの危機感が、ベトナム文化の東アジア性の自覚を高めているという点である。これは、ベトナム語のローマ字表記＝クォックグーの定着により、漢字の知識が一般のベトナム人のあいだでは完全に失われているということによって生じている問題である。ベトナム民主共和国では一九五〇年から、ベトナム全土では、ベトナム社会主義共和国の成立以降、初等中等教育における漢字教育は廃止されている。それから四〇年が経過した今日では、中国語や日本語を勉強したり、大学で古典文学や前近代史を専攻でもしない限りは、漢字の知識はもてないようになっている。他方で、ベトナム語は、今日なお語彙の六五〜七〇％を漢語起源の漢越語が占めており、漢字への理解がなくなると、過去に漢字漢文で書かれたものを読めないだけでなく、現在のベトナム語の理解や造語能力にも問題を引き起こすことへの懸念が広がっているわけである。かくして、言語研究者や国語教育者から、一定範囲の漢字教育を初等中等教育に復活させるべきだという声が起きている。[8]

第三は、こうした伝統への再認識や、「伝統との断絶」への危機感を抱いている主体は、知識人だが、知識人が以前よりは自由にものをいえる空気が広がり、ある程度の自律的な言論空間が生まれたことも、この時期の変化を生み出した要因だったと考えてよいだろう。

第四として、この時期に国際的に流布した、儒教や「東アジア的価値」が、東アジアの経済発展をもたらしたという議論の影響をあげることができよう。ベトナムでは、西洋的な価値、あるいは現代世界で普遍的とされているものに対抗して「東アジア的価値」を強調する、「新アジア主義」的な議論はそれほど強くはないが、儒教的な伝統やその他の「東アジア的な価値」が、ベトナムの現在的課題である経済発展に貢献するのではないかという期待は存在している。[9]

第五は、一九九〇年代末から二〇一〇年くらいまでは、ベトナムと中国との関係が、比較的安定的に発展した時期で、ベトナム人のあいだに、中国の大国としての台頭への危機感は生まれたものの、そのナショナリズムが反中国というかたちで噴出することはなく、知識人のベトナムの東アジア性の強調が、現実のベトナム・中国関係への政治的配慮なしに表出できる環境があったことも指摘できよう。

現代ベトナムを代表する歴史学者のファン・フイ・レ（ベトナム歴史学会会長）は、ベトナム史における東南アジア性と東アジア性に関して、もっとも活発に見解を表明している研究者の一人である。筆者の他の論文でも引用している発言だが、現在のベトナムを代表する議論なので、レの議論をあらためて紹介しておきたい。レは、ベトナムが歴史上、一貫して東南アジア文化圏に属していたとしつつ、中華文明の強い影響を否定せず、ベトナム史を次のように総括している。

歴史の展開をみると、私は、ベトナムが東南アジアから東アジアに、あるいは東南アジアから東アジア、そして再び東南アジアと、その文化圏を転換したという見解には賛成できない。私の考えでは、ベトナムは、地理的な位置だけでなく、文化の基層という点からみても、一貫して東南アジアの国家であった。しかしながら、かなり早くから、ベトナムは、中華文明の影響を受けた地域に位置し、中華文化の多くの影響を受容し、それによってインド文明の影響を受けた東南アジア世界からは分化して、東アジア世界と多くの共通性をもつようになった。[10]

また別の論文では、レは次のような言い方をしている。

ベトナムは、もともとは、地理的位置だけでなく、南アジア文化（Austro-Asiatic Culture）という基層を他の域内諸国と共有し、のちにインド文化の影響を受け、中国文化の影響を受け、十七世紀以降は西洋文化の影響を受けたという文化面でも、東南アジアの一国だった。古代、中世の歴史の展開のなかで、中国文化の影響が増大し、ベトナムは、東アジア地域の各国と共通する属性を多くもつようになった。したがって、ベトナムは、地理と基層文化の面では東南アジアの一国だが、東アジアの文化的空間に位置していたとすることは、科学的な根拠がある見方であろう。[11]

この二つの引用は、前者が二〇〇三年、後者が〇二年に発表されたもので、一九八〇年代以降、ベトナムの社会科学が形成してきた、ベトナムの基層文化の東南アジア性を強調する考えを基本的に継承しつつも、ベトナムの伝統の東アジア性を否定すべきではないことを明言した点で、この時点では先駆的な勇気ある発言だった。

こうした議論を立てるレは、一時ベトナムの歴史学界では厳しく批判されていた、ベトナムの「中国化」という概念についても、一定の範囲ではその妥当性を認めてもよいとしている。

東アジア地域では、中国文明・文化が重要な役割を果たした。これは、中国文明・文化に直接の影響を受けた地域であり、これらの影響こそが、東アジア文化に、とくに文字と儒教という面で、そしてそこから派生して詩歌、芸術、政治制度、宗教信仰などにおよぶ、多くの共通性をつくりだすのに貢献した。この事実から、中国学者のなかには、東アジアとは「中国化した地域」あるいは「中国化した世界」であるとする人がいる。この「中国化」という概念は、多くの国の研究者のあいだで長期にわたる論争を引き起こしてきた。私の考えでは、もし中国化を、中華文化の影響を受けた地域と理解するならば、それは認めなければならない一つ歴史的事実であり、深く研究されなければならない課題であるが、もし中国文化に同化されてしまった地域と理解するならば、それは正しくない。[12]

ベトナムの社会科学者が、ベトナムの東アジア性を否定する議論を強調していた時期には、ベトナムの東アジア性は、中国の支配を通じてベトナムに強制されたものであったという側面が重視されていた。これはジョルジュ・セデスなどが、「中国化」を中国の支配による産物とみなしていたのと、相通ずる傾向だった。しかし、近年では、ベトナムの東アジア性が、ベトナムの自主的な選択だった側面をみるべきだという議論が、ベトナムの研究者のあいだでも強くなっている。例えば、ベトナムの代表的な東南アジア研究者であるファム・ドク・ズオンは、次のように指摘している。

中華文化のベトナムへの流入は、ベトナムが独立をし、ベトナム人が自主的に中華文化のモデルを導入するようになってから、とくに強力に推し進められた。……漢人の支配から脱したばかりの李陳時代には、ベトナムの王侯たちは、中国のモデルとは異なるものに従い、ドンソン文化に復帰したいということで、仏教を国教とし、自らを「仏子」とみなした。しかし、こうした別の道をとることには限界があり、陳朝の末期、黎朝の初期以降、時代をくだるに従って、とくに阮朝になると、ますます中国モデルを採用するようになった。……大越が独立を維持するのを可能ならしめた、こうした文化のありようこそは、中華文化との接触とそのベトナム化の屈折の度合いを示すものだった。[13]

中国文化の影響を、ベトナムの自主的選択の結果という面もあるという認識のもとで、ベトナムの伝統文化の東アジア的性格を認めることは、現在ではベトナムで出版されているベトナム文化論では、ほぼ常識的な議論になっている。

一方、言語をめぐっては、言語学者のカオ・スアン・ハオが、二〇〇三年に、ベトナム語のローマ字表記＝クォックグーの採用によって、漢字知識が失われてしまったことは、ベトナム文化の大きな損失だったと断ずる議論を発表し、論争を巻き起こした。[14]

この問題提起を受けたかたちで、論点を、クォックグーの採用が損失だったかどうかという点よりは、漢字知識の喪失が、クォックグー・ベトナム語の発展の障害になっているという認識から、初等中等教育における漢字教育の復活を唱える議論が、二〇〇五年にグエン・アイン・トアン、グエン・ディン・チュやグエン・ミン・トゥオンによって提起された。トアンは、漢字教育が初等中等教育から姿を消したことが、ベトナム語の発展を世代が継承しておこなううえでの空白を生み出しているとして、漢字教育の復活を提唱した。[15] チュは、現代ベトナム語で、漢越語の使用を廃し、日本語でいえば「大和言葉」にあたる「純粋ベトナム語」の使用を奨励する発想には限界があり、「ベトナム婦女連合会」の「婦女」は漢越語だからこれを廃して「ベトナムおんな連合会」と呼ぶわけにはいかないといった例をあげている。

そのうえで、現代ベトナム語の発展のためにも、中等教育での漢越語に関する教育が不可欠だが、漢字を教えられる人材の不足から、当面は、高校で文科系の生徒にのみ漢字を使っての漢越語教育を導入してはどうかという提言をした[16]。トゥオンは、同じく初等中等教育での漢字教育の復活を、(1)漢字をしっかり理解することは、ベトナム語の理解と使用を、より良く、より正確なものにする、(2)漢字と漢字文化をしっかり理解することは、ベトナムの伝統文化への理解を高める重要な基礎となる、(3)漢字教育は、青年の道徳・人格の陶冶《とうや》にも少なからず貢献する、という三つの角度から提唱している[17]。

これに対して、中等教育教員のグエン・ティン・スアンなどは、ハオのようなクォックグーの導入は大きな文化的損失だったという議論は受け入れられず、漢字教育の導入も、科目数の増加による生徒への負担や、漢字を教えられる教員の数に限りがあることを考えると、慎重に検討すべきだという議論を返している[18]。また、ベトナム語の理解を高めるための漢字教育という議論に対して、現代ベトナム語の正確な理解のためには、漢字を知って語源についての知識をもつよりも、現代ベトナム語辞典を活用することのほうが重要であるといった指摘をする論者もいる[19]。

こうした議論を通じて、漢越語の起源と意味を、若い生徒に理解させる必要に関しては、それなりの共通認識が形成されつつあり、国語教育のなかでの漢越語の教育には教科書でも一定の配慮がなされるようになっているが、まだ漢字教育の復活に関しては現実的な課題として実施が検討されるにはいたっていない[20]。

ベトナムの東南アジア性と東アジア性

以上みてきたように、現在のベトナムでは、一方で、政治・外交・国際関係という次元で、東南アジアの地域国家としての定位が進展する一方で、文化面を中心に、ベトナムの東アジア性に注目する動きも進んでいる。東南アジア性と東アジア性が、極めて微妙なバランスをとっているというのが、現代ベトナムの地域的定位に共通する問題といってよいだろう。

このような問題が存在しているときに、ASEANを包摂するかたちで「東アジア共同体」構想が浮上してきたことは、ベトナムが、東南アジアか東アジアかという二者択一を迫られないですむ状況をつくりだしたという意味では、幸いしたといってよいだろう。東南アジアと東北アジア＝本論でいう東アジアを含む「東アジア共同体」は、ASEANの一員であると同時に歴史的な東アジア性をもつベトナムにとっては、そのなかで東南アジアと東アジアをつなぐ「架け橋」の役割を発揮しうる構想である。レも次のような指摘をしている。

現在の地域化〔地域統合の意味〕とグローバル化の趨勢のなかで、東南アジアの一国でありながら東アジア世界と多くの共通性をもつベトナムにとっては、ASEANの一員として東南アジアに自らを統合する一方で、東アジア諸国との交流と協力を拡大し、発展させることが、歴史と法則に合致した発展の趨勢である。[21]

もっとも、二〇一四年以降の、南シナ海〔ベトナムでは東海と呼ぶ〕の島々の領有権をめぐる対中国関係の緊張は、このベトナムの地域的定位にも、新しい課題を投げかけている。対中関係の緊張は、ベトナムにとってASEANの一員であることの価値がより増大することを意味したが、軍事的な緊張がさらに増し、東南アジアをめぐる米・中の対立が激化するようなことになると、ASEAN諸国のなかに自らの安全保障を大国に依存して維持しようとする傾向が拡大し、これはASEANの分裂に結びつきかねない。これは、ベトナムとしてはなんとか回避をしたいシナリオである。

二〇一六年に開催されたベトナム共産党の第一二回大会は、「清潔で強力な党の建設を強化し、全国民の力と社会主義的民主主義を発揮して、ドイモイ事業を全面的に歩調を合わせて推進し、祖国をしっかりと防衛し、平和で安定した環境を維持し、早期にわが国を基本的に現代的な工業国に」というスローガンを掲げて開催された。これを、五年前の第一一回大会の「党の指導力と戦闘力を引き続き高め、全国民の力を発揮して、ドイモイ事業を全面的に推し進め、二〇二〇年までにわが国を基本的に現代的な工業国に」というスローガンと比べると、共産党、国民、ドイモイ、現代的工業国という四つの要素に加えて、「祖国防衛」という要素が加わったことに、一つの特徴がある。これは、党大会が「平和、安定を重大に脅かしており、経済社会発展にも悪影響」と指摘した南シナ海情勢の緊張を反映した動きだが、これはベトナム共産党が、対外対決路線に転じたことを意味するわけではない。前述のスローガンでも、「平和で安定した環境を維持」することが強調されているように、ベトナムとしては、主権をめぐる問題では中国に譲歩はしないが、南シナ海をめぐる緊張を、一定の限度を超えないようにしたいというところであるが、ベトナム自身の紛争の強度を制御しうる能力には限界がある。[22]

他方、ベトナム文化の東アジア性の認識は、大衆的な反中国ナショナリズムの高揚で吹き飛んでしまうほど弱くはなく、こうした現実の国際関係とは相対的に距離をおいて、冷静な議論がなされるようになってはいるが、初等中等教育における漢字教育復活論にとっては、二〇一四年の反中国デモの高揚時に、中国系の企業だけでなく、台湾系や韓国系や日系の企業も、漢字の看板があることで、暴動の標的になるような事件が起こる状況では、前途が厳しくなった面は否定できない。漢字教育復活論への批判が、ベトナム語の「純粋性」を維持するといった、ナショナリスティックな論点からなされる傾向が強まると、一挙に政治性を帯びた争点になってしまう。[23]

もっとも、伝統にかかわる初等中等教育については、別のことが大きな社会問題となった。それは、二〇一五年秋に、全面的な教育改革の一環として、ベトナム教育訓練省が出した「全体的な初等中等教育プログラム案」で、歴史を独自の科目としては廃止し、公民および国防安全と一体化して、「公民と祖国」という科目にするという構想をめぐっての論争だった。これは、生徒の「歴史離れ」を踏まえての提案だったが、熟慮された説得力のある提案というよりは「思いつき」的色彩の強いものだったため、歴史学会や国会からの批判に耐えられず、中等教育に関しては、歴史を基礎的な独自の科目として維持する方向で決着となったが、あらためて、伝統の重視が掲げられているにもかかわらず、その土台となるべき、ベトナムの歴史を、今の若い世代にどのように伝えていくのかという、より基本的な課題に、大きな問題があることを明示する出来事となった。[24]

ベトナムの東南アジア性と東アジア性という、その地域的定位をめぐる議論は、ベトナムの歴史、近代ナショナリズムの歩みを、世界と地域の変動のなかで、どう総括するのかという問題であり、極めてダイナミックなプロセスである。この議論の今後の展開に注目していきたい。

註

1 この点に関しては、古田元夫『ベトナムの世界史』東京大学出版会、一九九五年(二〇一五年に増補新装版刊行)、同「ベトナムと東南アジア」『地域研究論集』四巻一号、二〇〇二年、三九〜四九頁、同「一つの世界の中のベトナム」*ODYSSEUS*, 東京大学大学院総合文化研究科地域文化研究専攻紀要、一九号、二〇一五年、一〜一八頁参照。なお本論の「ベトナムのナショナル・アイデンティティの歴史的変遷」の記述も、基本的にはこれらに拠っている。

2 桃木至朗『歴史世界としての東南アジア』山川出版社、一九九六年、六七〜七三頁。

3 Nguyễn Đình Bình chủ biên, *Ngoại Giao Việt Nam 1945-2000*, Nhà xuất bản Chính trị Quốc gia, 2005, tr. 351.

4 Nguyễn Văn Hà, *Hiện Thực Hóa Cộng Đồng Kinh Tế ASEAN và Tác Động Đến Việt Nam*, Nhà xuất bản Khoa học xã hội, 2013.

5 この点、詳しくは、前掲『ベトナムの世界史　増補新装版』二七八〜二八一頁参照。

6 “Cương lĩnh xây dựng đất nước trong thời kỳ quá độ lên chủ nghĩa xã hội (Bổ sung, phát triển năm 2011)”, Báo điện tử Đảng Cộng sản Việt Nam, http://123.30.49.74:8080/tiengviet/tulieuvankien/vankiendang/details.asp?topic=1918&sul

7 ベトナムにおける伝統の再評価については、古田元夫『ベトナムの現在』講談社新書、一九九六年、第七章参照。

8 ベトナムにおけるクォックグーと漢字の問題については、岩月純一「近代ベトナムにおける「漢字」の問題」村田雄二郎／C・ラマール編『漢字圏の近代』東京大学出版会、二〇〇五年、同「現代ベトナムにおける「漢字・漢文」教育の定位」『中国――社会と文化』二八号、二〇一三年、牧野元紀「ベトナムにおける「シノロジー」の現在」『中国21』二三号、二〇〇五年などを参照。

9 Phan Huy Lê, “Giá trị Đông Á trong tiến trình lịch sử”, *Lịch Sử và Văn Hóa Việt Nam Tiếp Cận Bộ Phận*, Nhà xuất bản Giáo dục,

2007, tr. 1006（この論文は二〇〇二年に発表されたものなので、以下 Phan Huy Lê 2002）.

10 Phan Huy Lê, “Việt Nam trong quan hệ với Đông Nam Á và Đông Á”, *Sách trên*, tr.1001（本論文は二〇〇三年に発表されたものなので、以下 Phan Huy Lê 2003）.

11 Phan Huy Lê 2002, *Sách trân*, tr. 1006.

12 Phan Huy Lê 2003, *Sách trên*, tr. 1002–03.

13 Phạm Đức Dương, “Ảnh hưởng của văn hóa Ấn Độ đối với nhà nước Đại Việt”, Trường Đại học Khoa học xã hội và nhân văn, Hà Nội, Trường Đại học Khoa học xã hội và nhân văn, TP. Hồ Chí Minh, *Phương Đông Hợp Tác và Phát Triển*, Nhà xuất bản Đại học Quốc gia Hà Nội, 2003, tr. 58.

14 Cao Xuan Hạo, *Tiếng Việt, văn Việt, người Việt*, Nhà xuất bản Trẻ, 2003.

15 Nguyễn Cảnh Toàn, “Chữ Nho với nền văn hóa Việt Nam”, Tạp chí Hán Nôm, *Hán Nôm Học trong Nhà Trường*, Nhà xuất bản Khoa học xã hội, 2008, tr. 9–15.

16 Nguyễn Đình Chú, “Cần khẩn trương khôi phục chữ Hán trong nhà trường phổ thông Việt Nam”, *Sách trên*, tr. 16–25.

17 Nguyễn Minh Tường, “Suy nghĩ về lợi ích của việc dạy chữ Hán cho lớp trẻ hiện nay”, *Sách trên*, tr. 32–38.

18 Nguyễn Thìn Xuân, “Vấn đề đưa chữ Hán vào nhà trường phổ thông”, *Sách trên*, tr. 39–42.

19 Phan Quý Bích, “Về việc dạy chữ Nho ở trường phổ thông”, *Văn Nghệ Trẻ*, 2005.

20 この点を含め、現在のベトナムにおける漢字教育に関しては、岩月純一の前掲論文「現代ベトナムにおける「漢字・漢文」教育の定位」を参照されたい。

21 Phan Huy Lê 2003, *Sách đã dẫn*, tr. 1005.

22 ベトナム共産党第一二回大会の文献は、ベトナム共産党ホームページ http://daihoi12.dangcongsan.vn/Modules/News/NewsDetail.aspx?co_id=28340728&cn_id=400849 に拠った。

23 「愛すべきベトナム語——愛すべきベトナム語の純粋性を守り発展させましょう」というブログには、こうした観点からの漢字教育導入反対論が展開されている。https://tiengvietmenyeu.wordpress.com/2010/08/14/khong-nen-d%E1%BA%A1y-ch%E1%BB%AF-hanhan-t%E1%BB%B1-cho-h%E1%BB%8Dc-sinh-ph%E1%BB%95-thong/

24　この問題をめぐる論争は下記のホームページで詳しく見ることができる。http://news.zing.vn/tranh-luan-ve-tich-hop-mon-lich-su-tieu-diem.html

コメント

ベトナムの歴史的ディレンマ　相剋する地域アイデンティティ

濱下武志

古田論考では、ベトナムのナショナル・アイデンティティを考えるとき、ベトナムの地政的な条件と歴史的変化とが、東アジア時期、フランス植民地時期、社会主義時期を経て、東南アジア地域国家として変容し、それが地域的に重層する関係をつくりだしていく過程が論じられている。そして、東南アジアのなかのベトナムとして安定的に語られる時期は、一九九五年のASEAN加盟を経てからであったとみている。

著者はすでに『ベトナムの世界史』(東京大学出版会、一九九五年)において、ベトナムを焦点とした「ベトナムの世界史」をあらわし、中国との歴史的関係に発し、近代時期のフランス植民地時期、第二次世界大戦、ベトナム戦争を経てASEANの構成員となる過程を多角的に論じている。本論考はその基調に基づきながらも、ベトナムのナショナル・アイデンティティという川田研究会のテーマにそくして、それを東アジアと東南アジアとの地域間関係のなかにおいて論じている。そして、「この「東南アジアのなかのベトナム」という自己認識は、ベトナムの個性の探求という、近代ナショナリズムの必然的結果でもあり、冷戦体制の崩壊で社会主義という人類普遍の理念の求心力が低下するなかで、普遍を体現した「社会主義ベトナム」から、ベトナムの個性と結びついた「ベトナム社会主義」を正統性の原理とするようになったベトナム社会主義共和国にとっては、都合のよいものだった」と評価する。しかし「ここに一つのディレンマが生ずる。ベトナムの個性を強調すればするほど、その根拠としての伝統を重視せざるをえない。ところが、伝統を重視すればするほど、ベトナムは自らの東アジア性を再認識せざるをえない、というのがそのディレンマである」とし、現在のベトナムにおける、東南アジアと東アジアという地域アイデンティティの相克に注目する。

ベトナムと中国の関係および朝鮮との比較

田村克己氏は、ベトナムの国号について、「大越国や大南国があるが、王朝ごとというかたちになっているか。中国の場合は、王朝名は、元、明、清となっており、土地の名前ではなくなってくる。その影響がベトナムの王朝に対してあったのか。越はあくまでも地理的なものに縛られたが、ベトナムの王朝名が姓だけで伝わっている。次に、ベトナムが中華意識をもつことは、中国の影響のある中華意識のもとであるが、では、日本の八紘一宇という考え方はやはり中華思想の影響と考えてよいか」と問い、古田氏は、「ベトナムの王朝は李朝、陳朝、黎朝などときて、もう一つ、中国から冊封を受けるときに、中国から与えられる名称が当然あり、これはずっと安南だったが阮朝になり、南越にしてほしいという話をもっていったが、南越ではなく越南にしろといわれた。大越国と大南は自称で、大がつく国号を中国が出してくれるわけはないので、自分で名乗っていた。ベトナムの自称は十世紀以降三回変わって、大瞿越《だいくえつ》と呼んでいた時代が独立当初に少しあるが、十一世紀の李朝から十七世紀の黎朝までが大越国で、十九世紀の阮朝には越南になり、今日もそれを続けている」と三様の呼称とそれぞれの歴史性を説明した。

中華意識に関して山室信一氏は、「例えば小中華主義ということでいえば、朝鮮の場合も小中華主義をいい、日本の場合には神国意識というかたちでそれを表明した。強い文明圏である中国に対して、どういう距離をとるか。つまり、それから離れようとするかたちのある種の象徴中華主義が、中華主義に対抗するものの結合として「アジア主義」も存在したともいえるのではないか」と指摘した。

この課題提起を受けて、ベトナムと朝鮮の地政論比較の方法も論じられた。伊藤亜人氏は、「ベトナムと朝鮮の累世と一世というものを考えながら聞いていた。東南アジアを背後に控えているか、あるいは山地に少数民族をもっているか、空間的な広がりがベトナムと朝鮮は違って、朝鮮の場合は中華および日本との関係のあいだで議論がされてきた。ベトナムが北に対する南だとすれば、朝鮮では中華に対して東と青という色で自らアイデンティファイし、小中華思想といえば朝鮮の場合は中華東遷論である。中華が自分たちのほうに移ってきた。だから、中華によって自らを正当化するどころか、中華は滅び自らが正当性ある後継者だとまで中華の中心に自らを位置づけたくらいの差はある。しかし、やはり朝鮮とベトナムを比較するとおもしろいとあらためて感じた。朝鮮の場合は、高い中央集権性と民族の均質性を追求してきた。それは、ベトナムのように少数民族や山地や東南アジアが背後にないこともあるが、貴賤意識という身分階層と中央集権などを社会秩序の根幹とすることによって、一方では中華の正当性あるいは中華との文教安全保障みたいなものを獲得し留保しながら、他方においてはエスニックなアイデンティティを維持しえた。そういう点で、ベトナムと比較すると朝鮮の特色もより明らかになる」と述べ、ベトナムを朝鮮と比較することにより、さらに東アジアと東南アジアという地域の特徴ならびに地域間関係の特徴を議論するアジア地政論も導かれる可能性を示唆した。

冷戦構造のなかの東南アジアとASEAN

コミンテルンの歴史にも関連して、永渕康之氏は、「一九四七年の東南アジア連盟について、九五年のＡＳＥＡＮ加盟に連続していて、それ以前にすでにそういう考え方があったということに関連して、おそらくこの四七年という段階はもうイギリス領もオランダ領もすべて陣取り合戦をもう一回開始して、逆に地域主義が強くなって、この連盟という考え方を唯一維持できるのは冷戦的な分割しかなかった。だから、ここでいう東南アジア連盟は、要するに共産主義的な世界の拡大という意味でのベトナムを中心にした考え方が当時はあって、それに対抗するかたちでアメリカが東南アジアに乗り出してくるという図式だと思う。むしろこれに対抗するかたちで、分断された現代のＡＳＥＡＮというものができて、そこで一回大きな切断があり、しかも、その切断をもっとも残酷なかたちで経験したのがベトナムではないかと思っている」という見解を示した。

古田氏は「一九四七年の段階の東南アジアの連携をどう考えるかということに関連して、私自身はむしろ冷戦がでてくるのは、東南アジアにそくしていうと中華人民共和国の成立以降という面が多く、四七年の段階はそれぞれ宗主国の復帰と対峙していた東南アジアの独立運動の横のつながりという発想が強い。タイもまだこの時代は自由タイが強かった段階で、それほど反共という色彩は強くなかった。そういう意味では、この時代を冷戦時代をはさんで冷戦崩壊後につなげるのはそれほど間違ってはいない」と応じた。

米・ソの要因が強く介入した冷戦期において、複数の東南アジア戦略が存在することになり、それらは互いに東南アジア地域を横断させる試みを競合させていた。このような状況下、古田論考はベトナムの東アジアすなわち中国との対抗関係を一貫して示すことに焦点をおき、ベトナムの東南アジア戦略を説いている。

東南アジア概念の歴史性と政治性

山室氏は、「東アジアと東南アジアというこの二つの概念の置き方として、やはり東南アジアという概念そのものは、日本の場合には一九二〇年代の段階で東南アジアという地域概念ができている。ところが、アメリカの場合では、一九六〇年代までチャイナビジネスシティという言い方で、必ずしも東南アジアという意識をもっていなかった。そのなかで東南アジアを出してきたということは、例えば、南太平洋支部でも明らかなように、コミンテルンがモスクワ、上海、広州というかたちで、つまり中国経由でくることに対する反発があって、そこから切れるためには、むしろ東南アジアというかたちの地域概念を出すことによって、自らの独立性あるいは自立性を出していく必要があったのではないか。つまり東アジア主義ではなくて東南アジア主義を出すことによって、じつは東アジア主義に対抗し、あるいはそこから切れていくという側面があったのではないか」と「東南アジア主義」の淵源を示唆した。

古田氏は、「じつはベトナム史における共産党の役割を、ベトナムを中華世界から、今日のような世界のなかに位置づけなおす一連の動きの一こまと考えている」、と基本的に特徴づけたうえで、以下のように説明する。「冷戦時代に入るとベトナム人共産主義者は、東南アジア版コミンフォルムというものを掲げる。独立国家としての東南アジアの連盟という話ではなく、もっと東側陣営の一翼としての東南アジアという発想で問題にあたろうとしてくる」「コミンテルン南太平洋支部の段階では東南アジアという言葉自体はまだ使われていないが、ベトナム・インドシナの革命を中国の中心性からはずすことから発想されているということは、そのとおりだと私も考えている。独立後の東南アジア連盟のような構想も、インドシナの問題を国共内戦期の中国とつなげるのが難しいという状態のもとで、ある種力をもった構想だったという点では、中国の状況が絡んでいる。ベトナムで東南アジアという問題を議論する際には、中国との関係によって、かなり大きく状況が規定されている」と中国要素が絶えずベトナムの東南アジアの戦略化に影響していたことを強調した。

東南アジアへの思想的アプローチ

古田論考は、ベトナムのナショナル・アイデンティティが「東南アジア」という地政的空間をめぐって、歴史的に、政治的に、文化的に、思想的に、また国際戦略によって変化し、またそれらが絶えず東アジアとの関係のなかで重層してきたことを示した。議論のなかで吉澤誠一郎氏は、「ベトナムのそもそもの南国意識にも、中国〔圏〕にいるけれども違うのだということを無理やりいうためのもので、やはりこれ自体も矛盾を抱えているともいえる。あるいは、フランスに対する意識も、フランスの文明に憧れながらも自分の国を創る、というある種の矛盾があると思っている。思想は整合的なものでなくてはいけないと考えて論理的に構成するというかたちで思想を理解する必要はなく、矛盾を抱えていたという議論の仕方が、ナショナリズムと植民地主義の関係などについては、そのように理解していったほうがいいのではないか」と矛盾が内在するものとしてベトナム、東南アジアをとらえることを示唆した。

古田論考ならびに討論から、東南アジアを構想することの可能性と課題が示され、ひいてはナショナル・アイデンティティと地域アイデンティティとは、それぞれの内部に矛盾をもちながら両者が因となり果となって変容するということについても多様な議論がかわされた。現在に続くベトナムの歴史そのものが体現しているということも強く印象づけられた。

ナショナリティとグローバル・ネットワーク

ホセ・リサールの素描をとおして

清水　展

フィリピン革命への導火線

フィリピンは、一八九六年に「カティプーナン」と称する秘密結社が反スペインの武装蜂起をして、その二年後にフィリピン共和国を樹立した。それはアジアにおける最初の民族解放闘争の勝利であり、アメリカの介入によって短命には終わったが、現在でもフィリピン人のアイデンティティと矜持の源泉となっている。

本論では、民族解放のための社会改革運動(プロパガンダ運動)に始まり急進的な独立闘争にいたるまで、人々の積極的な状況関与と運動・闘争への参加を導いた「われらフィリピン人」という自覚や「わが祖国フィリピン」への献身という意識がいかにして生まれてきたかについて、国外と国内の二つの側面から考察する。なぜなら、二十世紀後半における国内外の二つの大きな動きが複雑に絡み合い、合体してフィリピン人意識が生まれ、広く住民のあいだに受け入れられ、フィリピン革命へと結実していったからである。

一つはマニラ開港(一八三四年)やスエズ運河の開通(一八六九年)がもたらしたフィリピン経済の急速な拡大発展が、現地メスティーソの富裕階層の子弟にスペイン留学の機会を与えたこと。そして諸国遊学の見聞や生活体験が、グローバルな時代状況および人的ネットワークのなかで、外部からフィリピンを相対化して位置づける視点を彼らに獲得させたことであった。国外を旅する知識人が、外部世界での見聞と交流をとおして、自身と自国を相対化し、近代的な国民国家を夢想していった具体的な事例については、ハウとテハピラが編集した『旅する国民創出者たち』に収録された諸論考で詳しく論じられている［Hau & Tejapira 2011］。フィリピンのメスティーソ・エリートの典型であるホセ・リサールもまた、そうした「国際的」な知識人の一人であった。彼は二度のヨーロッパ留学の旅と勉学、その前後を合わせると足掛け一〇年におよぶ異郷での生活（一八八二年五月〜八七年八月、八八年二月〜九二年六月）をとおして、自由なフィリピン人であることの自覚を強め、自らの内に胚胎し生成していった祖国という抽象観念への敬慕について、小説や評論を書くことで具体像に血肉を与えていった。変革を正当化する思考の枠組みとなったのは、当時のヨーロッパの時代思潮であった自由主義や啓蒙主義の思想であった。

もう一つは一般民衆のなかに、キリスト教の教えと世界観の内発的な発展として、圧制者スペインから祖国を解放するための献身、すなわち反スペイン革命への参加の責務という意識が芽生えていった。フィリピンは「新大陸」の中南米諸国と異なり、大西洋と太平洋を渡って来航するスペイン人の数が限られており、スペイン語が共通語となることはなかった。そのため一般民衆が聖書を理解するのは、「パション」と呼ばれる現地語によるキリスト受難の叙事詩をとおしてであった。そこで描かれたイエス・キリストの生涯、すなわち人類の救済のために母マリアの懇願を振り切ってエルサレムにあがり、従容として十字架の上での死を甘受していったイエスに倣い従うことが、良きキリスト者としての生の指針であった。それは大義のためには、ときに命を賭す献身をも必要とされるものと理解され、内心から革命運動への参画が促された［池端 1987：5–6］。

また「パション」は、簡単ではあるが天地創造に始まる一貫した人類の歴史と意味世界の枠組みをわかりやすく提供し、それに拠りながら都市部の庶民や地方の農民は、ホセ・リサールの処刑をイエス・キリストの受難になぞらえて理解し、また革命運動の意味とフィリピン人の救済・解放を信じて革命運動に参加していった。イエス・キリストが示した大義のための生と死の規範モデルと、フィリピンに生きる各自の個別具体的な生き方と死に方の参照例を身をもって示したのが、リサールであった。リサールは、国民の大多数がキリスト教徒であるフィリピンにおいて、イエス・キリストと各人とを強く結びつける蝶つがいの役割を果たしたのである。別の言葉を使えば、エリート知識人のグローバル・ネットワークのなかでの覚醒と、草の根民衆のカトリシズムの意味世界のなかでの現実理解とを結びつける役割を果たしたのがホセ・リサールであった［イレート 2005：Ileto 1998］。

リサールの「神格化」は、アメリカ合衆国が植民地支配の初期において、スペインによる弾圧の象徴として悲劇の英雄に祀り上げたことと深く結びついている。それは、アメリカがその統治を、スペインの圧政に比べればずっとましである「恩恵的同化」として正当化するための巧妙な方策であった。そしてリサールの処刑地（ルネタ）にリサール像を祀る記念塔を建て、リサールが処刑された十二月三十日を「リサールの日」と名づけて国民の祭日と定めた［キブイェン 2004：331］。この祭日は、戦後の独立を経たのちも、現在まで変わることなく守られている。

図１　ルネタ公園のリサール像に献花する天皇・皇后両陛下（2016年１月27日）

リサールはフィリピンの傑出した国民的英雄であり、フィリピンのナショナリズムの根幹を支える重要人物であるゆえに、小学校から始まり大学まで、彼の生と死とその意味について学ぶこと（リサールコース）が必修とされている。またリサールの生涯や言動、著作、その他に関して、今までに膨大な数の論文や図書が出版されている。本論のリサールに関する記述も、それらに多くを負っている

［Guerrero 1963; Zaide & Zaide 1984; 安井 1992 など］。本論にささやかな貢献があるとすれば、リサールと末広鉄腸の邂逅（横浜からサンフランシスコ）の船旅とアメリカ大陸横断鉄道での同道とその後を取り上げることをとおして、日本における植民地幻想の萌芽と両国エリート知識人のすれ違い、同床異夢のナショナリティについて考察する点にある。

まずはじめに、ごく簡単にフィリピン革命の経緯をまとめてみよう。革命は、一八九六年八月に秘密結社カティプーナンが武装蜂起したことに始まる。その蜂起は紆余曲折を経たあと（一八九六年十二月スペイン政庁によるリサールの処刑、九七年三月カビテ州テヘロス村で開かれたカティプーナン全体会議でエミリオ・アギナルド将軍を大統領に選出、九七年五月アギナルド執行部によるボニファシオ兄弟の処刑、九七年十二月アギナルドの対スペイン妥協と香港亡命、九八年四月アメリカ・スペイン戦争の勃発、九八年五月アメリカ軍艦に乗船してアギナルドのフィリピン帰還、九八年五月アメリカ極東艦隊がマニラ湾でスペイン艦隊を撃滅）、九八年五月二十四日にアギナルドが、マニラの北に隣接するブラカン州マロロス町で独裁政府を樹立し、翌六月十二日に独立を宣言して第一次フィリピン共和国を発足させた。

しかしその半年後の十二月十日には、キューバの領有をめぐるアメリカ・スペイン戦争に勝利したアメリカが、パリ講和条約によってスペインから二〇〇〇万ドルでフィリピンの割譲を受け、すぐさま十二月二十一日にマッキンリー大統領が友愛的同化宣言を発してフィリピンを植民支配する意図を明確にした。翌一八九九年二月四日には、アメリカ軍の挑発によってフィリピン・アメリカ戦争が勃発した。フィリピン側では、その直前の一月にアギナルドがブラカン州マロロスで内閣を組織し、憲法を発布し、フィリピン共和国（マロロス共和国）を樹立していた。

武器弾薬・物量に勝るアメリカ軍はしだいにフィリピン軍を圧倒し、撤退逃避行を続けるアギナルドも一九〇一年三月二十三日に東ルソン・イサベラ州パラナン町で捕縛された。その一週間後にはアメリカに忠誠を誓い、フィリピン革命と独立は頓挫した。しかし、その後もカティプーナンの残党が山岳地域を拠点として、散発的なゲリラ戦を数年にわたって継続した。アメリカ側は彼らを山賊や不逞の輩と呼び、その志の矮小化と脱政治化のプロパガンダを進めたが、山賊と呼ばれた人たちによる革命闘争の継続まで含めると、フィリピン革命は一八九六年から二十世紀の初めまで、一〇年近く続いた反植民地・民族独立闘争と理解することができる。

ここで再び、フィリピン革命へと続く導火線ともいうべき一連の出来事に戻れば、先にふれたように、革命へと続く伏流水の源の一つは一八三四年のマニラ開港であった。それにともなって、輸出用の商品作物栽培が急速に広まっていった。商品として栽培されたのはサトウキビとマニラ麻、そしてタバコであった。プランテーション開発による商品作物の大量栽培が経済を発展させ、それにともなってメスティーソやインディオのあいだに富裕層が出現してきた。十九世紀の半ばには、そうした富裕層の子弟がスペインへ留学するようになったのである。

彼らがスペインへ留学することが可能となり、そこでリベラルな思潮にふれ、フィリピンの改革や自治、さらには革命を夢想するにいたった背景には、その当時、フィリピンが大学を有するアジアで唯一の植民地であったことと深く関係している。例えばリサールが医学を学んだサント・トーマス大学の創立は一六一一年で、すでに一九年には学士号・修士号・博士号の授与権をもっていた。そこでの講義はスペイン語でおこなわれ、スペイン本国と同じ教科書が用いられた。ただし、スペイン語を読み書きできるのは、一八九〇年代でも列島総人口約三〇〇万弱の二〜三％程度にすぎなかった。それゆえリサールはつねにスペイン語で書き、読者としてスペイン本国の人々（植民地支配者すなわち敵と少数の理解者）とフィリピン社会のエリートを想定していた。

リサールが夢想した祖国の原像

リサールはヨーロッパに滞在中に二冊の重要な小説、『ノリ・メ・タンヘレ』（ラテン語で「われに触れるなかれ」一八八七年）と『エル・フィリブステリスモ』（スペイン語で「反逆者」一八九一年、邦題は「反逆・暴力・革命」）をいずれもスペイン語で出版している。リサールが二十六歳のときに書き上げた第一冊目は、祖国に捧げられ、以下のような献辞が記されている。祖国は親しく「おまえ」と二人称で呼びかけられ、本書の目的は、「おまえ」を苦しめている極めて悪性の「社会的ながん」に対処する「最善の治療法を探し求めるために」、まずは「おまえの現状を、なんの手かげんもせずに、忠実にここに描き出〔す〕」ことにあるという。

わたしが近代文明のただなかにあって、あるいはおまえの思い出にふけろうと思い、または他の国々と比較しようと思って、なんどおまえの姿を思い起こそうとしたことだろう。しかしそのたびごとにわたしの前にあらわれたなつかしいおまえは、いつもこれと同じような社会的ながんに苦しんでいる姿で目の前に現れるのだった。〔リサール 1976: i〕

一八八二年に二十一歳でマドリードに留学し、その五年後にベルリンで出版した『ノリ・メ・タンヘレ』の内容は、ヨーロッパの留学からフィリピンに戻った主人公のイバルラが社会改革に乗り出そうとするが、修道会支配の壁に阻まれて挫折する。その過程で、当時のマニラと近郊町の様子、すなわち植民地支配下の社会空間の全貌が描き出される。とりわけ植民地支配の手先となり実際に支配を代行していた修道会と修道士たちの腐敗と圧政がいかにひどいかについて、ときにユーモアを交じえながら活写し、嘲笑と義憤の入り混じったさまざまな感情を喚起しながら読者を小説世界のなかへと引き込み、強烈な現実感覚を与える。

池端によれば、この小説の特徴の第一点は、祖国の現状を忠実に描写する舞台として設定したサン・ディエゴという架空の町での出来事が、全六三章中の五〇章を占めていることである。そのことは、当時のスペインの行政機構がマニラ中央政府の下に州政府をおき、その下に町政府をおくという三層構造をなしているものの、州政府の権能は弱く、貢税や賦役などの収奪が町単位でおこなわれ、町は人々にとってもっとも身近で、政治的・社会的に重要な生活空間であったことを反映している。

しかも町には通常、一つの教区教会が設立され、教会と広場を中心に、それを取り巻いて有力者の家々が建てられ、町民たちは教会の鐘の音が聞こえる範囲のうちに住むことが求められた。教会暦に従ってさまざまな宗教儀礼・行事が催された。したがって町は、地理的かつ政治的宗教的にもまとまった生活世界であり運命共同体として、植民地権力との直接的な緊張関係をはらんだ空間であった。

第二点目の特徴は、小説内の時間が十九世紀後葉のある年の十月末から十二月末にかけての二カ月に限定されていることである。すなわち、『ノリ・メ・タンヘレ』は、極めて限られた時空間のなかで物語が展開し、スペインの植民地支配の実態を凝縮しいきいきと描き出している[池端 1994:66–67]。作品のスケールと様式に関する同様な特徴、すなわち限られた濃密な時空間のなかに全体性が反映されていることをベネディクト・アンダーソンも指摘している。細かな活字で二段に組まれた邦訳書は四一二頁におよぶ。

登場人物は後期植民地社会のあらゆる階層の者たち(スペイン人総督からクリオーリョ、メスティーソ、チーノ、インディオ等々)を含みながら、舞台はサン・ディエゴ町とマニラおよび周辺に限られる。登場人物の多くがかつてスペインから渡来した者であるにもかかわらず、スペインは完全に舞台の外にある。小説世界が描き出した細密画のなかに、いまだ名づけられてはいないが「フィリピン」がそれ自体として、一つに完結した社会であることが具体的にいきいきと描かれている。その意味でリサールは、フィリピン社会の全体性と自律性を想像した最初の人物であり、「最初のフィリピン人」[Guerrero 1963]として記憶されているゆえんである[アンダーソン 2005:364]。

注目すべきは、同書がスペイン語で書かれたことである。それは祖国のフィリピン人同胞だけではなく、フィリピンおよびスペインに住むスペイン人の理解者や支援者に向けて、さらには圧政する側の敵対者らにも読まれることを想定していた。実際、スペイン当局者たちにも読まれることによって、リサールは要注意人物、危険分子とされ、二度目の帰国後すぐに逮捕され、ミンダナオ島のダピタンへ流刑(一八九二〜九六年)されることになる。

一八九一年にベルギーのヘントで出版された第二冊目の本の扉には、二〇年程前の七二年に処刑された三人の在俗司祭への献辞が記されている。三人は、ゴメス、ブルゴス、サモラという、まだこの頃はフィリピン人という概念はなくインディオと呼ばれた在俗神父で、カビテのスペイン軍要塞での暴動を教唆煽動したとして絞首刑にされた。暴動の背景には、その要塞で働く労働者に対する人頭税と強制労働の免除という慣行的な特権の廃止があった。そのことに怒り労働者たちは暴動を起こしたが、それを口実としてスペイン政庁は、植民地支配に対する不満を募らせていた在俗インディオ司祭の権利擁護運動を弾圧するため、見せしめとして三人を処刑したといわれている。三人は見せしめの効果を上げるために、二本の棒で徐々に首をねじあげて殺すガルローテ(鉄輪絞首刑)という残酷な刑で殺された[岩崎 1976:415]。この三人の思い出に捧げられた二冊目の本の扉には、次のような献辞が記されている。

全フィリピンは、あなたがたを受難者とよび、あなたがたの思い出に敬意をささげている。……わたしが闘い、克服しようとしている悪の、あなたがたは犠牲者であると認定し、わたしは本書をあなたがたに献呈する権利を有するものである。[リサール 1976b:iii]

リサールが献呈する権利を有すると宣言するのは、三人がスペイン植民地支配の桎梏《しっこく》に苦しむすべての受難者の象徴であるとともに、彼と彼の家族にとっても存命中は身近で敬慕の念を抱く相手であり、処刑後には共感共苦の悲哀と憤激を投影する対象であったからである。例えば彼らの処刑の前年の一八七一年リサールが十歳のとき、母親が事実無根の冤罪《えんざい》のため、家から刑務所までの二〇マイルの道のりを衆人環視のなか歩かされる辱めを受けたあと、二年半の入獄を強いられた。近くに住むいとこ夫婦が不仲となったのを和解させようとして、その妻から逆恨みされ、毒を盛ったとの嫌疑で告発されたからであった。それ以外に、リサール家が、地主のドミニコ修道会および町当局にとって、言うがままにならぬ煙たい存在であったことも遠因であった。また兄のパシアーノは、優秀な学生として、処刑されたブルゴス神父に目をかけられ懇意であったゆえに、神父の処刑後はマニラでの学業を断念せざるをえなかった[池端 1994:53-54:Guerrero 1963:13-17]。

三神父の処刑がいかに大きな衝撃をリサールに与えたかについて、それから一七年後に改革運動の同志であるマリアノ・ポンセに宛てた私信のなかで、リサール自ら次のように述べている。「一八七二年がなければ、リサールは今頃イエズス会士になっていただろうし、『ノリ・メ・タンヘレ』などを書かずに、まったく反対の小説を書いていただろう。子どもの頃にこれらの不正義と残忍さを目のあたりにして私の想像力はかきたてられ、いつの日か数多の犠牲者の復讐を果たすと心に誓い、それを胸に今まで学業を続けてきた」[Guerrero 1963:24-25]。

『ノリ・メ・タンヘレ』の舞台となったサン・ディエゴは、ラグナ・デ・バイ湖沿いにあるとされ、地理的位置と自然景観はリサールの故郷の町カランバと合致し、そこをモデルとしている。リサールは、一八六一年六月に父方から中国人、母方からスペイン人と中国人の血を引くメスティーソとして生まれた。父方の祖父のフアンは、ビニャン町の町長を三期務めた有力者であった。しかし父のフランシスコは、一二人兄弟の末子であったために土地の分配相続を受けられず、隣のカランバ・アシエンダに入植し、自力で財を築いていった。

リサールが生まれた頃にはドミニコ修道会から四〇〇ヘクタールの耕地を賃貸してサトウキビや稲を栽培し、一方母のテオドーラも、自身で家内工業の製粉所や雑貨店の経営、燻製ハムづくりなどをおこなっていた。それゆえ四〇〇〇程の人口を有するカランバ町で有数の富裕家となり、家には一〇〇〇冊の蔵書を有する書斎があり、富と威信の象徴である馬車を有し、のちにリサールがスペインに留学するための費用を捻出することができた。

リサールは、七歳から九歳までの二年余りをカランバ町立の小学校で学んだのち、隣町のビニャンの叔母の家に預けられて私塾での教育を受けた。その後一八七二年に十歳のとき、兄パシアーノに連れられてマニラに移り、アテネオ学院で五年間学んだ。そこでの教科は、スペイン語、ラテン語、地理学、数学、幾何学、スペイン語詩、修辞学、ギリシア語、論理学、倫理学、心理学、物理学、化学、植物学、動物学などであり、スペイン本国のコレヒオの授業科目となんら変わらぬカリキュラムであった。のちにスペイン本国の知識人と伍して議論ができた知的・文化的素養は、この時期に育まれた。と同時に、故郷を離れてアテネオ学院で学ぶ五年のあいだに、リサールは、自分が生まれ育ったカランバの町の自然と人々と暮しのすべてに郷愁と愛着の念を覚え、スペインの植民地支配の現状に対する違和感を強めていった［池端 1994：50–55］。

思想的に急進化しつつあったリサールにとって、そのままフィリピンにとどまることは危険であった。そのため、医学部の卒業を一年後に控えた一八八二年五月、二十一歳の誕生日を目前にしてリサールはスペインへの留学に向かった。そのことは両親にも内密にされ、兄のパシアーノだけと相談をして決められた。

ヨーロッパ留学体験と比較という妖怪

一八八二年六月、バルセロナに到着するや、同年にマニラで創刊されたばかりのスペイン語・タガログ語併用の『タガログ新聞 *Diariong Tagalog*』の依頼に応え、最初の評論「祖国愛 El Amor Patrio」を出版した（八月二十日号に掲載）。その構想は、フィリピンを去ったあとの旅の途中の船中で得られたのかもしれないが、リサールの意識の決定的な転換を示している。この評論においてはじめて、「祖国」と「祖国愛」をめぐる思索が具体的なイメージとして結晶化され、目に見える偶像のように確かな実在として感得され、明確な言葉によって表現され提示され崇敬の対象とされたのである。「悲しい廃墟をさまよっている古代の民族(pueblos)から、活動と生命にみちた現代の国民(naciones)まで、一つの美しく輝く、崇高な、しかし、なだめがたく、獰猛で、誅求してやまない偶像(idolo)を持ち続けてきた。それが、ほかならぬ祖国(PATRIA)と呼ばれるものである」［池端 1994］。

祖国が「偶像＝崇敬の対象」となるのは、そこに幼少期の甘美な想い出が刻まれ、慈しみに満ちた家族と友人知人たちの暮しがかつても今も営まれているからである。言い換えれば、リサールのいう「祖国」とは、人間が生まれ落ちて最初に愛着を抱いた場所であり、長じてもつねに、自己の存在がつなぎとめられ支えてくれている場所である。彼の心象風景のなかで祖国の内実を感得させるものは、幼少期に過ごしたカランバの自宅の周囲の自然の美しさであった。具体的にはバナナやアチスやサントルやタンポイやマコパやタマリンドなどの果樹園の景観であり、それらが花を咲かせるときの香りや、実をつけ熟していくときの匂いであった。木々のあいだには花が咲き乱れ、鳥がさえずり、蝶が舞い、虫たちが鳴いていた。山々の向こうに沈む太陽、空の雲、月と星、そうした郷土の美しさと、それに包まれて暮らす生活こそが確かな手ざわりを感じ取れる祖国の内実であった［池端 1994:48-50］。

リサールの祖国愛の特徴は、それがたんに人間の本源的愛着の対象であるにとどまらず、死してのちなおとどまる場所として、人間存在の永続性を保証する根拠とされていることである。ただし、この評論では、祖国もその住民も固有名詞を与えられておらず、執筆者もラオン・ラアンという匿名を用いている。スペインに発つ前に、すでに祖国をフィリピナスと呼び、フィリピナスこそが「われらが祖国」とはっきりと意識しながらも、その内容の過激さのゆえに、反逆者＝独立運動家との烙印を押され弾圧されることを避けるためであった［池端 1994:59-60］。

リサールのスペイン到着とほぼ同じ頃から、スペインの植民地支配に抗議し、社会改革や大幅な自治を求める「プロパガンダ運動」が、スペインとフィリピンの両方で開始されていた。当然リサールもまた、運動を推進する論客の一人として活躍し始めた。プロパガンダ運動の展開は一八八八年に「団結」という結社の組織化、さらに翌年の八九年二月には機関誌『ソリダリダッド』（団結）を隔週で発行するにいたった。この雑誌は五年以上続き、運動の中心的な役割を果たした。

アンダーソンによれば、リサールのスペイン留学およびヨーロッパ歴訪と滞在は、彼のスペイン観と祖国愛に決定的な影響を与えた。リサールは、スペインのほか、ビスマルク時代のドイツやグラッドストン時代のイギリスをはじめ、オーストリア＝ハンガリー、フランス、ベルギー、イタリアなどに滞在したり旅行したりした。またスペイン人の自由主義的な友人たちとの交遊をとおして、彼ら自身がスペインが遅れていることを深く嘆き改革の必要性を痛感していることを知った。スペイン以外の国々への訪問と逗留は、それぞれの社会を知るとともにスペインを他国との比較のなかで理解し、スペインそれ自体の後進性を確認し、さらにスペインをあざ笑う視点と心情の獲得を可能としたのである。それまでは宗主国と植民地という明確な上下関係のなかで互いを照らし合い規定し合うようにして構成され、リサール自身の桎梏ともなっていたスペイン像とフィリピン像とが激しく動揺し、新たな理解と世界像を生み出していったのである［アンダーソン 2005:363–364］。

今まで安定して存立していた現実や社会がその妥当性や当り前さを失い、強い違和感をともなってまったく違ったふうに見えてくること。今までその内側で極めて自然に生きてきた世界に即自的に一体化できず、そこから浮き上がり切り離されてしまったような感覚、すなわち対自的に醒めて突き放して見ざるをえない意識への変容については、人類学者の山口昌男がロシア・フォルマリズムの「異化作用 defamilialization」（オストラネーニェ）の概念を援用して詳細に論じている［山口 1983:173–181］。

その強力な異化作用をアンダーソンは、リサール自身の言葉を借りて「比較という妖怪 el demonio de las comparaciones」（demonio を亡霊ではなく妖怪と訳出したのは、加藤剛氏のご教示による）と呼び、ナショナリズムを生成させる根源的な力ととらえている。それは、「ひとたびそれに触れたら、以後はけっしてマニラのことを同時に考えずにはベルリンを体験できず、ベルリンを考えずにはマニラを体験できなくさせる新しい不安定な二重性の意識のことである」［アンダーソン 2005:363］。それを説明するためにアンダーソンは、『ノリ・メ・タンヘレ』の前半の幻惑的な場面について言及する。

若いメスティーソの主人公イバルラは、ヨーロッパに長く逗留したのち、一八八〇年代の植民地下のマニラに戻ってくる。そしてある日、馬車に乗ってエスコルタ通りからエスパニャ橋を渡ってパシグ川を越え、サパーノ遊歩道（現ブルゴス神父遊歩道）に沿って進み市営植物園まできたとき、突如としてその風景がまるで望遠鏡を逆さにのぞいているような感覚に襲われた。「植物園がかれのこころよい追憶を払いのけた。対比という悪魔がかれをヨーロッパの植物園、……あらゆる人々に開放されている諸植民地の植物園の前までつれていってしまったのだ。イバルラが目をそらして右側をながめると、そこには古いマニラ〔イントラムーロス〕が見えた」[リサール 1976:47]。

しばしのあいだ、眼前に広がる植物園の景観の上に覆いかぶさるように、かつて見たヨーロッパのよく似た植物園のイメージが自動的に――リサールの言葉では maquinalmente――そして避けがたく、だぶって見えてきたのである。二つの植物園が目の前にあると同時にはるかかなたにあるように感じさせるもの、二重写しのヴィジョンを否応なしに生み出すものこそが「比較という妖怪」であり、リサールに『ノリ・メ・タンヘレ』を書くにいたらせた内発力であったとアンダーソンは強調する。すなわち比較という妖怪とは、異文化体験あるいは他者交流が生み出す現実の異化作用によって惰性的現実からの乖離状況が生み出され、別種の現実可能態を誘発想起させ、夢想させるのである[リサール 1976:3-4, 364]。

リサールは二度のヨーロッパ留学と計一〇年におよぶ滞在をとおして、欧米の国々の多様な社会と文化のあり方を実際に見聞した。また各国に広がる友人知人たちのグローバル・ネットワークのなかで生きた。だからこそ、比較という妖怪が誘発する白昼夢のようなものとして、フィリピン人としてのナショナルな感性を育むことができた。一度目の留学は、シンガポールを経由してからインド洋を渡り、スエズ運河を通って西回りで、二度目は太平洋を渡り、アメリカ大陸を横断し、大西洋を渡ってイギリス経由で旅行した。卓越した才能を有する彼は、最初の留学のときに、マドリード大学で医学部と哲文学部に入学し、医師の免許と哲文学の博士号を取得したほか、ドイツ語、フランス語ができ、なおかつラテン語も修得した。のちにマドリード大学のラテン語教授になった同級生よりも成績が良かったという逸話もある。

比較という妖怪と日本との関わりについて、興味深いエピソードが残されている。一八八三年にパリで開催された日本絵画展に出かけた際、リサールは会場で「日本からきた人」と間違えられ、日本画についての説明と情報の提供を求められた。そのときリサールは、日本人ではないと訂正する代わりに、日本人になったという幻想に身を委ね、日本の歴史に逃げ込み、日本の憲法について説明し、日本人の芸術家について語ったという。絵の下のほうに日本語で何か書かれており、その説明を頼まれたとき、もちろんそれを読めないので瞬時に別様の物語をつくりだす誘惑に身を委ね、束の間の夢想世界に遊んでしまう。すなわち、日本人であるのに残念ながらそれが読めないのは、自分は西洋について学ぶために幼少時に天皇によって派遣された日本人の集団の一員であったが、その後に帰国する機会を逸したままなので、今では「われわれの母国語が読めない」と説明したという。

このエピソードについて歴史学と文化批評を専門とするビセンテ・ラファエルは、日本人と誤認されたことへの天衣無縫の喜び方に驚くとともに、それよりも重要なことは、リサールがスペインに植民地化された臣民ではなく自分も日本人になりえたかもしれないこと、そして別様のアイデンティティの獲得可能性を夢想したに違いないことであると指摘している。すなわち、日本人と誤認された体験は、「リサールに植民地の境界線の恣意《しい》性を悟る機会と所与のアイデンティティから抜け出す見通し、……「日本」とともに、異なる歴史を想像し直す爽快な可能性」を与えたのである［ラファエル 2004:208-210］。

実際、一八八四年六月にファン・ルナとフェリックス・イダルゴがマドリードの全国美術展で第一席の金メダルと第二席の銀メダルを獲得した際の祝賀パーティーで、スペイン人の政治家や画家・文筆家・ジャーナリスト多数を含む六〇人程の参列者を前にして、リサールは極めて過激な祝辞を述べた。その内容は、⑴二人の絵画の素晴らしさは、彼らがフィリピン人であることに根ざしている、⑵二人の画家は、フィリピン人が表現することを阻まれている社会の実態やフィリピン人の精神を描き出した、⑶二人の偉業は、フィリピン人が劣った人間ではなく、フィリピン社会が新しい目覚めのときを迎えていることの証明である、⑷それゆえ一日も早くフィリピンの改革をすべきである、との主張であった。その内容の急進性のゆえに、人々はリサールがフィリピンに帰国することは許されないだろうと噂し、またそのことが数カ月後にフィリピンにも伝えられると心痛のあまり両親は食事も喉を通らぬほどになったという[池端 1994:61–63]。

下からの革命

たしかにリサールは欧米の諸国を歴訪し長く滞在し、その見聞と経験がフィリピン人としての新たなアイデンティティの覚醒や獲得につながった。しかし本国での生活範囲は故郷のラグナ州とその北に隣接するマニラ、およびその近郊に限られていた。「ラ・フィリピナス」を構成するルソン島北部のイロコス地方や南部のビコール地方、ビサヤ地域などを訪れたことがなかった。またそれらの地方にはイロカノやビコラノやセブアノなど固有の言語と生活習慣をもつ先住民「インディオ」が暮らしていたが、そうした民族集団を包括するフィリピン人という包括的な観念は生まれていなかった。

そもそもフィリピンという名称は十六世紀後半のスペインの遠征隊が、その当時のスペイン皇子フェリペ(のちのフェリペ二世)にちなんで、「イスラス・フェリピナス」(フェリペ王の島々)と呼んだことに由来する。リサールの小説のなかで「フィリピーノ」という言葉は、決して二十世紀的な意味では使われていない。現在ではフィリピン人という意味で用いられている「フィリピノス」という言葉は、一八八〇年当時はイベリア半島生れのスペイン人「ペニンスラル」と区別して、フィリピン生れのスペイン人を指してのみ用いられた。と同時に、フィリピンとラテンアメリカ生れのスペイン人の両方を指して「クリオーリョ」という言葉も用いられていた。他の民族カテゴリーとしては、スペイン人と現地人、スペイン人と中国人、中国人と現地人、他の組合せによる混血の人々に対して「メスティーソ」、フィリピン以外の土地で生まれ移民してきた中国人に「サングレイ」や「チーノ」、そして現地の人々あるいは先住民を「インディオ」または「ナトゥラル」などと呼んでいた[池端 1994:61:アンダーソン 2005:392]。

明確な時点は特定できないものの、一八八〇年代から九〇年代の末にかけて、徐々に「フィリピーノ」という言葉がフェリペの島々の住民のすべてを指す包括的な概念へと拡大され内実が充塡されていった。それまでは「クリオーリョ」とほぼ同義であって、フィリピン生れの純粋なスペイン人を指し、頭文字はいつもスペイン風に小文字の“f”で綴られていた。しかし経済的に力をつけ、社会的に上昇しつつあったスペイン系と華人系のメスティーソたちが、植民地軍将校、政府官僚、高位聖職者などの地位を独占していた「ペニンスラル」と政治的に対峙し、対抗・対立するうちに、旧来の「フィリピーノあるいはクリオーリョ」と断続的に同盟を結ぶなかで、ほとんど知らず知らずのうちに「フィリピーノ」の名称を自分たちにも使い始めていった。それが、メスティーソのみならず、現在のように島嶼部のすべての人々を包括するようになったのは、フィリピン革命と共和国の樹立、そして独立に介入してきたアメリカとの戦争を通じてであった。

ただしフィリピーノという名称が現在に用いられているような意味として確立し始めたのがその頃であっても、当初その自覚は少数の富裕なエリート層に限られていた。わが祖国としてのフィリピンとそこに住むわれわれフィリピン人という意識や、フィリピンの解放とフィリピン人の自由のために身を賭すべき動機づけが一般民衆のあいだにも芽生えてくるのは、カトリックの信仰をとおしてであった。池端が公式的カトリシズムあるいは「植民地支配の道具としてのカトリシズム」と呼ぶものは、スペイン人修道士が支配するカトリック修道会によって体現され、世俗の統治行政やプエブロ社会の統合などの面で大きな役割を果たした。これに対して、非公式カトリシズムあるいは「民衆カトリシズム」は、パションと呼ばれるキリスト受難の叙事詩を現実世界を理解するための参照枠組みとして、スペインによる抑圧や収奪、不正義を人々が生活実感に根ざして理解し、革命のための自己犠牲の責務を自覚することを可能にし実際に促していった。

そのことを池端は、「カトリシズムの逆説的位相」と呼び、次のように説明している。

植民地支配に抵抗する民族運動は、カトリック教会内部の在俗司祭集団から始まり、それはやがて、パションを意味の参照枠組とする革命思想の提示によって、広範な民衆が参加する独立革命へと発展し、そしてこの闘争は、ふたたび在俗司祭の働きによって、組織の維持・強化が図られた。……運動の理念として、また組織化の媒体として機能した、カトリシズムの逆説的意味を、無視することができないのである。［池端 1987:256-257］

同様に、しかし池端よりも早くレイナルド・イレートは、十九世紀後半の民衆の精神世界の深い洞察に基づき、フィリピン革命の由来を詳細に検討している［イレート 2005:Ileto 1979］。イレートによれば、カティプーナンの武装蜂起が口火となり、各地で広範な一般民衆を巻き込む反スペイン武装闘争が生じ革命へといたったのは、それが十九世紀中葉から間歇的に生起していた民衆蜂起と共通の水脈に深く根ざしていたからであった。その水脈とはパション（イエス・キリスト受難の叙事詩）の意味世界であった。パション叙事詩のなかで語られる天地創造からイエスの昇天までの歴史と世界観、とりわけ中心をなし詳細に語られるイエスの生き方と十字架への道行きが、現実に起こっている事態を解釈する際の参照枠組みあるいは読解のためのコードとなった。それは義のために生きそして死すべき手本となり、自らが革命運動に関与していく動機づけを民衆に与えたという。

すなわち聖週間（Holy Week）のあいだ、毎晩のように人々がパションを朗誦したり、それを脚本とするシナクロ劇を演じたり観客として見たり、あるいは「十字架の道」めぐりやペニテンシア（自らの背中をトゲのついたムチで打って血を流しながら、イエスの受難の痛み苦しみを追体験する行為）などの儀礼をしたりすることによって、視覚・聴覚など身体感覚のすべてをとおして、イエスが御身をもって示した生と死の範型を習得するドリル（反復練習）がおこなわれ血肉化していった。「大衆の聖週間の経験が、スペイン植民地時代と初期アメリカ植民地時代における農民層の兄弟愛や蜂起の様式を根本的に形づくった」［イレート 2005:23］のである（現在でも続く聖週間の儀礼と、そこで体得される意味世界が、二〇年の長きにわたって開発独裁体制を続けたマルコス大統領への反対運動への積極的な関与を導き、一九八六年のピープルパワー革命を生み出した経緯については、［清水 1991］を参照）。

リサールは、五年余りにおよぶ第一回目のスペイン留学を終えて一八八七年八月にフィリピンに一時帰国したが、そのおりに故郷のカランバ町で起きた小作料の値上げ反対運動に深く関与した。その反対運動は、小作地の取上げや指導者の流刑などの厳しい弾圧を受けて瓦解した。祖国におけるそうした圧政を目のあたりにして、リサール自身の考えがさらに急進化していった。そして身に迫る危険から逃れるため、半年後に再びフィリピンを離れスペインの留学に向かった。

キリストとしてのリサール

リサールが、逮捕されるのを覚悟で二度目にフィリピンに戻ってきたのは一八九二年六月であった。『ノリ・メ・タンヘレ』（一八八七年）と『エル・フィリブステリスモ』（一八九一年）の二冊の過激なスペイン批判の小説を出版していたリサールは、予想通り帰国の四日後に反逆罪に問われ、ミンダナオ島のダピタンへ四年間の流罪に処せられた。ちょうどリサールの流刑と入替りになるように、マニラでは秘密革命結社カティプーナンがアンドレス・ボニファシオによって組織され、リサールの四年の刑期が終わったとき、一八九六年八月三十日にフィリピン革命が勃発した。

刑期の終了後、リサールは軍医としてキューバへの赴任を希望し、認められて一八九六年七月末にダピタンをあとにした。そしてスペイン船でインド洋を過ぎて地中海を航海中に、フィリピン革命を煽動教唆したとして船中で逮捕され、フィリピンに送還された。形式的な裁判によって死刑が宣告され、一八九六年十二月三十日にマニラのバグンバヤンの野（現ルネタ公園あるいはリサール公園）で銃殺刑に処せられた。

外国の賓客らがフィリピンを訪問したときに表敬と献花に行くのは、ほとんどが無名戦士の墓ではなくリサールの立像である。リサール公園の一画には銃殺に処せられるリサールの最後の瞬間の場面の巨大なジオラマ立像が展示されている。リサールはスペインへの反逆という自身の罪状を認めず、それゆえ目隠しを拒み銃殺隊に正対して撃たれることを望んだ。しかし目隠しをしないことと顔を撃たないことだけが許され、背後から一斉射撃された。その瞬間、身をねじり顔を空に向けて仰向けに倒れた。

リサールがフリーメーソンの会員のままに死んだのか、あるいは最後には再びカトリックに帰依したのかについては

図2　ルネタ公園(リサール公園)内にあるリサール処刑の場面を再現した立像(2007年筆者清水撮影)

図3　フォート・サンチャゴ内のリサール記念館のなかにある「最後の別れ」の詩を書くリサール像　隣に立つのは，リサールをキリストの再来と信じている宗教信徒団(リサリスタ)のリーダーの女性。(1987年清水撮影)

論争が決着していない。しかし、一般民衆にはリサールはイエス・キリストと重ね合わせて理解されている。その理由は医学、語学、文学、武芸、その他のすべてに傑出した才能を有するいわば超人としての輝きをもつことと、それゆえに西欧で安全に満ち足りた生活を送ることができたにもかかわらず、身の危険を冒して祖国の救済のために戻り、危惧のとおりに処刑されたことを根拠としている。

実際に二度目の留学からの帰路、リサールは一八九一年十一月から半年余り香港に一時滞在して医院を開業し、東洋一の眼科医としての名声を得て成功し、フィリピンから両親と姉妹を招いて暮らした。そこでの平和で満ち足りた幸せを捨て、祖国の解放のためにフィリピンに戻り、実際に処刑されたことが、母の必死の懇願に抗い、人類の救済のために十字架上の死が待ち受けるエルサレムに従容としてのぼったイエスと同じと理解されるのである。さらに、ダピタンでの流刑中に船を雇って他所へ逃げることもできたし、また革命勃発後に逮捕されフィリピンに連れ戻される船旅の途中の港で逃亡する機会もあった。そうした機会をあえて見逃し、処刑されることを予期し覚悟しつつ帰国したのは、革命家となって闘争に加わるよりも、キリストに従う殉教者さらにはフィリピンを救うための殉国者となることのほうが、より強くまた深くフィリピン民衆に義のための戦いへの参加を誘うことができると確信していたからであった[キブィェン 2004:276]。

リサール自身も自らをイエスの「十字架の道行き」になぞらえて言動をおこなった。独房のなかで、「ゲッセマネの園で祈るキリストの苦悩」のスケッチを描いて家族に手渡し、妹にはトマス・ア・ケンピス著の『キリストにならいて』を残し、処刑の発射合図が出されると同時にキリストの最後の言葉と同じ「事は成せり」と叫んだ[キブィェン 2004:276]。そしてリサールは処刑の前日に「最後の別れ Mi Ultimo Adios」というスペイン語の詩作をし、それを書きつけた紙片をアルコール焜炉のなかに隠して形見として妹に手渡した。一四連の詩は第一連の冒頭、「さようなら、愛する国土、愛でられし太陽の土地、オリエントの海の真珠、われらの喪われしエデン、喜んでおまえに与えよう、この愁いにみちた生を、……」と始まる。

続く第二連は、「戦場で、狂乱のうちに戦い、ためらいも煩悶もなく、おまえに命を与える人々もいる。場所は問題ではない、糸杉のもと、月桂樹のもと、白百合のもと、処刑台、大平原、戦闘、そして残虐な殉難であり、それらはすべて同じこと、もしそれを祖国と家族が求めるのであれば」と歌い、革命闘争への参画を明確に呼びかけている［キブイェン 2004:271］。そして第一三連で「讃えられしわが国土、苦痛のなかの苦痛よ、いとしきフィリピンよ、最後の暇乞いを聴け、……」と述べ、最後に「さようなら失われた家族団欒のちちはは兄弟、わが魂のかけらたち、竹馬の友よ、……さようならいとしきひとびと、死とは休息だ」と結ばれる［アンダーソン 1997:235–236］。

革命結社カティプーナンの創設者であり、フィリピン革命を推進した立役者のボニファシオは、スペイン語で書かれたリサールのこの詩を、さっそくタガログ語に翻訳した。その際、この第二連を二つに分け、前半部（第二連）として新たに「塗炭の苦しみのなかで戦いながらも、腕に抱いている命を差し出す者もいる、恐れもなく、心は晴れやかに、甘美な心に苦悶はなく」を加えている。後半部（第三連）は、リサールの原詩とほぼ同じく、「どこで命が果てようとも……それはすべて同じことである、祖国が求めるのならば」となっている。

ボニファシオが「ためらいも煩悶もなく」に託したリサールの意を汲んで付け加えた重要な語句は「甘美な心に苦悶はなく」であり、それによってよりいっそう明確に示そうとしたのは、母なる祖国フィリピンの解放のための革命という大義に加わることの喜びであり至福であった。ボニファシオの意訳と普及の努力によって「最後の別れ」は民衆のあいだにまたたくまに広まり、カティプーナンの革命兵士たちのスローガンとなり、大衆がパションの意味世界を準拠枠組みとして革命を理解するための実践的な手引となり、また革命の精神的な拠りどころとなっていった［キブイェン 2004:277–279］。

国のために死ぬことの美化は、革命の最中につくられ現在でもフィリピン国歌となっている三連詩「もっとも愛する土地Lupang Hinirang」の結語でも以下のように歌われている。「美しい愛の国土、おお光の国土よ、それに抱かれるときの喜びがある。しかし国土が侵されるなら、われわれは死守することを栄誉とする」。この詩は、フィリピン革命の最中、共和国を設立した際に急ぎつくられたものである。

フィリピン革命を夢想する末広鉄腸の小説

リサールと日本の関係で興味深いのは、彼が一八八八年二月に二度目のスペインに行った際、一回目の西回りと逆に、東回りの航路をとり、横浜に上陸してグランド・ホテルに三泊したあと、すぐに東京に移り、日本に計四五日間滞在したことである。そのあいだに、箱根や日光、江ノ島、鎌倉、京都、奈良にも足を延ばし、また東京で『先代萩』、大阪で『忠臣蔵』などの歌舞伎を観劇した。さらには、おせいさんという名の女性と懇意になり、横浜を去る日の日記にはおせいさんとの親密な想い出に関する長文の記述を残している。また現在では、日本での恋人として、マニラのフォート・サンチャゴのリサール記念館にも彼女の大きな肖像画が飾られている［安井 1992: 41–45］。

リサールと鉄腸の邂逅

横浜と東京での滞在ののち、リサールは太平洋を横断する船旅で日本のジャーナリストで自由民権運動の闘士、政治家そして政治小説家の末広鉄腸と出会う。サンフランシスコに到着したあとも、結局そのまま一緒に鉄路でシカゴを経由してニューヨークまでアメリカ大陸を横断し、さらにはイギリスのリヴァプールまでの船旅をともにした。二人の旅は、西欧のジェントルマンと日本しか知らぬ田舎者との珍道中となる。それは鉄腸にとって、政治小説『雪中梅』（一八八六年）、『落ち葉のはきよせ』（一八八六年）、『花間鶯』（一八八七年）などにより多額の印税を得て可能となったはじめての外国旅行であった。

鉄腸は、一八七五年に『曙新聞』の編集長になったあと、すぐに発布された讒謗律《ざんぼうりつ》および新聞条例を痛烈に批判して最初の検挙者となった。釈放後は『朝野新聞』に移り、民権の発達と国権の伸長という従来の主張をさらに激しく展開し、一八七六年に再び禁固八カ月の刑を受けた。その服役中の時間を使って英語の学習に励んだ。しかし鉄腸は英語がほとんどしゃべれず、船室やホテルやレストランでのマナーとエチケットを知らないために数々の失敗を犯した。それが引き起こす問題や迷惑の尻拭い、あるいは失敗の原因となった文化の違いの説明を、リサールが鉄腸に親切丁寧にしてくれたのである。リサールと鉄腸がはじめて会ったとき、リサールは「魔尼羅人」と自己紹介していた。

その旅の詳細は、『啞の旅行』(一八九〇年)に詳しい。横浜から乗船した最初の昼食でメニューの英語がわからず料理の注文に失敗したことに始まり、夜には寝具の収納場所がわからず敷布団を敷かず掛布団を使わずに寝ようとして寒さで寝つけなかったこと、トイレの場所がわからずなんとか見つけた浴室の洗面器に小便をしてしまったこと、部屋に掃除に入ってきたベッド・メーキングのボーイを泥棒と勘違いして頭を叩いたこと、それ以後、ボーイがこずに部屋が散らかし放題となったこと等々、失敗の数々が延々と続く。サンフランシスコで下船する際には、何人もの税官吏から賄賂をせびりとられる。

その先の一人旅が心細く、リサールの予定に合わせてサンフランシスコを早々にあとにして一緒の列車に乗ろうとして切符を買い間違え、リサールに助けてもらったこと。途中、中部と東部の時差を知らずに列車に乗り遅れてリサールと離れ離れになり、しかも所持金を盗まれて窮地に陥るが、なんとか次の列車に乗ったら次の駅でリサールが待っていてくれて命拾いをしたこと。ニューヨークではホテルのバスタブの水をあふれさせてしまった騒動の対応をリサールに助けてもらったこと。さらには街に出て仲良くなった男がじつは睡眠薬強盗で、ホテルの自室に招き入れたら薬をかがされて昏倒してしまい、リサールに助けてもらったこと等々の失敗談が、自虐的で自嘲的な響きの語り口で次々と繰り返される。

それは十返舎一九の『東海道中膝栗毛』(一八〇二〜一四年、弥次喜多珍道中)に倣い江戸期の戯作文学の伝統を継承しようとしたものであり、多少の虚実や誇張が入り混じっていると考えられる。が、そうしたあいつぐ珍騒動のなかで一貫してリサールは鉄腸の庇護者であり、救済者であり、通訳かつ文化の翻訳者として西欧世界への水先案内人であった。『唖の旅行』のなかで両者の力関係はリサールが圧倒的に優位であり、リサールは西洋文明と白人世界の側の優位な人間あるいは善意の庇護者として、逆に鉄腸はアジアやアフリカの側に属する劣位の田舎者として描かれている。それを象徴的に示す場面がシカゴで投宿したグランド・パシフィック・ホテルの食堂での出来事である。白人の客たちばかりのなか、向こうのテーブルにその場にふさわしくない赤黒い顔をした客がいることに鉄腸は気づく。「黒ん坊でなければ間の子に違ひありません」と同席のリサールにささやいた。しかし、それは大きな鏡に映った自身の姿であることを教えられ、「長い旅行で大分日に焦けて以前の面影がなくなった」ことに気づく[末広 1987:118]。

鉄腸の白昼夢

『唖の旅行』の全三九四頁のなかで二四九頁にリサールの言及がある[Hau & Shiraishi 2009:349, 355]。他方、リサールは日本を発つ日の日記に、おせいさんの思い出や彼女への讃美を書き連ねているが、鉄腸に関する言及は日記にはない。ただマリアノ・ポンセに宛てた手紙(一八八八年七月二十七日)のなかで「独立系の新聞の過激な編集者として投獄された経験をもつ日本人とヨーロッパまでの旅の道中で友達になった。その日本人は日本語以外知らなかったので、ロンドンに着くまで彼の通訳をしてあげた」とだけ、短くふれられている[木村 1966:17]。

その落差は、リサールに比して鉄腸のほうが同行の旅から受けた印象と衝撃が圧倒的に強かったことの証左である。実際に鉄腸は、リサールから聞いたであろう反スペインの政治運動の話をもとに、スペインの専制に対する義憤とフィリピンへの同情・連帯の念を『南洋の大波瀾』(一八九一年)、『あらしのなごり』(一八九一年)、『大海原』(一八九四年)の三冊の小説にして発表した。これはボニファシオのカティプーナンが武装蜂起するよりも五年も早く、フィリピンにおける革命を夢想したものである。この三作は、第二作が第一作の拾遺であり、第三作は前二作を合冊して訂正改題したもので一括して語るべきものとなっている。その粗筋は、柳田泉一〔柳田 1968:488-491〕や山下美知子〔山下 1999〕らに詳しく紹介されているので省略する。

物語の筋立ては、『ノリ・メ・タンヘレ』とよく似た点が多々ある。主人公のラブストーリーを縦糸として、主人公の父親の死、警察の急襲、火事、主人公の逮捕、投獄と脱出などを横糸としている。おそらく、鉄腸はリサールから『ノリ・メ・タンヘレ』のことを聞いていた可能性がある〔木村 1966:19〕。しかし両者が異なり、とりわけ興味深いのは、物語の結末の仕方である。主人公の多加山がついに挙兵し、日本の同志三〇〇人の援軍を得てスペインを破り、フィリピン全島を平定して都督の任に就く。その後、彼はマニラに流されたキリシタン大名の高山右近の子孫ということがわかり、フィリピンの将来を考え、日本の保護を仰ぐことを決意し、島民の賛成を得て、これを実現する。スペインも日本の後ろ盾を恐れて遠征出兵を断念し、フィリピンとその他の南洋諸島には、永く日本の国旗が翻ることとなる。

スペインの圧政と独立闘争、主人公の恋愛、先祖探しという物語の三本の縦糸が縒り合わされ、結末において日本の保護領となることを自ら願い出るという大団円を迎えるという結末について、鉄腸の評伝と作品の評論をした柳田は次のように極めて厳しい評価をくだしている。「肝心のプロットは、……大掛かりの割に浅薄空漠であり、枝葉が多くて、複雑に見えるが、有機的な結合がな〔く〕、総体として平凡なものとなっている。鉄腸はこの小説に盛り込むに、日本進出、ヒリッピン独立という二つのイデオロギーを以ってした。しかしこの二つがプロットの上でうまく調和していない。今はヒリッピン人たる多加山が、ヒリッピン人のヒリッピンたるべき独立運動をしつつ、成就の暁、そっくり日本に献上するという、そういう馬鹿馬鹿しいことが考えられるものではない」〔柳田 1968:497-498〕。

柳田以前、鉄腸の同時代人たちのあいだでは、『南洋の大波瀾』の評価は分かれている。坂崎紫瀾《しらん》は、「さすがに文壇の老将たるに恥ぢず……要するに、本書は、兎も角も、一大意匠を具備して始めて成立せし政治小説にして、或いは児女の好に投ずる纏綿断腸の艶情にとぼしかるべきも、苟も政党の甘苦と海外の急務とを知るものは、必ず本書を一閲して、居士の精神果たして那辺に注ぐやと首肯するに難からざるべきなり」〔『国会』一八九一年七月十六日〕と高い評価を与えている。一方、内田不知庵(魯庵《ろあん》)は、「必ずや世に多加山如き先膚陋劣、国を売って外国の爵位を甘んじて受け、あまつさへ是を以て無常の経綸なりと誇負する斗屑小人多かれば、……惜しむべし、主観的に写したるをもって、読者多加山をもって作家鉄腸居士の理想人物なりと考ふ」〔『国民之友』一二三号、一八九一年七月〕と手厳しい。

両者の批評を紹介しながら真辺美佐は、内田の批評が文章上の趣向についてではなく、登場人物とりわけ主人公の政治行動・思想性に対して批判していることに着目する。それは「政治小説」が小説の一つのジャンルとして文壇からの認知を受けていたことの証であり、明治二十年代に入って政治小説が衰退していったという従前の定説を批判し、むしろ代表的な文学理論・批評家からの「議論」と「評価」の対象になるほどに社会に受け入れられ、小説としての表現と内容が向上したことを示していると主張する〔真辺 2006:356-357, 362-363〕。

鉄腸の思想に関して最近では、大西仁が、『南洋の大波瀾』は、フィリピン独立運動を題材にした点で異質にみえるが、他のフィリピン進出論者と基本的に共通しており、「フィリピン進出という政治目的は想像の産物であったが、その想像力は、それを企図した言説群において〈文学的〉や〈政治的〉などと分かち難く、日本人の主体性構築へと同一方向に作用した。……同時にぬけぬけと行われるフィリピンの従属化は、その〔フィリピン進出という政治目的の〕困難さをみごとに隠蔽し、かつフィリピンの〈主体性〉を無化したのだ」〔大西 2005:29〕と結論づけている。エドワード・サイードのオリエンタリズムの議論を援用した断罪である。

南進論以前あるいは植民地幻想

大西に限らず、従来の研究では、鉄腸を侵略主義・帝国主義的思想の持ち主とするものと、逆に平和主義者との見方が併存し、同一人物でありながら二極に分裂していた。そのなかで竹田清子は、鉄腸の「思想と行動には、「大日本膨張論」のイデオロギーには未だ汚染されていないところの明治日本の内発的で新鮮な「歴史意識」の一類型がくっきりと浮き彫りに見出される」［竹田 1981:80］と述べ、鉄腸の「非膨張性」を指摘している。実際に、鉄腸は、明治十年代の後半からの日本では対中国強硬論が世論の主流となり、そのまま日清・日露戦争まで続いていったなかで、アジアの平和と日本の利益のために、一貫して中国との友好関係の維持を唱えつづけた［真辺 2006:314］ときに「侵略」主義を鼓吹し「国権」小説とされてきた『南洋の大波瀾』に関しても、それが執筆されたのは出版（一八九一年六月）の一年以上も前であり、いまだ衆議院議員選挙も国会開設も迎えていなかった。国内の政治的関心は議会の開設に向けての動きにあり、国権の拡張が話題にのぼる以前であり、掲載紙も、彼が所属していた大同倶楽部の機関紙『大同新聞』であった［真辺 2006:20］。そのことを考えると、大西のように『南洋の大波瀾』をのちの南進論に直接に結びつける議論には難がある。

たしかに主人公に多加山（高山）という苗字を与えることをはじめ、彼が日本人の末裔《まつえい》であることを示す伏線が張られてはいるが、柳田が指摘するように鉄腸の結末は安易である。しかし逆に、その安易さは、彼自身の矛盾する欲望をめぐり、それ以外の解決策を思いつけない苦渋に満ちた選択、あるいは苦肉の策であった。太平洋を渡り、大陸を横断し、大西洋を越えてイギリスにいたるまでの長旅において、リサールは鉄腸を助けてくれた善意の通訳であり文化の翻訳者であり、また窮地を救ってくれた大恩人であった。助け庇ってくれるリサールに対して末広は恩義を感じ、また文化的・社会的に圧倒的な劣位にあることを痛切に自覚していたはずである。ともに、リサールが熱望するフィリピンの解放あるいは独立に強い強い共感を覚えてもいたはずである。同時に鉄腸は日本人として、日本の発展を第一と考えていたのは確かであり、しかしそれと平和とが両立するという信念を保ちつづけ、国際情勢の「現実」のなかで、「非戦」と中国を中心とする東アジア諸国との友好的関係こそが日本の利益につながるという理念を終生主張しつづけた［真辺 2006:378］。

十九世紀末の弱肉強食の国際情勢のなかでは、たとえフィリピンの独立が叶ったとしても、スペインが退いたあとの力の真空に付け入ろうとする他の西欧列強国がでてくることは必至であった。実際、先にみたように、鉄腸とリサールとの邂逅から一〇年程ののちには、アメリカがスペインとの戦争に勝利し、フィリピンを二〇〇〇万ドルで割譲されることになる。また柳田が指摘しているように、『南洋の大波瀾』の少し前にはフランスが一八八四(明治十七)年に安南を攻め八五年にはカンボジアを占領し、さらには清国と戦端を開き、イギリスは八七年にビルマを占領し、また同年ドイツは南洋諸島を領有した。そうした欧州諸国の露骨な東洋侵略の脅威を痛切に感じていたからこそ、彼は不平等条約の改正のための国力増強と国権の伸長、そのための民政興起が必要であり、それゆえに自由民権が不可欠と主張したのであった[柳田 1968:472-474]。

外交的には一貫して過激な国権拡張論者たちと明確な一線を画し、中国との融和を説き、のちには韓国併合にも反対した鉄腸が、『南洋の大波瀾』で多加山を日本人の末裔とした結末について、カロライン・ハウと白石隆はアジア主義者の白昼夢と呼んでいる。それは、かたやジャーナリストとして現実を直視しつつ、他方では文学者として別様の現実を夢想することで眼前の現実へのコメンタリーとなし、望ましい現実へと政治を変えていくための一助としようとするものである[Hau & Shiraishi 2009:344-347]。その望ましい現実がリサールにとっては真の独立であるのに対して、鉄腸の場合にはアジアの連帯であり、願わくばアジア諸国から求められて日本がその扇の要の役割を果たすことであった。二人の邂逅における交流は、いわば同床異夢の白昼夢を紡ぎつづけたのである。

さらにまた、多加山が自ら進んで属領となることを申し出ることは、正木恒夫が植民地幻想と名づけたものと同一の欲望から発している。正木は、同名の著書のなかでアメリカ入植時代の神話としてディズニーのアニメ映画にもなったポカホンタスの物語を取り上げる。ポカホンタスは、北米大陸最初のイギリス植民地となったヴァージニアのジェームズタウン周辺を支配していた先住民の大首長パウハタンの娘である。イギリス人の植民者ジョン・スミスが「インディアン」に捕らえられ、あわや処刑される寸前にスミスの上に自らの身を投げて父に助命を乞い、その命を救ったとされる。そのうえ彼の釈放後には、飢えに苦しむスミスの仲間である白人入植者たちに食糧を届けたという。つまり先住民を殺戮し征服する植民者が、逆に先住民の娘から命を賭けるほどに深く愛され求められていたという虚構である［正木1995：13-15, 30-34］。

鉄腸の夢想のなかで、リサールが切望するフィリピンの解放が成し遂げられて自由を得ることと、同時にフィリピンがおのずから無理なく日本のアジア主義の理想のもとに集うことを両立させるための解は、多加山がキリシタン大名でマニラに流刑された高山右近の子孫であるとする以外にありえなかっただろう。そのことは、のちのアジア太平洋戦争にいたる過程においても、アジアにおける盟主として日本の地位と占領支配を正当化するための理由づけとして、血のつながりのメタファーが用いられたことに直接につながっている。

しかし注意すべきは、多加山は、生粋のマニラ人であり一読書人であるが、ロンドンに行って『近世マニラ政略史』を著し、スペインからの独立のやむなきを主張している点である。この点において多加山は、リサール本人にほかならない。しかし日本人の血が流れ独立後には日本の信託統治を求めるという点では鉄腸自身の理想を投影されている。その意味で多加山は、まさしく、両人をダブらせ、木に竹を接ぐような無理をして造型した人物であり、二つのアイデンティティをもつダブルとして描かれている。その理由は、鉄腸個人のリサールへの敬愛と感謝と私淑、および植民地支配に苦しみ糾弾するリサールへの共感と支援の願望と、彼自身の政治家、ジャーナリスト、自由民権運動の闘士としての立場や主張との齟齬《そご》や乖離、矛盾をできれば止揚する、せめて調停もしくは隠蔽するためであった。

混血性とナショナリズム

国境を越えたネットワークのなかで、あるいはそれに接続する回路のなかで生きる植民地のエリートや知識人たちが、それゆえにこそ同時にナショナルな感性を育み強化していったことは、リサールに限らず、ある意味では、多少の時間差があるものの同時代の他の国々においても同様であった［Hau & Tejapira 2011］。そのなかでフィリピンの場合、とりわけ早くにナショナルな感性の覚醒が生じたのは、植民地支配の初期の頃から大学が設置され西欧の知識へのアクセスが容易であったこと、またスエズ運河の開通（一八六九年）がもたらした経済の急速な発展にともない、現地エリート（メスティーソ）の子弟がスペインへ私費で留学することが可能になったこと、がまず指摘できる。そうした社会状況のなかで、傑出した感性と知性を有するリサールが祖国（パトリア）としてのフィリピンを夢想することができた。

リサールにとっての祖国は、まずは幼少期の故郷の町で、豊かな自然に抱かれ慈愛に満ちた人間関係に包まれた至福の時空間として実感され体得された。その後、マニラの大学そしてスペインでの留学の見聞をとおして、植民地支配によって恣意的に版図が確定された地理空間のなかに暮らすさまざまな人々を包み込み、同時に「偶像＝崇敬の対象」となるようなものとして想像された。それは喩えていえば、母鶏の翼のなかに暖かく抱かれたヒナたちが、快適で安寧な生を保証してくれるものへの愛慕の情が向かう先である。自身の存在を優しく包み込むような翼とは、すなわち幼少期にリサールが過ごしたカランバの町の時空間のなかの自然環境と人間関係の総体であった。

そして母鶏の翼のなかに抱かれたヒナたちには、半島生れのスペイン人（フィリピーノ）や、フィリピン生れのスペイン人（クリオーリョ）、中国人（チーノ）、先住民（インディオ）、スペイン系・中国系の混血（メスティーソ）などがいた。フィリピンのナショナリズムは、リサールが夢想した初めから、そうした多様な血筋をもつ者たちをその多様性のままに受け入れ、純粋で均質となることを決してめざさず、ハイブリッドなままに積極的に肯定しようとしてきた。ナショナリズムの生成の初めに混血性が厳然として存在し、それを包摂したものとしてナショナリティが夢想されている。まさしくフロロ・キブイェンが指摘する、今に続くフィリピン・ナショナリズムの特徴である「「純粋な混血 pure mix」という矛盾したものを超えて愛おしく鳴り響いている楽観」［Quibuyen 1999:100］に基づくはじめての企てであり、その成功例であった。リサールならびにフィリピンのナショナリズムにおいては、始まりとしての混血性はそのまま維持され、構成員＝国民の多様性を包摂する中核の原理として、現代にいたるまでつねに鳴り響いている。

純粋さの問題は、逆に鉄腸の夢想においては、多加山が日本の血筋を引く混血であるゆえに日本との連帯が正当化されるものの、しかし純粋な日本人としての真正さと優位さを有しないがゆえに、日本の属領となり信託統治を受けることが必要との結論を導く。それは、のちのアジア太平洋戦争において、アジアの盟主としての日本の立場を暗黙理に正当化する根拠ともされることになる。鉄腸の小説で混血性は、日本とフィリピンの結び方における差異（断絶）と相関（つながり）という矛盾する関係性を二つながらに並存させつつ、差異の問題を純粋さや真正性を最優先して整序し、言い換えれば問題をすり替え、上下関係に変換することで、信託統治のやむなきを主張する作用点となっている。グローバルな広がりのネットワークのなかで、他者・他国との関係の結び方、大きなまとまりの作り方、言い換えれば自己の位置づけや再定義の仕方が、ナショナリティの自覚の初発初動の頃からフィリピンと日本では正反対であった。

参考文献

ベネディクト・アンダーソン（白石隆・白石さや訳）『増補 想像の共同体――ナショナリズムの起源と流行』NTT出版、一九九七年（原著一九九一年）
ベネディクト・アンダーソン（糟谷啓介ほか訳）『比較の亡霊――ナショナリズム・東南アジア・世界』作品社、二〇〇五年（原著一九九八年）
池端雪浦『フィリピン革命とカトリシズム』勁草書房、一九八七年
池端雪浦「フィリピン国民国家の原風景――ホセ・リサールの祖国観と国民観」『アジア・アフリカ言語文化研究』四六・四七号、一九九四年
池端雪浦「明治期日本人のフィリピンへのまなざし」池端雪浦／リディア・N・ユー・ホセ編『近現代日本・フィリピン関係史』岩波書店、二〇〇四年

レイナルド・C・イレート（清水展・永野善子監修、川田牧人ほか訳）『キリスト受難詩と革命——一八四〇〜一九一〇年のフィリピン民衆運動』法政大学出版局、二〇〇五年（原著一九七九年）
岩崎玄「解説」ホセ・リサール（岩崎玄訳）『ノリ・メ・タンヘレ』勁草書房、一九七六年。
大西仁「ナショナル・アイデンティティの形成とその行方——末広鉄腸の世界旅行と『明治四十年之日本』」『立命館文学』五八一号、二〇〇三年
大西仁「同一の夢、同一の物語——末広鉄腸『南洋の大波瀾』と明治のフィリピン進出論をめぐって」『日本文学』五四巻九号、二〇〇五年
フロロ・C・キブイェン「リサールとフィリピン革命」永野善子編・監訳『フィリピン歴史研究と植民地言説』めこん、二〇〇四年
木村毅「ホセ・リサールと日本文学」『文林』一巻、一九六六年
清水展『文化のなかの政治——フィリピン「二月革命」の物語』弘文堂、一九九一年
末広鉄腸「唖之旅行・前、後、続編」『明治欧米見聞録集成』一九巻、ゆまに書房、一九八七年（初版一八九〇年）
竹田清子「末広鉄腸における日本とアジア——明治期「歴史意識」の一類型」『アジア文化研究』（国際基督教大学）一三号、一九八一年
永野善子「象徴天皇制とホセ・リサールの神格化との比較考察」藤原帰一・永野善子編『アメリカの影のもとで——日本とフィリピン』法政大学出版局、二〇一一年
正木恒夫『植民地幻想——イギリス文学と非ヨーロッパ』みすず書房、一九九五年
真辺美佐『末広鉄腸研究』梓出版社、二〇〇六年
安井祐一『ホセ・リサールの生涯——フィリピンの近代と文学の先覚者』芸林書房、一九九二年
柳田泉「末広鉄腸研究」柳田『明治文学研究 第9巻　政治小説研究中巻』春秋社、一九六八年
山口昌男『文化の詩学Ⅰ』岩波書店、一九八三年
山下美知子「南進のまなざし——明治二〇〜三〇年代におけるフィリピンの描き方」『総合文化研究』（東京外国語大学）三号、一九九九年

ビセンテ・L・ラファエル「国民性を予見して――フィリピン人の日本への対応に見る自己確認、協力、うわさ」永野善子編・監訳『フィリピン歴史研究と植民地言説』めこん、二〇〇四年
ホセ・リサール（岩崎玄訳）『ノリ・メ・タンヘレ――わが祖国に捧げる』勁草書房、一九七六年 a（原著一八八七年）
ホセ・リサール（岩崎玄訳）『反逆・暴力・革命――エル・フィリブステリスモ』勁草書房、一九七六年 b（原著一八九一年）
Guerrero, Leon Ma, *The First Filipino: A Biography of Jose Rizal*, Manila: National Heroes Commission, 1963.
Hau, Caroline S. and Takashi Shiraishi, "Daydreaming about Rizal and Tetcho: On Asianism as Network and Fantasy", *Philippine Studies*, Vol. 57, No. 3, 2009.
Hau, Caroline S. and Kasian Tejapira (eds.), *Traveling Nation-Makers: Transnational Flows and Movements in the Making of Modern Southeast Asia*, Kyoto: Kyoto University Press, Singapore: NUS Press, 2011.
Ileto, Reynaldo C., *Pasyon and Revolution: Popular Movements in the Philippines, 1840–1910*, Quezon City: Ateneo de Manila University Press, 1997.
Ileto, Reynaldo C., *Filipinos and Their Revolution: Event, Discourse, and Historiography*, Quezon City: Ateneo de Manila University Press, 1998.
Quibuyen, Floro C., *A Nation Aborted: Rizal, American Hegemony, and Philipine Nationalism*, Quezon City: Ateneo de Manila University Press, 1999.
Shimizu, Hiromu, "Imaging the Filipino Revolution 100 years Ago: Japanese Dreams of Expanding the Territory to the South Sea", Arnold M. Azurin and Sylvano D. Mahiwo (eds.), *Junctions between Filipinos and Japanese*, Manila: Kultura't Wika, 2007.
Zaide, Gregorio F. and Sonia M. Zaide, *Jose Rizal: Life, Works and Writings of a Genius, Writer, Scientist, and National Hero*, Manila: National Book Store, 1984 [1957].

コメント
フィリピン革命再考

永野善子

清水報告は、本研究会の課題「十九世紀後半の欧米列強の非欧米世界への進出に対して、アジア・アフリカ諸地域は、どのように反応したのか」に適ったものである。そこで、ここでは、これまでの研究を振り返りながら、フィリピン革命を十九世紀末のアジア地域の国際情勢の文脈のなかに位置づけて再検討するには、どのような思考様式と歴史的視座が必要なのかについて、若干コメントを加えることにしたい。

まず、第一に議論すべきは、「今、なぜ、フィリピン革命なのか」であろう。つまり、反植民地独立運動たるフィリピン革命の対極に位置したスペインの統治様式が十九世紀末のフィリピン諸島においてどのようなかたちで形成されていたかについて、一定の認識をもつ必要がある。別言すれば、ホセ・リサールに代表される有産知識階層(イルストラード)であれ、武装革命を先導したアンドレス・ボニファシオに代表される都市下層労働者であれ、彼らが生まれ育ったフィリピンという地域がスペインによってどのように統治されていたのかを知らなければならない。より具体的には、「植民地国家 colonial state」、のちには「国民国家 nation-state」を構想しうるような、一つの国家として、フィリピンの統治形態がスペイン植民地支配のもとですでに機能していたのか否か、もし機能していたのだとしたら、それはいつ頃から始まったのかについて明らかにすべきであろう。

なぜこのような議論が必要なのだろうか。その理由は、フィリピンの統治様式を知ることが、一八八〇年代のスペインにおける啓蒙運動(プロパガンダ運動)を担ったリサールに代表される有産知識階層や九六年に勃発したフィリピン革命のなかで革命政府の中心を担ったエミリオ・アギナルドに代表されるような地方有力者層(プリンシパリーア)たち、あるいは武装組織カティプーナンの指導者ボニファシオに代表されるような都市労働者あるいは一般庶民のフィリピン諸島における存在形態を理解することにつながるからである。もしフィリピン諸島における統治形態がすでに「植民地国家」と呼ぶべきもの、すなわち、一つの「領域国家」として、諸島住民を「スペイン植民地の一国民」として掌握する段階にまでいたっていたとしたら、有産知識階層であれ、地方有力者層であれ、一般庶民が、それへの対抗物として、「国家」、あるいは「祖国」、スペイン語では"patria"、タガログ語では"bayan"を構想したことになろう。そして、ベネディクト・アンダーソンがその著書[Anderson 2005]で広範に議論を展開しているように、フィリピンのエリートたちがスペインで啓蒙運動を展開し、ヨーロッパ各地の知識人や革命家などとの交流を続けていたとしたら、彼らがすでに体現しつつあったかもしれないナショナリズムの内実を語らねばならなくなる。

ところで、フィリピン研究においては、長いあいだ、「植民地国家」がいつ形成され始めたのかについての議論はこれまでほとんどおこなわれてこなかった。しかし、近年出版されたジョン・D・ブランコの著作[Blanco 2009]が、この問題に対して真正面から取り組んでいる。この著書で、ブランコは、スペイン人フィリピン史家ヨセフ・フラデラの研究などに拠りながら、三〇〇年間のスペインによるフィリピン植民地統治体制を手際よくまとめている。ブランコは同書で、植民地フィリピンで「植民地国家」なるものが形成され始めたのは、十八世紀後半以降であると語っている。

ブランコは、まず、フィリピン諸島における「領域国家」としての植民地国家の起源を十八世紀後半に求め、その後のフィリピン政庁による経済開発の失敗、一八三〇年代におけるマニラ開港を契機とする対外貿易の展開などの経済変化に対応しながら、行政改革が緩慢なかたちで進行するなかで、「フィリピン国民」が形成されていった過程を追跡する。そして、フィリピン革命期に旋回した一般民衆(農民)の精神世界(反植民地思考)とエリート層による文学や絵画などの芸術作品に示された、一つの民族としてのフィリピン人の思考様式とのあいだに、「植民地近代性」を軸とした共通項を見出そうとするのである。こうした試みは、レイナルド・イレートがその名著『キリスト受難詩と革命』[イレート

2005]で、エリートと民衆の精神世界を極めて対抗的なものとして描いた図式を、ある意味で一歩乗り越えたものといえよう。なぜなら、アメリカの介入によって、あえなく挫折したとはいえ、反スペイン独立戦争を経てマロロス共和国が成立した。とすれば、エリート層が一般民衆の賛同を得てこの国家を生み出したわけで、つねにエリートと民衆が別世界にいたわけではなく、一つの民族としての意識を共有しうる場があったことになるからである。

私がここでマロロス共和国の成立の事実にこだわるのは、清水報告の主題が「フィリピン革命をめぐるナショナリティとグローバル・ネットワーク」だからである。つまり、この主題に接近するためには、まずもって、フィリピン革命をとおしてフィリピンにおいて国民国家形成がどのようなかたちで進んでいて、一つの特異な「ナショナリティ」を形成していたのかについて一定の見解をもたずして、フィリピン革命を担ったエリート層が、フィリピン革命組織の一翼として、あるいは、そうした組織を離れた個人として、近隣アジア諸国の民族運動家や民族運動を担う知識人あるいは政府の要人たちとどのような交流や関係をもったのか、その歴史的意義を十九世紀末の東アジア・東南アジア史の文脈で理解することは難しいのではないだろうか。当時、東アジア・東南アジア各地では、錯綜するかたちで国民国家が形成途上であり、それぞれの国家からなかば飛び出して、いわゆる「グローバル」なネットワークを彼らが形成したとしても、彼ら自身がすでに個々の「ナショナリティ」を背負っていたからである。この結果、異なる「ナショナリティ」を背負った民族運動家や知識人たち、あるいは政府の要人たちが結ぶ個人的、あるいは民族的な関係は必ずしも双方向的なものではなく、むしろ矛盾に満ち錯綜した様相を呈していたように思われる。

この点についていては、とりわけ日本との関わりでは、先行研究として池端雪浦の優れた論文[池端 1989:1-36]がある。同論文では、フィリピン革命政府と日本政府、そして反植民地運動を担うフィリピンのナショナリストと日本の大アジア主義者たちとのねじれた、屈折した関係のあり方とその展開について、一次資料をもとに議論が展開されている。それによると、一八九五〜九六年にかけてフィリピンの変革運動が全体として改革から革命へと方向転換をおこなうにいたった背景に、「日清戦争の衝撃」があった。このため、革命政府は、日本の支援が期待できるとして、数人の代表を日本に送り込んだ。他方、日本政府と軍部はフィリピン革命勃発後、フィリピン情勢に強い関心をもったが、そのわけは、彼らがフィリピンの争乱を日本のいわゆる「利益線」にかかわる重要な問題と考えていた、という。つまり、革命勢力の期待と日本の関心とは、本質的に相交わるものではなかったことになる。ところが、一八九八年に入り、アメリカ・スペイン戦争の兆しが本格化してくると、日本の軍部はアメリカのフィリピン占領を阻止するために、革命軍に積極的なテコ入れ工作を開始する。他方、革命政府は、アメリカの侵略意図が明らかになるにつれ、従来にも増して、日本からの支援、具体的には武器の払い下げを求めるようになった。こうして、マリアノ・ポンセらが香港の革命委員会から駐日代表部として派遣された。しかし、この武器払い下げ交渉は、失敗に終わる。さらに池端論文によれば、交渉にあたったのが、ポンセらが派遣される前に、すでに日本に滞在したホセ・ラモスで、彼が日本政府や軍部の言葉を無批判に信用する傾向があった。かくて政府レベルの武器交渉が中止されるにおよんで、ポンセはフィリピン問題に関心をもつ日本の民間人と独自に接触し、そうした努力のすえ、一八九九年に日本政府からの武器払い下げが実現の運びとなる。もっとも、この武器は、清水報告で指摘されたように、輸送船「布引丸」が台風で沈没したことにより、革命戦線には届くことはなかったのである。

以上は、先行研究に基づく日本の事例であるが、清水報告で紹介されたレベッカ・カールの辛亥《しんがい》革命以前の中国の民族運動揺籃期におけるフィリピン革命の影響についての鋭い指摘［Karl 2002］以外にも、近隣アジア諸国におけるフィリピン革命の受止め方などにかかわる錯綜・屈折した重層的様態については、検討すべき余地が多々あるように思われる。この点については、東南アジア研究から離れることになるが、アジア太平洋戦争以前の日本人知識人と中国をはじめとする東アジアの知識人との複数のアジア観が交錯するなかでの知的葛藤をみごとに照射した作品として、米谷匡史の著作［米谷 2007］をあげることができよう。

参考文献

池端雪浦「フィリピン革命と日本の関与」池端雪浦・寺見元恵・早瀬晋三『世紀転換期における日本・フィリピン関係』東京外国語大学アジア・アフリカ言語文化研究所、一九八九年

レイナルド・C・イレート（清水展・永野善子監修、川田牧人ほか訳）『キリスト受難詩と革命――一八四〇～一九一〇年のフィリピン民衆運動』法政大学出版局、二〇〇五年

米谷匡史『アジア／日本』岩波書店、二〇〇七年

Anderson, Benedict, *Under Three Flags: Anarchism and the Anti-Colonial Imagination*, London: Verso, 2005.

Blanco, John D., *Frontier Constitutions: Christianity and Colonial Empire in the Nineteenth-Century Philippines*, Berkeley: University of California Press, 2009.

Karl, Rebecca E., *Staging the World: Chinese Nationalism at the Turn of the Twentieth Century*, Durham: Duke University Press, 2002.

ナショナル・アイデンティティとパン・アフリカニズム

南部スーダン人にとっての意義

栗本英世

ハルツーム大学では、南部人はごく少数でした。ある日、寮の食堂で並んでいると、アラブ人が列を無視して割りこんできました。私は殴り倒してやりました。そして、拳を突き上げて「アフリカ！」と叫んだんです(笑)。あの頃は、酔っぱらうとよくそう叫んでいたものです。

(アーノルド・ハトゥランの語り[栗本 1996:45])

二人の南部スーダン人の軌跡

「アフリカ！」という叫び

一九七〇年代の半ば、スーダンの首都にあるハルツーム大学の寮の食堂で、列に割り込んだ「アラブ人」——つまりスーダンの多数派である北部スーダンのアラブ系ムスリムのこと[1]——の学生を殴り倒したのは、アーノルド・ハトゥラン(Arnold Hatulang)という南部スーダン人[2]である。この話は、一九八四年に本人から直接聞いた。当時彼は、南部スーダン地方政府の情報文化省の役人だった。東エクアトリア地方に居住するロトゥホ(Lotuho)という民族の出身だ。一九四〇年代末の生まれだと思われる。第一次スーダン内戦中だった一九六四年、彼は故郷の近くにあったカトリック教会が経営する中学校で学んでいた。学校教育の普及が遅れていた南部スーダンでは、中学校卒業は高学歴である。ある日、学校は政府軍の攻撃を受け、生徒たちは離散した。この攻撃によって、教会の中学校は閉鎖されることになった。一九六四年は、南部スーダンで活動していたすべての外国人宣教師がスーダン政府によって国外追放された年でもあった。

ハトゥランは、一時期反政府ゲリラ「アニャニャ Anyanya」に加わった。当時は十代半ばだったから、今でいえば「少年兵」ということになる。東エクアトリア地方は、反政府軍事活動がもっとも活発におこなわれていた地域で、彼の故郷の近くにはアニャニャの基地があった。しかし、勉学への思いが断ち切れず、徒歩で国境を越えて、多数の南部スーダン人が難民として暮らしていたウガンダに向かった。さらによりよい機会を求めて隣国のケニアに移り、首都のナイロビで高校を卒業した。

一九六三年に独立を達成したばかりの当時のケニアでは、数十人の南部スーダン人の学生が高校で勉強していた。相互扶助を目的とした南部スーダン人学生の組合がナイロビで結成され、小さな学生寮を運営していた。ハトゥランはそこに寄宿し、勉強を続けた。この学生寮には、アフリカの植民地解放闘争や社会主義思想関連の書籍が備えられていた。[3] ハトゥランは、南部スーダンのさまざまな民族出身の学生と交流し、政治思想にふれるなかで、自分の世界を広げていったことと考えられる。また、独立直後のケニアの政治が、パン・アフリカニズムとナショナリズムの理想から、冷戦体制のなかで西側寄りの、支配階層の既得権益を保護する方向へと転換していくさまを、つぶさに観察することができた。

一九七二年に第一次内戦が終結すると南部スーダンに戻り、政府の奨学金を得て、ハルツーム大学に入学したのだった。卒業後は、内戦の結果新たに樹立された南部スーダン地方政府のエリートになることが予定されていた。

彼が拳を突き上げて叫んだ「アフリカ！」という言葉には、いったいどんな思いが込められていたのだろうか。彼にとって、「アフリカ」とはいかなる意味合いをもっていたのだろうか。

このことを考える前に、現代日本の常識からすると暴力的に思えるハトゥランの行動について説明しておく必要があるだろう。つまり、行列に割り込まれたくらいで見知らぬ相手を殴り倒すとは過剰な反応ではないか、手を出す前に、なぜ言葉によって相手に抗議しないのか、ということだ。私は、類似した話を複数の南部スーダンの知人から聞いたことがある。北部スーダンのアラブ人から人間としての扱いを受けなかった場合、とりわけあからさまな無視や、「奴隷abid」といった侮蔑語を投げかけられた場合、多くの南部スーダン人は直接的な行動をとる。つまり、張り倒したり、殴ったりするのである。そしてこうしたエピソードは愉快痛快な出来事として友人たちに語られることになる。その基盤にあるのは、十九世紀半ば以降の侵略と収奪の歴史的経験に基づく、アラブ人に対する根深い不信と憎悪である。ハトゥランの暴力は、いわばアラブ人が長年にわたって南部スーダン人に行使してきた暴力的行為に対するお返しであるとみなすことができる。

ここで確認しておきたいことは、南部スーダン人にとって「アフリカ」という概念は、第一に北部スーダンのアラブ人との関係において用いられるということである。政治・経済・社会・文化のすべての面で支配的地位にあるアラブ系北部スーダン人に対抗して南部スーダン人が自己のアイデンティティを主張しようとするとき、「アフリカ」という概念を使用するのである。そして、この場合のアフリカ人とは黒人のことを意味する。

日本の読者の多数は、スーダンはアフリカ大陸に位置しており、その国民はアフリカ人ではないのかという疑問をもつのではないだろうか。たしかにそのとおりである。また、北部スーダンのアラブ人は、長年にわたって混血を重ねてきたので、身体的特徴は多様であり、肌の色がかなり黒い人も多い。日本人が見たら、彼らの多数は「アフリカ人」に見えるだろう。同じアラブ人といっても、アラビア半島のアラブ人と北部スーダンのアラブ人の身体的特徴はかなり異なっている。ひとことでいえば、アラブ系北部スーダン人はアフリカ的、あるいは黒人的な要素が強い。それにもかかわらず、彼らのアイデンティティは、「アフリカ」ではなく「アラブ」なのである。[4]

スーダンという国のナショナル・アイデンティティの特徴は、まさにここにある。多民族・多宗教のスーダン人全体を包含するアイデンティティが形成されることなく、「アラブ」と「アフリカ」という二つの異なる方向に分裂したままの状態が継続したのである。

さて、ハトゥランは、ハルツーム大学で歴史学を専攻し、自分の民族のオーラルヒストリーについて卒業論文を書いた。これはロトゥホ人による最初のロトゥホ研究である。一九八〇年代半ばの彼は、南部スーダン・ナショナリストであると同時に、ロトゥホ・ナショナリストでもあった。南部スーダン自治政府の情報文化省に勤務しつつ[5]、研究を続けたいとしばしば私に語っていた。彼が構想していたのは、自分自身の民族に関する研究である。ロトゥホは、首長制（近年は王制と呼ばれる）と「モニョミジ・システム」と呼ばれる年齢階梯制から構成されるユニークな社会をもち、豊かな口頭伝承を有するが、公表された研究は当時ほとんどなかった[6]。彼は、「ロトゥホロジー」（ロトゥホ学）という自分自身が創った用語でこの研究のことを定義していた。

ハトゥランは同時に政治にも関心があった。一九八六年に実施されたスーダン国会の選挙にスーダン・アフリカ人民会議（SAPCO＝Sudan African People's Congress）という政党から立候補した（残念ながら落選した）。一九五六年に独立した現代スーダンの政治史は、短い民主的体制と長い軍事政権あるいは一党制の繰返しだった。この一九八六年の総選挙は全国レベルで実施されたのだが[7]、約二〇年ぶりの複数政党制による自由で公正な総選挙だったといわれている。一九八九年にクーデタによって軍事政権が成立したので、次の自由で公正な総選挙がおこなわれたのは、二〇年以上を経た二〇一〇年のことであった。

ハトゥランが所属していたSAPCOという政党名に「アフリカ」という用語が含まれていることに注目したい。これは南部スーダンを基盤とする政党の名づけにおける伝統の一つである。その走りは、ウガンダに亡命していた南部スーダン人政治家たちが一九六三年に結成したスーダン・アフリカ民族同盟（SANU＝Sudan African National Union）であった。これは、南部スーダンの初の本格的政党であったといわれている。SANUという名称は、東アフリカのケニアとタンガニーカ(現タンザニア)のナショナリスト政党の名称(KANUとTANU)を模したものであり、これらの国々の政治運動との連帯の意志の表明でもあった。[8]

SANUを結成した四人の指導者のうち二人は、ハトゥランと同じロトゥホ人だった。少年時代のハトゥランが、アフリカあるいはアフリカンという概念を形成する際に、このSANUという政党がある役割を果たしたのではないかと想像される。

ただし、SANUが活動していた第一次内戦の時代から二〇年がたった一九八〇年代にできたSAPCOという政党は、「スーダン・アフリカン」という大きな看板に反して、実質的には南部スーダンの一部、当時は三つあった州の一つであるエクアトリア地方のそのまた一部の人々の利害を代表する小政党にすぎなかった。

目覚めた青年

ハトゥランの次に、もう一人私の知人である南部スーダン人、フィリップ・オバン(Philip Obang)の例を取り上げたい。彼は、一九三〇年代末の生まれなので、ハトゥランよりは一〇歳程年長である。上ナイル地方のエチオピア国境に近い村で生まれた。民族的にはアニュワ(Anywaa, Anuak)人である。[9] 故郷の村から一三〇キロ程離れた小さな町の小学校を卒業後、当時上ナイル地方で唯一の中学校だったアタル中学校を一九五三年に卒業した。[10] 故郷の村から中学校までは、四〇〇キロ程の距離がある。当時の交通事情を考えると、十代の少年にとっては、気の遠くなるような距離である。小学校と中学校で勉強しようと思うアニュワ人の子どもたちは、異民族の土地を通過する旅をしなければならなかった。

一九五四年に、バハル・アル・ガザル地方のルンベック高校に入学した。中学校からは直線距離で五〇〇キロ程離れている。ルンベック高校は、一九四八年に開学した南部スーダンで最初の高校であった。スーダンが独立したのはオバンが高校に在学中の一九五六年のことであった。一九五九年の高校卒業後は、ナイル河畔にある上ナイル地方の中心地マラカルで、アメリカの長老派教会が刊行していた雑誌『光 *The Light Magazine*』[11]の編集助手の仕事を得た。

この時期、彼は有名なパン・アフリカニストであるジョージ・パドモア[12]の著書をもっていたため、警察に拘禁されて本を没収されている。この本は、英領ゴールドコースト（のちのガーナ）の植民地解放を論じた『ゴールドコーストの革命』[13]（一九五三年）だったと思われる。

当時、スーダンはイブラヒム・アブード将軍を首班とする軍事政権（一九五八〜六四年）の支配下にあった。南部に対してはすでに発生していた反乱を軍事的に鎮圧するとともに、アラビア語化とイスラーム化の政策を強権的に推進していた。公安当局は「危険思想」の持ち主の監視をおこなっていたことと考えられる。オバンはそれに引っかかったのだった。

南部スーダンにおける、ナショナリズムを担うべき階層の形成は、北部スーダンに比べても、アフリカ全体のなかでも極めて遅く、結局現在にいたるまで十分には形成されていないというのが通説になっている。そうした全体的状況のなかで、たとえ一人の事例とはいえ、一九六〇年前後のマラカルという地方都市に、パドモアの著書を読んでいた若者がいたという事実は特筆されてよい。オバンは、当時の南部スーダンではごく少数だったと思われる「目覚めた若者」の一人だった。

優秀だった彼は、一九六〇年にアメリカの長老派教会の奨学金を給付され、北ローデシアのコッパーベルトの中心都市であったキトウェでジャーナリズムを学ぶ機会を得た。コッパーベルトとは、文字通り銅鉱山が分布する地域でキトウェには精錬所もあった。当時のアフリカ大陸のなかでも、もっとも産業化と都市化が進展し、労働者階層も形成されていた場所であった。同時に、当時の北ローデシアは、ケネス・カウンダを指導者とするナショナリズム運動が勃興していた。北ローデシアに比べるとずっと「遅れていた」南部スーダンからきた二十歳過ぎの若者にとって、こうした状況はとても刺激的で興味深かったことと考えられる。

北ローデシアで修了証書を得て帰国すると、今度は同じ教会から、イギリスの大学でキリスト教神学を学ぶための奨学金を取得した。一九六一年に渡英し、ロンドンで学生生活を送ることになった。この時期から、オバンは南部スーダンの政治に積極的にかかわるようになる。ロンドンで『南スーダンの声 *The Voice of Southern Sudan*』[14]という新聞の編集を開始した。また卒業前の一九六四年末には一時帰国している。これは一九六五年三月にハルツームで開催された「南部問題円卓会議」[15]に事務局メンバーとして参加するためであった。

この円卓会議は、一九六四年十月に大衆蜂起によって軍事政権が打倒されたあとの自由で革新的な雰囲気のなかで、「南部問題」の解決をめざして政府が組織した。南北の代表が参加して、連邦制や南部に自決権を認める可能性が議論されたが、結局意味のある結論に達することはできず、問題の解決は先送りされた。

オバンは一九六五年、神学の学位を得て大学を卒業し、マラカルに戻った。奨学金を支給した長老派教会のアメリカ人牧師は、オバンが教会の「現地人指導者」になることを当然期待していた。オバンは、彼の政治活動に不快の念を抱いていた牧師と衝突することになる。「南部スーダン人は未熟で、自らを解放し統治する段階には達していない」という牧師の発言に激しい怒りを感じたオバンは、教会と決別することを決意した。それ以降、政治活動に専念することになる。キリスト教会との関係の断絶は、彼の人生にとって大きな転換点であった。

オバンは帰国後、「スーダン・アフリカ民族同盟」(SANU)の書記長に就任する。先に述べたように、この政党は、ウガンダに亡命していた政治家たちによって一九六三年に結成された[16]。あわせて、日刊紙『ナイル・パイロット』[17]の共同編集長となり、政治コラムを執筆した。

一九六九年五月、ハルツームでクーデタが発生し、ジャーファー・ヌメイリ大佐が全権を掌握した。政権の当初は、共産党や労働組合を支持基盤とし、社会主義的政策を掲げた。そのため、クーデタは「五月革命」と呼ばれるようになった。つまり、初期のヌメイリ政権は「革新」の色彩が強く、南部問題に関しては対話による解決をめざした。

オバンは乞われて新設された南部問題省の大臣を補佐する役職に就いた。これは、彼にとってキリスト教会との決別に続く大きな分岐点だったと思われる。つまり、野党として、スーダンを連邦制にするとともに、南部スーダンが民族自決権をかちとることをめざす在野の立場から、闘争において「敵」であったスーダン政府の一員となることを意味したからである。オバンは南部問題省で、より多くの南部人を公職に就ける政策を推進するとともに、新政権の南部問題に関する政策立案にかかわった。一九七一年には外務省に転職し、一月にロンドンのスーダン大使館に領事として赴任した。

スーダンの内戦は、一九七二年にエチオピアの首都アディスアベバで、スーダン政府と南部スーダンのゲリラ組織とのあいだで締結された協定(アディスアベバ協定)によって終結した。オバンは、この和平交渉において、スーダン政府側の次席代表という要職を務めた。

この協定によって南部スーダンには大幅な自治権が認められ、自治政府と議会が設置されることになった。南部スーダン・ナショナリストとしてのオバンは、スーダンの政府内部に入り込むことによって、その目的をかなりの程度達成することができたのであった。いわば「体制内革新」をめざしたのだといえる。

一九七二年から八〇年代にかけてのオバンは、在ロンドン・スーダン大使館の全権公使、在カンパラ・スーダン大使館の全権大使、アディスアベバ協定の結果樹立された南部スーダン自治政府の大臣、上ナイル地方副知事などの要職を歴任し、華麗なキャリアをたどることになる。

アーノルド・ハトゥランとフィリップ・オバンという二人の個人の人生にとって、南部スーダン、スーダン、そしてアフリカに対するアイデンティティはいかなる意味をもっていたのだろうか。本論では、この個別の問題を、脱植民地期の国民国家、そしてアフリカ全体の文脈に位置づけながら考えてみたい。

パン・アフリカニズムの勃興と変容

パン・アフリカニズムからナショナリズムへ

一九五〇年代に植民地解放運動を指導して、独立後の国民国家の元首や首相になっていった指導者たちは、アフリカ近現代史の主役でもある。彼らのほとんどは、ナショナリストであると同時にパン・アフリカニストであった。あるいは、ナショナリストである以前にまずパン・アフリカニストであったといったほうが適切かもしれない。パン・アフリカニズム運動の最終的な目標は、植民地支配からの解放をアフリカ大陸全体のレベルで実現し、政治と経済の統一を達成することにあった。当面の課題は、各地域におけるナショナリズム運動が、ヨーロッパの列強によるアフリカ分割の結果成立した植民地国家の枠内における独立を達成することであった。その成果に基づき、近い将来にアフリカ全体の統一を実現するという戦略であった。言い換えれば、パン・アフリカニズムの理想を実現するためには、個別の植民地の解放がまず必要であるということだ。

大西洋を越えたパン・アフリカニズム運動のハイライトは、第二次世界大戦終了後の一九四五年にマンチェスターで開催された第五回のパン・アフリカ会議だった。パドモアによって組織されたこの会議には、アメリカからは一九〇〇年に開催された第一回会議の組織者であったウィリアム・E・B・デュボイス(一八六八〜一九六三)が、アフリカからはのちにガーナの指導者になるクワメ・エンクルマや、ケニアの初代大統領になるジョモ・ケニヤッタなどが参加した。同会議は、アフリカとカリブ海地域の植民地解放の基本ラインを設定したものとして、歴史上重要な位置が与えられている。

その後、一九五〇年代末から六〇年代前半にかけて、アフリカの旧植民地は次々に独立した。その時期はナショナリズムとパン・アフリカニズムのいわば勝利の時期であったといえる。例えば一九五八年、前年に独立したガーナの初代首相に就任していたエンクルマは、アフリカの非暴力革命を目的とした全アフリカ人民会議（All Africa People's Congress）を組織した。そこには、当時まだ独立していなかった植民地からジュリアス・ニエレレ（英領タンガニーカ）やケネス・カウンダ（英領北ローデシア）、ヘスティングス・バンダ（英領ニヤサランド）、エンコモ（英領ローデシア）、パトリス・ルムンバ（ベルギー領コンゴ）、アミルカル・カブラル（ポルトガル領ギニア）、そして英領ケニアのトム・ムボヤなど、錚々たるメンバーが参加した。[18] カブラルを除くこれらの人々は、独立後の国家の指導者となった。[19] その後、一九六三年にはアフリカ統一機構（ＯＡＵ）が誕生した。設立当初の加盟国は、三二カ国であった。これは、パン・アフリカニズムと植民地解放運動の勝利の象徴であった。

しかし、人々が自由や解放、それから統一と発展というものに託した夢と希望はすぐに裏切られることになった。パン・アフリカニズムの理論的指導者でもあったコンゴのルムンバは、一九六〇年六月のコンゴ民主共和国独立と同時に首相となった。しかし、独立直後から旧宗主国ベルギーの軍事的介入が始まり、コンゴ動乱へと発展した。クーデタを起こした国軍に逮捕されたルムンバは、一九六一年一月に殺害された。[20] これは、植民地支配からの解放の成果が、新植民地主義の干渉によってまたたくまに崩壊した、典型的で悲劇的な例である。アフリカ解放の象徴であったエンクルマは、社会主義的計画経済を柱とする経済政策が失敗する一方で独裁的傾向を強め、一九六六年にクーデタによって失脚した。

パン・アフリカニスト兼ナショナリスト、そして思想家であった、タンザニア大統領ニエレレ（在任一九六四〜八五）は、一九六六年に彼の同志であったザンビアの大統領カウンダ（在任一九六四〜九一）がザンビア大学の初代学長に就任したときに、ザンビアに行って祝辞を述べている。この祝辞は、たんなるお祝いの言葉ではなく、よく準備された真摯な講義と呼ぶべきもので「パン・アフリカニストのディレンマ」と題されていた［Nyerere 1996］。そこで彼は、アフリカが多数の主権国家（当時は三六カ国）から構成されており、国家単位の利害関心が、アフリカ全体の利害関心よりも上位におかれる状況が生じていると指摘する。ニエレレは、アフリカ統一というパン・アフリカニズムの理想は、「緩慢な死を迎えつつある夢slow dying dream」であると規定する。彼はパン・アフリカニズムとナショナリズムは両立しない、両者が併存していると必ず摩擦(コンフリクト)が起きるし、すでに生じているという事実を率直に認めなければならないと述べている。

ニエレレは、それでもパン・アフリカニズムの夢はまだ死んではおらず、実現する可能性があると主張する。彼がその条件としてあげたのは、当事者が夢は実現するという確信を抱きつづけることと、あらゆる分野における国家間の連携を強化していくことの二点であった。一番目はいわば精神論であり、二番目は現実主義的な観点であるといえる。

一九六〇年代以降のアフリカでは、現実の政治を規定したのは、当時の国際的な政治環境、つまり東西対立の冷戦構造であった。そのなかで、パン・アフリカニズムの理想ではなく、パン・アフリカニズム的な志向が衰えて、ナショナリズムへの志向が強まっていった。しかし、ナショナリズムの志向が強まったにもかかわらず、あるいは強まったためといったほうがいいかもしれないが、多くのポストコロニアルな国家は政治経済的に成功しなかった。とくに一九八〇年代以降は失敗の傾向が加速していった。

現代のアフリカ政治学の分野では、アフリカの国家はさまざまなネガティヴな形容詞をつけて呼ばれている。弱い国家(weak state)、失敗国家(failed state)、あるいは破綻国家(collapsed state)などがその代表例である。国家の犯罪化(ciriminalization)という分析概念も使用されることがある。総じていえば、政府にはガバナンスが欠如しており、経済発展は停滞もしくは後退している。そして、内戦や武力紛争が頻発し、そのなかで人権侵害や戦争犯罪がおこなわれ、飢餓と感染症が蔓延しているというわけだ。

二十一世紀を迎える時点で、開発に関する指標や統計の数値をみる限り、アフリカ諸国のそれは、先進諸国はいうにおよばず、東南アジア諸国の数値と比較しても圧倒的に低かった。一人当りの国民総生産は、先進諸国より二桁少なく、東南アジア諸国より一桁少なかった。識字率、乳幼児と妊婦の死亡率、貧困者の割合について、世界で最悪の数値を示す国々の多数はアフリカ諸国であった。国連が毎年発表する人間開発指標においても、下位の数十カ国のほとんどはアフリカ諸国で占められていた。

しかし、第二次世界大戦直後は、そもそも日本とアフリカの開発指標の数値はそれほど変わらなかったわけであり、一九六〇年前後でも、アフリカ諸国と東南アジア諸国はほとんど同レベルにあった。その後の発展の速度の差によって、桁違いの差が生じたわけである。

パン・アフリカニズムの理想が忘却の彼方へと追いやられ、ナショナリズムに基づく国家建設が失敗するなかで、国連や国際社会にとって、アフリカは介入し援助されるべき巨大なお荷物となってしまったのである。

アフリカ・ルネサンス

さて、二十世紀末以降のアフリカは、こうした絶望的な状況から何とか脱出し、自分の足で立ち上がろうとしつつある。一九九〇年代に、それまで一党制や軍事政権であった国々で、次々と民主化が進行し、同時に経済の自由化も進展したことは新たな発展の基盤となるものと思われた。

とくに南アフリカ共和国のアパルトヘイトが終焉《しゅうえん》し、一九九四年五月にネルソン・マンデラが大統領に就任（在任一九九四〜九九）したことは、大きな希望を与えた。マンデラはその直後の六月にＯＡＵのサミットで演説をおこない、アフリカは長年にわたった抑圧と屈辱の歴史に終りを告げて、人類の文明の発展に再び貢献するべき時期を迎えたと述べた［Mandela 1994］。この演説は、「アフリカ・ルネサンス」という用語は使用されていないにしても、その後のアフリカの自己肯定の大きな動きの起点として位置づけられている［van Kessel 2001］。苦難と従属の歴史の始まりは、ローマ帝国によるカルタゴの徹底的な破壊であった。ここでは、ローマがヨーロッパの、カルタゴがアフリカの象徴として用いられている。そして、南アフリカにおけるアパルトヘイト体制の終焉をもって、アフリカ全体の解放が実現したことを踏まえ、「独立後のポストコロニアルなリーダーたちも大きな失敗を繰り返してきた。われわれはそのアフリカの窮状の原因を外部にだけ求めるのではなくて、自分たち自身の失敗として正面から向き合わないといけない。そして、自分たちが自分で状況を変えていかないといけない」と論じた。

「アフリカ・ルネサンス」を旗印として高く掲げたのは、マンデラの後継者になったターボ・ムベキ(在任一九九九〜二〇〇八)であった。[21] 一九九七年にアメリカで開催されたアフリカへの投資を呼びかける会議に副大統領として参加し「アフリカ・ルネサンス」という用語を使用したのに続いて、九八年に来日したときに国連大学で「アフリカ・ルネサンス——南アフリカと世界」と題した講演をおこなった[Mbeki, T. 1998 : Mbeki, M. 2000]。この講演の冒頭でムベキは、古代ローマの時代から現在にいたるまで、ヨーロッパにとってアフリカは「野蛮」の代名詞であったことを指摘する。こうした状況のなかで、アフリカ人に求められているのは、「私たちはだれであったのか」そして「私たちはだれになろうとしているのか」を真摯に問うことによって、「自分自身を再発見すること」、すなわち自己肯定的な主体性を確立することである。そのためには、歴史を見直すことによって、ヨーロッパから一方的に押しつけられたアフリカ観から脱却すること、つまりアフリカは過去から現在にいたるまでたんなる「野蛮」ではなかったことを認識しなければならない。

アフリカは、近代においては植民地主義の、多数の旧植民地が独立を達成したあとは新植民地主義の支配と搾取を受けた。南アフリカにおけるアパルトヘイト体制が、一九九四年に打倒されたことをもって、政治的な自由の確立はほぼ達成された。また、一九九七年には、ザイール(現コンゴ民主共和国)のモブツ政権が崩壊したが、ムベキはこの事件を、アフリカにおける新植民地主義の終焉ととらえている。長い低迷の時代が終わり、これからは新しい復興の時代がくるのだと、ムベキは高らかに、格調高く宣言したのだった。

二十世紀末の段階では、飢餓、貧困、難民、武力紛争、疫病といった否定的なアフリカのイメージが、アフリカ以外の人々だけでなく、アフリカ人自身によっても広く共有されていたので、アフリカ・ルネサンスの主張は、多くの人々に新たな希望を与え、注目を集めたことは確かだ。また、アフリカ・ルネサンスの考えは、パン・アフリカニズムの現代的なバージョンであるととらえることもできる。視野に収められているのは、アフリカ大陸のアフリカ人全体であり、アフリカ全体の連帯と復興が主張されている。

しかし、アフリカ・ルネサンスの焦点は、アフリカ人の歴史的復権や主体性の回復といった理念的・思想的問題から、ネオリベラリズム的な経済・貿易問題へとスライドしていく。ムベキが最初にこの概念を提唱したのは、アメリカで開催されたアフリカへの投資を呼びかける会議だったことを想起すると、こうした現実的・実利的志向は当初から内在していたのかもしれない。

例えば、ムベキのアフリカン・ルネサンスの考え方に、もっとも積極的に反応した人の一人がアメリカのクリントン大統領であった。彼は一九九八年にアフリカ諸国を歴訪したなかで、南アフリカにも行き、アフリカとの「戦略的パートナーシップ」を提唱した。アメリカ側からみた戦略的パートナーとは、貿易の相手および投資先である。そういった流れのなかで、アフリカ連合(AU)は二〇〇一年に「アフリカの開発のための新パートナーシップ」(NEPAD＝New Partnership for African Development)を開始する。これを受けて、先進国首脳会議(G8)は、アフリカ諸国の債務の猶予や帳消し、多額の資金援助を決定した。

二十一世紀になると、ネオリベラリズム的なグローバル経済の発展にうまく適応して、年間数%から一〇%近い経済発展を続けるアフリカの国家がいくつか出現した。これもアフリカ・ルネサンスの一つの側面ではあるだろう。しかし、経済発展は不均等に進展し、国家単位で「勝ち組」と「負け組」が生じるとともに、国家内では社会・経済的格差の増大を生み出している。こうした状況が、アフリカ人の主体性の回復や連帯の達成に、そして各国におけるナショナルなアイデンティティのあり方にいかなる影響を与えているのかは、今後の検討が必要な課題である。

スーダンと南スーダンにおけるナショナル・アイデンティティ

スーダンにおけるナショナル・アイデンティティ

十九世紀の初め、現在のスーダン(二〇一一年七月以降は、スーダンと南スーダン)の領域には、フンジ王国、ダルフール王国、シルック王国などいくつかの国家と、国家を形成していない多数の無国家社会が存在していた。この地域の支配をめざして侵出してきたのは、ヨーロッパ列強ではなくエジプトであった。ムハンマド・アリのもとで中央集権的な近代国家の建設を進めていたエジプトは、金、象牙、奴隷といった財の獲得をめざして、一八二〇年からナイル川上流地域への侵攻を開始し、支配地域を拡大していく。一八五〇年代以降は、南部スーダンへも侵出した。

一八八三年、マフディー(イスラームの救世主)を名乗ったムハンマド・アフマドがエジプトに対する反乱を起こした。マフディーはまたたくまに勢力を拡大し、一八八五年にはエジプトが派遣したイギリス軍人、チャールズ・ゴードン総督が籠城していたハルツームを陥落させた。ここに、スーダンはマフディー国家の支配下におかれることになった。この国家の領域は、現在のスーダンの領域とほぼ一致しており、一八九八年にイギリスが派遣した遠征軍に敗北するまで、一三年間にわたってスーダンを支配した。

一八九九年、スーダンはイギリス＝エジプト共同統治領[22]となり、この状態は一九五六年にスーダンが独立するまで続いた。

アフリカの植民地化の歴史からみたとき、スーダンの特殊性として以下の四点をあげることができる。すなわち、(1)ヨーロッパ列強によってではなくエジプトによって植民地化されたこと、(2)一三年間のあいだ独立国家を擁し、植民地化に抵抗したこと、(3)最終的にイギリス軍に敗北したあと、イギリスの植民地ではなく、イギリス＝エジプトの共同統治下におかれたこと、および、(4)共同統治領政府は、南部を北部から隔離してアラブ＝イスラームの影響から保護するという統治政策を採用したことである。

以上の植民地化の歴史の特性は、スーダンにおけるナショナリズムの形態にも大きな影響を与えた。まず、エジプトとの統合をめざす政治勢力が一定の影響力を保ったことがあげられる。次に、マフディー国家は近代的な国民国家ではなかったものの、近代のナショナリズムの起点の一つとなったこと、したがってこのナショナリズムはイスラーム的な色彩を帯びたことがある。最後に、南部スーダン人も包摂するような全スーダン的なナショナリズムは発展しなかったこと、北部スーダンでも周辺化された非アラブ・非ムスリムの人々は、ナショナリズムが構想する国民からは排除されていたことがある［栗田 2001; Niblock 1987; Mohamed 1974］。

北部スーダンの中心地域、つまり白ナイル川沿いと青ナイル川沿いの地域では、植民地統治下で開発や教育の普及が進展し、ナショナリズム運動を担うべき労働者階層や中産階層が誕生し発展した。それに対して、植民地統治が必要最低限のものにとどまった南部スーダンでは、こうした階層は未発達のままであった。

また、スーダンのナショナリズムは、アラブ・ナショナリズムという側面では北アフリカと中東を意識しているが、アフリカ全体を視野に含めることはなかった。つまり、ナショナリズムとパン・アフリカニズムとの結びつきは極めて弱かったといえる。スーダンは一九五六年に独立を達成する。これは、アフリカにおける植民地解放の象徴として喧伝されたガーナの独立より一年早い。それにもかかわらず、スーダンの独立に対する注目度が低いのは、パン・アフリカニズム的要因が希薄であったことが原因の一つであると考えられる。

第二次世界大戦後、共同統治領政府はスーダンの独立を前提にした準備を始めることになるが、南部スーダンの将来がどうなるべきかについて、明確な政治的意思を掲げる南部スーダン人の組織や団体は存在しなかった。政府の内部には、連邦制の採用や、南部スーダンを北部スーダンから分離してイギリス領東アフリカと統合するといった意見もあったが、公式に議論されることはなかった。

一九四七年六月には、南部スーダンの将来を論じるための会議を、共同統治領政府の民政長官(Civil Secretary)が招集した。「ジュバ会議」と呼ばれるこの会議には、十数人の南部人が参加した。しかし、参加者は政府が指名した人たちで、行政首長、下級の行政官、警察の下士官、キリスト教の牧師などから構成されており、南部スーダン人の代表とはいいがたかった。この会議では、連邦制の可能性はおろか、南部の特殊性さえも議論されることはなく、スーダンが一つの枠組みにとどまることが既定事実となった[Mohamed 1968; Johnson 2003]。

南部スーダンにおけるナショナル・アイデンティティ

一九五〇年代に入ると、議会や自治政府が設置されるなど、近い将来の独立を想定した制度的変革が実施されていった。イギリス人が占めていた政府の役職をスーダン人に移譲する「スーダン化」政策も実施されたが、選ばれた南部スーダン人は極めて少数であった。つまり、南部スーダン人にとってこの政策は北部スーダン化あるいはアラブ化を意味したので、反発が強かった。独立前の一九五五年には、南部スーダン人から構成される植民地政府軍の反乱が発生した。この反乱は、第一次内戦の起点とみなされている[23]。

一九五八年にクーデタによって実権を掌握したアブード将軍は、南部スーダンの反政府運動に対する軍事的対決姿勢を強めると同時に、イスラーム化・アラビア語化政策を押しつけた。さらに、一九六四年には、すべての外国人キリスト教宣教師を南部から追放した。これらの結果、南部スーダン人のスーダン政府に対する反感と敵対はよりいっそう強化された。

先に述べたように、一九六〇年代に入ると、東アフリカに亡命していた南部スーダン人の政治家たちによって、南部スーダン・ナショナリズムに基づく政党SANUが結成され、各地に分散して戦っていたゲリラの諸集団も、ゆるやかではあるが「アニャニャ」の名称のもとに連合体を構成するにいたった。SANUの指導部は、南部スーダンの闘争の大義名分を国際社会に訴える試みも開始した[Oduho & Deng 1963]。SANUの政治活動とアニャニャの軍事活動は、南部スーダン・ナショナリズムの形成と発展に大きな影響をおよぼした。このナショナリズムは、政党名に「アフリカ」という語彙が含まれることから明らかなように、他の諸国の植民地解放闘争と連帯するというパン・アフリカニズム的な理念を含んでいた。

SANUの政治的目標は、南部スーダンが民族自決権をかちとること、あるいはスーダン全体の政治体制を連邦制に変換し、その枠内で南部スーダンを連邦の構成単位とすることであった。一九六三年に、当時の独立諸国によって設立されたOAUは、分離独立による国境変更を認めていなかったので、SANUは南部スーダンの分離独立を公式目標に掲げることができなかった。民族自決権あるいは連邦制は、代替案だったのである。

第一次内戦は、一九七二年に締結されたアディスアベバ協定をもって終結した。南部スーダンの立場からすると、民族自決権あるいは連邦制をかちとることはできなかったが、自治権の獲得で妥協したのだった。この結果、南部スーダンには自治政府と議会が設置された。しかし、南部の経済的な復興と発展は計画通りには進展せず、一九八三年になると政治的な自治権も脅かされる事態になった。また南部で発見された石油の開発問題と、白ナイル川流域で建設が進んでいた大規模開発プロジェクトであるジョングレイ運河の問題が、南北の緊張を高めていた。そうした状況下で、一九八三年五月、南部に駐留していた、南部スーダン人から構成される政府軍部隊の反乱が発生し、スーダン人民解放運動／スーダン人民解放軍（SPLM／SPLA＝Sudan People's Liberation Movement/Sudan People's Liberation Army）の樹立へといたった。ここに二二年におよぶ第二次内戦が開始された。

SPLM／SPLAの政治・軍事的運動は、南部スーダン人だけでなく、スーダン人全体のアイデンティティの変革を迫る、新しいタイプのナショナリズム運動であった。

新スーダンの夢と挫折

スーダンという国は、文化史的にアフリカの縮図であるといえる。北方のアラブ圏と南方の黒人の世界との境界に位置しているだけでなく、サヘル沿いに人々が東西に移動する回廊に位置している。例えば西アフリカのムスリムたちが、陸路でメッカに巡礼に行く場合は、スーダンを通過する。そういった経緯もあって、現在のスーダンの人口の一割以上は西アフリカ起源の人々、民族名でいうとハウサやフルベの人たちであるといわれている[24]。つまり、スーダンはアフリカの十字路に位置しており、それゆえに多様な民族と文化から構成されているのである。それにもかかわらず、近代の政治史において覇権を握ってきたのはアラブ系ムスリムの人々であり、北部でも南部でも、非アラブ・非ムスリムの人々は政治の中心から排除されつづけてきたのである。

一九八三年に結成され、第二次内戦の一方の当事者であったSPLM／SPLAは、スーダンのナショナリズム運動のなかで極めて特異な位置を占めている。それまでナショナリズムの担い手であった、北部のアラブ人の視点ではなく、周辺化された少数派の視点に立って、すべての国民が宗教や人種、民族、出身地域、ジェンダーなどの違いにかかわらず、平等な国民としての地位を享受する「新スーダン」の建設を旗印に掲げたのである。これは、近代スーダンの政治史のなかでは、まったく新しい考え方であり、その提唱者はSPLM／SPLAの創設者であり、議長兼最高司令官であったジョン・ガランであった〔栗本 2008a: Garang 1992〕。

近代スーダンの政治史において、南部スーダンの問題は「南部問題」として扱われてきた。ガランは、「南部問題」という位置づけは問題の矮小化であり、事の本質を見失ってしまうと主張した。南部問題はスーダン全体の問題であり、北部スーダンの中心である白ナイル川と青ナイル川の流域を除く周辺化された地域、つまりアラブ人ではない人々が居住する西部のダルフール地方、南部のコルドファン地方や青ナイル地方、および東部地方の問題は、南部スーダンの問題と同じ構造のなかで生じていると位置づけたのであった〔Garang 1992〕。これは認識の大転換であり、これによって南部と北部の違いにかかわらず、すべての周辺化された人々が連帯して、人口的には少数派である北部スーダンのアラブ系ムスリムを支持基盤とする政権と闘う基盤を提供したのであった。

したがって、ＳＰＬＭ／ＳＰＬＡは、実質的には南部スーダンを基盤にした政治・軍事的運動であったにもかかわらず、公式にはスーダン全体の解放をめざしており、北部スーダン人も参加していた。また、南部だけでなく北部にも戦線を拡大していた。

二〇〇五年一月九日にナイロビで実施された、スーダン政府の政権党国民会議党（ＮＣＰ）代表のモハメド・タハ副大統領とＳＰＬＭのジョン・ガラン議長とのあいだで調印された包括和平合意（ＣＰＡ）の調印式典、そしてＣＰＡに基づき、ガランが首都ハルツームに「凱旋」し、スーダンの第一副大統領に就任した七月九日の式典は、「新スーダン」への期待が頂点に達した記念すべき瞬間であった。どちらの機会でもガランは長い演説をおこない、人種、部族、宗教、ジェンダーなどの違いにかかわらず、すべての市民の人権、自由と尊厳が尊重され、全員が包摂されてガバナンスに参加する新しいスーダンが誕生したことを高らかに宣言した［栗本　2008b: Garang　2005a, 2005b］。とくにハルツームでは、二二年ぶりに帰還した、言い換えれば二二年間戦った敵の本拠地に乗り込んだガランを、南部だけでなく、北部スーダンの各地域出身の数百万人の市民が熱狂して出迎えた。

ガランが提唱した、「新スーダン」の概念に象徴される新しいナショナリズムは、パン・アフリカニズム的側面を有していた。ＣＰＡ調印時の演説では、スーダン人を「黒人」と規定し、その多数を占めるのは「土着のアフリカ人であるスーダン人 indigenous African Sudanese」であると述べている。そして、黒人であるスーダン人は、『旧約聖書』にもしばしば登場する歴史ある存在であることを強調したのだった［Garang　2005a］。

しかし、スーダンの人々がガランに託した新スーダンの夢は、長続きしなかった。第一副大統領に就任してからわずか三週間後、ガランは謎のヘリコプター事故で死亡した［栗本　2008a, 2008b］。死のニュースが報道されると、ハルツームとジュバで暴動が発生し、南部スーダン人と北部スーダン人が殺し合った。ガランという卓越した個人が体現していた新スーダンの理想は急速にしぼんでしまい、ＣＰＡ体制下で南部スーダンの実権を握ったＳＰＬＭは、政策の最終目的を、スーダン全体の変革ではなく、南部スーダンの分離独立をめざす方向へと転換していく。つまり、スーダン・ナショナリズムを放棄して、南部スーダン・ナショナリズムに撤退したのであった。

二人の南部スーダン人のその後

ハトゥランの帰郷と死

ハトゥランとオバンはタイプは異なるが、それぞれ人間的魅力にあふれた人だった。ハトゥランは快活豪快で、小太り、短軀であった。オバンは、やせた長身で、趣味や物腰は洗練されていた。どちらも論争好きで酒好きだった。

ハトゥランとは二〇〇七年一月に、二一年ぶりにトリットという町で再会することができた。内戦が激化した一九八〇年代半ば以降は音信不通になっていた。二〇〇〇年代になると、風の噂で首都のハルツームで暮らしていると聞いた。二〇〇五年の内戦終結後に故郷に戻り、再会した時点では、戦後に新たに設置された東エクアトリア州議会の議員であると同時に、州政府のある省の局長を務めていた。これから新しい国づくりが始まるというときで、ハトゥランは意気軒昂だった。

内戦中、どこで、どうやって過ごしていたのかを尋ねた。一九九三年、SPLAが南部の中心都市ジュバに、二度にわたって総攻撃をかけたことがあった。政府軍の一部がSPLA側に寝返り、SPLAの部隊も市内に突入して、もう少しでジュバが陥落するところまでいったが、結局成功しなかった。その後、ジュバでは政府軍の公安機関によって徹底的な「内通者狩り」が実施された。数百人が拘束され、結局三〇〇人が処刑されたり「行方不明」になったといわれている。このとき、ハトゥランも拘禁されたのだった。このことを語ってくれたとき、彼の口調は重かった。拘禁中ひどい扱いを受けたといっていたので、おそらく拷問を受けたのだろう。さらに、彼の自宅においてあった、卒業論文の執筆時から蓄積してきたロトゥホの研究資料、つまりフィールドノート、録音資料や文献資料は、全部没収されて、なくなってしまった。「ロトゥホ学」の構築という夢の実現は頓挫してしまったのである。

釈放後、ジュバを去って、首都のハルツームに移った。留学の奨学金を取得することができたので、エジプトのカイロにある大学で勉強し、修士号を取得した。そして、二〇〇五年に内戦が終結すると、ようやく故郷に帰ることができたのだった。二〇〇七〜〇九年にかけてのハトゥランは、故郷の戦後復興と再建の責任を担う立場にあり意気盛んだった。二〇〇八年には、東エクアトリア州トリット郡のSPLM書記にも選出されていた。

二〇〇九年の初め、私と長年の研究仲間であるオランダの人類学者シモン・シモンスは、「モニョミジ・システム」に関する大規模な公開シンポジウムをトリットで開催する計画を構想していた。モニョミジ・システムとは、階梯式の年齢組織のことで、壮年の年齢階梯モニョミジは、政治・軍事・法的権力を有し、いわば「土着の政府」を構成している。このシステムは、ロトゥホを中心に、周囲の十数の民族集団の社会に分布している。いわば民族＝言語の境界を超えた社会制度として、南部スーダン南東部の広い地域に存在しているのである。私とシモンスは、一九八〇年代からこのシステムの調査研究に従事していた。二〇〇五年以降の平和構築と戦後復興の流れのなかで、このシステムは大きな意味を担っていると考え、十数の民族集団のモニョミジ代表、州と全国レベルの政治家と行政担当者、研究者および国連やNGOの代表が一堂に会して三日間にわたって徹底的に討論するフォーラムを企画していたのである。モニョミジ・システムに関して、こうした会議が開催されるのは歴史上はじめてのことだった。

私は、この会議の構想をまずハトゥランに相談した。彼は当初から大変乗り気で、興奮しながらいろいろと議論した。私は、政治家・行政官としてだけでなく、研究者としての彼の一面を久しぶりに見た気持ちになり、うれしく思った。ハトゥランの友人や知人の協力も得て、モニョミジ会議の構想は徐々に固まっていった。

ハトゥランが、突然原因不明の病いを患ったのは二〇〇九年四月のことだった。五月には、南部スーダン政府の大臣を務めていたジュバの知人宅に身を寄せていた彼を、シモンスと二人で見舞った。ハトゥランは予想した以上にやつれて衰弱していた。大臣の計らいで、レバノンで治療を受けることになっていた。

ハトゥランは八月に亡くなった。九月にトリットに行ったときに自宅を弔問に訪れ、レバノンでの治療にも付き添った夫人から話を聞いた。ベイルートの病院に約一カ月入院し、治療を受けたときには、驚くほど快復したという。退院して帰国前に、商店街で一緒に買い物したことは、良い思い出になったそうだ。ところが、ジュバに戻ったとたん容態が急変して意識不明になり、二日後に亡くなったという。

ハトゥランの「不自然な」病いと死については、すでに噂を耳にしていた。涙ながらにいきさつを語ってくれた夫人は、はっきりと名声と人気を妬んだだれかに「毒を盛られた」のだと述べた。

南部スーダンの多くの民族の伝統にのっとって、ハトゥランの墓は墓地ではなく家の敷地内にあった。盛り土の上に棘のある木の枝を立ちめぐらせ、遺品を枝にかけ旗を立てた墓を眺めながら夫人の話を聞いていると、それまでの晴天が嘘のように、突然激しい雨が降り出した。夫人は「ハトゥランは、クリモトの訪問を喜んでいるのよ」と述べた。雨は祝福である。重要人物が亡くなったときに降る雨は、生きている人々に与える故人の祝福であると考えられている。

二〇〇九年十一月に開催されたモニョミジ会議に、[25]ハトゥランが参加することは叶わなかった。二〇一〇年四月の総選挙、南部スーダンの分離独立の是非を問う一一年一月の住民投票、そしてその結果を受けた七月の独立を見届けることなく、彼は死んでしまった。もし、生きていたら、このスーダンと南部スーダンの激動の時期に、彼のナショナルおよびエスニックなアイデンティティはどう揺れ動いたのだろうか。そして「アフリカ」という意識はどう変化していったのだろうか。

故郷喪失者としてのオバン

フィリップ・オバンは、一九九四年まで歴代のスーダン政府のために勤務した。その間、南部地方政府の教育大臣や、中央政府の委員会の委員長、国会議員などを務めた。一九九四年に引退し、故郷のポチャラという小さな町に戻った。

一九九六年三月、ＳＰＬＡはポチャラを占領する。このときオバンはＳＰＬＭに参加することを選択する。そしてＳＰＬＭ／ＳＰＬＡの指導部が居住していたケニアの首都ナイロビに向かった。

私がはじめてオバンに会ったのは一九九八年初めであった。場所は、エチオピア西部、ガンベラという町である。ガンベラは州の名称でもあり、ガンベラの町には州政府がおかれていた。また、この町は、エチオピア側に居住するアニュワ人の中心地でもあった。オバンは、州の教育省に勤める親戚の家に寄寓していた。

私は当時、一九八八年からガンベラ地方でアニュワ人の調査研究を続けていた。一九九八年に再訪したおりに、あのフィリップ・オバンがガンベラに滞在中であるという噂を聞き、彼の寄寓先の男が知合いだったので、さっそく会いに行ったのだった。

彼は、周囲を圧する威厳があるとともに、知的に極めて洗練された魅力的な人物で、座談の名手だった。はじめて会ったとき、椅子のかたわらに『タイムズ・リテラリー・サプルメント』が置いてあったので驚いた。タイムズ社が毎週刊行する、英語圏の知識人に愛されてきたこの書評・文芸紙を読んでいるアフリカ人を見たのははじめてだった。尋ねると、エチオピアの首都に住んでいる友人が購読しており、読み終わったものを送ってもらっているとのことだった。

オバンとは、一九九九年にもガンベラで会った。何度も一緒に酒席をともにして話すあいだにわかったことは、彼が本当に無一物らしいことであった。ホテルに泊まるのではなく、相変わらず親戚の家に居候していた。タバコとウィスキーを愛していたが、それを買うお金にも事欠いている様子だった。しかし、超然、堂々としており、困窮している事実を他人に訴えることはなかった。彼はよく故郷に帰って農園を開いて晩年をすごしたいと語っていた。果樹園を開き、ニワトリやアヒルも飼うといったように、夢は具体的だった。私は、功なり名を遂げたあと、引退して故郷に帰り、清貧のうちに晴耕雨読の生活を送るという、東洋的な理想を抱く人がここにいるのだと思い感銘を受けた。

その後、オバンとはウガンダの首都カンパラとケニアのナイロビで再会した。どの場所でも彼は知人宅に寄寓していた。ナイロビでは、私の長年の友人である、ピーター・アドゥオクの家にも数カ月居候していた。アドゥオクは、SPLMを代表する知識人の一人で、当時はナイロビに家を構えて家族と暮らしていた。二〇〇三年十二月には、スーダン側のアニュワ人の中心地であるポチャラに、オバン、アドゥオクと私の三人で、一〇日間程一緒に滞在したこともあった。この頃、二人はポチャラで活動する国際NGOの顧問的な立場にあった。私たちは、このNGOの事務所がある敷地内にある、土壁草葺きのゲストルームに寝泊りした。当時のポチャラはSPLAの支配地域、つまり解放戦線の解放区であった。

オバンの生まれた村は、ポチャラの十数キロ西方にあった。つまり、この地域は彼にとって文字通りの故郷であった。滞在中、私が気づいたことが二つある。一つは、オバンの「農園」はまだどこにもないことである。もう一つは、彼を訪ねてくる人が極めて少ないことだった。オバンのような「有名人」が帰郷すると、毎日たくさんの人が訪ねてくるのではないか、私はそう予想していた。しかし、この予想は事実とは異なっていた。ほとんどの時間をNGOの敷地内で過ごす彼は孤独にみえた。

二〇〇五年一月には、包括的和平合意がナイロビで調印されて二二年におよんだ内戦が終結した。新しい時代が始まろうとしていた。七月になると、SPLM／SPLAの指導部と幹部たちは、大挙してハルツームに赴いた。議長兼最高司令官ガランがスーダンの第一副大統領に就任する歴史的なイベントに参加するためであった。彼らの多数は、二〇年以上を経て、いわば「敵地」のハルツームに乗り込んだのだった。オバンとアドゥオクもそのなかにいた。

オバンは数年前から癌《がん》を患っており、このときすでに末期的な症状を呈していた。ナイロビでは、お金がないために治療を受けることができなかった。ハルツームで救いの手を差し伸べてくれたのは、「敵」であったはずの、かつて外務省や政府関係の仕事で同僚であったアラブ人たちであった。ハルツームで受けられる最良の治療の結果、病状は少し持ち直したようだが、結局オバンは、ガランの第一副大統領就任直後の祝祭の雰囲気に満ちたハルツームで亡くなった。

アドゥオクらの計らいで、遺体は埋葬のため故郷に空輸されることになった。セスナ機がチャーターされた。同行したアドゥオクたちは、ポチャラに埋葬するつもりだった。しかし、ポチャラのSPLM行政官は、遺体を棺から取り出し、その腹部を切開することを要求した。これは尋常ではない、極めて異常な要求である。アニュワ人の身体観によると、死者の腹部切開という行為は、死者が死の直前におこなったと考えられる呪詛の力を消去する効果をもつ。つまり、オバンは、呪詛をおこなった可能性がある危険人物とみなされたのであった。同行者たちは、当然この要求を拒否した。すると行政官は、それならポチャラへの埋葬は認めないと述べた。それで、遺体はポチャラから十数キロ離れた生れ故郷の村に埋葬されることになった。

遺体を車で運んで村に着くと、村人のだれ一人として埋葬に立ち合おうとしなかったばかりでなく、墓穴を掘る作業を手伝ってくれる者も一人もいなかった。ハルツームから遺体を運んだ数人は、仕方なく自分たちで穴を掘って、遺体を埋葬した。伝統的なものであれ、キリスト教式のものであれ、葬式と呼べるような行事はいっさいなかった。村人たちの言い分はこうであった。「オバンは、この村のためには何もしてくれなかった。羽振りのよかった頃、ジュバ、マラカル、ハルツームに住んでいたが、自分の家に村人を呼んでくれたことすらなかった。われわれは、彼をこの村の一員とはみなしていない」。

この悪夢のような事件の顚末を私が知ったのは、事件が発生してから一〇年がたってからであった。オバンと故郷の人々との関係は、疎遠であったといったレベルをはるかに超えている。はっきりいえば、彼は憎まれていたのだった。アドゥオクは、死者の名誉が地に落ちるような、あまりに異常な出来事を、私に話す気持ちにはなれなかったのだ。

没後の顚末を聞いた私は暗澹たる気持ちになった。これが、アニュワ人としては出世頭だった、南部スーダン人としてもスーダン政府のなかで、そして国際的にも顕著な活躍をした人物に与えられた扱いだったのか。青年期にパン・アフリカニズムの思想に目覚め、南部スーダン・ナショナリズムの運動を先導した卓越した男は、結局故郷の人々に拒否されてしまったのか。付合いのなかで感じた彼の知性や、私に対して示してくれた厚情を思い出すにつけ、私は説明しがたい思いにとらわれる。

このことは、晩年のオバンが、ナショナリストではなく、エスニックなナショナリストになっていたことを考えると、よりいっそう皮肉に感じられる。つまり、人口的にも政治的にも南部スーダンのなかでマイノリティであるアニュワ人は、隣人であり、マジョリティであるヌエル人やディンカ人との関係のなかで苦境にある。SPLM/SPLAの指導部の多数もディンカ人とヌエル人で占められている。私と話すとき、彼はしばしばエスニック関係の用語で、アニュワ人の苦境を語った。そしてこの苦境からの出口は容易には見つからないのだった。こうした会話において、南部スーダンとスーダンのナショナリズムや、そしてパン・アフリカのアイデンティティが話題になることはなかった。私が晩年のオバンを、「エスニックなナショナリスト」と呼んだのは、この文脈においてである。それにもかかわらず、アニュワ人の側には、彼が「私たちのために働いてくれている、私たちのことを気にかけている」といった認識が皆無だったのだ。

オバンはなにも遺さなかった。私は、彼のようなキャリアの人は、どこかの銀行口座に預金があり、土地や家などの不動産もあちこちに所有しているのではないかと思っていた。しかし、本当に無一物だったようだ。亡くなったとき、すべての所持品はスーツケース一つに収まる分量だったという。そのスーツケースには、仕立てのよいスーツ二着と皮靴が入っていたそうだ。またオバンは二度結婚し、五人の子どもがいるが、家族との関係も疎遠であった。

一九九八年に、オバンから手書きの履歴書を託され、これをタイプして印刷してほしいと頼まれたことがある。入力すると四頁の文書になった。そこには彼の半生が詳細に綴られていた。オバンに関する記述のかなりの部分はこの履歴書に依拠している。今から考えると、この履歴書は「何かを遺したい」という彼の意志の表れであったように思える。私が知る限り、彼が書いたものや発言の記録は、インターネット上にも掲載されていない。一九六〇年代に南部スーダン・ナショナリストの立場からオバンが新聞や雑誌に書いたコラムや記事を、そのうち発掘したいと考えている。

南スーダン・ナショナリズムの可能性とパン・アフリカニズム

ナショナリズムとアフリカ人意識は知識人のものか

私自身の南部スーダンにおけるアフリカ人というアイデンティティ、およびナショナルなアイデンティティをめぐる経験の一部として、ハトゥランとオバンという二人の例を取り上げた。二人ともエリートで知識人である。日本では「知識人」は死語になりつつあるが、英語を話す南部スーダン人のあいだでは、主として大学の卒業者を指す「インテレクチュアル」という用語が日常的に使用されている。アフリカのなかでも南部スーダンにおける識字率は低く、中等・高等教育を受けた者の割合はさらに低い。したがって、大学卒業者の社会的地位は高いのである。

それでは、学校教育を受けていない、あるいは初等教育の一部しか受けていない「普通の村人」にとっての、ナショナルな、およびアフリカ人というアイデンティティはどうなっているのかという疑問が生じる。

私は、東エクアトリア州のパリ(Pari)という民族集団の人々と三十数年にわたって付き合ってきたが、村で生活しているときに南部スーダン、スーダン、アフリカといった用語が日常会話で使用されることを耳にしたことはほとんどない。彼らの生活世界は、自分たち自身と、直接接触のある周辺諸民族から構成されている。

もちろん、彼らは自らの生活世界の外部に関する知識を有している。十九世紀末から二十世紀初めにかけては、エチオピア人が交易のために来訪していた。一九二〇年代から植民地国家の支配を受けるようになり、三〇年代にはカトリック教会が開設された。エチオピア人、イギリス人の植民地行政官やイタリア人神父との接触の記憶は、現在まで受け継がれている。一九七〇年代から八〇年代にかけては、国際ＮＧＯの職員であるノルウェー人たちがしばしば来村していた。また、一九八〇年代には村に二、三軒あった商店には、アラブ人の商人がいた。

しかし、これらの外部の人々は「国別」に認識されているわけではない。そもそもパリ語には「国」や「国家」と正確に対応する語彙はない。「国」に相当する語彙はパッチ(pach)であるが、これは家あるいは故郷を意味する、英語のホームと対応する概念である。

したがって、パリの人々が認識している世界は、国家を単位として構成されているわけではなく、民族あるいは人種を単位として構成されている。パリ語には、直訳すると、「黒い人」「赤い人」「白い人」と訳すことができる民俗的な人種分類がある。黒い人と白い人は、通常の人種分類における黒人と白人に対応する。赤い人には、アラブ人やエチオピアの多数派であるセム系のアムハラ人やクシ系のオロモ人などが含まれる。つまり、パリ人は自分たちが黒人であるという自己認識をもっている。南部スーダン、および隣接するウガンダとケニアの諸民族の人々も黒い人である［栗本 2005］。つまり、黒人という自己認識は、南部スーダン・ナショナリズムとパン・アフリカのアイデンティティの基盤となる契機を有していると考えることができる。

「国民」であれ「アフリカ人」であれ、日常世界を超えたレベルのアイデンティティを想像するためには、学校教育とメディアの普及が必須であるという議論はおそらく正しい。単純化して論じれば、アフリカ大陸の地図が頭のなかにない人が、アフリカを想像することは困難だろうし、同様にスーダンの地図、国旗と国歌、大統領の肖像などが頭のなかにない人がスーダン国民を想像することも困難だろう。

パリ人の村では、現在でも小学校に通う児童の数は限られており、新聞や雑誌はほとんど普及していない。もっている人がいたとしても、英語で書かれているため、理解できる人はごく少数だ。テレビは存在せず、ラジオを聞いている人も少数だ。携帯電話もまだ通じていない。

それでも、日常生活を超えたレベルの空間に対するパリ人の認識は、時代とともに変化している。とくに第二次内戦は、スーダン国内の、そして国境を越えた大量の人々の移動を生じさせたので、彼らが直接経験する世界は大きく広がった。一九八〇年代半ばのパリ人の人口は一万数千程度であったが、約二〇〇〇人の若者がＳＰＬＡに参加し、エチオピアで訓練を受けた。ジュバとハルツームには、内戦を逃れたパリ人がそれぞれ数百人滞在していたし、国内避難民キャンプ、ケニアの難民キャンプ、ウガンダの難民村にも、それぞれ数百人の単位でパリ人が居住していた。こうした移動は、南部スーダンと北部スーダンの境界、国と国との境界を意識化する契機となり、それまでは知らなかった他民族の人々と接触する機会を提供した。また、移動の結果、それまでになかった規模で、中等教育と高等教育を受ける人が増加した。国内避難民や難民になった結果、よりよい教育の機会に恵まれたという事実は日本人には理解しにくいかもしれないが、これは南部スーダンの現実である。

二〇〇五年に内戦が終結し、包括和平合意（ＣＰＡ）に基づいてスーダンと南部スーダンに新政府が成立したことは、南部スーダン人の政治意識に大きな影響を与えた。とりわけ、二〇一〇年四月に実施された総選挙と、一一年一月に実施された、分離独立の是非を問う住民投票の前には、有権者を対象とした教育キャンペーンが全国の村レベルでもおこなわれた。その結果、総選挙と住民投票の両方で、パリの有権者の投票率は九九％以上という驚異的な数値を示した。住民投票の場合は、投票した有権者のほぼ全員が分離独立に賛成票を投じた。以上は、パリ人がスーダンおよび南部スーダンという政治的空間を意識化し、ナショナルなアイデンティティを形成する過程で、重要な意味をもった出来事であったと考えられる。

内戦の過程での移動の増大と混合、および内戦終結後の政治制度の発達の結果、中等・高等教育を受けていない、したがって英語の読み書きはできない、南部スーダンの普通の人々のあいだに、日常経験に根ざした土着の「口語（ヴァナキュラー）のナショナリズム」[26]が新たに生成する可能性があるのではないかと、私は考えている。

パリ語には、厳密に国家に相当する語彙はないと先に述べた。このことは逆に、家あるいは故郷を意味する口語のパッチが、同時に南部スーダン全体を指示する語彙として用いられることを意味する。口語のナショナリズムとは、例えばこうした精神の状態のことを指している。

アフリカにおけるナショナリズムは、英語やフランス語の読み書きができるエリートの独占物ではないことは当然である。口語のナショナリズムに注目することは、エリート以外の圧倒的多数の人々がどのようなナショナル・アイデンティティを抱いているのかを明らかにすることである。同様に、パン・アフリカニズム運動は、エリートによって主導されたが、アフリカのさまざまな国や地域のエリート以外の人々も、日常生活の経験に裏打ちされた「アフリカ人」というアイデンティティをもっているだろう。

南スーダン・ナショナリズムの可能性

スーダン共和国の一地域であった南部スーダン(Southern Sudan)は、二〇一一年一月に実施された住民投票の結果、同年七月に南スーダン共和国(Republic of South Sudan)として独立した。世界で一番新しい主権国家である南スーダンでは、SPLM指導部内部の権力争いが武力紛争に発展し、二〇一三年十二月以降、事実上の内戦状態にある。国家と国民の建設が開始されてからわずか二年半を経て、早くも破綻国家になってしまったのである。それは、脱植民地期のアフリカの諸国家が、二〇年から三〇年をかけて歩んだ過程を、短期間に凝縮して駆け抜けたようなものであった。内戦状態のなかで、SPLM/SPLAは分裂し、国民は敵と味方に分断されて殺し合っている。SPLMは新国家の国民を包含するナショナルなアイデンティティを構築することに失敗したのだった。二〇一五年八月、SPLMの主流派と反主流派は和平合意に調印した。これから再度、国家と国民の建設の事業が始まることになるが、ナショナル・アイデンティティの構築はそれを基礎づける要因であると考えられる。

南スーダンの国家と国民建設の過程で、「口語のナショナリズム」がどのような位置を占めていくのかは、大きな課題である。そして、この口語のナショナリズムは、自分たちが「黒い人々」である自己認識に基づいているので、ナショナルな枠組みを超えた、アフリカ的アイデンティティと接合する可能性がある。

どの国でも、ナショナルなアイデンティティは一朝一夕に形成されるものではなく、しかも時代とともに絶えず変化している。あらゆるアイデンティティと同様、ナショナルなアイデンティティも包摂と排除の過程のなかに位置づけられる。その過程は、ときには暴力的な形態をとることがある。それと同時に、包摂と排除は、必ずナショナルな枠組みを超えた空間を前提としている。アフリカ諸国の場合は、ナショナルなアイデンティティの構築は、アフリカという大陸全体に対するアイデンティティの動態と不可分なかたちで生成してきた。

本論で取り上げた二人の南部スーダン人は、青年時代に抱いていた夢が実現しないままに人生を終えた。しかもハトゥランの場合は、「毒殺」されるというかたちで、オバンの場合は「埋葬を拒否される」というかたちで、人生の最後で故郷の人々との乖離が明らかになった。二人の死は悲劇的なものとしてとらえることができる。

しかし私は、長い目でみれば、二人の死は決して「無駄死に」ではなかったと考えている。スーダン人全体に、一時期的ではあったが、新しいアイデンティティ、そして正義と平等、発展への希望を与えたジョン・ガランと同様、彼らのような人々はこれからも生まれてくるのだろう。そうした繰返しのなかで、新生国家南スーダンのナショナルなアイデンティティは形成されていくことと考えられる。

二〇一五年八月初め、私は南スーダンの首都ジュバに向かう途中、四日間ナイロビに滞在した。ナイロビでは、ちょうど「パン・アフリカ会議」の東アフリカ会議が開催されていた。この会議は、二〇一六年に開催予定の第八回パン・アフリカ会議の準備のためのもので、西部・中部・南部アフリカの各地域でも同様の会議が開催されている。一九四五年にマンチェスターで開催された第五回会議で頂点を迎えたパン・アフリカ会議は、現在もまだ続いているのだ。第六回は一九七四年にタンザニアの首都ダルエスサラームで、第七回は九四年にウガンダの首都カンパラで開催されている。パン・アフリカ会議の東アフリカ会議には、友人のピーター・アドゥオクが、ＳＰＬＭの反主流派を代表して参加した。

パン・アフリカニズム、あるいはアフリカというアイデンティフィケーションは、今日でもそれは決して意義を失っていない。なぜなら、自由や解放、正義と平等、そして発展や統一という、半世紀以上前に植民地解放闘争に人々が託した夢と希望がいまだに多くの国や地域で実現から程遠い状況にあるからだ。こうした経験は、アフリカの多くの人々に共有されており、その問題は、国という単位だけでは、おそらく解決できない。本論で検討した南部スーダン／南スーダンの事例から明らかになるのは、こうした普遍的な課題である。

註

1　南部スーダン人にとって、「アラブ」とは、広義には北部スーダン人全体を、さらにはスーダン政府と政府軍を意味する用語として用いられる。実際には、南部スーダン人と同様、北部スーダン人の構成も多民族である。

2　南部スーダン（The Southern Sudan）は、スーダンという国の一地域を指す。二〇一一年七月の独立後は南スーダン（South Sudan）と呼ばれるようになった。同様に、北部スーダンは、南部スーダンを除いたスーダンを指す。南スーダンの分離独立後は、旧来の北部スーダンがスーダンとなった。

3　ナイロビの南部スーダン人学生組合については、その創設者であるトビアス・ロットから、二〇〇九年にトリットで聞いた。当時ロットは、東エクアトリア州の州議会議員であった。

4　北部スーダン人の「アラブ」というアイデンティティは、近代に形成されたものである。アラブ・ナショナリズム勃興以前の、十九世紀前半のスーダンにおいては、「アラブ」は社会の周辺に位置づけられていた遊牧民を指す用語にすぎず、むしろ蔑称であった。

5　南部スーダン自治政府は、大統領令によって一九八三年に解体され、エクアトリア、上ナイル、バハル・アル・ガザルの三つの地方政府に再編された。したがって、一九八三年以降ハトゥランはエクアトリア地方政府に勤務していたことになる。

6　一九八〇年代半ば、ドイツとオランダの人類学者がロトゥホでフィールドワークを実施しており、その成果は九〇年代初めに公刊された。Andreas Grüb, *The Lotuho of the Southern Sudan: An Ethnological Monograph*, Stuttgart: Franz Steiner Verlag,

1992; Simon Simonse, *Kings of Disaster: Dualism, Centralism and the Scapegoat King in Southeastern Sudan*, Leiden: E. J. Brill, 1992.

7 ただし内戦中だったので、解放戦線の勢力が強かった南部スーダンの多くの地域では選挙は実施されなかった。

8 Kenya African National Union and Tanganyika African National Union. 前者は一九六〇年、後者は五四年創設。

9 アニュワ(アヌアク)人は、イギリスの社会人類学者エヴァンズ・プリチャードとリーン・ハートが調査をおこなったことで知られている。筆者も一九八〇年代から九〇年代にかけて調査を実施した。

10 フィリップ・オバンの履歴は、本人が作成した手書きの履歴書に拠る。これは、一九九八年二月にエチオピアのガンベラで筆者に託されたものである。

11 一九五四年に創刊された、南部スーダンで二番目の英語雑誌[Wani 2014:54]。

12 ジョージ・パドモア(一九〇二/三〜五七)。トリニダード生まれのパン・アフリカニスト、共産主義者。アメリカで教育を受け、大学を卒業したのち、ソ連、ドイツ、フランス、ガーナに居住。

13 *The Gold Coast Revolution: The Struggle of an African People from Slavery to Freedom*, London: Dennis Dobson, 1953.

14 この新聞は存在したことは確かだが詳細は不明である[Wani 2014:52]。

15 Round-Table Conference on the South Question, Khartoum, 16-29 March 1965.

16 正確には、一九六五年の時点ではＳＡＮＵは国内派と国外派に分裂していた。オバンが書記長を務めたのは、もちろん国内派のほうである。

17 この新聞の詳細は不明。南部スーダンにおけるメディアの歴史について論じたワニの著書[Wani 2014]でも言及されていない。

18 ポルトガル領ギニアの解放は他のアフリカ諸国より遅れ、カブラルは一九六三年から一〇年にわたって武力による解放闘争を指導したが、独立直前の七三年に暗殺された。

19 トム・ムボヤはケニアの独立後法務大臣や経済計画開発大臣の職を歴任したが、一九六九年に暗殺された。

20 ルムンバ殺害の真相は、死後四〇年が経過してからようやく明らかにされ、責任を認めたベルギー政府は二〇〇二年に公式に謝罪した。

21　「アフリカ・ルネサンス」の概念を、ムベキ以前に提唱した人として知られているのは、セネガル人の歴史家・人類学者・政治家であったシェイク・アンタ・ジョップ(Sheik Anta Diop, 一九二三〜八六)である。

22　一九二〇年代以降は共同統治の側面は薄れ、実質的にはイギリスの植民地であった。

23　一九五五年に開始された反乱は自然発生的なもので組織されたものではなかった。南部スーダン各地で反乱を起こしていた諸集団が組織化されるのは一九六〇年代前半になってからなので、歴史学者のD・H・ジョンソンなどは、第一次内戦はその時点で開始されたとみなしている。

24　スーダンでは、ハウサとフルベの人々は「ファラータ Falata」と総称されている。

25　会議の成果は約一五〇頁の冊子にまとめ、関係者に配布した。Simon Simonse and Eisei Kurimoto (eds.), *Engaging Monyomiji: Bridging the Governance Gap in East Bank Equatoria, Proceedings of the Conference, 26–28 November 2009, Torit,* Nairobi: Pax Christi Horn of Africa, 2011.

26　この概念については、田辺明生が現代インドの政治状況に関する歴史人類学的研究のなかで主張している「ヴァナキュラー・デモクラシー」の議論(『カーストと平等性——インド社会の歴史人類学』東京大学出版会、二〇一〇年など)から示唆を得た。

参考文献

栗田禎子『近代スーダンにおける体制変動と民族形成』大月書店、二〇〇一年

栗本英世『民族紛争を生きる人びと——現代アフリカの国家とマイノリティ』世界思想社、一九九六年

栗本英世「人種主義的アフリカ観の残影——「セム」「ハム」と「ニグロ」」竹沢泰子編『人種概念の普遍性を問う——西洋的パラダイムを超えて』人文書院、二〇〇五年、三五六〜三八九頁

栗本英世「「ジョン・ガランにおける「個人支配」の研究」佐藤章編『統治者と国家——アフリカの個人支配再考』アジア経済研究所、二〇〇八年a、一六五〜二二一頁

栗本英世「教育に託した開発・発展への夢——内戦、離散とスーダンのパリ人」田沼幸子編『ポスト・ユートピアの人類学』人文書院、二〇〇八年b、四五〜六九頁

Collins, Robert O., *Shadows in the Grass: Britain in the Southern Sudan, 1918–1956*, New Haven: Yale University Press, 1983.

Garang, John, *The Call for Democracy in Sudan*, edited and introduced by Mansour Khalid, London: Kegan Paul International, 1992.

Garang, John, "SPLM Chairman's Address to Signing Ceremony of the Sudan Comprehensive Peace Agreement", 2005a. http://www.splmtoday.com/docs/statements%20and%20speeches/2005%20Garang%20Speech%20CPA%20Signing%20Ceremony (Also in PaanLuel Wël (ed.), *The Genius of Dr. John Garang: Speeches on the Comprehensive Peace Agreement (CPA)*, Juba: Paanda Publishers, 2013).

Garang, John, "Address on Inauguration of the Sudan Collegiate Presidency", 2005b. http://www.ross.org.za/docs/Speeches/speech09jul2005.pdf#search = 'john+garang+2005+inauguration+address' (Also in PaanLuel Wël (ed.), *The Genius of Dr. John Garang: Speeches on the Comprehensive Peace Agreement (CPA)*, Juba: Paanda Publishers, 2013).

Johnson, Douglas H., *The Root Causes of the Sudan's Civil Wars*, Oxford: James Currey, 2003.

Mandela, Nelson, "Statement by President Nelson Mandela at the OAU Meeting of Heads of State and Government", 1994. http://www.anc.org.za/show.php?id = 4888

Mbeki, Moeletsi,"Issues in South African Foreign Policy: The African Renaissance", *Souls*, 12 (2), 2000, pp. 76–81. http://www.columbia.edu/cu/ccbh/souls/vol2no2/vol2num2art8.pdf

Mbeki, Thabo, "The African Renaissance, South Africa and the World", 1998. http://archive.unu.edu/unupress/mbeki.html

Mohamed Omer Bashir, *The Southern Sudan: Background to Conflict*, London: C. Hurst, 1968.

Mohamed Omer Bashir, *Revolution and Nationalism in the Sudan*, London: Rex Collings, 1974.

Niblock, Tim, *Class and Power in Sudan: The Dynamics of Sudanese Politics, 1898-1985*, Albany: State University of New York Press, 1987.

Nyerere, Julius Kambarage, "The Dilemma of the Pan-Africanist", 1966. http://www.blackpast.org/1966-julius-kambarage-nyerere-dilemma-pan-africanist

Oduho Joseph , and William Deng, *The Problem of the Southern Sudan*, London: Oxford University Press, 1963.

van Kessel, Ineke, "In Search of an African Renaissance: An Agenda for Modernisation, Neo-Traditionalism or Africanisation?", *Quest*, 15 (1-2), 2001, pp. 43-52. https://openaccess.leidenuniv.nl/bitstream/handle/1887/4740/asc-1241494-087.pdf?sequence=1
Wani, Victor Keri, *Mass Media in Sudan: Experience of the South, 1940-2005*, Juba, 2014.

コメント
西アフリカから考えたパン・アフリカニズム

勝俣　誠

私は腰を下ろして食べながら、アリを見守った。この小さな動物がちゃんとした目的をもって、パンの方へ忙しそうに往ったりきたりするのを見ながら、「アリの活動を止められるものは何もないだろう」と思った。「アリは訓練され、組織されているから、常に目的を達成するのだ。アリの群れのなかには、なまけものは一匹もいなかった」。

［クワメ・エンクルマ（野間寛二郎訳）『わが祖国への自伝――アフリカ解消の思想』理論社、一九六三年、二一〇頁］

すでにある人々のアフリカ統一

私は歴史家ではなくて、西アフリカでもともと基本的に政治経済学のアプローチでその社会を観察してきた人間だが、今回、川田順造氏に、パン・アフリカニズムについてのコメントを頼まれて、日頃から現代史、とりわけ独立以降のアフリカ内の政治経済関係に関心があったのでお引き受けした。したがって、その観点から今の栗本英世氏の問題提起、また南スーダン独立後の二〇一五年の加筆分を含めて、コメントとともに西アフリカからの補足説明的なことになるかもしれない。もちろんこれを全部記すわけにはいかないので、何点かに整理して述べたいと思う。

最初に述べたとおり、私は栗本氏のようにずっと一つの集団の定点観測をし、○○人というかたちでフィールドワークを実施して、その社会を観察する社会人類学的研究の経験はないので、そのアプローチの違いから生まれるパン・アフリカニズムとナショナル・アイデンティティの見方は必ずしも同じでない。ただ、「現代アフリカ人にとっての意義」であれば、知識人の思想運動としてだけでなく、普通の人にとってどんな意味があるかということを含めてコメントできるのではないかと思った次第である。

シンポジウムのペーパーを手にする前に、栗本氏のパリ人についてのものを読んで、その地域の歴史的背景の違いを実感した。私は、西アフリカのダカールにいることが多かったというか、往復するといったほうがいいかもしれないが、いちばん長く住んだ時期が二年弱あった。やはり植民地支配を経験した地域だが、大西洋奴隷貿易とその後の植民地支配を露骨に受けて、だれもが白人(よく「テゥバブ」と呼ばれる)というのはどの人かと知っている。したがって、あまり白人に会ったことがない地域と比較すると、露骨な言い方をすれば、地域ごとに植民地の搾取の度合い(例えば現金ネクサスの浸透度)や性格(例えばヒトかモノか)が違うことによって、白人とか旧宗主国のヨーロッパの位置づけは異なるのではないかと思う。ましてやあまり植民地支配の論理が貫徹しないような、または領域実効支配がなかったような地域にとって、ヨーロッパとは何か、白人とは何かといってもピンとこないのではないか。したがって、受け止め方もおそらくその地域の歴史によって違うだろう。

もう一つは、アフリカの諸国家の統一がパン・アフリカニズムの一つの大事な柱で、ほとんどパン・アフリカニズムは国家レベルの政治の目標理念としてアフリカ・ユニティ(アフリカ統一)と同義語に使われていた。しかし、この大陸の大都市に行けば、アフリカ各国内の人というのは、インフォーマル・セクターをみても本当にいろいろな国からきていて、私もダカールにいれば、カボ・ベルデ人、ギニア人、隣のマリ人、それからガーナ人、リベリア人、モーリタニア人などに出会う。ギニア人の炭屋・果物屋、リベリア人の青空床屋などさまざまな生業が共存している。アフリカの大都市のインフォーマル・セクターこそは、多様な「国籍」集団がそれぞれの個性で共存し、国家間では未完のアフリカ統一をすでにしっかりと実現しているという皮肉をいう人もいる。

さて栗本氏は知己の二人の南スーダン人の軌跡を追って、彼らにとって「アフリカ」とはいかなる意味があったかを問うている。

私の出会ったパン・アフリニスト

この問いかけ方に啓発されて、私もパン・アフリカニストのアフリカの一人の友人をとおして、パン・アフリカニズムという壮大な言説が彼らにとってどんな意味をもったのか、またもちうるのかごく簡単にふれておこう。

それは一九八〇年代初頭の私のダカール大学在籍時代以来の知己の言語学者のパテ・ディアーニュである。彼はフランスが大好きなパン・アフリカニストで、フランスの文法論文で教授資格までとったエリートで、初代セネガル大統領のレオポール・サンゴールの政敵であったエジプト考古学者でエジプト文明の黒人起源説を唱えたシェイク・アンタ・ディオップの愛弟子だった。ディアーニュもサンゴールのネグリチュード運動も含めてフランス語中心の文化運動に批判的で、一九六九年アルジェで、七七年ラゴスで開催されたパン・アフリカ・フェスティバルを組織した中心的存在だった。アフリカの民族諸言語促進とアメリカ合衆国のアフリカ系アメリカ人(ディアスポラ)との文化芸術交流をつねに訴えてきた。一九八〇年代くらいから、アメリカ両大陸にはコロンブス上陸以前すでにマリ帝国のアボカリ二世により建造・派遣された大型船が、西アフリカから大西洋の潮流を利用して(コロンブスもこれを利用)対岸のアメリカ大陸に到達していたと主張していた。それを実証するためにセネガルの船大工に大型木造船を再現してもらい、アメリカ大陸遠征を再現するのが彼の夢だった。私もダカールで会うと日本でもスポンサーを見つけてほしいと船の設計図とともに依頼を受けたくらいである。日本のテレビ会社にコンタクトをとったことがあるが反応はいま一つだった。結局うやむやになったようだが、その後もアフリカ文化文学専門誌『プレザンス・アフリケーヌ』に寄稿を続け、今日も健在である。彼は、アメリカ大陸を含めたアフリカ黒人文化・文明の歴史的復権と文明史におけるアフリカ文化の中心性を信じ、国内外の毀誉褒貶《きよほうへん》と闘いながら半生を捧げた「異端」のパン・アフリカニストでありつづけるセネガル知識人である。このように文化面でのパン・アフリカニズムの思想は西アフリカでは知識人のあいだで綿々と受け継がれているように思われるが、その射程はともすると知的エリートの世界にとどまり限定的に思える。やはり大西洋を望むダカールの住宅地区にあるディアーニュの自宅近くに住み、その友人でもあった社会派作家・映画監督の故センベーヌ・ウスマンにアンタ・ディオップの古代エジプト文明黒人起源説について、あるとき尋ねたら「あまりに遠い昔のことだ。今の問題にどう取り組むかだ」という答えが返ってきたのを思い出す。

これに関連して栗本氏のナショナリズムとアフリカ人意識は知識人のものかという問いに簡単にふれておくと、西アフリカの文脈ではどう普通の人々がその思想の意味を了解し、政治的コミットメントをするかとなると、いまのところエリート知識人の世界にとどまっているように思える。これはこれらのエリートが国内の無数かつ多様な人々のつながりが弱く、冒頭にあげたエンクルマの民衆観のように強力な上からの(例えば前衛党)イニシアティヴで善導する対象となってしまっていたのではないかと思う。これは思想を実現しようとする権力の正統性の問題で、権力と人々とのつながりの強度はアフリカのような生産力が低い国々では、あとで指摘するように日々の貧困・生活苦からの脱出が決め手になるだろう。

カリブ海から西アフリカへ渡った思想

次に、パン・アフリカニズムの出自が欧米、とりわけカリブ海発の思想ではなかったかということである。このカリブ思想運動に途中から西アフリカのエンクルマが参加して感化を受けた。もともとエンクルマ自身は、留学はキリスト教会の奨学金でアメリカ合衆国に行ったわけだ。つまりアメリカのキリスト者に助けられてナショナリスト運動に身を投じていくわけである。

したがって、一九五〇年代、六〇年代というのは、少なくとも西アフリカおよびベルギー領は大西洋の対岸からきた思想、パン・アフリカニズムについて違和感をもたず、すっと入っていったのだと私には思われる。音楽がすごくいい例で、この時代、カリブ海発の音楽が黒人奴隷の祖国たるアフリカに再上陸する。みなさんは"Independence cha-cha"という曲をご存知だろうか。これは今でも旧ベルギー領コンゴ(現コンゴ民主共和国)や西部および中部アフリカのフランス語圏では「独立の歌」なのである。リズムは一・二・三、一・二・三というルンバというキューバン・ミュージック、歌詞はリンガラ語だ。「俺たちはついに独立をかちとった! Independence cha cha tozui eh」という歌詞で始まる。

これは非常に象徴的である。table ronde(round table)とでてくるのだが、一九六〇年一月からベルギーのブリュッセルで独立するためのコンゴ人代表が話し合う円卓会議に際して歌われた歌で、このバンドの名前はAfrican Jazzという、Papa Kalléとか Grand Kalléといわれている人が当時歌って、独立の象徴となった。ここにでてくる主人公の一人のパトリス・ルムンバは、パン・アフリカニストのもっとも熱心な人物だったのだが、一九六一年一月にアメリカのCIAとベルギー当局によって惨殺されるという象徴的な事件が背景にあった曲である。

また一九八〇年のジンバブエ(旧英領南ローデシア)の独立式典にはすでにジンバブエの独立運動をレゲエで支援していたジャマイカの歌手ボブ・マレーが招待され、熱狂するアフリカ人を前に「ジンバブエ」を歌っている。その歌詞はやはり「だれもが自分自身の運命を決める権利を得たんだ Every man got a right to decide his own destiny」であった。

栗本氏はアフリカ人にとってのパン・アフリカニズムの範囲はどの辺かという質問をなさったが、もともと出自がカリブ海のほうからと、アメリカだったことに注目する必要がある。現代史においてどういう範囲を想定していたかについては、一つは、マルコムXのOAAU(Organization of Afro-American Unity)だったが、アフリカン・アメリカンの統一機構は、アフリカ統一機構を真似してハーレムで立ち上げている。そのときの範囲は、彼は西半球という言葉を使っている。つまり、一九六四年、彼が立ち上げたOAAUは、どんな人がそこに入るかというと西半球のアフリカ人の血筋を受けたすべての人々を包括している。したがって、北米と中米、南米というか、いわゆるカリブ海と南アメリカが入っているということである。

ただ、今回の関心は、アフリカ大陸において、白いアフリカというか、マグレブとブラック・アフリカないしサハラ以南のアフリカというかたちで、どこまで範囲に含めたかということである。いろいろな切り口があると思うが、アルジェリアの独立戦争のなかでの独立史において、パン・アフリカニズムという言語をどのように使ってきたかということが、一つの切り口になるかと思われる。

北アフリカから南下を構想したパン・アフリカ主義のプロジェクト

シンポジウムでの話にあったように、アルジェリア自身の独立運動は、おそらくアラブの民族主義の影響が強かったし、アラビア語、イスラームもあった。その後、一九五〇年代半ばくらいから非同盟運動、そしてその運動拡大に決定的役割を果たしたアジア・アフリカ会議（一九五五年、通称バンドン会議）、そのような諸々のその当時の反植民地運動と連携していたと思うが、ブラック・アフリカを想定してパン・アフリカニズムというものを打ち出したというのは、じつはアルジェリア独立戦争において決定的であったように思われる。

これは仏領マルチニック出身のフランツ・ファノンが南ないし第三世界に対する関心を非常に高めた。ご存知のとおり、フランツ・ファノンは日本でも一九六〇年代に四巻の本が出ているが、彼はいろいろなところで論評を書いていて、その全集は復刻版が出ている。はじめはアルジェリアの独立運動はカイロを向いていた。あるいはアラブ民族主義の急先鋒たるエジプト革命のリーダー、ナセルのほうをみていたが、フランスとの交渉のなかで、フランスの植民地支配だけでなく「南」での帝国主義のリンクを弱めるという意味で、アルジェリア戦争はアフリカ革命への突破口だとしたのである。ファノンははじめはフランス側についていたのだが、解放戦線側に身を移して、一九八〇年前後に、とくにアフリカが独立する六〇年頃、はっきりと、自分たちのアルジェリアの独立運動というのはそこでとまらないで、サハラを越えて南下しなければならないと考えた。そこでいちばん近い国が南に国境を接するマリだった。ご存知のとおりマリはマリ連邦をセネガルとつくろうとして、結局うまくいかなかったのだが、マリに呼びかけて、義勇軍もマリ人やガーナ人がアルジェリア革命のために参戦してもいいという発言の記録を残している〔フランツ・ファノン（北山晴一訳）『アフリカ革命に向けて』みすず書房、一九六九年、一六九〜一七〇頁〕。

したがって、ファノンは一九六〇年のアフリカの一七カ国の独立をみていて、これは本物の独立にならないだろうといった。なぜなら、これらのブルジョワジーは、残念ながら経済的基盤をまったくもっていない。外国援助の受取窓口は国営企業で、エジプトのエコノミストはこれらアフリカの新興ブルジョワジーを「官僚ブルジョワジー」と命名したくらいである。したがって、植民地行政を受け継いだポストに自分たちが入ると、そこでは自分たちのポストを独占したいから部族独裁が起こるといっているわけである。彼は一九六〇年の独立のときに、ナイジェリアもそうだが、モンロビア・グループが、要するに親欧米路線で独立しようというなかで、彼はこういうことをいっている。

ファノン全集の「地に呪われた者」から引用した日本語訳だが、「アフリカ統一と叫びながら、自分の狭い一族のことばかり考えていたリーダーが、ある朝、ふと目が覚めてみると、五つの部族がこれまた彼らの大使と彼らの大臣を持とうとしているではないか」と〔フランツ・ファノン（鈴木道彦・浦野依子訳）『フランツ・ファノン著作集 3』みすず書房、一九六九年〕。彼は、ナイジェリアのことをイメージしたと思われる。実際、ナイジェリアは、当時三つの州で出発し、今では三六の州まで細分された。彼は一国の連邦共和制に反対していた。アフリカの統一のためには細分化されるべきではないと考えていたのだが、これが今、非常に象徴的にそのままのかたちで残っているのではないかと思う。

したがって、私はこの時点において、もう少しアフリカの資本主義の世界市場への組込れ方をしっかりと解読した「独立」の戦略が必要だったと今でも思っている。たしかにこの時代的課題はマルクス主義の生産様式接合論争のほうで随分活発化したのだが、もっと現状分析、人々の弱さや強さを踏まえた戦略を打ち出す必要があったのではないだろうか。一九七〇年代以降資源ブームが去って、アフリカ経済を世界史のなかで解読しようとする知的営為は、国別の政治経済の機能不全の記述に多くの研究者の関心がそそがれ、論争は後退する。しかし、栗本氏がいわれたネオリベラリズムというか、借金を早期に返済するための輸出中心の経済、それを確保する国家の形態を、債権国の欧米が債務国のアフリカ諸国に選択することをなかば強制することになり、アフリカ諸国の従属化は基本的に残存する。これは構造調整というネーミングの外部主導の経済改革といっていいのだが、現代世界資本主義システムの最中におかれ、その周辺部として機能しているアフリカ諸経済群のマクロ的特質を明らかにしようとする研究は後退し、ネーション・ステートというフォーマルな分析単位たる国別研究、それもしばしばミクロ的説明から解明しようとするアプローチが現在主流になっているようである。

しかし、パン・アフリカニズムの政治経済的側面を考察するとき、基本的にはアフリカの地域のなかでの主体的な域内市場の形成の可能性を抜きにしては論じられない。この形成を妨げている要因はどこにあるのか、そのアクターはだれなのか、そこから変革の内容と主体を絞り込んでいく知的・運動的営為が不可欠である。これこそパン・アフリカニストの知識人の歴史的使命だ。これは冷戦下の反資本主義モデルの復権ではなく、未完・未踏の営為である。アフリカ人の研究者を育てるべくコロンビア大学を去りマケレレ社会研究センター所長になった政治学者モフムード・マンダニは二〇一〇年アディス・アベバ大学の名誉博士受賞(ターボ・ムベキなどとともに)講演でアフリカの若者世代に対して「西欧が形成したパワーは明らかに変化しつつあるから、あらかじめ決まった目的地などない」と想像力と勇気で自分たちの未来を考えろ、と訴えている[CODESRIA Bulletin, Nos 1 & 2, 2010, p. 49]。

かつてのOAUおよび現在のアフリカ連合(AU)を支えるパン・アフカニズムは栗本氏と同様私も非常に高貴な、ノーブルな思想と思う。しかし、その展望において、私の専門分野からみれば、グローバル化のなかで選び取る経済的な基盤形成とその統合形態をシェープする政治・社会運動がとても気になるところである。

イスラームとナショナリズムの相克

相似と差異

臼杵　陽

転換点としての「二〇一一年」「対テロ戦争」と「アラブの春」

ドナルド・トランプが二〇一七年一月二十日、アメリカ合衆国の新大統領に就任した。[1]「アメリカ第一主義」を掲げて登場したトランプ新政権の成立は、新自由主義に基づくグローバル化(世界の一体化)の潮流に対して「Ｎｏ！」を突きつける反グローバリズムの世論の高まりを象徴している。同時に、グローバル化にともなう移民・難民といった「人の移動」の自由(それはアメリカの多文化主義を支える考え方でもあった)に対しても排外主義的な潮流が強まっている。とりわけ、二〇〇一年にニューヨークとワシントンＤＣで起こった「同時多発テロ」(九・一一事件)とそれに続く「対テロ戦争 War on Terror」は「イスラモフォビア」(イスラーム嫌悪症候群)とヘイトクライム(憎悪に基づく犯罪)を生み出し、ムスリム移民の排斥の動きも顕著になってきていた。新大統領は、就任一週間後に中東イスラーム諸国七カ国からの入国を禁止する大統領令に署名したが、そのような措置もムスリム・テロリストの入国を阻止するための「対テロ戦争」の一環だと説明された。

「対テロ戦争」は、九・一一事件に対して、ジョージ・W・ブッシュ大統領(在任二〇〇一〜〇九)が、この犯行をおこなったとされるウサーマ・ビン・ラーディンを指導者とするアル・カーイダを匿ったターリバーン政権下のアフガニスタンを「テロ支援国家」だとして空爆をおこなったことに端を発する。しかし、この九・一一事件も、一九七九年以来、アメリカがとってきた二重基準(ダブル・スタンダード)に基づく対イスラーム政策の破綻だということができる。

アメリカは対イスラーム政策に関して一九七九年という年に起こった二つの事件を契機として、封じ込めと支援という二重基準をとることになった。すなわち、第一の事件は同年二月のイラン・イスラーム革命の勃発であり、第二の事件は同年十二月のソ連のアフガニスタン侵攻である。前者に対しては、イスラーム革命の「輸出」を封じ込めるために対イラン包囲網を形成し、イラクを使嗾《しそう》してイラン・イラク戦争(一九八〇~八八年)の勃発へといたらしめた。後者に対してはソ連の侵攻に対抗するため、アフガニスタンの反共的ムジャーヒディーン(ジハード戦士)への軍事的支援を、パキスタンを通じておこなった。しかし、この対イスラーム政策における対イラン、対アフガニスタンの相互に矛盾する両面作戦は米ソ冷戦の終焉《しゅうえん》とともに破綻することになった。

冷戦終焉後、イラクは新たな国際秩序の形成までの間隙を縫うかのように、一九九〇年八月、歴史的にはバスラ州の一部で自国領だと主張してクウェートに侵攻した。翌年一月、米・英を中心とするアラブ諸国を含む多国籍軍がクウェート解放を大義名分としてイラクを攻撃し、湾岸戦争が勃発した。また、ソ連軍が一九八九年二月にアフガニスタンから完全撤退したのち、ソ連は経済破綻のため崩壊した。そして冷戦終焉とともに、ムジャーヒディーン勢力は共産主義という敵を失って、行き場をなくした。しかし、アフガニスタンでは一九九六年にターリバーン政権が成立し、アル・カーイダは同政権の庇護下でアメリカを筆頭とする「十字軍」に対するトランス・ナショナルなレベルでの軍事活動を展開し始めた。このように九・一一事件に向けてカウントダウンが始まり、二〇〇一年にはついに凄惨なテロが起こったのである。

アメリカは九・一一事件以後、アフガニスタンなどテロリストを匿う国家を「テロ支援国家」だと名指しして、先制攻撃をおこなう「対テロ戦争」を敢行した。二〇〇三年のイラク戦争もその一環であった。「テロとの戦い」とも呼ばれる、国家主体と非国家主体のこの非対称的な「戦争」では、アル・カーイダなどの「グローバル・ジハード」主義者の「イスラーム・テロリスト」の国際的ネットワークの存在が想定されている。[2]

しかし、アル・カーイダ指導者のビン・ラーディンが二〇一一年五月二日、潜伏先のパキスタンにおいて米軍特殊部隊によって殺害された。以後、徐々にではあるが、「イスラーム・テロリスト」をめぐる政治地図は塗り替えられることになった。おりしもアラブ世界では「アラブの春」と呼ばれる民主化を求める市民運動が街頭デモというかたちで展開されていた。そのため、アル・カーイダ的な「グローバル・ジハード」の政治的な影響力が低下していった。

ところが、民主化を求める街頭デモという直接行動はシリアにおいては同時期、政府軍と反政府勢力のあいだの戦闘へと発展し、内戦状態になり泥沼化していった。シリアとともに政治的状況の混迷化を象徴していたのが、二〇〇三年三月のイラク戦争以降、国家破綻の状態が続いていたイラクであった。すなわち、ダーイシュ（イラク・シャーム・イスラーム国 al-Dawla al-Islāmiya fī al-ʿIrāq wa al-Shām の頭文字を組み合わせた呼称。英語名 Islamic State of Iraq and Syria: ISIS）[3]が、旧サッダーム・フセイン政権のバース党の残党幹部やスンナ派の部族長を糾合しつつ、権力の空白を埋めるかのように勢力を拡大していった。ダーイシュはイラク・シリアをまたがるチグリス・ユーフラテス両河上流地域を実効支配し、二〇一四年六月にはカリフ制樹立をモースルの大モスク[4]において宣言して、「イスラーム国」（以下、ＩＳ）を名乗ることになったのである。

「アラブの春」後の政治的混乱は、二〇〇三年のイラク戦争以来、顕在化し始めたアラブ世界における特徴的な紛争形態である宗教・宗派紛争を中東地域全体に拡大させることになった。その典型が、中東の地域大国間の中東域内政治レベルでは、アラビア語世界を代表するイスラーム・スンナ派大国サウジアラビアとペルシア語世界を代表するイスラーム・シーア派大国イランとの地域の覇権をめぐるスンナ派・シーア派の宗派間対立である。両国の対立は「アラブの春」後の中東諸国の国家破綻にも影を落とすことになった。この宗派間対立を「新アラブ冷戦」と呼ぶ研究者も登場することになったからである。[5] この「新アラブ冷戦」の場は、シリア、イエメン、そしてバハレーンなどであり、スンナ派と非スンナ派の宗派紛争が展開されることになった。[6]

この「アラブの春」は、チュニジア、エジプト、リビア、イエメンなどの権威主義体制を崩壊に導いた、時代を画する転換点として位置づけられることになろう。[7] もともと、アラブ世界においては「アラブの春」は、「革命」あるいは「反乱」を意味する「サウラ al-thawra」という用語が使用された。アラブ現代史における「サウラ」と呼ばれる事件としては、一八八二年のイギリスのエジプト占領のきっかけとなったウラービー革命があり、第一次世界大戦中の対オスマン帝国のアラブ反乱があり、パリ講和条約に代表を送るよう求めた「一九一九年革命」があり、また一九五二年の王制を倒したエジプト革命など、時代の転換点となった事件があった。

日本では同時期に「三・一一」(東日本大震災)が起こったため、震災後は日本のメディアからは「アラブの春」の報道は消えてしまった。しかし、日本でもこの震災の起きた「二〇一一年」がおそらく戦後日本の転換点として語られることになるだろうし、またアラブ世界でも同様である。経済的には二〇〇八年のリーマン・ショックがその前提としてあり、ネオ・リベラリズムが席巻する米ソ冷戦後の新たな時代のバズワード(いかにももっともらしい専門用語)となったグローバリゼーションの深化の過程で起こった事件でもあった。そのため、「二〇一一年」は決定的な時代の転換点として認識されるようになった。

イスラームとナショナリズムのはざまで　ＩＳ問題の歴史的位相

ＩＳをどのようにとらえるかはイスラームとナショナリズムの錯綜した関係、あるいはナショナル・アイデンティティの重層性を考えるうえで示唆的である。というのも、ＩＳは二十一世紀的な同時代的な政治現象としてとらえることができるからである。とりわけ注目すべきは、ＩＳがビン・ラーディンのアル・カーイダとはイデオロギー的には一線を画する戦略をとっている点である。アル・カーイダに代表される「サラフィー・ジハード主義者」[8]の標的は、アメリカなどの「遠い敵」であり、その敵としてのアメリカやイスラエルを「十字軍」と呼んでいた。[9]

対照的に、ＩＳが標的とするのは「近い敵」であり、とりわけＩＳはイラクを中心に活動をしていたため、その標的は二〇〇三年のイラク戦争後、選挙を通じて権力を掌握してスンナ派を排斥してきたシーア派政権に設定されたのである。[10]すなわち、イラク戦争後のイラクの混乱のなかで、ＩＳ問題を端緒として、イスラームのスンナ派とシーア派のあいだの宗派紛争の様相を帯びるようになったということができるのである。ＩＳは、イラク国内では少数派であるがアラブ世界全体では大多数を占めるスンナ派のアラブ・ムスリムを動員する。要するに、ＩＳの想定する「敵」はイラク内のシーア派であるが、それは非アラブ・シーア派大国イランによって支援されているため、スンナ派とシーア派の宗派対立はアラブ人と非アラブ人の民族対立と重なることにもなったのである。[11]

また、イラクにおいて宗派間対立は「部族」[12]間の対立も引き起こすことになった。イラク戦争後、自由選挙がおこなわれ、結果的にシーア派を中心とする政党が与党となった。ヌーリー・アル・マーリキー首相（在任二〇〇六～一四）は極端なシーア派優遇政策をとったため、宗派間紛争およびスンナ派部族の離反を招き、国内のスンナ派およびその「部族」諸集団はサッダーム・フセイン政権のバース党の残党（党や軍のエリート）とともに、ＩＳと政治的な連携を組むことになり、イラクは分裂し、国家機能は破綻してしまったのである。

さらに、ＩＳはサイクス・ピコ密約に基づいてヨーロッパ列強によって押しつけられた現在の国境線（サイクス・ピコ体制）を変更することをその目標として掲げた。サイクス・ピコ密約とは第一次世界大戦時の一九一六年に英・仏（そしてロシア革命前のロシア帝国）のあいだで秘密裏に取り交わされた、敗戦国オスマン帝国を戦勝国が分割するという秘密協定であった。そのため、第一次世界大戦でドイツ、オーストリアとともに英・仏と戦ったオスマン帝国の領土であったシャーム（シリア、レバノン、パレスチナ／イスラエル、ヨルダン）とメソポタミア（現イラク）は現在の主権国家の境界線によって分断されたのである。[13]

ＩＳはまた、オスマン帝国のスルタン・カリフ制の正統性も否定している。というのも、ＩＳのカリフ・イブラーヒームを名乗っているアブー・バクル・アル・バグダーディー・アル・フサイニー・アル・クライシー（Abū Bakr al-Baghdādī al-Husaynī al-Qurayshī）は、その偽名においてはアラブのクライシュ族の出身であることをことさらに強調しているからである。すなわち、カリフの資格として「ムスリム、成人男性、クライシュ族出身、正気、公正、執務能力などの条件をつけた」[14]が、バグダーディーはイスラーム的伝統に従ってその資格に合わせるべく、わざわざ「クライシー」という出自を示す表現（ニスバ）を使ってクライシュ族出身であることを強調しているのである。

このことはＩＳがカリフ制をかなり独自に解釈していることを意味しており、さらにその正統性をアッバース朝までしか認めていないことをも示している。例えば、ＩＳが黒地にＩＳのロゴマークを配したＩＳの旗を使用していることをみればアッバース朝の伝統を継承していることを自ら強調していることが明らかである。なぜなら、アッバース朝こそが黒地の旗を王朝旗として使用していたからである。またＩＳが地図として公表している「回復」すべき領域として、アッバース朝の最大版図を黒塗りにして誇示していることも、その証左となるからである。

同時にまた、ＩＳがカリフ制を再興するのであれば、直近の歴史においてカリフ制を採用していたオスマン朝との継承性に求めるのが自然の流れではある。しかし、ＩＳはオスマン朝を「トルコ」系であるがゆえに、オスマン朝のスルタン＝カリフ制をイスラームにおける正統なる継承者としては認めていなかったことを意味するものであると思われる。[15]すなわち、ＩＳがカリフ制を、カリフは「アラブ人」のクライシュ族出身でなければならないといったように、ナショナリズムの現代的文脈においてアラブ中心主義的な発想でとらえている傍証にもなるのである。ＩＳは「純正」なイスラームを標榜しながら、現代におけるアラブ・ナショナリズムのイデオロギーに影響されているともいえる。このことはＩＳにおけるイスラームとナショナリズムの相互関係を考える際には重要であることをあらためて強調しておきたい。[16]

そもそも、イスラームとは「アッラー（神）への絶対帰依」であり、その意味ではイスラームの信徒であるムスリム（あるいは女性信徒ムスリマ）はアッラーの前では同等であり（アブド＋アッラー＝アブドゥッラー、すなわち「アッラーの僕《しもべ》あるいは奴隷」というムスリム名に顕著にあらわれている）、たとえどのような民族・エスニック集団に属していようとも原則としてはまったく問題にならなかった。しかし、イスラーム史の現実政治においては、そのような原則からのずれがしばしば生じた。例えば、イスラーム史においてウマイヤ朝からアッバース朝への王朝の交代がその典型的な事例である。アッバース朝は、ウマイヤ朝におけるアラブ人の優先から非アラブ人ムスリムとの対等を求めるシュウービーヤ運動が現在のイランのホラーサーン地方で起こったことに象徴される。これは、マワーリー（解放奴隷）の処遇の問題ともあいまって、歴史家によって「アッバース革命」[17]などと呼ばれたりした。イラン系ムスリムはアラブ系ムスリムから「アジャミー」（「アラビア語に無知な人」すなわち、非アラブ系、あるいはペルシア系）と呼ばれて蔑視されていたのである。いずれにせよ、イスラームは、アラブとは異なる異民族の居住する地域にその版図を拡大するごとに新たな改宗者を得てきたが、前近代においては基本的に民族が問題になることはなかった。

前近代では「カウム qawm」という用語がエスニックな出自を示すことに使用されることが多かった。例えば、サラディン（サラーハッディーン）はクルド人であるといった場合である。[18]しかし、後述するように、近代以降、この用語の抽象名詞形であるカウミーヤ（Qawmiyya）が「民族 nationality, nation」の意味で使われるようになったのである。この語感としては、アラブ人としての疑似血縁的な絆を強調するものであり、ドイツ語の Volk の意味に近い。

また、アラビア語ではナショナリズムに相当する別の用語も存在する。それはワタニーヤ（Wataniyya）と呼ばれるもので、ワタン（祖国）に由来する語である。その語感は地縁的な絆を強調するものであり、フランスの patrie に近い。ワタニーヤはカウミーヤ（アラブ・ナショナリズム）に対して、イラク、シリア、エジプト、モロッコ、チュニジア、アルジェリアといった現在の主権国家をベースとする地域を祖国として共有するナショナリズムを意味する。したがって、エジプト・ナショナリズムは「ワタニーヤ・ミスリーヤ」という表現になるのである。

もちろん、アラブ民族意識（カウミーヤ）とエジプトなどの国民意識（ワタニーヤ）とは相互に矛盾するものではなく、むしろ重層的なアイデンティティを構成する集団意識として一人ひとりのなかで共存している。さらに、この民族や国民といったアイデンティティとともに、宗教・宗派の集団意識もある。すなわち、例えば、エジプトでは宗教的なマイノリティとしてキリスト教の単性論派に属するコプト正教会があるが、キリスト教の一宗派に属する信徒としてコプト教徒は、同時にアラビア語話者であるアラブ人でもあり、また国籍としてのエジプト人でもあるという複合的なアイデンティティをもっているのである。[19]

ムスリムに関していえば、ウンマ（イスラーム共同体）という集団意識がある。ウンマはウンム（母）という単語に女性語尾をつけて、抽象名詞化したものであるが、「母」という語源から、疑似血縁的な同胞意識が前面に押し出されることになる。ウンマは世界中のムスリムを含み込むボーダーレスでグローバルなものと認識されている。同時に、現在ではウンマは「民族」の意味にも使用されることがあり、その点について「イスラーム復興運動は、ウンマの復興をめざす運動といえる。二十世紀にナショナリズムが盛んになると、イスラーム世界でも民族をウンマとして称揚する思想が生まれた。アラブ・ウンマ（umma ʻArabīya）がその典型である。そこでは、忠誠心を要求する伝統的なウンマ理念を利用して、ナショナリズムを鼓舞している。アラブ民族思想は世俗主義に傾くとアラブ・ウンマをイスラームと切り離すため、単一のイスラーム・ウンマの理念との矛盾が生じる。しかし、一般のムスリムにとっては、両者は同心円的に重なり、とくに矛盾は感じられない。そのような場合アラブ・イスラーム・ウンマ（umma ʻArabīya Islamīya）という語もよく用いられている」[20]といったような説明も可能になる。換言すれば、ウンマの用語を使用すれば、「アラブ⇅イスラーム」といったように相互に連続性をもち、双方向の志向性をもつ場合もある。これはアラブ世界のムスリム人口が九〇％以上の大多数を占めていることに起因しており、アラブ・ナショナリズムが絶えずイスラーム的な方向性に引きずられているといったような批判が生まれるゆえんである。[21]

オスマン帝国支配下におけるナショナリズムの勃興と宗教

最後のイスラーム帝国と呼ばれるオスマン帝国ではミッレト制（宗教・宗派共同体に自治を与える制度）を発展させ、キリスト教諸教会やユダヤ教会に自治を与えた。[22] 十九世紀に入ってヨーロッパのナショナリズムの考え方がイスラーム世界にも持ち込まれると、イスラームとナショナリズムの問題は深刻な様相を呈することになった。実際、オスマン帝国のミッレト制においては両者の関係は宗教・宗派紛争としてオスマン帝国の内部解体をもたらすものになっていった。とりわけ、十九世紀以降、ヨーロッパのナショナリズムの影響で民族運動が盛んになったオスマン帝国支配下のバルカン地域においては独特の発展を遂げることになった。

このミッレトは現代トルコ語では「民族、国民」の意味で使用されている。その起源としてミッレトはアラビア語の「ミッラ milla」に由来する。クルアーンのなかに「イブラーヒーム（アブラハム）のミッラ」という表現がみられるように、ミッラは宗教や信仰信条を意味したからである。もともと辞書的には宗教や信仰信条に加えて、「宗教的共同体 religious community」の意味も記されている。

オスマン帝国では、十九世紀初めのギリシア独立を端緒として、宗教的なミッレトとして位置づけられてきたバルカン地域のキリスト教諸コミュニティがヨーロッパ生れのナショナリズムに鼓舞されて民族的に覚醒するようになると、民族集団として、民族国家としての独立という自己主張を始めたからである。例えば、ギリシア正教徒はギリシア人として、セルビア正教徒はセルビア人として、カトリック教徒はクロアチア人として、宗教的自治を与えられた宗教・信徒集団としてよりも、その民族意識を強調するようになり、民族集団の単位に沿って民族国家としての独立をめざす民族運動をおこない始めたのである。[23] また、ムスリムも二十世紀終りのユーゴスラヴィア紛争のなかで旧ユーゴ時代のムスリム人(Muslimani)という民族意識から、ボスニア・ヘルツェゴヴィナのボシュニャク人(Bosniak)という民族意識へと変化していったのである。

オスマン帝国内のトルコ人とアラブ人との関係はもっとも深刻な様相を呈するようになった。とりわけ、一九〇八年の青年トルコ革命以降、オスマン政府がトルコ・ナショナリズムを唱え、トルコ至上主義の立場からアラブ地域のアラブ人ムスリムを抑圧するようになると、アラブ民族意識の形成とともにアラブ民族運動の活発化を促すようになった。オスマン帝国内のアラブ人はムスリムであるという宗教的な帰属意識をナショナリズムの影響を受けることによって民族的なレベルから再解釈をおこなうようになったからである。というのも、オスマン朝のスルタン＝カリフ制をアラブ・ナショナリズムの立場から否定するような考え方が生まれることになったからである。すなわち、スルタン＝カリフはトルコ人ではなく、アラブ人であるべきだ、という主張である。この点については後述する。

アラブ・ナショナリズム自体はもともとキリスト教徒によって文化運動として提唱されるようになった考え方である。しばしば「アラブ復興(ルネサンス) al-Nahda al-ʻArabiyya」あるいは「アラブ覚醒 al-Yaqza al-ʻArabiyya」と表現され、「アラブ主義 Arabism」とも呼ばれる。オスマン帝国のミッレト制に起因する、アラブ人のあいだの宗教・宗派紛争の激化を背景にして、世俗的な言語ナショナリズムとしてアラブ民族としての一体性を強調する思想・運動であった。すなわち、アラブ人とは、アラビア語を話し、アラビア語に基づく文化的伝統を共有する者という文脈で使用されるようになったのである。このようなナショナリズムは前述のとおりアラビア語で「カウミーヤ」と呼ばれ、アラブ・ナショナリズム、アラブ統一、あるいは「ウルーバ al-Qawmiya al-ʻArabiyya, al-Wahda al-ʻArabiyya, ʻUrūba」は、アラビア語などの文化的紐帯を強調することで、アラブ民族としての同胞意識を育んで、思想・運動として展開していった。[24] そして、政治体制としては第二次世界大戦後にエジプトのナセル政権あるいはシリアやイラクのバース党政権の成立で、アラブ・ナショナリズムの潮流はその頂点に達したのである。

もちろん、アラブ・ナショナリズムの考え方自体はフランスからの輸入概念であり、もともとレバノンのマロン派キリスト教徒の知識人によって導入された。その代表的な知識人は、ナジーブ・アーズーリー（一九七〇〜一九一六）であり、彼が一九〇五年に出版した『トルコ領アジアにおけるアラブ民族の覚醒 *Le réveil de la nation arabe dans l'Asie turque*』[25]がその嚆矢《こうし》にあたる。ここで注意する必要があるのは、アーズーリーがその主著をフランス語で書き、同書の副題にもあるように、十九世紀以来、ロシア・フランスといったヨーロッパ列強の争い（「東方問題」と呼ばれるオスマン帝国領をめぐる列強間の外交問題）に宗教・宗派紛争、とりわけギリシア正教会（コンスタンティノープル総主教）とローマ・カトリック教会（教皇庁）との争いが重なっていた歴史的事実である。彼は専制から逃れて亡命先のパリでアラブ民族同盟を結成してアラブ民族運動を展開していた。この「アラブ民族 la nation arabe」がアラビア語に翻訳されて「カウミーヤ」の考え方につながっていった。

オスマン帝国は十九世紀末から二十世紀初頭の帝国主義の時代にはバルカン地域の領土のほとんどを失ったとはいえ、当時まだオスマン帝国内の諸民族は「オスマン人」としての絆を強めていくという「オスマン・ナショナリズム」としての「オスマン主義 Ottomanism」を発展させていく政治的な可能性がなくなったわけではなかった。にもかかわらず、アーズーリーはオスマン帝国を「トルコ民族」の帝国と読み替えて、当時のシャーム（歴史的シリア）をあえて「トルコ領アラブ」としてみなし、アラブ民族を独立させようとしたのである。[26]

実際、「統一と進歩委員会」は、日露戦争での大日本帝国の勝利もあいまって、一九〇八年に専制政治に対して青年トルコ革命を引き起こして立憲制を復活させた。アラブ人のあいだにも「オスマン主義」に対する期待は高まり、オスマン帝国の枠内でとどまり、「オスマン人」という国民的アイデンティティが形成されることも夢物語ではなかった。しかし、タラート、エンヴェル、ジェマルらのクーデタによって「三頭政治」による中央集権化政策は、二回のバルカン戦争（一九一二年・一三年）を通じてアラブ地域を「トルコ化」していく民族的抑圧政策を強化する方向に転じて、アラブ人に対して弾圧で臨むことになった。そのため、第一次世界大戦直前からおもに亡命先のパリやエジプト、あるいはオスマン軍の内部において政治的なアラブ民族運動が展開され始めるのである。[27]

アラブ民族主義団体「青年アラブ」（ファタート・アル・アラブ Fatāt al-ʿArab）は一九一一年に亡命アラブ知識人によってパリに設立され、一三年に同地でアラブ会議を主催した。この会議に参加したのは、一九一〇年にレバノン・トリポリ出身のラシード・リダー（一八六五～一九三五）によってカイロで設立された「アラブ連盟協会」、一二年にカイロで設立された「オスマン支配の非集権化党《ラー・マルカジーヤ》」、一四年にオスマン軍のアラブ人将校によって設立された「盟約協会」（アル・アハド）、先程ふれたアーズーリーによって設立された「アラブ民族連盟」、イスタンブルで設立された「文芸協会」など多種多様であった。

しかし、アラブ民族運動のほとんどの団体はオスマン帝国からの自治は求めていたものの、完全独立を求めていたわけではなかったことにも注意をはらうべきであろう。[28]第一次世界大戦後の一九一九年二月になってはじめて「青年アラブ」のなかから立ち上げられた「アラブ独立（イスティクラール）党」がオスマン帝国からの政治的独立を明示的に掲げたのである。[29]

国家建設と国民形成の破綻と「例外主義」

今、経済史の分野においては通信・運輸・印刷の革命によって世界が一体化した第一次グローバル化の時代と、一九七一年のニクソン・ショック以降、とりわけＳＮＳ革命にともなって米ソ冷戦終焉後の新自由主義が席巻する第二次グローバル化の時代と呼ばれる二つの時代に関する比較研究が盛んになっている。[30]中東地域もその例外ではない。[31]二十一世紀の第二次グローバル化時代に直面した中東イスラーム世界の混迷とその解決策を模索しつつ、あらためて将来への展望を検討するために材料として第一次グローバル化の時代の経験が注目をあびているのである。

第一次グローバル化の時代は歴史学的には一八七八年ベルリン会議以降の「帝国主義の時代」に相当する。オスマン帝国でいえば、第三四代スルタン、アブデュルハミト二世(在位一八七六〜一九〇九)の治世である。専制君主として名高いこのスルタンは、一八七六年に発布されたミドハト憲法を七八年に露土戦争(ロシア・トルコ戦争)勃発を理由に停止して、政治的危機を乗り越えるために専制政治をおこなったのである。

この時期、二十一世紀の中東イスラーム世界が直面している諸問題のプロトタイプともいうべき事態がすでにあらわれている。例えば、十九世紀後半の通信・運輸・印刷の革命は、ジャマール・アッディーン・アル・アフガーニー(一八三九〜九七)に代表されるようなムスリムの連帯・統一をめざしたパン・イスラーム主義やトランス・ナショナルな運動を生み出した。電信の発明と海底ケーブル敷設による通信革命で情報は瞬時に世界のムスリムのあいだにも広がり、蒸気船による大量運輸、印刷革命で新聞・雑誌・書籍の大量出版が可能になった。例えば、アフガーニーが創刊したアラビア語誌『固き絆 *al-'Urwa al-Wuthqā*』のような印刷物がイスラーム世界に流通することになり、ムスリム連帯の思想や組織は世界大に拡大したからである。

一方、現在のサラフィー・ジハード主義者たちはフェイスブック、ツイッターなどのSNSを駆使しつつ、欧米への移民・難民のなかの「ホーム・グロウン」あるいは「ローンウルフ」と呼ばれる、孤独で疎外感を抱くムスリム青少年たちの心をとらえ、場合によっては政治的に動員することにも成功している。このような第二次グローバル化時代は「ネットワーク化」によるディアスポラ(離散)の人々の一体化という観点から第一次グローバル化時代と質的に共通しているのである。

グローバル化をともなう帝国主義の時代においては、パン・イスラーム主義の思想は、ヨーロッパ諸列強による植民地化に対してムスリムが新たな通信媒体を通じて団結することによって、新たな連帯意識を形成していこうとするものであった。ムスリムを「同胞 ikhwān; brethren」としてとらえ、ウンマとしての統一体の形成をめざした[32]。現在、ウンマの統一はSNS革命によるグローバルなヴァーチャル空間の形成によって実現されつつある。トランス・ナショナルな新たな二十一世紀型ムスリム・ネットワークの形成なのである。

もともと、パン・イスラーム主義は「外には連帯、内には改革」という双方向的な志向性をもっていた。国内への志向はそれぞれの国家の枠内でのイスラーム改革運動へと発展していった。イスラーム改革運動は、アフガーニーとともに活動しエジプトの大ムフティー（同国におけるイスラーム法の最高裁定者）にもなったムハンマド・アブドゥフ（一八四九～一九〇五）によって代表される。このイスラーム改革運動からはリダーに引き継がれ、一九二八年にはハサン・アル・バンナー（一九〇六～四九）によってムスリム同胞団が設立されることになった。さらに、同胞団からはイラン革命型の一国内でのイスラーム革命による権力奪取をめざす「革命的ジハード論」を唱えるイスラーム集団やジハード団などのサラフィー・ジハード主義的な政治組織をも生み出し、最終的にはアル・カーイダやＩＳのような「グローバル・テロリズム」諸組織の形成へとつながっていく[33]。

また、スルタン・アブデュルハミト二世の専制政治への批判と一つのあり方として、ヨーロッパから「輸入」したアラブ・ナショナリズムという新たな思想が登場した。その初期的段階としてあらわれた「反トルコ」的なイデオロギーとして預言者ムハンマドのアラブ「民族」の出自に注目する議論がおこなわれることになった。すなわち、アラブ人ムスリム知識人のなかには、預言者ムハンマドはアラブ「民族」の出自であり、アッラーが啓示したクルアーンはアラビア語であるという特権的な事実を強調することで、イスラームの「アラブ性（ウルーバ）」（アラブ民族がイスラームでの指導的役割を担うべきだという主張）に力点をおくものであった。アラブ民族主義的立場から、堕落・腐敗した「トルコ」的なイスラームに対するアラブ民族の主導的で革新的な役割を正当化する立場が生まれたのである。そのため、オスマン帝国におけるスルタン＝カリフ職を「トルコ人」が占める事態を改めるという、イスラームをアラブ・ナショナリズム的な立場から再解釈する立場が生まれることになる。そのような代表的な思想家が、シリア・アレッポ出身のアブドゥッラフマーン・アル・カワーキビー[34](一八五五〜一九〇二)であった。このように預言者ムハンマドとその後継者であるカリフのアラブ性を強調することによって、アラブ民族主導によるウンマの統一を主張するのである。一方、ＩＳのイデオロギーもカワーキビーのような考え方を基礎にしており、回帰的な思想といってもいいような同質的な性格をもっているのである。

前述のとおり、二十一世紀も二〇年近く経過した現在、あらためて第一次グローバル化時代との比較から第二次グローバル化の時代をアナロジー的にとらえなおそうとする動向が高まっている。とりわけ、新自由主義的な第二次グローバル化の破綻を象徴するような二〇〇八年リーマン・ショックを受けて、冒頭で述べたように、アラブ世界では「アラブの春」が多大な期待のもとに展開されたにもかかわらず、「アラブの春」は、ＩＳの登場、シリア内戦、イラクの国家破綻、エジプトの権威主義体制の復活という、最悪の事態の出現をもってその終焉を迎えた。この事実は、中東においては国家建設と国民形成という十九世紀ヨーロッパ・モデルである国民国家に基づく近代のプロジェクトの試みが失敗に終わったという深刻な問題を突きつけている。これまでも執拗に、中東地域研究、アラブ世界研究、あるいはイスラーム研究に関する「例外論 exceptionalism」が繰り返されてきた。すなわち、「アラブの春」以前は「なぜ中東ではかくも権威主義体制が強固で、民主化が達成できないのか」などのテーマのもとで議論されていたのである。「アラブの春」後の現在、あらためて、第一次世界大戦以来、「なぜ中東地域においては国民国家の形成ができないのか」が問われなければならない[35]。

現代中東、とりわけ東アラブ地域(いわゆる「マシュリク」)における近代国家の起源は第一次世界大戦後の英・仏による委任統治であった。したがって、第一次世界大戦勃発百周年であった二〇一四年を機に、ＩＳのカリフ制宣言もあいまって、サイクス・ピコ密約による英・仏による東アラブ分割支配(サイクス・ピコ体制)の問題が世界的にあらためて問われている。また、第一次世界大戦にいたるオスマン末期と、第一次世界大戦中のオスマン帝国とイギリスの「三枚舌外交」などの議論が再登場してきている。[36]

二十世紀の第二次グローバリゼーションの時代の初期段階において、イスラームとナショナリズムの結びつきを示した代表的な事件が一九七九年のイラン・イスラーム革命であった。この革命によって自明の前提とされてきたマックス・ヴェーバーの「脱魔術化」のテーゼが、一九八〇年代以降、グローバルなレベルにおける「宗教の復興」というテーマで論じられるようになった。[37] 本論の冒頭で述べたように、二十一世紀の中東イスラーム政治の流れはこのイラン・イスラーム革命を機に形成されていったといっても過言ではない。

近現代においてイスラームがナショナリズムと結びつくのは、第一次グローバル化という「世界の一体化」の状況のなかで、帝国主義的支配が強化され、植民地解放運動の一環としてのイスラームが再発見され、「イジュティハード（イスラーム法の新たな解釈）の門が開けられた」というスローガンのもとにイスラーム改革運動が展開されていった。それは帝国主義的抑圧のもとでムスリムが民族的・宗教的覚醒をともない、「西洋の衝撃 Western Impact」に主体的に対応しようとした結果でもあった。

一方、二十世紀の世界を見渡せば、ナショナリズムとイスラームの相克をめぐる典型的な事例としては、一九四五年のインド・パキスタンという両国家が分離独立した出来事がある。この問題は「非ヒンドゥー」としてのムスリムが強調されることによってムスリム・ナショナリズムが前景化することでパキスタン国家が成立した。また、イスラエル占領・包囲下にあるパレスチナ人、ロシア連邦共和国のチェチェン民族の解放運動、中国の新疆《しんきょう》ウイグル自治区の独立問題、インドのカシミール問題などをあげることができる。この場合、各民族の解放運動においてはイスラームにおける防衛ジハード論が動員されて、武力闘争にまで発展することもしばしばある。パレスチナにおけるハマース（イスラーム抵抗運動）、レバノンにおけるシーア派民兵組織ヒズブッラー（神の党）、アフガニスタンのターリバーン、ナイジェリア北部のボコ・ハラム、フィリピンのモロ解放戦線などをあげることができる。

イスラームとナショナリズムの相克をめぐる問題は、それぞれの地域における個別具体的な状況と密接にかかわりつつ、重層的なナショナル・アイデンティティのありようとも重なりながら、続いているのである。

註

1 トランプ政権による中東政策の不透明さに関しては次を参照。臼杵陽「予測不可能のトランプ次期政権の登場に揺れる中東」『現代思想』四五巻一号、青土社、二〇一七年。

2 テロ対策や政策論としての「グローバル・ジハード」論は枚挙に暇がないが、その批判に関しては次を参照。臼杵陽「グローバル・ジハードという名の妖怪」『現代思想』青土社、四三巻二〇号、二〇一六年、五三～五九頁。

3 ここで使用されている「シャーム」とは、現在のシリア、レバノン、ヨルダン、パレスチナ／イスラエルを含む歴史的シリアあるいは大シリアを指す。

4 ＩＳが現イラクのモースルをカリフ制の宣言の場所に選んだことは意義深い。トルコ共和国で一九二四年にカリフ制が廃止されてから、カリフ制復興の議論が盛んになったが、イスラーム改革思想家ラシード・リダーはアラブ人、トルコ人、クルド人が混住する歴史的都市モースルこそカリフの座がある場所にふさわしいと主張した。Albert Hourani, *Arabic Thought in the Liberal Age 1798–1939*, London: Oxford University Press, 1962, p. 243.

5 「アラブ冷戦」という用語は、米ソ冷戦下にもかかわらず、一九五〇年代のアラブ諸国はナセル大統領を中心とするエジプトやシリアのアラブ社会主義諸国とイラクやヨルダンなどを中心とする王制諸国との対立が前景化していたことを指して、マルコム・カー（ベイルート・アメリカ大学教授）が使用したものである。Malcolm H. Kerr, *The Arab Cold War: Gamal 'Abd Al-Nasir and His Rivals, 1958–1970*, 3rd ed., Oxford University Press, 1971.

6 シーア派の立場からの研究として以下の文献がある。Vali Nasr, *The Shia Revival: How Conflicts Within Islam Will Shape the Future*, Washington D.C.: W. W. Norton, 2007.

7 James L. Gelvin, *The Arab Uprisings*, 2nd ed., New York: Oxford University Press, 2015.

8 フランスのイスラーム研究者ジル・ケペルによる命名。サラフィー主義とは、イスラーム初期世代(サラフ)における原則や精神への回帰をめざす思想潮流。この概念について包括的概説は以下の文献を参照。Shiraz Maher, *Salafi-Jihadism: The History of an Idea*, Oxford University Press, 2016. 臼杵陽「イスラームという名のテロリズム――パリ風刺画事件と「イスラーム国」をつなぐもの」『現代思想』四三巻五号、二〇一五年、一八八〜一九三頁。

9 Fawaz A. Gerges, *The Far Enemy: Why Jihad Went Global*, New York: Cambridge University Press, 2005.

10 Fawaz A. Gerges, *ISIS: A History*, Princeton University Press, 2016.

11 Simon Mabon, *Saudi Arabia and Iran: Power and Rivalry in the Middle East*, London: I. B. Tauris, 2015.

12 「部族」はアラビア語では「カビーラ al-Qabīla」「アシーラ al-'Ashīra」などと地域によって呼び方は異なる。「部族」をどのようにとらえるにしろ、たんに血縁集団のみならず、同盟関係や保護関係にある非血縁集団も成員に含んでいる場合があり、社会的実体としては重要な役割を果たしてきた。以下は歴史学者、人類学者、政治学者などによる画期的な論集である。Philip S. Khoury and Joseph Kostiner (eds.), *Tribes and State Formation in the Middle East*, Berkeley: University of California Press, 1991.

13 Eugene Rogan, *The Fall of the Ottomans: The Great War in the Middle East, 1914-1920*, London: Penguin, 2016.

14 大塚和夫ほか編『岩波イスラーム辞典』岩波書店、二〇〇二年、二九一頁。

15 ＩＳのクライシュ族の出自であるという主張はともかくとして、現在ではオスマン朝のスルタン＝カリフ制は擬制として歴史的な根拠がないことは世界史の教科書にも記述されるにいたっている。例えば「オスマン帝国のスルタンはカリフ位を継承し、スルタン＝カリフ制が成立したとの説もあるが、これは十八世紀になってスルタンの権威を強化するためにつくられた虚構である」との記述がある(『詳説世界史』山川出版社、二〇一四年、一九四頁註)。

16 ＩＳ、とくにその創設者であるアブー・ムスアブ・アッ・ザルカーウィーについての秀逸なノンフィクションとして二〇一六年ピュリッツァー賞を獲得した次の文献がある。Joby Warrick, *Black Flags: The Rise of ISIS*, London: Doubleday, 2015.

17 M. A. Shaban, *The 'Abbāsid Revolution*, London: Cambridge University Press, 1970.

18 アラビア語・英語辞典には qawm(qaum)に people; crowd or group of people; tribe; nation の訳語があてられている。J. M. Cowan, *Arabic-English Dictionary: The Hans Wehr Dictionary of Modern Written Arabic*, Ithaca: Spoken Language Service, 1994,

p. 935.

19 アラブ・ナショナリズムと地域ナショナリズムを包括的に論じた記念碑的な論集として次の文献がある。James Jankowski and Israel Gershoni (eds.), *Rethinking Nationalism in the Arab Middle East*, New York: Columbia University Press, 1997.

20 小杉泰「ウンマ」『岩波イスラーム辞典』岩波書店、二〇〇二年、二〇八頁。

21 Sylvia G. Haim (ed.), *Arab Nationalism: An Anthology*, Berkeley: University of California Press, 1974. の序論がアラブ・ナショナリズム批判の典型である。

22 ミッレト制に関する論文集として以下の文献がある。Benjamin Braude and Bernard Lewis (eds.), *Christians and Jews in the Ottoman Empire: The Functioning of a Plural Society*, 2 vols., Teaneck, NJ: Holmes & Meier Publishers, 1982.

23 オスマン期からバルカン諸民族の独立の歴史過程を扱った最近の研究として次の文献がある。Frederick F. Anscombe, *State, Faith, and Nation in Ottoman and Post-Ottoman Lands*, Cambridge University Press, 2014.

24 オスマン主義からアラブ主義への歴史的な変遷に関して高い評価を得ている研究として次の文献がある。C. Ernest Dawn, *From Ottomanism to Arabism: Essays on the Origins of Arab Nationalism*, Champaign: University of Illinois Press, 1973.

25 同書の正式タイトルは以下のとおりである。Negib Azoury, *Le réveil de la nation arabe dans l'Asie turque en présence des intérêts et des rivalités des puissances étrangères, de la curie romaine et du patriarcat œcuménique: partie asiatique de la question d'Orient et programme de la Ligue de la patrie arabe*, Paris: Plon-Nourrit, 1905.

26 この時期の研究としては Hassan Kayal, *Arabs and Young Truks: Ottomanism, Arabism, and Islamism in the Ottoman Empire, 1908–1918*, University of California Press, 1997 がある

27 アラブ民族運動を叙述した古典的作品としては George Antonius, *The Arab Awakening: The Story of the Arab National Movement*, London: Hamish Hamilton, 1938〔ジョージ・アントニウス（木村申二訳）『アラブの目覚め――アラブ民族運動物語』第三書館、一九八九年〕がある。

28 この点については、臼杵陽「「アラブ民族運動」の再検討」『歴史学研究』五三四号、一九八四年、二二四〜二三二頁、を参照。また、オスマン主義者から著名なアラブ民族主義者に変身したサーティー・アル・フスリー（一八八〇〜一九六八）の優れた評伝として次の文献がある。William L. Cleveland, *The Making of an Arab Nationalist: Ottomanism and Arabism in the*

Life and Thought of Satiʿ Al-Husri, Princeton University Press, 1971. 彼のアラビア語の著作のほとんどはベイルートにあるアラブ統一研究所(Markaz Dirāsāt al-Wahda al-Arabiyya)より出版されている。

29 アラブ人による代表的な研究として次の文献がある。Zeine N. Zeine, *The Emergence of Arab Nationalism, With a Background Study of Arab-Turkish Relations in the Near East*, 3rd ed., Caravan Books, 1973.

30 二〇〇八年リーマン・ショックを受けて出版された次の文献が代表的である。Harold James, *The Creation and Destruction of Value: The Globalization Cycle*, Cambridge: Harvard University Press, 2009.

31 Roger Owen, "From Liberalism to Liberal Imperialism: Lord Cromer and the First Wave of Globalization", Israel Gershoni, Y. Hakan Erdem, Ursula Wokock, *Histories of the Modern Middle East: New Directions*, Boulder: Lynne Rienner, 2002, pp. 95–112; Liat Kozma, Cyrus Schayegh et al.（eds.）, *A Global Middle East: Mobility, Materiality and Culture in the Modern Age, 1880–1940*, London: I. B. Tauris, 2016; James L. Gelvin and Nile Green(eds.), *Global Muslims in the Age of Steam and Print*, Berkeley: University of California Press, 2013; Ilham Khuri-Makdisi, *The Eastern Mediterranean and the Making of Global Radicalism, 1860–1914*, Berkeley: University of California Press, 2013.

32 パン・イスラーム主義とパン・アジア主義を反西洋の観点から比較を試みた研究として以下の文献がある。Cemil Aydin, *The Politics of Anti-Westernism in Asia: Visions of World Order in Pan-Islamic and Pan-Asian Thought*, New York: Columbia University Press, 2007.

33 「イスラム原理主義」と俗称される潮流は、欧米を含めてイスラーム研究者のあいだでは「イスラーム主義 Islamism」と呼ぶことが一般的である(大塚和夫『イスラーム主義とは何か』岩波新書、二〇〇四年)。具体的事例を含めて包括的研究としては次の文献がある。ジル・ケペル(丸岡高弘訳)『ジハード――イスラム主義の発展と衰退』産業図書、二〇〇六年。

34 グローバル化という二つの時代の比較の観点から新たな研究として次の文献がある。Itzchak Weismann, *Abd al-Rahman al-Kawakibi: Islamic Reform and Arab Revival*, London: Oneworld, 2016. また、ベイルートのアラブ統一研究所からアラビア語でもカワーキビー全集が刊行されている。ʻAbd al-Rahmān al-Kawākibī, *al-Aʻmāl al-Kāmila li-ʻAbd al-Rahmān al-Kawākibī*, Bayrut: Markaz Dirāsāt al-Wahda al-Arabiyya, 2006.

35 中東例外論(Middle Eastern Exceptionalism)、アラブ例外論(Arab Exceptionalism)といった議論に関する研究は枚挙に暇はないが、最近出版された「イスラーム例外論」の研究として次の文献がある。Shadi Hamid, *Islamic Exceptionalism: How the Struggle over Islam Is Reshaping the World*, New York: St Martin's Press, 2016.

36　Walter Reid, *Empire of Sand: How Britain Made the Middle East*, London: Birlinn, 2014; Kristian Coates Ulrichsen, *The First World War in the Middle East*, London: Hurst, 2014; Sean McMeekin, *The Ottoman Endgame: War, Revolution, and the Making of the Modern Middle East, 1908–1923*, London: Penguin Press, 2015; Efraim Karsh, *The Tail Wags the Dog: International Politics and the Middle East*, London: Bloomsbury, 2015; Eugene Rogan, *The Fall of the Ottomans: The Great War in the Middle East, 1914–1920*, London: Penguin, 2016.

37　宗教学の分野では、ジル・ケペル（中島ひかる訳）『宗教の復讐』晶文社、一九九二年。社会科学の分野では、山之内靖（伊豫谷登士翁・成田龍一編）『再魔術化する世界——総力戦・「帝国」・グローバリゼーション　山之内靖対談集』御茶の水書房、二〇〇四年。

あとがき

二〇〇七年六月から二〇一〇年二月までの三年にわたった、この長い名前の研究会「ナショナル・アイデンティティの多文化間比較」の成果が、ようやく刊行される。全体を通読して、研究会終了後七年を経た現在、この研究会が提起し、検討した問題群が、少しも古くなっていないどころか、むしろ新しい意味を帯びた重要課題になっていることに、驚かされる。字句を改めることさえ必要がないほど(川田の論考は、ほとんど研究会当時のままだ)、世界の現実のほうが、ある意味での回帰を示している。

この研究会が発足した直後、二〇〇七年九月の国連総会で、多年の懸案だった「先住民の権利に関する国連宣言」が、賛成一四四、反対四(アメリカ合衆国、オーストラリア、カナダ、ニュージーランド)、棄権一一、欠席三四という意味深長なかたちで採択されても、先住民の権利をめぐるナショナル・アイデンティティが提起する諸問題は、現在さらに深刻化こそすれ、解決されてなどいない。

「序」でもふれたように、人類起源の地アフリカから、一八〇万年前にすでに広がった原人や、数十万年前に旅立った旧人が、ユーラシアの中南部各地に住んでいたところに、数万年前にスエズ地峡のあたりからアフリカを出て、世界各地に広がったホモ・サピエンスの数は、最近の遺伝学的研究によると、一〇〇〇人規模、おそらく数十人程度の集団が、何回も出ていって、合計して一〇〇〇人程だったと考えられている。アフリカを出てから、一部は原人や旧人と混血したであろうが、十分に証明されていない。ホモ・サピエンスとして増殖を重ねた人たちが、圧倒的多数だったと思われる。アフリカを出なかったホモ・サピエンスはアフリカ内で多様化したので、アフリカ外の住民と比べて、遺伝的な変異が大きい。

人類の起源にまで言及したのも、そもそも「ナショナル・アイデンティティ」が提起する諸問題も、人類の歴史のなかでは、極めて新しく生まれたという事実を再認識する必要を、強調したかったからだ。人類史という尺度からすれば、ごく最近の問題であるにせよ、時代が新しくなればなるほど、人類がますます広汎に、テンポを速め、熾烈さも増して相互にかかわり合い、殺戮し合う度合いが大きくなっている。二十世紀になってからだけでも二度の世界大戦があり、宣戦布告と降伏調印をともなう戦争は、一九四五年八月にひとまず終わったが、それ以後、国家単位での宣戦布告のない、敵味方の境界が定かでない戦争と殺戮・破壊が、日を追って激しさを増していることは、周知のとおりだ。人類史の視野で、「ナショナル・アイデンティティ」とはいったい何なのかを問い直す必要が、今ほど差し迫って求められているときは、ないといってもよいのだ。

終わりに、この本で用いている人名と国名の表記について述べておきたい。サハラ以南アフリカで最初に独立を達成したガーナ共和国の初代大統領の姓名は、ローマ字によっても正確に表記することができないが、日本の外務省が採用している片仮名表記は、「クワメ・エンクルマ」で、本書でもそれに統一した。

西アフリカの共和国 Guinée(ギネー)は、十五世紀にヨーロッパ人として初めてこの地域に海路到達したポルトガル人の呼称も Guiné(ギネー)で、一九〇四年にフランスが植民地としてからも Guinée、一九五八年に共和国として独立後も、セク・トゥーレ大統領時代六年間「人民革命共和国」の名を冠したことはあったが、国としての呼び名は一貫して Guinée 仮名表記すれば「ギネー」だった(英語での呼称は Guinea「ギニー」)。日本語ではインドネシア、マレーシア、メラネシアはじめ、地名に "-ia" を語尾としてつけることが多いため、「ギニア」という外務省表記の国名も、東アフリカの「ケニア」(現地の発音は、片仮名表記すれば「ケニャ」だ)と同じく、日本語にしかないアフリカの地名だが、混乱を避けるため外務省表記に従った。

二〇一七年九月

川田順造

コメンテーター

濱下武志　はましたたけし

1943年生まれ。静岡県立大学特任教授，東京大学名誉教授

主要著作：『近代中国の国際的契機――朝貢貿易システムと近代アジア』(東京大学出版会 1990)，『朝貢システムと近代アジア』(岩波書店 1997)，『華僑・華人と中華網――移民・交易・送金ネットワークの構造と展開』(岩波書店 2013)

小長谷有紀　こながやゆき

1957年生まれ。国立民族学博物館超域フィールド科学研究部教授

主要著作：『モンゴルの万華鏡――草原の生活文化』(角川書店 1992)，『モンゴル草原の生活世界』(朝日新聞社 1996)，『モンゴルの二十世紀――社会主義を生きた人びとの証言』(中央公論新社 2004)

河西晃祐　かわにしこうすけ

1972年生まれ。東北学院大学文学部准教授

主要著作：『帝国日本の拡張と崩壊』(法政大学出版局 2012)，『大東亜共栄圏――帝国日本の南方体験』(講談社 2016)，「「亜細亜民族運動」と外務省――その認識と対応」(『歴史評論』719号 2010)，「「独立」国という「桎梏」」『岩波講座 東アジア近現代通史 6』(岩波書店 2011)

宮崎恒二　みやざきこうじ

1952年生まれ。東京外国語大学名誉教授

主要著作："Javanese Laborers to North Borneo in the First Half of the Twentieth Century: Preliminary Observation", K. Miyazaki (ed.) , *Socio-Cultural Processes of Development in Sabah* - Interim Report, Research Project, Socio Cultural Processes of Development in Sabah,Tokyo: ILCAA, 2000; "Javanese-Malay: Between Adaptation and Alienation", *Sojourn,* Institute of Southeast Asian Studies, Singapore, 2000;「ジャワ系マレー人とその「知識資源」」クリスチャン・ダニエルス編『知識資源の陰と陽』(弘文堂 2007)

永野善子　ながのよしこ

1950年生まれ。神奈川大学人間科学部教授

主要著作：*State and Finance in the Philippines, 1898–1941: The Mismanagement of an American Colony*, Singapore: National University of Singapore Press, 2015,『日本／フィリピン歴史対話――グローバル化時代のなかで』(御茶の水書房 2016)，『アメリカの影のもとで――日本とフィリピン』(共編，法政大学出版局 2011)

勝俣　誠　かつまたまこと

1946年生まれ。明治学院大学名誉教授

主要著作：『アフリカは本当に貧しいのか――西アフリカで考えたこと』(朝日新聞社 1993)，『新・現代アフリカ入門――人々が変える大陸』(岩波書店 2013)，『娘と話す世界の貧困と格差ってなに？』(現代企画室 2016)

執筆者紹介(執筆順)

川田順造　かわだじゅんぞう(編者)
1934年生まれ。神奈川大学特別招聘教授，日本常民文化研究所客員研究員，東京外国語大学名誉教授，広島市立大学名誉教授
主要著作：『無文字社会の歴史——西アフリカ・モシ族の事例を中心に』(岩波書店 1976)，『口頭伝承論』(河出書房 1992)，『人類学的認識論のために』(岩波書店 2004)，『レヴィ＝ストロース論集成』(青土社 2017)

永渕康之　ながふちやすゆき
1959年生まれ。名古屋工業大学大学院工学研究科教授
主要著作：『バリ島』(講談社 1998)，『バリ・宗教・国家』(青土社 2007)，『文化批判としての人類学』(訳，紀伊國屋書店 1989)，『肉体の知識と帝国の権力』(共訳，以文社 2010)

佐々木史郎　ささきしろう
1957年生まれ。東京国立博物館付部長，国立アイヌ民族博物館設立準備室主幹
主要著作：『シベリアで生命の暖かさを感じる』(臨川書店 2015)，『東アジアの民族的世界——境界地域における多文化的状況と相互認識』(共編，有志舎 2011)，『ポスト社会主義以後のスラヴ・ユーラシア世界——比較民族誌的研究』(共編，風響社 2016)

小川　了　おがわりょう
1944年生まれ。東京外国語大学名誉教授
主要著作：『サヘルに暮らす——西アフリカ・フルベ民族誌』(日本放送出版協会 1987)，『可能性としての国家誌——現代アフリカ国家の人と宗教』(世界思想社 1998)，『奴隷商人ソニエ——18世紀フランスの奴隷交易とアフリカ社会』(山川出版社 2002)，『第一次大戦と西アフリカ——フランスに命を捧げた黒人部隊「セネガル歩兵」』(刀水書房 2015)

山室信一　やまむろしんいち
1951年生まれ。京都大学名誉教授
主要著作：『増補版 キメラ——満洲国の肖像』(中央公論新社 2004)，『アジアの思想史脈』(人文書院 2017)，『アジアびとの風姿』(人文書院 2017)

吉澤誠一郎　よしざわせいいちろう
1968年生まれ。東京大学大学院人文社会系研究科准教授
主要著作：『天津の近代——清末都市における政治文化と社会統合』(名古屋大学出版会 2002)，『愛国主義の創成——ナショナリズムから近代中国をみる』(岩波書店 2003)，『清朝と近代世界』(岩波書店 2010)

田村克己　たむらかつみ
1949年生まれ。総合研究大学院大学学長補佐，国立民族学博物館名誉教授
主要著作：『レッスンなきシナリオ——ビルマ王権，ミャンマーの政治』(風響社 2014)，『文化の生産』(編，ドメス出版 1999)，『アジア読本ビルマ』(共編，河出書房新社 1997)，『ミャンマーを知るための60章』(共編，明石書店 2013)

伊藤亜人　いとうあびと
1943年生まれ。東京大学名誉教授
主要著作：『韓国』(河出書房新社 1996)，『韓国夢幻——文化人類学者が見た七〇年代の情景』(新宿書房 2006)，『文化人類学で読む日本の民俗社会』(有斐閣 2007)，『珍島——韓国農村社会の民族誌』(弘文堂 2013)，『北朝鮮人民の生活——脱北者の手記から読み解く実相』(弘文堂 2017)

古田元夫　ふるたもとお
1949年生まれ。日越大学学長，東京大学名誉教授
主要著作：『ホー・チ・ミン——民族解放とドイモイ』(岩波書店 1996)，『ドイモイの誕生——ベトナムにおける改革路線の形成過程』(青木書店 2009)，『ベトナムの世界史——中華世界から東南アジア世界へ(増補新装版)』(東京大学出版会 2015)

清水　展　しみずひろむ
1951年生まれ。関西大学特任教授，京都大学名誉教授
主要著作：『噴火のこだま——ピナトゥボ・アエタの被災と新生をめぐる文化・開発・NGO』(九州大学出版会 2003)，『草の根グローバリゼーション——世界遺産棚田村の文化実践と生活戦略』(京都大学出版会 2013)，『新しい人間、新しい社会——復興の物語を再創造する』(共編，京都大学学術出版会 2015)

栗本英世　くりもとひでよ
1957年生まれ。大阪大学大学院人間科学研究科教授
主要著作：『民族紛争を生きる人びと——現代アフリカの国家とマイノリティ』(世界思想社 1996)，『未開の戦争,現代の戦争』(岩波書店 1999)，『植民地経験——人類学と歴史学からのアプローチ』(共編，人文書院 1999)

臼杵　陽　うすきあきら
1956年生まれ。日本女子大学文学部教授
主要著作：『原理主義』(岩波書店 1999)，『世界化するパレスチナ／イスラエル紛争』(岩波書店 2004)，『大川周明——イスラームと天皇のはざまで』(青土社 2010)，『アラブ革命の衝撃——世界でいま何が起きているのか』(青土社 2011)，『世界史の中のパレスチナ問題』(講談社 2013)

ナショナル・アイデンティティを問《と》い直《なお》す

2017年10月20日　1版1刷　印刷
2017年10月30日　1版1刷　発行

編　者　川田順造《かわだじゅんぞう》

発行者　野澤伸平

発行所　株式会社　山川出版社

〒101-0047　東京都千代田区内神田1-13-13
電話　03(3293)8131(営業)　8134(編集)
https://www.yamakawa.co.jp/
振替　00120-9-43993

印刷所　株式会社　プロスト

製本所　株式会社　ブロケード

装　幀　菊地信義

Printed in Japan　ISBN978-4-634-67246-8